성공적인 삶

성공적인 삶

2020년 1월 10일 초판 1쇄인쇄

지은이 | 김홍석
펴낸이 | 황성연
펴낸곳 | 한국문서선교회
주　소 | 경기도 파주시 광탄면 혜음로 883번길 39-32
주문처 | 하늘물류센타
전　화 | 031-947-8838
팩　스 | 0505-365-0012

ISBN 978-89-8356-299-9

Copyright@2020, 한국문서선교회
저작권법에 의하여 한국 내에서 보호받는 저작물이므로 무단전제와
무단복제를 금합니다. 이 책의 내용의 일부 전부를 사용하려면
반드시 저작권자와 도서출판 한국문서선교회의 서면 동의를 받아야 합니다.

※ 정가는 뒤표지에 있습니다.
※ 잘못되거나 파손된 책은 구입하신 서점에서 교환하여 드립니다.

성공적인 삶

Dr. 김홍석 지음

한국문서선교회

독자들에게 드리는 글

"너는 마음을 다하여 여호와를 신뢰하고 네 명철을 의지하지 말라 너는 범사에 그를 인정하라 그리하면 네 길을 지도하시리라"(잠 3:5-6)

언제나 저와 함께 하시고 의사로 여기까지 인도해 주신 에벤에셀 하나님께 감사와 영광을 올려드립니다.

우리는 누구나 성공을 꿈꿉니다. 성공하기 위해 머리를 싸매고 공부를 하고 직장에서 분주하게 뛰어 다니지만 열심히 노력한다고 해서 누구나 자신의 목표를 이루고 성공하는 것은 아닙니다. 성공하기 위해서는 성공에 이르는 길을 알아야 합니다.

성공을 꿈꾸는 사람이라면 자신의 마음을 다스리고 인류의 보편적인 지혜를 구해야 합니다.

인생의 진리를 이해하면 인생이라는 긴 여정에서 좌절, 회한, 고뇌 같은 감정을 줄일 수 있습니다. 그리고 더 많은 성취감, 만족감, 즐거움으로 인생을 채울 수 있습니다. 무거운 짐을 덜어버리면 더 힘차게 앞으로 나아갈 수 있고 자연스레 성공은 더 가까워집니다.

살아가면서 선택의 기로에 섰을 때나 절망스러운 상황에 부딪쳤을 때, 혹은 절호의 기회를 맞이하였을 때 예수님을 나의 구주로, 나의 삶의 주인으로 영접하면 우리 인생에 놀라운 변화들이 일어날 것입니다. 풍랑이 쉬지 않는 마음의 바다에 고요함이 찾아오듯, 마음의 위로와 평안을 찾을 수 있습니다.

　우리 인생은 너와 나의 만남인 동시(同時)에 너와 나와의 헤어짐입니다. 이별(離別) 없는 인생(人生)이 없고 이별(離別)이 없는 만남은 없습니다. 우리는 이 세상(世上)에서 영원(永遠)히 사는 것이 아닙니다. 누구나 죽음 앞에 서면 숙연(肅然)해지고 진지(眞摯)해집니다. 우리는 이 세상(世上)을 언제고 떠날 준비(準備)를 하면서 살아야 합니다. 언제 떠나더라도 조용하게 떠날 준비(準備)를 하는 생사관(生死觀)을 확립(確立)하는 것이 참으로 중요(重要)합니다.

　죽음은 예고(豫告)없이 그리고 예외(例外)없이 우리를 찾아오기 때문입니다. 본 저서는 어쩌면 오늘이 나의 삶의 마지막일지도 모른다는 생각(生覺)에 주어진 오늘에 감사(感謝)하며 저 나름대로의 생각을 그대로 전달하기 보다 하나님의 말씀과 접목시켜 재미있고 이해하기 쉽도록, 독자들의 영혼 깊은 곳까지 스며들게 하기 위하여 그분의 뜻, 즉 예수 그리스도의 구원의 진리를 담아 보려고 무진 노력했습니다. 이 모든 노력과 성취가 나를 위한 것이 아니라 오직 하나님의 영광을 위한 것이었습니다.

　본 저서는 많은 이들이 실패와 쓴맛으로 고통받는 이 시대에 자신의 내면을 정비하고 삶에서 가장 소중한 것이 무엇인지를 돌아보게 하는 방법론으로서 성공적인 삶, 기도의 위력, 감사 생활, 황혼을 아름답고 즐겁게 보낼 수 있는 멋진 삶에 대해 구체적인 노하우를 제시해 놓았습니다. 실용적이면서도 상처를 보듬어주는 따뜻한 안내서가 되어줄 것을 확신하며 이책을 세상에 내놓았습니다. 이 책을 읽으며 얻은 지혜와 교훈을 기억하고 활용할 수 있다면 당신은 어느새 성공으로 들어가는 문 앞에 당도해 있을 것입니다.

끝으로 이 책이 하나님께는 영광이 되고 독자들에게는 많은 은혜와 위로가 되는 안내서가 되기를 바라며 출판을 맡아 수고하신 한국 문서 선교회 황성연 사장님과 편집인들 그리고 항상 곁에서 물심양면으로 도와준 아내 변정자 권사(계명대 음대 교수)와 아들 김동수 집사(미국 회계사)와 자부 김영원 집사(미국 치과의사)에게 고마운 마음을 전합니다.

2020년 1월 2일 저자 올림

목차

Part 1. 성공적인 삶이란 무엇인가?

1. 성공적으로 사는 법 … 18
2. 성공적인 삶의 정의 … 20
3. 인생을 성공적으로 이끄는 삶의 자세 … 24
4. 자신이 좋아하는 일을 하는 사람 … 30
5. 호빙 이펙트(Hoving Effect) … 32
6. 성공한 사람들의 공통점 … 34
7. 인내심을 가진 자들이 성공한다 … 39
8. 성공은 작은 일부터 시작된다 … 42
9. 성공은 긍정적인 언어에서 시작된다 … 45
10. 성공하려면 말과 생각을 긍정적으로 바꾸라 … 48
11. 성공한 사람들의 5분 사용법 … 52
12. 성공적인 삶을 위한 자신감 키우기 … 55
13. 성공적인 인간관계의 비결 … 58
14. 성공한 사람들의 7가지 습관 … 63
15. 좋은 습관을 지닌 사람이 성공에 이른다 … 66
16. 습관은 21일 간의 노력으로 바꿀 수 있다 … 69
17. 자기 삶을 당당하게 가꾸는 사람 … 71
18. 사람다운 모습 … 75
19. 참된 성공에 이르는 삶 … 78

Part 2. 시스템 개혁이란 무엇인가?

1. 시스템 개혁이란 무엇인가? … 83
2. 우리는 왜 성공하고 왜 실패하는가? … 85
3. 세계 최고의 경영자 예수 (Jesus Ceo) … 89
4. 세계 일류가 될 수 있는 3C … 93
5. 성공한 사람에게 필요한 20가지 언어기법 … 96
6. 성공 DNA를 가진자 … 99
7. 상상력과 창의력이 있는 사람 … 105
8. 국가 대 전략(National Grand Strategy) … 109
9. 대한민국이 성공한 3가지 요인 … 114
10. 국민들의 도전정신 … 116
11. 지도력의 부재가 재난의 시작이다 … 118
12. 자기혁신 자기경영 … 120
13. 경영은 장인정신(匠人精神)으로 하라 … 122
14. 경영의 신(神) 마쓰시다 고노스케의 기업정신 … 124
15. 아담 스미스의 국부론(國富論)과 칼 막스의 자본론(資本論) … 126
16. 영국의 마거릿 대처 수상의 신념과 추진력 … 128
17. 정치가 우에스기 요잔의 성공비결 … 131
18. Walt Disney의 성공이야기 … 133
19. 삼성 반도체 성공의 비법 … 136

Part 3. 성경말씀이란 무엇인가?

1. 성경의 정의 … 140
2. 성경의 탁월성이란 무엇인가? … 143
3. 성경의 핵심내용은 무엇인가? … 146
4. 하나님의 온전하신 뜻이 무엇인가? … 149
5. 하나님께서 인간에게 주신 최대의 선물 … 151
6. 삼위일체(三位一體)신앙 … 154
7. 신앙의 4가지 차원 … 156
8. 성령충만을 받으라 … 161
9. 토마스 아퀴나스의 영적 체험 … 164
10. 세만틱스(Semantics), 의미론(意味論) … 167
11. 대화의 기적 … 170
12 하나님의 말씀과 기도는 역사를 변화시킨다 … 172
13. 생각과 기도의 힘이 인생을 바꾼다 … 175
14. 우리의 몸이 성전이요 우리의 삶이 예배이다 … 178
15. 내가 변하면 나의 환경도 변한다 … 182
16. 화가 날때는 침묵을 지키라 … 185
17. 여호와는 나의 목자가 되신다 … 188

Part 4. 믿음과 구원이란 무엇인가?

1. 믿음과 구원이란 무엇인가? … 192
2. 믿음과 구원의 정의 … 194
3. 믿음에 확신을 갖고 살자 … 198
4. 기독교가 가진 힘 … 202
5. 기독교 정신과 비전이란 무엇인가 … 206
6. Vision 있는 신앙 … 209
7. 자녀들에게 꿈과 비전을 심어주자 … 213
8. 크리스천들이 가져야 할 마음의 자세 … 216
9. 그리스도인에게 따르는 고난과 핍박 … 220
10. 영적인 바른 지도자들을 만나야 한다 … 223
11. 인간은 인정 받고자 하는 욕구가 있다 … 226
12. 약보다도 효험이 있는 좋은 말 … 228
13. 치유하는 공동체 … 231
14. 실존적 교재(Existential Communion) … 234
15. 마릴린 먼로와 에반스 콜린의 삶 … 236
16. Raymond Moody 의 사후생 … 239
17. 이븐 알랙산더 교수의 Proof of Heaven … 243

Part 5. 기도란 무엇인가?

1. 기도란 무엇인가? ⋯ 247
2. 기도의 정의 ⋯ 250
3. 기도의 자세와 정신 ⋯ 254
4. 기도는 영혼의 호흡이다 ⋯ 257
5. 기도는 하나님과의 대화이다 ⋯ 259
6. 기도의 법칙 ⋯ 265
7. 기도는 명령이다 ⋯ 269
8. 기도의 기적들 ⋯ 271
9. 기도의 금 향료 ⋯ 275
10. 기도하는 자가 성공한다 ⋯ 278
11. 기도가 생활화되어야 한다 ⋯ 280
12. 부모는 자녀들에게 축복기도 하라 ⋯ 283
13. 금식기도의 위력 ⋯ 286
14. 가족을 위한 기도 ⋯ 290
15. 나라와 민족을 위한 기도 ⋯ 292
16. 하나님이 들어 주시지 못하는 기도 ⋯ 295
17. 귀천(歸天)의 기도(祈禱) ⋯ 298

Part 6. 감사란 무엇인가?

1. 감사란 무엇인가? … 301
2. 감사의 정의 … 305
3. 감사하는 말을 합시다 … 308
4. 감사의 3차원 … 310
5. 감사가 우리의 삶에 끼치는 영향 … 313
6. 감사를 통해 일어난 크고 작은 기적들 … 315
7. 감사하면 우울증이 치유된다 … 318
8. 감사가 삶을 바꾸는 이유 … 320
9. 감사와 행복의 비결 … 323
10. 진정한 마음의 평안과 감사 … 325
11. 그리스도 예수 안에서 항상 감사하며 살자 … 327
12. 베풀면 반드시 돌아온다 … 331
13. 행운과 불운은 통제하기 나름이다 … 334
14. 이제는 눈을 뜨고 시야를 넓힐 때이다 … 336
15. 주 안에서 항상 기뻐하라 … 339
16. 긍정의 힘은 위대하다 … 342
17. 대한민국을 이끌어온 자랑스런 애국자들 … 344

Part 7. 하나님의 사랑이란 무엇인가?

1. 하나님의 사랑이란 무엇인가? … 348
2. 사랑의 정의 … 351
3. 용서와 화해와 사랑 … 354
4. 사랑은 인생의 흐뭇한 향기 … 357
5. 따뜻한 세상 … 359
6. 믿음과 사랑의 유산 … 361
7. 어머니의 희생적인 사랑 … 365
8. 말이 깨끗하면 삶도 깨끗해진다 … 367
9. 웃음이 있는 자에게 가난이 없다 … 370
10. 기쁨을 누리는 삶 … 372
11. 한 남편의 이야기 … 376
12. 어느 부부의 사랑이야기 … 380
13. 夫婦關係의 回復 … 381
14. 나를 아름답게 하는 기도 … 383
15. 어느 의사의 유언 … 385
16. 인생에는 세 가지 싸움이 있다 … 386
17. 효성 지극한 효부와 호랑이 … 389

Part 8. 행복한 삶이란 무엇인가?

1. 행복의 정의 … 392
2. 행복 프로젝트(Happiness Project) … 399
3. 생각을 바꾸면 인생이 달라진다 … 403
4. 크리스천이 가져야 할 복(福)에 대한 바른 생각 … 406
5. 그리스도 예수 안에서의 진정한 행복 … 409
6. 크리스천들은 무조건 행복하여야 한다 … 411
7. 일은 행복으로 가는 지름길이다 … 415
8. 지금 내 곁에 있는 숱한 행복 … 417
9. 감사와 행복한 결혼 … 420
10. 심령이 가난한 자의 복 … 423
11. 마음이 온유한 자의 축복 … 426
12. 긍휼히 여기는 자들에게 주어지는 복 … 430
13. 하나님은 화평의 하나님이시다 … 432
14. Kataros의 의미 … 435
15. 올바른 교육과 종교가 행복한 국민을 만든다 … 437
16. 의인이 누릴 내세의 행복 … 440
17. 천국에서 행복을 누리자 … 443

Part 9. 황혼의 멋진 삶이란?

1. 황혼의 멋진 삶이란? … 448
2. 황혼 부부의 수칙 … 452
3. 늙은이들이여 꿈을 갖고 살자 … 455
4. 늙음을 즐겨라 … 458
5. 품위있게 잘 늙는 방법 … 460
6. 장수비결 법 … 462
7. 노년을 열정적으로 살자 … 467
8. 노년의 향기 … 470
9. 당신의 생각이 인생을 결정한다 … 472
10. 산다는 것은 꿈을 꾸는 것이다 … 475
11. 내릴 수 없는 인생 여행 … 477
12. 고려장의 유래 … 479
13. 바보가 됩시다 … 482
14. 보람있는 말년을 위하여 … 486
15. 노인(老人) 유종(有終)의 미(美) … 489
16. Wellbeing, Wellaging, Welldying 이란? … 497
17. 요양원과 요양병원의 차이점 … 505

Part 1.
성공적인 삶이란 무엇인가?

1. 성공적으로 사는 법
2. 성공적인 삶의 정의
3. 인생을 성공적으로 이끄는 삶의 자세
4. 자신이 좋아하는 일을 하는 사람
5. 호빙 이펙트(Hoving Effect)
6. 성공한 사람들의 공통점
7. 인내심을 가진 자들이 성공한다
8. 성공은 작은 일부터 시작된다
9. 성공은 긍정적인 언어에서 시작된다
10. 성공하려면 말과 생각을 긍정적으로 바꾸라
11. 성공한 사람들의 5분 사용법
12. 성공적인 삶을 위한 자신감 키우기
13. 성공적인 인간관계의 비결
14. 성공한 사람들의 7가지 습관
15. 좋은 습관을 지닌 사람이 성공에 이른다
16. 습관은 21일 간의 노력으로 바꿀 수 있다
17. 자기 삶을 당당하게 가꾸는 사람
18. 사람다운 모습
19. 참된 성공에 이르는 삶

1. 성공적으로 사는 법

"지혜를 얻는 것이 금을 얻는 것보다 얼마나 나은고 명철을 얻는것
이 은을 얻는 것보다 더욱 나으니라"(잠 16:16)

박노해 시인이 〈사람이 희망이다〉라는 제목으로 쓴 시가 있다. 좋은 제목의 시이다. 우리나라는 좁은 국토에 자원은 없는 무자원 국가이다. 있는 자원이라곤 사람밖에 없다. 그래서 사람이 중요하다.

나라의 살 길을 찾으려면 사람을 소중히 여겨야 한다. 사람을 소중히 여기고 사람을 사람답게 대우하는 풍토가 되어야 개인도 나라도 미래가 열린다.

미국에 본사를 둔 한 한국의 기업에서 번번이 대표 후보로 이름이 올라갔다가 낙방한 임원이 자신이 이루어 낸 업적과 능력을 근거로 미국 본사에 억울함을 호소하는 글을 보냈다.

그런데 미국 본사에서 답신을 보내왔다. 실적도 능력도 탁월한 줄은 인정하지만 지도자가 되기에는 결정적인 약점이 있음을 다음과 같이 지적하는 내용이 담긴 답신이었다.

1) 유머 감각이 전혀 없다
2) 직원들에게 인간적인 관심을 기울이지 않는다.
3) 경비원들이나 청소하는 아주머니들에게 먼저 인사하는 적이 없다.
4) 경비원들이나 청소부들 같은 하급 일꾼들이 인사할 때 제대로 받아

주지 않는다.

이런 태도가 대표직에서 탈락하게 된 이유였음을 지적하는 내용이었다. 아프리카 속담에 "빨리 가려면 혼자 가고 멀리 가려면 함께 가라"는 말이 있다.

지금 우리가 살아가는 환경은 날로 복잡하여지고 거칠어진다. 이런 환경을 극복하며 뜻을 이루어 나가려면 사람을 소중히 여기며 함께 가야 한다.

좋은 지도자가 되려면 능력을 갖춘 동시에 인간성, Humanity를 갖추어야 한다. 인간성 내지 인간미를 갖추지 못한 지도자는 소중한 사람을 잃게 된다. 그러기에 지도자가 되려는 사람들은 다음의 구호를 항상 염두에 두어야 한다.

"사람이 희망이다, 사람을 소중히 하자."　　　　　－ 박노해 －

"건설적인 비판을 받지 않으면 칭찬받기도 어려운 법이다. 리더가 되고 싶다면 먼저 비판에 익숙해져야 한다. 성공한 사람에게는 거의 필연적으로 비판이 뒤따르게 마련이다. 불만스러운 부분을 찾아내는 사람이 어디에나 있기 때문이다."

－ 존 맥스웰의 〈리더십 골드〉 중에서 －

2. 성공적인 삶의 정의

"그러므로 염려하여 이르기를 무엇을 먹을까 무엇을 마실까 무엇을 입을까 하지 말라 이는 다 이방인들이 구하는 것이라 너희 하늘 아버지께서 이 모든 것이 너희에게 있어야 할 줄을 아시느니라 그런즉 너희는 먼저 그의 나라와 그의 의를 구하라 그리하면 이 모든 것을 너희에게 더하시리라"(마 6:31-33)

사람들은 항상 성공에 대해 말한다. 성공은 과연 무엇을 의미하는가? 어떻게 '성공'을 평가 할 수 있을까? '성공적으로 사는 법' 그 내용은 거의 비슷하다. 즉 열심히 일하라, 혁신적으로 일하라, 비생산적인 일에 시간을 낭비하지 말라, 성공에 관심 없는 친구들은 멀리하라. 또는 열심히 일한 결과는 언젠가 반드시 보답받을 것이다. 열심히 일하면 결국 돈을 많이 벌고 영향력 있는 인물이 될 것이라는 뜻이다. 그러나 그보다 가장 중요한 것은 신앙에 성공하면 모든 일에 성공하고 신앙에 실패하면 모든 일에 실패한다는 것을 명심하는 것이다.

동창회에 갔을 때 화제는 주로 이런 것이다. 누가 뚱뚱해졌다. 누가 이혼을 했다. 누가 벌써 사망했다 등등. 그중 가장 큰 화제는 '누가 진짜 성공해서 많은 돈을 벌었을까'이다. 마치 성공이란 항상 돈, 권력, 재산, 영향력만을 의미하는 것 같다. 하지만 이런 것들이 진짜로 인생의 성공을 의미하는 것일까? 눈가에 주름이 파이고 잘 걸어 다니지도 못할 때 돈과 권력이 있으니 "인생 잘 살았군"하는 생각이 들까? 은행 계좌에 돈은 많지만, 친구는 단 한 명도 없는 사람도 무수히 많다. 물론 돈도 많고 좋은 친구도 있는 이도 있다.

"너희가 먹든지 마시든지 무엇을 하든지 다 하나님의 영광을 위하여 하라"(고전 10:31)

문제는 사람들이 성공을 이야기할 때 항상 물질적인 것과 연관 지어 이야기한다는 것이다. 한 친구는 빈민국의 한 마을에서 1년 봉사활동을 하고 왔다. 그녀는 그 경험을 통해 세계관이 바뀌었다. 그런 그녀를 보며 '성공적인 삶은 무엇일까?'라는 생각이 들었다. 누구나 경제적으로 안정된 삶을 바란다. 하지만 돈을 벌고, 권력을 얻고, 재산을 늘려 나가는 것이 인생의 유일한 목표라면 인간 존엄의 이유를 잃고 말 것이다. 모든 것을 손에 넣으면 희망이 사라진다. 언제나 어느 정도 욕심과 희망을 비축해 두라.

성공적으로 사는 법을 알아보자

첫째, 자신을 알고 인생의 가치가 무엇인지를 찾으라.

100% 자신의 모습을 보일 수 있는 친구, 함께 꿈을 공유하고 우스꽝스러운 표정을 짓고 같이 맘껏 웃을 수 있는 친구가 단 한 명이라도 옆에 있다는 것은 행운이다. 자주 보지 못하더라도 기쁜 소식은 전해 주고, 힘들 때 전화로라도 응원해 줄 수 있는 친구를 사귀라. 이런 종류의 우정이야말로 시공간을 초월한 변치 않을 우정이다. 인생은 소중하고 그 누구에게도 확실한 미래는 없다는 것을 인정하라. 감사해야 할 사람 또 감사한 일을 생각하며 마음을 표현해 보라. 세상에는

정말 이해할 수 없는 고통과 고난도 있음을 받아들이라. 그럼에도 불구하고 삶의 의미와 인생의 좋은 점을 발견하며 다시 살아간다.

둘째, 타인에 대해서 연민을 갖고 진심으로 공감하라. 단, 대가는 기대하지 말아야 한다.

타인에게 느끼는 동지애만으로도 보상은 충분하다. 본인의 약점을 인정하고 자신을 사랑하라. 약점을 개선하려고 꾸준히 노력하라. 단, 완벽함을 지나치게 추구하면 스스로 지치게 된다. 사랑에 몰두하라. 두려움 때문에 이 세상에서 가장 위대한 사랑을 포기해선 안 된다. 가족, 친구, 연인, 자녀, 주변 사람들, 그리고 자신을 사랑하라. 인생의 중요한 가치가 여기에 있다. 내가 만일 인생을 사랑한다면 인생 또한 사랑을 되돌려 준다. 저절로 열정이 생기고 동시에 마음이 평안해지는 일을 찾으라. 추억을 많이 만들라. 당신을 웃게 만드는 추억, 때론 민망한 기억의 추억, 그리고 당신을 울게 만드는 추억을 많이 만들어 보라.

셋째, 스스로 인생의 로드맵을 그리라.

다른 누구도 아닌, 자신의 의지대로 살라. 경청하라. 누구나 말하고자 하는 게 있고 그 가운데 들을 내용이 있다. 안 좋은 습관은 극복하라. 당신의 인생은 오직 한 번뿐이다. 머뭇거릴 이유가 있는가? 당신이 겪은 모든 경험에서 교훈을 얻으라. 새로운 교훈으로부터 미래를 다시 설정하라. 그리고 그 교훈을 친구, 동료, 타인과 기꺼이 공유하라. 새로운 것을 배우는데 적절한 시기는 따로 있는 게 아니다. 길은 가까운 곳에 있다. 그런데 사람들은 헛되이 딴 곳을 찾고 있다. 일은 해보면 쉽다. 시작도 하지 않고 미리 어렵게만 생각하기 때문에 할 수 있는 일들을 놓쳐버리는 것이다.

넷째, 과감하게 새로운 경험에 도전하라.
결정하기 전 딱 하루만 미루라 하룻밤을 자고나면 지혜가 생길 수도 있다. 행복한 일은 매일 있고, 지금 이 순간도 행복한 것이다. 아무리 뛰어난 재능도 기회를 잡지 않으면 쓸모없다. 지금 앞에 있는 기회를 잡으라. 불행은 나를 움직이게 하는 원동력이다.
인종, 문화, 경제적 계층, 나이, 성, 성적 취향, 종교랑 상관없이 모든 이에게 평등하게 대하라. 만약 건강하고 잘 곳이 있고 깨끗한 물과 음식을 먹을 수 있다면, 당신이 이 세상 누구보다 운 좋은 사람임을 명심하라. 중요한 사실이다. 나이가 들어도 아이처럼 웃는 법을 잊지 말라. 호기심과 경외심을 가지고 세상을 바라보라. 성숙함과 명랑함은 충분히 공존할 수 있다.

"세상이 당신에게 준 것보다 더 많이 세상에 주라."

– 헨리 포드 –

우리와 늘 함께 하시는 임마누엘 하나님!
신앙에 성공하면 모든 일에 성공하고 신앙에 실패하면 모든 일에 실패한다는 것을 깊이 깨닫는 저희들 되게 하여 주옵소서. 주님 앞에서 나 스스로의 삶을 돌아보게 하소서. 말씀을 이해할 수 있는 영(靈)도 허락하여 주시고 참 분별력을 갖게 하소서. 나의 욕심을 십자가 밑에 내려 놓게 하소서.

오늘도 환우들을 치유의 손길로 그리스도의 따뜻한 마음으로 돌봐주게 하옵소서. 생명의 주인이신 주님을 소망하게 하소서. 근신하고 절재하는 마음을 갖게 하소서. 주님의 말씀 붙들고 승리하게 하소서. 기도로 세상을 이기게 하소서. 하루하루 맡은 일에 최선을 다하며 남은 삶은 오직 주님 영광만을 나타내는 삶이 되게 하옵소서. 예수님의 이름으로 기도드립니다. 아멘.

3. 인생을 성공적으로 이끄는 삶의 자세

"그런즉 너희가 어떻게 행할자를 자세히 주의하여 지혜 없는 자 같이 하지말고 오직 지혜 있는 자 같이 하여 세월을 아끼라 때가 악하니라"(엡 5:15-16)

사람은 나이와 거주지역, 직업적 목표와 무관하게 삶의 목표가 행복하고 성공적인 삶을 사는 것일 가능성이 높다. 성공적이라는 것은 단순히 돈이 많고 유명하다는것 이상의 의미를 지닌다. 성공이라는 것은 목적의식을 가지고 사는 것, 열정을 가지고 사는 것, 현재를 즐기며 사는 것을 모두 포함하는 더 큰 범위의 개념이다.

1) 성공을 향한 길 닦기

자신의 열정이 무엇인지 알고, 성공을 이루기 전에 먼저 당신에게 있어 성공이 무엇인지를 정의 내릴 필요가 있다. 이는 수년이 걸릴 수도 있다. 하지만 정확히 내가 살면서 무엇을 하고 싶은 것인지, 내 열정과 관심사, 가치관이 무엇인지 알고 나면 삶의 목표를 설정하고 의미를 부여할 수 있다. 이런 것들을 스스로 알아내는 것이 어렵다면 친구나 가족에게 도움을 요청해보자.

먼저는 아래 질문들에 대한 답을 스스로 해보자. 어느 정도 감이 잡힐 것이다. 살면서 무엇을 남기고 싶은가? 다른 사람들이 당신을 어떻게 기억했으면 하는가? 사회를 어떻게 더 나은 장소로 만들고 싶은가? 삶의 관심사나 좋아하는 주제(과목)가 있는가? 예를 들면 학교에서 공부하는 게 즐거웠던 과목을 떠올려 보도록 하라. 그리고 그 과목들을 왜 좋아했는지를 스스로에게 물어보라.

예를 들어 음악회를 좋아한다면 그에 대해 잘 생각해 보도록 한다. 음악을 좋아해서 그런 것인가? 아니면 여럿이 하나의 목표를 위해 열심히 노력하는 모습이 좋아서 그런 것인가?

2) 목표와 성취 방법에 대한 목록 작성하기

단기적 목표와 장기적 목표 둘 다 목록에 포함하도록 한다(물론 분류는 하는 것이 좋다). 또한, 직업적 목표와 경제적 목표를 넘어 더 크게 생각하도록 한다. 개인적 목표, 자기 개발, 인간관계 목표, 살면서 경험하고 배우고 싶은 것들을 모두 생각해 본다

그리고 타임 라인을(연대표) 그려 언제 목록의 목표를 달성하고 싶은지를 정해 보도록 하자. 구체적이고, 측정할 수 있고, 성취 가능하

고 원하는 것과 관련이 있고, 시간제한이 있는 목표를 세우도록 하자. 큰 목표는 작은 목표들로 나눠 보도록 한다. 예를 들어 세계 일주가 목표라면 저금하고 몇몇 나라를 먼저 방문하는 것과 같은 작은 목표들을 세워볼 수 있을 것이다.

3) 목적을 가지고 살기

꿈을 이루고 원하는 사람이 되기 위해서는 자기 행동에 더 주의를 기울여야 한다. "지금 내가 하는 행동이 내가 원하는 삶의 목표로 데려다줄 것인가?"를 자문해보도록 하자. 계속 지루함을 느끼거나 하루 일과가 끝날 때까지 미래나 과거에 대한 백일몽을 꾸며 보낸다면 현재 하는 일과 당신이 단절되었다는 느낌을 받는 것이 원인일 수도 있다. 자신이 가진 시간을 소중히 여기도록 하자. 자유 시간에는 좋아하는 활동을 해보도록 하자. 시간 낭비는 최대한 피하는 것이 좋다. 주말에 가만히 앉아 TV를 보는 대신에 취미 활동을 하거나, 새로운 친구를 사귀거나, 사랑하는 사람과 같이 시간을 보내도록 하자.

생산성을 성취한 것이 아닌 활동한 것으로 측정하도록 한다. 모든 활동을 전통적인 시각으로 결과만 놓고 판단할 수는 없다. 당신이 하는 활동이 즐겁고 기분 좋다면 그것으로 된 것이다. 가끔은 아무것도 하지 않거나 게으르게 보내는 시간이 있어도 좋다. 이런 느긋하게 보내는 시간은 상상력과 자기 인식력을 길러준다. 하고 싶은 활동과 그냥 "자기 자신이 되는 것"의 균형을 잘 맞춰주도록 하자.

4) 책임감 유지하기

계획을 세우는 것만으로는 충분치 않다. 자기 말을 지키는 것도 중요하다. 다른 사람에게 무엇을 할 거라고 말했다면 그냥 하라. 그리고 다른 사람에게 할 수 있을지 모르겠다고 말하지 말라. 확실하게 할 수 있는지 없는지를 말하라. 자기 한계에 대해 솔직히 말하라. 계획을 취소하지 않도록 한다. 그리고 같은 사람과 한 약속을 두 차례 연속으로 취소하지 말라. 해야 하는 일에 대한 책임을 지라. 자신이 지닌 책임을 모두 적은 뒤에 볼 수 있는 곳에 붙여놓고 지속적으로 스스로에게 해야 할 일을 상기시키라. 당신이 하는 일이 목표를 향해 서서히 나아가도록 조절해야 한다. 현재의 목표를 검토한 뒤에 당신이 올바른 방향으로 전진하고 있는지 판단해보도록 한다.

5) 진실해야 한다.

남들이 부러워하는 성공한 인생을 살아가고 싶다면 언제나 진실해야 하고 말보다는 행동으로 실천하고 잘난 체 아는 체 말고 돈에 집착하지 말고 일은 최선을 다하고 너그럽게 양보하고 남에게 베풀 줄 아는 후덕한 사람이 되어야 한다.

공적인 일에서 나를 생각지 말고, 사적인 일에는 감투를 생각지 말라. 공짜는 주지도 받지도 말고 노력 없는 대가는 바라지 말고 세상에 태어났음을 원망 말고 세상을 헛되게 살았음을 한탄하라. 죽어서 천당 갈 생각 말고 살아서 원한 사지 말고, 죄짓지 말라. 타인들의 인생 좇아 헐떡이며 살지 말고 내 인생 분수 지켜 여유 있게 살자.

나를 용서하는 마음으로 타인을 사랑하고 나를 다독거리는 마음으로 타인을 다독거리라. 보내는 사람 야박하게 하지 말고 떠나는 사람 뒤끝을 흐리지 말라. 잘생기고 돈 많고 머리가 좋아도 인간관계가 좋지 않으면 주변에 사람이 없고 무슨 일을 해도 되는 일이 없으며 결국 실패하여 쓸쓸한 인생을 살아가게 된다. 가장 현명한 사람은 진심으로 충고해주면 진심으로 고마워하고 자기 자신을 돌아볼 줄 아는 사람이다.

6) 자신의 삶에 만족을 느끼라

자신의 삶에 만족을 느낀다는 것은 참으로 행복한 일이다. 즐거운 마음으로 이웃을 만날 수 있다는 것 역시 행복한 일임에 틀림없다. 생각해 보면 스스로 불행하다고 생각하는 사람이나 또는 스스로 행복하다고 생각하는 사람이나 이 세상은 하나이다. 그러기에 행복은 자신의 삶속에서 발견하는 것이요 느끼는 것이다. 그래서 행복도 하나의 기술이라 말할 수 있는 것이다.

만족을 아는 사람은 비록 가난해도 부자로 살 수 있고 만족을 모르는 사람은 많이 가졌어도 가난하다. 자신의 인생을 불행하게 느끼느냐 행복하게 느끼느냐는 소유의 문제가 아니라 지혜의 문제이다. 슬기로운 사람은 남들이 불행하다고 생각하는 조건 속에서도 만족함을 발견해내고 어리석은 사람은 남들이 부러워하는 조건 속에서도 눈물을 흘린다.

존경할 스승이 있고 섬겨야 할 어른이 있으면 격의 없이 대화할 친구나 이웃이 있으니 얼마나 좋은 일인가? 남들이 보잘 것 없다고 여길지라도 내가 열심히 할 수 있는 일을 갖는다는 것 또한 행복한 일이다. 그래서 작은 것을 소중하게 여기고 명성보다는 진실을 사랑할 줄 아는 사람이 행복한 사람이다. 지나간 일에 매달려 잠 못 이루지 말고 잊을 것은 빨리 잊도록 해야 한다. 다시 한번 행복은 행복하다고 생각하는 사람의 마음속에서 더욱 튼튼하게 자란다는 것을 우리 모두 잊지 말아야 한다.

7) 항상 미소띤 얼굴로 대하라

낯선 이에게 보내는 고운 미소 하나는 희망이 되며 어두운 길을 가는 이에게는 등불이 된다. 미소 안에 담긴 마음은 배려와 사랑이다. 진정한 마음에서 우러나오는 미소는 나를 아름답게 하며 누군가를 기쁘게 한다. 대가없이 짓는 미소는 내 영혼을 향기롭게 하고 타인의 마음을 행복하게 한다

나를 표현하는 말은 나의 내면의 향기이다. 칭찬과 용기를 주는 말 한마디에 어떤 이의 인생은 빛나는 햇살이 된다. 아름다운 말 한마디는 우리의 사소한 일상을 윤택하게 하고 사람 사이에 막힌 담을 허물어준다. 실의에 빠진 이에게 격려의 말 한마디, 슬픔에 잠긴 이에게 용기의 말 한마디, 아픈 이에게 사랑의 말 한마디 건네 보면 내가 오히려 행복해진다. 화사한 햇살 같은 고운 미소와 진심어린 아름다운 말 한마디는 내 삶을 빛나게 하는 보석과 같다.

"성공은 성공 지향적인 사람에게만 온다. 실패는 스스로가 실패할 수밖에 없다고 체념해 버리는 사람에게 온다."   - 나폴레온 힐 -

4. 자신이 좋아하는 일을 하는 사람

"지혜가 제일이니 지혜를 얻으라 무릇 너의 얻은 것을 가져 명철을 얻을찌니라"(잠 4:7)

미국의 성공한 기업가 워런 버핏이 말하기를 "자신이 좋아하는 일을 하라. 그러면 성공은 따라오게 된다." 하였다.

미국 블로토닉 연구소에서 아이비리그 대학 졸업생들 1,500명을 대상으로 "직업과 성공의 관계"를 연구하였다. 무려 20년 기간으로 계속된 이 연구에서 중요한 결과를 얻었다. 먼저 1,500명의 대상자들을 두 그룹으로 나누었다.

A그룹은 직업을 선택할 때에 수입 곧 돈에 주안점을 두고 직업을 선택하는 사람들이었다. 이 그룹에 속하는 사람들이 무려 83%였다.

B그룹은 직업을 선택할 때에 수입이 먼저가 아니라 자신이 하고 싶은 일을 선택하는 사람들이었다. 이 그룹에 속한 사람들이 17%였다.

이들의 삶을 그때로부터 20년간을 끈기 있게 추적한 결과 그들 1500명 중에서 101명의 백만장자들이 탄생한 것을 알게 되었다. 그런데 놀라운 사실을 동시에 알게 되었다. 101명의 성공한 백만장자들 중에서 단 한 명을 제외한 100명의 사람들이 B그룹에서 나왔다는 사실이다. 이 조사의 결과가 무엇을 말해 주는가?

성공하는 삶과 그렇지 못한 삶이 어디에서 비롯되는가? 자신이 좋아하는 일을 선택하는 사람이 성공의 반열에 들게 된다는 사실이다. 성공적인 삶을 살아감에 가장 중요한 요소는 좋은 마음, 좋은 사상을 품고 좋은 사람들과 자신이 좋아하는 일에 인생을 투자하는 것이다.

"자신이 좋아하는 일을 할 것, 독립성, 근면함, 그리고 배우는 자세가 성공의 지름길이다."   - 베르톨트 울자 -

"나는 누군가를 고용할 때 성실성, 지적능력, 열정 이 세 가지를 본다. 스마트하고 열정이 있다고 해서 세상을 다 잘 사는 건 아니다. 진실한 성실성이 담보되지 않는다면 똑똑함과 열정은 아무 소용이 없다. 그러니 성실성을 담보할 습관을 잘 키워나가야 한다. 습관의 힘은 생각보다 대단하다"   - 워런 버핏 -

"높은 성과를 올리는 생산적인 사람, 끊임없이 혁신을 꾀하면서 계속 발전하는 사람, 다른 사람에게 영향을 미칠 수 있는 비중 있는 사람이 되는 길은 오직 지속적인 관리와 노력밖에 없다."
                    - 피터 드리커 -

5. 호빙 이펙트(Hoving Effect)

"내게 능력 주시는 자 안에서 내가 모든것을 할 수 있느니라"(빌 4:13)

　주위의 누군가가 무능한 사람으로 살아가다가 갑작스레 자신감 있는 사람으로 변하게 되었을 때에 "저 사람은 호빙 이펙트의 덕을 보았다."고 표현한다.
　사람은 누구나 타고난 욕구가 있다. 식욕이 있고 성욕이 있고 성취욕이 있다. 그런 욕구들 중에 "인정받고자 하는 욕구"도 있다. 이런 욕구가 있기에 누구나 사람들로부터 인정받게 되면 발전하고 보람을 느낀다. 그러나 인정받지 못하게 되면 좌절하고 낙담하게 된다.
　누구나 사람들로부터 인정받게 될 때에 자신감이 생겨나고 자신 속에 잠재되어 있는 능력을 발휘할 수 있게 된다. 그리고 그런 자신감을 가질 때에 성공하게 된다. 반면에 인정받지 못하게 되면 자신감을 잃게 되고 자신감을 잃었기에 자기 삶을 스스로 개척하여 나가지 못하게 되고 남에게 의지하며 살아가게 된다.
　그렇게 자신감을 잃은 사람은 무슨 일을 시작하기도 전에 "나는 못한다. 나는 할 수 없는 사람이다. 누군가가 나를 도와주어야 할 수 있다"는 식으로 생각한다. 자신감은 어린 시절부터 길러지고 발달되어져야 하지만 나이가 든 뒤에라도 어떤 계기를 통하여 자신의 능력을 인정받게 되는 계기가 주어지면 새롭게 생겨날 수도 있다. 그런 자신감을 갖게 되는 계기를 교육심리학에서는 호빙 이펙트(Hoving Effect)라 한다.

"호빙 이펙트"란 말은 미국의 토마스 호빙(Thomas Hoving)이란 사람의 이름에서 따온 말이다. 그는 프린스턴대학 학생 시절에 삶의 방향을 잡지 못한 채로 방황하고 있었다. 그래서 의욕을 잃고 지낸 끝에 몇 해째 낙제하고 퇴학당할 지경에까지 이르렀다. 그는 어떤 과목에도 흥미를 느끼지 못하여 공부에 집중하지 못하였다.

그는 학교에서 제적되기 직전에 마지막으로 조각과에 등록하여 조각과목 수업을 듣게 되었다. 그런데 첫 강의 시간에 교수가 한 조각 작품을 들고 들어와 학생들에게 물었다. 이것이 무슨 작품이며 어떤 예술적 가치가 있다고 생각하느냐?

교수의 이 물음에 조각과 학생들은 각자가 상상력을 동원하여 답하려 하였다. 그러나 호빙이 답할 차례가 되었을 때에 그는 자신이 느끼는 대로 솔직하게 답하였다.

"나에게는 그 작품이 어떤 예술적 가치가 있을 것 같지 아니하고 하나의 기계나 도구로 보입니다. 어떤 용도가 있어 보입니다."

이 대답이 호빙 이펙트란 말이 생겨날 정도로 큰 전환점이 된 것이다. 그 물건은 산부인과에서 사용하는 기구 중의 하나일 뿐이었다. 이 평가로 그는 교수에게 크게 인정받아 미술을 전공으로 정하고 훗날에 크게 성공한 미술감정사가 되었다. 후에 그는 뉴욕 메트로폴리탄 미술박물관의 큐레이터로 예술품 감정의 최고 권위자가 되었다.

호빙이 좌절하였던 자리에서 일어설 수 있게 된 것은 인정받았기 때문이다. 누구든 남으로부터 자신의 능력을 인정받게 되면 자기도 자신을 인정할 수 있게 된다. 그리고 자기가 자신을 인정하게 되면 자신감이 생긴다. 그렇게 자신감을 지니면 성공으로 나아가는 길이 열린다. 길이 보인다면 보고만 있지 말고 걷자. 많은 사람이 이러한 자신감을 기르는 기회를 얻지 못하여 한 때의 좌절에서 벗어나지를 못한 채로 인생을 낭비한다.

"결점이 많다는 것은 나쁜 것이지만, 그것을 인정하지 않는 것은 더 나쁜 것이다."   - 파스칼 -

6. 성공한 사람들의 공통점

"믿음의 주요 또 온전하게 하시는 이인 예수를 바라보자"(히 12:2)

"가장 보편적인 착각의 하나는 현재는 결정을 내리기엔 가장 애매한 시기라고 생각하는 것이다. 그러나 오늘 하루는 일 년 중의 가장 중요한 날이라는 것을 명심하라"   - 에머슨 -

빅터 프랭클 박사는 유대인 심리학자로 히틀러의 아우슈비츠 수용소에 수감되었다가 마지막까지 살아나온 분이다. 『죽음의 수용소에서』는 그가 히틀러의 수용소에서 겪은 체험을 바탕으로 쓴 책이다. 그러나 단순한 체험기가 아니라 삶의 지혜가 깃들어 있는 내용이다.

그가 쓰기를 수용소에 들어온 동료 수감자들 중에 체력이 뛰어난 분들을 보고는 다른 사람은 다 쓰러져도 저 분 만큼은 살아남을 것이라 여겨졌던 분들이 오히려 쉽게 무너지더란 것이다. 그런데 허약하게 보여 얼마 지탱하지 못할 것으로 보이던 분들이 마지막까지 견디더라는 것이다.

그렇게 견디는 사람들이 지닌 한 가지 공통점이 있었으니 그것은 삶의 의미를 깨우친 사람들과 엄청난 고통을 당하는 목적을 깨달은 사람들이 지적이다.

그런 모습을 살피며 그런 고난 중에서도 살아가야 할 이유를 체득하고 고난 속에서도 자신의 삶이 이루어 나가야 할 목적을 깨달은 사람이 마지막까지 견디는 모습을 쓰고 있다. 그런 중에서 마지막까지 살아남는 사람은 삶의 의미를 깨달아 그 역경을 있는 그대로 받아들이는 사람이었고 자신들이 당하는 고난의 의미를 깨닫는 사람들임을 보게 되었다.

그래서 내린 결론이 산다는 것이 의미를 찾는 것이요 그 의미를 온몸으로 체득한 사람들이 최악의 조건에서도 살아남는다는 것이다. 그래서 빅터 프랭클 박사는 이 시절의 체험을 바탕으로 자신의 심리 치료법을 발전시켰다. 그가 발전시킨 심리 치료법을 로고 테라피(logo therapy), 의미 요법이라 불렀다.

이제 로고 테라피에 대하여 생각해 보자. 삶의 의미를 깨닫게 하는 것이 병든 마음을 치료한다. 삶은 의미이기 때문이다.

로고 테라피(Logo therapy)는 로고스 테라피(Logos therapy)를 줄인 말이다. 헬라어로 로고스(logos)는 진리를 뜻하고 이 말이 성경에서 쓰여질 때는 말씀이 된다. 요한복음 1장 1절의 태초에 말씀이 계시니라는 구절에서 말씀이 헬라어의 로고스(logos)이다. 그러기에 로고테라피는 말씀 요법이 된다. 심리학에서는 의미 요법이고 성경으로는 말씀 요법이다.

성공한 사람이 되려면

첫 번째, 자신감을 가지라
자신을 믿고 꿈은 반드시 실현된다고 믿으라. 어떤 어려운 상황에서도 가능성은 항상 존재한다. 자기 자신의 평가에 따라 행동하라. 자신의 생각을 스스로 컨트롤하라. 이루고자 하는 간절한 꿈을 도중에 포기하지 말라. 인생을 긍정의 마음으로 바라보라.

두 번째, 목표를 정하고 달려가라
낙관적인 사고를 할 수 있도록 자기 자신을 컨트롤하라. 작은 목표부터 하나씩 단계적으로 시각화해 나가라. 자신이 이루고자 하는 것이 무엇인가를 분명히 하라. 최종 목표까지 이르는 전 과정을 몇 단계로 구분하라. 순조롭게 목표에 이르는 사람과 그렇지 않은 사람.

세 번째, 믿는 대로 이루어진다
성공을 부르는 사고방식을 가진 사람은 스스로 자부심을 갖는다. 긍정적인 사람이 되자. 상품이나 사람이나 최고의 품격을 추구해야 성공할 확률이 1퍼센트라도 절대 포기하지 않는다.

네 번째, 에너지를 한곳에 집중하라

인생이라는 마라톤에서 적성에 맞지 않는 일을 하는 것은 낭비다. 집중되지 않은 노력은 인생의 성공을 보장하지 못한다. 성공은 집중력이다. 중요하지 않은 일에 시간을 낭비하지 말라. 보다 나은 나를 지향함으로써 얻을 수 있는 가치들 자투리 시간을 활용하는 사람과 그렇지 못한 사람. 자신의 일을 사랑하라.

다섯 번째, 활력이 넘쳐야 성공한다

모든 것은 신체적 에너지로부터 어려운 상황을 극복하여 자신의 능력을 검증해야 한다. 적절한 운동으로 신체적 활력을 유지하라. 육체적인 노쇠와 정신적인 노쇠, 나쁜 습관을 버리고 가치 있는 일에 에너지를 집중한다.

여섯 번째, 시련을 달게 받아들이라

시련을 피하지 말고 정면 돌파하여 스스로를 단련하라. 더 열심히 노력하여 고난을 극복하고 앞으로 전진하라. 실패를 맛보지 않고 성공한 사람은 아무도 없다. 절망적인 상황은 절망적으로 상황을 인식하는 데서 비롯된다.

일곱 번째, 훌륭한 인격은 성공을 끌어당긴다

성공한 사람들은 사람의 마음을 끄는 인격을 갖추고 있다. 황금률을 실천하면 원하는 것을 갖게 된다. 타인을 위해서 부를 사용한다. 배우겠다는 자세와 열린 마음이 중요하다. 상대방에 대한 배려와 애정은 성숙한 인격을 만든다. 물질적인 성과보다 정신적인 성장이 중요하다.

여덟 번째, 설득력은 성공의 필수 요소다

운이 아닌 행동력과 설득력이 성공을 가져온다. 만만치 않은 상대라도 진정성은 통한다.

아홉 번째, 파트너십은 엄청난 파워를 만든다

조직의 구성원과 지역사회를 중요시하라. 회사를 파트너로 생각하라. 금이 간 인간관계를 회복시키는 방법은 상대방의 좋은 점을 발견하여 칭찬을 아끼지 않는 것이다.

열 번째, 리더십은 스스로 만드는 것이다

리더의 자질은 타고나는 것이 아니라 키워지는 것이다. 리더는 안내하는 사람이다. 누구나 도전할 수 있는 체제를 만들라. 리더로서 필요한 자질을 갖추라. 현실을 정확히 파악하여 과거의 잘못된 인식을 바꾸라. 다른 사람의 자유를 존중하는 생활 방식을 몸에 익히라. 리더는 조직 구성원의 창조력을 키워내야 한다. 일관된 행동으로 자신이 먼저 모범을 보이라.

"역경은 사라지지 않는 행복의 밑거름이다. 그러므로 젊어서는 무슨 일이 있어도 갖은 고생을 다해봐야 한다."   － 작가 미상 －

7. 인내심을 가진 자들이 성공한다

"내가 가는 길을 그가 아시나니 그가 나를 단련하신 후에는 내가 순금 같이 되어 나오리라"(욥 23:10)

"모든 문제에는 인내가 최고의 해법이다."　　　- 플라우투스 -

순수함, 여유로움, 인내심, 그리고 서로를 격려하는 마음을 갖자. 세월이 흐르고 나이가 들어가면서 깨닫는 4가지가 있다.

첫 번째로 먼저 순수함에 대하여 생각해 보자.

실수도 하고 허물도 범한다. 그러나 그가 순수하였으면 구제받는다. 동기가 순수하지 못하면 용서받지 못한다. 순수에는 크게 3가지가 있다. 영혼의 순수함과 인격의 순수함과 사람이 살아가는 동안에 관계의 순수함이다. 사람은 나이가 들어가면서 순수함과 깨끗함이 힘인 것을 실감케 된다.

두 번째로 여유로움에 대하여 살펴보자.

한 인간이 성숙한 증거가 마음의 여유로움이다. 우리 사회는 지나치게 긴장하며 살아가는 사회이다. 그래서 스트레스가 많고 그런 스트레스에서 오는 분쟁과 갈등이 심하다. 여유를 지닌 사람은 그런 현실에서 한발 뒤로 물러서서 마음의 평화를 누리게 된다. 자신이 평화를 누리며 살기에 주위 사람들에게 그 평화를, 여유로움을 퍼뜨리게 된다.

세 번째로 참고 참고 참는 인내심의 능력에 대하여 생각해 보자.
한 사람의 성숙의 정도는 참는 능력에 비례한다. 잘 참는 사람이 성숙한 사람이다. 사람이 땀 흘려 수고한 것이 말의 실수로 하루아침에 이슬같이 사라지고, 또 말을 잘하면 하루아침에 산같이 얻게 된다. 말을 잘못해 놓고 몸부림치느니 참으며 몸부림치라. 미련한 자는 후회하면서도 참지 못하고 주머니의 뾰족한 칼처럼 불쑥불쑥 찔러버린다.
요즘 흔하게 사용하는 말로 잘 참는 사람이 EQ가 높은 사람이다. 어느 분야에서나 인내의 능력을 지닌 사람들이 성공에 이른다. 인내력이 없는 사람이 성공에 이른 예는 없다. 순수, 여유, 인내를 길러 행복한 나날을 보내자.

네 번째로 서로를 격려하는 마음을 갖자.
인생이란 나그네가 걷는 마음의 여행길이라 할 수 있다. 우리는 지금 그 길에서 잠시 머무는 것뿐이다. 남모르게 그분을 위하여 기도하자. 그러는 사이에 서로의 마음이 통하게 되어 보이지 않는 것을 지향하며 굳건히 걸어가야 한다. 우리의 여행은 밝은 여행이 되어야 한다. 들을 귀가 없는 사람에게는 어떤 말을 해도 반발할 뿐이다. 상대방의 마음이 부드럽게 변해야 될 것이다.
사람들의 비판에 동요하는 사람은 완성의 길에서 멀리 있는 사람이다. 서로 맞지 않는 사람과 일치할 수 있는 방법은 내가 먼저 마음을 바꾸는 것이다. 사람의 마음속에 있는 생각은 누구도 알 수 없다. 자신의 내면을 바르게 하려고 애쓰지 않는다면 사람들과 진정한 일치를 이룰 수 없다.

자신의 이익을 위해 다른 사람을 이용한다면 그 관계는 오래가지 못한다. 사람과 사람의 관계는 서로 존중해야 한다. 다섯 손가락의 역할이 서로 다른 것과 같이 사람이 지니고 있는 특성도 다르다. 그러므로 상대방의 장점을 살려주도록 하자. 그것이 곧 상대방을 응달에서 양지로 향하게 하는 것이기 때문이다.

따뜻한 격려의 말은 사람들을 강인하게 하고 자신감을 준다. 누군가를 인정해 주는 것은 그를 살려주는 것이며 삶의 윤활유가 된다. 반대로 자만하고 자랑하는 것은 마찰의 요인이 된다. 중요한 것은 사람에게 무언가를 주는 것이 아니라 어떤 마음으로 주는가 하는 것이다.

자기 자신에게 도움이 되는 것에만 관심을 둔다면 그 사람은 점점 왜소해지고 만다. 그러나 이웃의 도움에 마음을 쓰는 사람은 반드시 성공할 것이다. 시기하거나 미워하는 것은 이웃으로부터 나를 멀어지게 하고 불안과 초조함을 더해줄 뿐이다. 있는 그대로 자신이 있는 곳에서 온전히 피어나도록 하라. 주변 환경을 나에게 맞추려 하지 말고 나를 주변 환경에 맞추도록 하라.

남을 꾸짖는 것은 시간을 허비하는 것일 뿐 나에게도 상대방에게도 전연 도움이 되지 않는다. 자기만 생각하고 자기만 좋으면 그만이라는 생각은 당신의 인생을 실패로 이끈다고 해도 과언이 아니다. 사람은 누구나 주어진 일과 원하는 것이 있다. 비록 보잘것없을지라도, 필요한 것이 있다면 주저하지 말고 먼저 다른 사람에게 물어보라. 왜냐하면 당신은 많은 사람의 도움으로 살아간다는 것을 잊고 있기 때문이다.

그러므로 우리는 죽는 날까지 누군가의 도움이 되는 사람이 되도록 힘써야 한다. 거센 태풍은 하룻밤에 모든 것을 휩쓸어 가지만 잔잔한 미풍은 마음을 평화롭고 기쁘게 한다. 태풍과 같은 삶이 아니라 산들바람과 같은 부드러운 마음으로 살아가야 성공의 길이 열린다.

"때로는 갖고자 하는 것에 대한 열망이 아무리 클지라도 그것을 얻기 위한 대가가 지나치게 클 때가 있다. 당신의 마음이 원하는 것을 얻기 위해 팔아서는 안 될 한가지는 바로 당신의 마음이다."
- 로이스 맥마스터 부욜 -

8. 성공은 작은 일부터 시작된다

"지극히 작은 것에 충성된 자는 큰 것에도 충성되고 지극히 작은 것에 불의한 자는 큰 것에도 불의하니라"(눅 16:10)

마더 테레사는 "작은 일들에 충실하십시오. 당신을 키우는 힘은 바로 거기에 있습니다."라고 했다.

사람마다 성공하기를 원하지만 실제로는 실패하는 사람이 성공하는 사람보다 많다. 왜 그럴까? 왜 사람들은 성공을 원하면서도 실패로 인생을 마치게 될까? 그것은 바로 성공에 이르는 기본을 소홀히 하여 실패의 길로 나아가기 때문이다.

성공에 이르려면 3가지 기본을 갖추어야 한다.

첫째, 작은 일에 정성을 쏟아야 한다.
둘째, 바닥을 중요하게 여기고 기초를 튼튼히 하여야 한다.
셋째, 먼저 내면을 충실히 다진 후에 외면으로 나아가야 한다.
작은 일부터, 기초부터, 내면부터 충실히 다져야 한다. 그런 후에 큰일을 도모하여야 한다. 큰일이 작은 일보다 중요한 것 같지만, 큰일은 작은 일부터 시작되어 이루어지는 것이기에 작은 일을 소홀히 해서는 큰일을 이루어 낼 수 없다.
"호미로 막을 일을 가래로 막는다"는 속담도 있듯이 작은 일이 큰일로 이어지는 시작이라는 점을 마음에 깊이 새겨야 한다. 사람들이 타고난 체력이나 재능은 큰 차이가 없이 비슷하다. 다만 언뜻 눈에 보이지 않는 작은 일들에 대한 관찰, 배려, 실천이 성공과 실패를 판가름한다. 작은 일에 충실함으로 성공으로 이어지는 길을 닦아야 한다

"네 시작은 미약하였으나 네 나중은 심히 창대하리라"(욥기 8:7)

"천릿길도 한 걸음부터"라는 말이 있다. 작은 한 걸음 한 걸음이 쌓여서 천릿길을 간다. 작은 일 하나하나에 최선을 다하다 보면 큰일을 이루게 된다. 우리들이 오해하는 한 가지가 있는데 작은 일 하나하나를 챙기면 소심하다고 한다. 그리고 작은 일을 무관심하게 버려두는 것을 대범(大汎)하다고들 한다. 그러나 이는 대범이 아니라 불성실이다.

프랑스의 작가 앙드레 지드가 다음과 같이 말했다.

"겉보기에 매우 작아 보이는 일에도 최선을 다하라. 그 작은 일을 마치는 순간 우리는 그만큼 강해진다. 작은 일에 최선을 다하다 보면, 더 큰 일은 자연히 해결할 수 있게 된다. 뜻이 있는 곳에 길이 있다고 한다. 매사 버릴 게 없다는 마음가짐으로 임할 때 꿈은 뒤따라 이루어진다."라고 했다.

넓게 보면서 작은 일부터 성실히 감당하는 사람들은 성공한다. 그렇지 못한 사람은 실패한다. 넓게 보면 볼수록 작은 일에서부터 철저하게 챙길 줄 아는 사람, 마치 벽돌 한 장 한 장을 쌓아 집을 짓듯이 작은 일을 성실히 챙길 줄 아는 사람들에게 성공으로 가는 길이 열린다. 성공은 작은 일부터 시작된다. 작은 일에 성실한 것이 큰 성공으로 이어지는 지름길이 된다.

먼저 자기 자신부터 삶을 깨끗이 정리하며 사는가? 당신 환경을 생각해 보자. 우선 작은 것부터 살펴보자. 당신은 자신에게 주어진 기회를 100% 활용해 왔는가? 직장에서 전력을 다해 일하고 있는가? 혹시 분노와 원망에 사로잡혀 맥없이 하루하루를 보내고 있지는 않는가? 형제와는 잘 지내고 있는가? 배우자를 존중하는가? 자식들을 애정으로 대하는가? 건강과 행복을 파괴하는 나쁜 습관은 없는가? 주변을 더 좋은 곳으로 만들기 위해 하는 일이 있는가?

만일 그렇지 않다면 지금부터라도 해 보자. 자신이 옳지 않다고 생각하는 것을 오늘 당장 중단하자. 잘못된 것을 알면서 그것을 합리화하는데 세월을 더이상 낭비하지 말자. 이 세상에서 성공을 이루고 행복을 느끼고 있는 사람은 생각만큼 많지 않은 듯하다. 무한경쟁 시대의 환경에서 생존하고 성공의 목표를 달성하기 위해서는 무엇보다 많은 정보를 가지고 올바른 계획을 세워 실천해 나가는 것도 중요하다고 생각한다.

"힘든 장애물에 부딪혀 넘어지고 실패하는 것은 결코 부끄러운 일이 아니다. 실패 역시 꿈에 속하기 때문이다."   - 슈뢰더 -

9. 성공은 긍정적인 언어에서 시작된다

"내 아들아 나의 법을 잊어버리지 말고 네 마음으로 나의 명령을 지키라 그리하면 그것이 네가 장수하여 많은 해를 누리게 하며 평강을 더하게 하리라 인자와 진리가 네게서 떠나지 말게 하고 그것을 네 목에 매며 네 마음판에 새기라 그리하면 네가 하나님과 사람 앞에서 은총과 귀중히 여김을 받으리라"(잠 3:1-4)

"이 시대의 부자들은 모두 긍정주의자다. 그들이 항상 옳아서가 아니라 긍정적인 생각을 품기 때문이다. 심지어 그들이 하는 일이 틀렸을 때도 그들의 태도는 여전히 긍정적이다. 그들의 긍정적 사고야말로 그들이 목적을 달성하도록 하고, 스스로를 개선해 결국 성공에 이른다."   -데이비드 렌즈 -

지금은 실패와 좌절을 극복하는 힘이 어느 때보다 중요한 시대이다. 세상에서 가장 강력한 말은 "할 수 있다" 모든 것을 무력하게 하는 말은 "할 수 없다"이다. 그러므로 일을 가능하게 하려면 "나는 할 수 있다"라는 말을 자주 선포해야 한다. '할 수 있다' 는 말 한마디가 그렇게 어려운가? 할 수 있다는 믿음을 가지면 그런 능력이 없을지라도 결국 할 수 있는 능력을 갖게 된다.

그런데 실제로는 이렇게 말하기가 쉽지 않다. '할 수 있다' 는 사람과 '할 수 없다' 는 사람은 환경과 여건이 비슷해도 시간이 지나서 보면 비교가 안 될만큼 차이가 많이 난다. '나는 할 수 있다' 로 조금 더 긍정적으로 살고, '당신도 할 수 있다' 로 다른 사람이 긍정적인 생각을 하도록 힘을 줄 수 있다. 자신은 할 수 없다고 생각하고 있는 동안 사실은 그것을 실천하기 싫다고 다짐하는 것이다. 그러므로 그것은 실행되지 않는 것이다.

말에는 놀라운 힘이 있다. 사람은 자기가 하는 말을 닮는다. 한 사람이 매일 10분씩 '나는 날마다 조금씩 성장한다' 라고 외쳤다. 매일 이렇게 말하면서 그는 자신감과 열정을 되찾았다. 그리고 그는 정말 자신이 외친 대로 꿈을 이루었다. 말에는 어떤 일을 바로 실행하게 하는 힘이 있다. 자기가 한 말이 뇌에 전달되어 행동으로 나타난다. '난 할 수 있다'라고 말하면 할 수 있고, '난 할 수 없어'라고 말하면 할 수 없다. 또 말하면 이루어진다. 신기하기 그지없다. 말이 열매를 맺는다. 허세 없고 요란하지 않는 긍정의 말을 자주 한다면 자신뿐만 아니라 다른 사람까지 긍정적인 방향으로 변화시킨다.

언어 훈련은 인격훈련의 기본이다. 좋은 말버릇은 건강한 일상과 행복한 인생의 지름길이다. 긍정적이고 내용이 좋은 말을 하자. 다음과 같은 말이 입버릇이 되게 하자. '내 인생은 잘 풀린다.' '대단해, 대단해!' '참 멋진 생각이야!' '하루하루가 즐겁다!' '미소는 세상 최고의 보석이다.' '한 뼘 앞은 밝은 빛.' '아, 행복하다, 행복해!' '감사 또 감사합니다.' '내 마음은 늘 맑은 가을 하늘!' '구름 위는 언제나 맑음.' '꿈은 이미 이루어진 것이나 다름없다.' '운은 하늘에, 호박은 부엌에 있다.' '살아 있어 행복해!' '난 언제나 네 편이야!' '내가 너 좋아하는 거 알지?' '나는 운이 좋다.' 운 좋은 사람들은 운 없는 사람들과는 다르게 생각하고 행동한다. 운이 좋다고 믿는 사람들은 느긋하고 낙관적이며 마음이 열려 있다. 다양성을 추구하고 기회를 찾아다니며 도전을 긍정적으로 바라본다. 반대로, 운이 없다고 생각하는 사람들은 걱정과 두려움이 많고 시야가 좁다. 다양성을 피하고 기회를 놓치는 경향이 있다.

어떤 일을 시작하면 일단 잘될 것이라고 낙관하라. 그러면 그 낙관론이 성공을 안겨줄 것이다. 일시적으로 삐걱거리더라도 더 잘되기 위한 진통으로 받아들이고 더 잘될 결과를 생각하라. 시도하고 또 시도하는 자만이 성공을 이루어내고 그것을 유지한다. 시도한다고 잃을 것은 없으며, 성공하면 커다란 수확이 있다. 그러니 일단 시도해보라. 망설이지 말고 지금 당장 해보라.

긍정마인드는 영혼을 살찌우는 보약이다. 이러한 마인드는 우리에게 부, 성공, 즐거움과 건강을 가져다준다. 긍정적인 생각을 하는 사람은 무슨 일이든 감사하게 받아들인다. 반대로 부정적인 마인드는 영혼의 질병이며 쓰레기다. 이는 부, 성공, 즐거움과 건강을 밀어내고 심지어 인생의 모든 것을 앗아간다.

시인 헨리 롱펠로(Henry Longfellow)의 시 한 대목은 이렇다.
"저녁에 황혼이 사라져갈 때 하늘은 낮에 못 보던 별들로 가득하다." 긍정의 말을 입에 달고 다니면 기분이 좋아지며 말한 대로 이루어진다. 말은 생물이다. 어느 곳이든 그곳에서 한 말대로 살아 있다.

10. 성공하려면 말과 생각을 긍정적으로 바꾸라

"여호와의 말씀에 내 삶을 두고 맹세하노라 너희 말이 내 귀에 들리는대로 내가 너희에게 행하리라"(민 14:28)

"생각은 우주에서 가장 힘이 세다. 친절한 생각을 하면 친절해진다. 행복한 생각을 하면 행복해진다. 성공을 생각하면 성공한다. 훌륭한 생각을 하면 훌륭해진다. 나쁜 생각을 하면 나쁜 사람이 된다. 질병을 생각하면 아프게 된다. 건강을 생각하면 건강해진다. 당신은 당신이 생각하는 그것이 된다."   - 클레멘트 스톤 -

우리가 희망이 있다, 승리한다, 은혜가 있다는 말을 되풀이하며 그렇게 기도하고 꿈꾸면, 우리의 미래는 그렇게 이루어지며, 하나님께서 그렇게 되도록 하시겠다는 것이다.
사회학에서 사용하는 용어 중 N-Virus란 용어가 있다. 바이러스는 병을 옮기는데, 그 바이러스 앞에 Need란 단어의 머릿자를 따서 N-virus라 쓴다. Need란 단어는 필요, 요구 등의 뜻을 지닌 단어이다. 그러면 N-Virus는 무슨 뜻으로 쓰는 말인가?

　때로 기업이나 대학이나 국가의 구성원이 부정적인 사고에 젖어 우리 기업은 장래성이 없어 곧 부도나게 될 거라 한다든지, 우리 대학은 삼류 처지를 벗어날 수 없고 일류는커녕 이류에 들기도 어렵다는 낙담의 말을 하곤 한다. 그런 상황에서 새로 등장한 CEO나 임원, 총장이나 교수가 그러한 분위기에 동조하지 아니하고, 우리 기업은 장래가 밝고 우리 대학은 희망이 있다고 강조한다면 그런 말이나 사고방식이 전염된다는 말이다.

　그래서 그때까지 회사의 장래가 비관적이니 다른 곳으로 옮길 준비를 해야겠다던 사람들이 "그래, 우리 회사는 장래가 밝아. 우리가 열심히 하면 어떤 불경기, 어떤 어려움도 이기고 탄탄하게 성장할 수 있어!"하며 생각과 말을 긍정적으로 바꾸게 된다. 또 삼류 신세를 면치 못할 거라 하던 교수와 교직원, 학생들의 생각이 바뀌어 마음을 합하여 전진하면 일정 기간 안에 명문대학으로 뻗어나갈 수 있다는 자신감을 갖게 된다. 그러할 때에 처음에 자신감을 불어넣는 사람, 부정적인 사고와 분위기에서 벗어나 희망을 품도록 동기부여를 하는 사람을 일컬어 N-Virus를 지닌 사람이라 부른다. 지금 우리나라에 꼭 필요한 사람이 그렇게 N-Virus를 지닌 사람이다. 그렇지 않아도 어려운 처지에 박근혜 대통령의 실책으로 국민들의 사기가 몹시 떨어지고, 나라의 장래에 대하여 부정적인 생각이 퍼져 나가고 있는데, 이런 때에 사회 각 분야에서 N-Virus를 퍼뜨려 분위기를 일신할 수 있는 사람이 필요하다.

구약성경 민수기서 14장에서 하나님께서 이르시기를 "너희 말이 내 귀에 들리는 대로 이루지게 하겠노라"하셨다. 우리가 속한 국가와 기업, 섬기는 교회의 미래 역시 지금 우리가 말하는 것, 기도하는 것, 꿈꾸는 것이 결정한다. 지금이 N-Virus를 지닌 사람들이 나서 기업과 교회, 나라의 분위기까지 새롭게 하여야 할 때이다.

바란 광야가 이스라엘 백성에게 재앙의 땅이 된 것은 그들이 밤을 세워 "아이고 망했네, 망했어"를 되풀이하였기에 하나님께서 그들을 40년 세월 동안 광야에서 방황하다 죽어가게 하셨기 때문이다. 승리한다고 목이 메도록 외쳤던 갈렙과 여호수아는 어린 세대들과 함께 가나안 땅으로 들어가 새로운 역사를 창조하였다.

좋은 나라, 좋은 역사, 좋은 미래는 지금 우리들이 말하고 꿈꾸는 것, 기도하는 것, 그리고 절실하게 희망하는 것이 무엇이냐에 따라 결정된다. 말은 하나님으로부터 시작된다. 말에는 창조의 능력이 있다. 말에는 변화시키는 능력이 있다. 말에는 치유의 능력이 있다. 말에는 생명을 주는 능력이 있다. 말로서 용기와 기쁨을 주기도 한다. 반면에 말에 독이 있어 사람을 넘어지게 하고 문제 가운데 빠지게도 한다. 상처받게 하고 낙심하게 하며 죽이기도 한다.

하나님은 말에 깊은 관심을 가지시고 성경에서 많이 언급하셨다. 구약에서는 말에 대하여 1,750번 언급하셨고 신약에서는 582번 기록하셨다. 하나님은 우리의 말을 듣고 계신다. 우리의 탄식과 한숨도 들으시고 간구도 들으신다. 무의식중에 흘러나오는 한마디도 지나치지 않고 들으신다.

로버트 슐러(Robert H.Schuller)목사는, "당신은 힘차게 걸을 수 있는데도 절름발이로 걷고, 휘파람을 불 수 있는데도 우는 소리를 하고, 웃을 수 있는데도 울고 있지나 않는지 생각해 보라. 위대한 사람은 신앙을 쌓아 올리고, 희망을 불러일으키고 개성을 창조하는 사람이다." 슐러 목사는 교회를 개척하여 입구에 이런 말을 써 놓았다. "이 문안에 들어오는 사람은 모두 긍정적인 말을 하시오, 긍정적인 말이 아니면 입을 다물고 계시오."

들린 대로 행하시는 하나님 앞에서 값진 것을 보상 받으려면 긍정적인 말을 해야 한다. 긍정적인 말은 마치 거름을 주는 것과 같아 좋은 열매를 맺게 하지만 부정적인 말은 잡초를 뿌리는 것과 같아 자라지도 못하게 할 뿐 아니라 나쁜 열매를 맺게 만든다.

조엘 오스틴(Joel Osteen)의 "긍정의 힘"에 나오는 내용이다. 오스틴 목사의 어머니가 암에 걸려 현대의학으로는 고칠 수 없었는데 치유 받은 간증이 나온다. 의사들은 몇 주밖에 살 수 없다고 사형선고를 내린다. 하지만 오스틴의 어머니는 포기하지 않았다.

인간 권위자는 불가능하다고 했지만 절대 권위자인 하나님을 바라본 것이다. 그녀는 이렇게 외쳤다. "나는 죽지 않고 살거야! 나는 하나님의 역사를 선포할거야!" 그리고 치유에 관한 성경구절 40개를 종이에 적어놓고 큰 소리로 읽으면서 선포하였다. 그러자 놀라운 역사가 나타났다. 점차 식욕도 되찾고 건강을 회복하더니 온전해졌다. 그 후 20년이 지났지만 지금도 건강하게 생존해 있다.

그러므로 어떤 상황에서도 사람을 바라보지 말고, 조건을 바라보지 말고 하나님을 바라 보아야 한다. 그리고 믿음의 말을 하여야 한다. 즉 "나는 특별한 존재다, 하나님이 나를 특별히 사랑한다"고 말하면 결국 그가 말한 대로 하나님은 들으시고 그대로 행하여 주신다. 우리는 믿는 만큼 성취한다.

"강인하고 긍정적인 태도는 그 어떤 특효약보다 더 많은 기적을 만들어 낸다."
― 패트리샤 닐 ―

11. 성공한 사람들의 5분 사용법

"육신을 따르는 자는 육신의 일을, 영을 따르는 자는 영의 일을 생각하나니 육신의 생각은 사망이요 영의 생각은 생명과 평안이니라 육신의 생각은 하나님과 원수가 되나니 이는 하나님의 법에 굴복하지 아니할 뿐 아니라 할 수도 없음이라 육신에 있는 자들은 하나님을 기쁘시게 할 수 없느니라"(롬 8:5-8)

사람에게는 영과 혼이 있고 육이 있다. 그러므로 영적인 일도 해야 되고, 육적인 일도 해야 된다. 사람이 육적인 일을 먼저하면 육적인 일은 성공하지만 영적인 일은 실패하게 된다. 그러나 영적인 일을 먼저하고 그 다음에 육적인 일을 하면, 영적인 일도 성공하고 육적인 일도 성공한다. 온 세상 사람이 거의 다 육적인 일을 먼저 하니 육적인 일은 성공할지라도 영적으로는 실패하고 살아간다. 육적인 일을 먼저 하면 그 시간은 흘러간다. 육적인 일을 하는데 시간이 다 흘러가서 영적인 일을 못하게 되었으니 결국 영적일은 실패하는 것이다. 고로 인생은 매일 성공도 하고 실패도 하며 살아간다.

"멈추지 말고 한 가지 목표에 매진하라. 그것이 성공의 비결이다."
- 안나파블로바 -

인생의 성공을 결정하는 비결 중 하나는 꿈이 있어야 한다는 것이다. 꿈꾸는 자가 역사를 만든다는 말로 표현할 수 있다. 희망을 가질 수 없고 꿈을 가질 수 없는 최악의 조건에서 오히려 꿈을 키웠다. 그리고 그 꿈을 역사로 만들어 나갔다. 큰 꿈을 좇고 그 대가를 치르든가 다른 사람들에게 미움받지 않고 무난하게 어울리기 위해 자신의 야망을 줄이고 포기하든가 둘 중 하나다.

"자기에게는 엄격하고 남에게는 관대한 자세를 가져라."
- 공자 -

사람들 중에는 다른 사람의 비난을 받지 않기 위해 자신의 소신을 감추거나 침묵한다. 그런 사람들은 자신이 처한 그 자리만 지키다가 역사의 뒤안으로 사라진다. 그러나 성공의 길로 가려면 끊임없는 비난과 오해 속에서도 꿋꿋하게 자신의 꿈을 실천하여 나가야 한다.

성공하는 사람들의 5분 사용법

1. 아침에 일어나려고 생각했던 시간보다 5분 먼저 일어나고
2. 출근하는 직장에 다른 사람보다 5분 먼저 도착하고
3. 착수하려고 마음먹은 일은 5분 먼저 시작하고
4. 각종 회합과 약속 장소에는 5분 먼저 도착하고
5. 상사나 직장에서 지시했던 모든 업무는 그 지시받은 시간보다 5분 먼저 달성하여 보고하고
6. 실수를 했을 때는 5분 먼저 고백하고
7. 상사에게 건의할 일이 있을 때는 잘 생각해 보고 5분 늦게 건의하고
8. 직장에서 사표를 써야 할 일이 있을 때에는 5분만 더 생각하고,
9. 누가 내 귀에 거슬리는 말을 하더라도 즉각적인 반응보다는 5분 동안 생각하고 그때 가서 말을 하고
10. 무슨 결정을 내릴 때에는 5분 늦게 결정하고 5분 빨리 착수하며
11. 목표를 세울 때에는 5분 빨리 세우도록 할 것이며
12. 남의 장점을 다른 사람보다 5분 먼저 칭찬하고
13. 장거리를 자동차로 달릴 때에는 5분 늦게 달리도록 하고
14. 남과 토론할 때나 교섭할 때는 상대방보다 5분 늦게 말하고
15. 남의 집에 방문할 때에는 용무를 마치고, 예정된 시간보다 5분 먼저 일어나고
16. 상대방 이야기의 핵심을 5분 빨리 인식하여 감을 잡고
17. 다른 사람이나 실수에 대해서 비판할 일이 있을 때에는 남보다 5분 늦게 비판하며
18. 실패할 일이거나 기분 나쁜 일이 생길 때에는 5분 빨리 잊어버리고

19. 무슨 일이 잘 안되거나 어려울 때에는 즉시 포기하지 말고 5분 늦게 포기할 일이다.
20. 전혀 용서할 수 없는 상대의 잘못이라도 그 상대가 잘못을 뉘우치기 전에 그 잘못을 5분 먼저 용서하고
21. 상대방의 질책이나 하소연을 5분 정도 들어주고 나의 변명이나 설명은 5분 늦게 시작하고
22. 시간을 제압하는 사람이 운명을 제압한다는 사실을 명심하여 내가 차고 있는 시계의 바늘을 5분 빨리 돌려놓으며
23. 잠자리에 들 때엔 예정된 시간보다 5분 늦게 취침한다.

"계획 없는 목표는 한낱 꿈에 불과하다."   - 생텍쥐페리 -

12. 성공적인 삶을 위한 자신감 키우기

"할 수 있거든이 무슨 말이냐 믿는 자에게는 능히 하지 못할 일이 없느니라"(막 9:23)

큰 도전을 앞두고 실패하면 어떡하나 누구나 한 번쯤 고민할 때가 있다. 그럴 때 주위에서는 '자신감을 가져라.' '넌 해낼 수 있어.' 와 같은 위로를 하지만 정작 어떻게 해야 자신감을 높일 수 있는지는 알

려 주지 않는다.

"당신이 할 수 있다고 생각하면 할 수 있고, 할 수 없다고 생각하면 할 수 없다."
– 헨리 포드 –

자신감을 향상 시키는 방법
먼저 자신감에 대한 본질을 아는 것이 중요하다. '자신(自信)'이란 본인의 가치와 능력을 믿는 것이다. '나라면 그건 할 수 있어'와 같은 확신을 가지는 순간 우리는 도전하게 된다. 자신이 없다면 두려움에 빠져 아무것도 할 수 없게 된다. 심지어 이성에게 고백하는 것조차 어려움을 느끼게 된다. 따라서 모든 행동의 근원은 '자신' 즉 스스로의 가치와 능력을 신뢰하는 것에서 출발한다고 할 수 있다.

자신감은 3가지 요소로 성립된다.
1) 최고의 자기 모습을 상상한다.
 자신감을 얻고 싶다면 자신의 최고 모습을 상상하라. 예를들어 좋은 대학에 가고 싶다면 가장 좋은 대학에 고득점으로 붙는 모습을 상상하고 기분을 느끼는 것이다. 그 학교 학생들도 같은 인간인데 왜 나는 안된다는 거야? 라고 생각하며 멋진 캠퍼스 생활을 하는 자신의 모습을 머리에 떠올리는 것이다. 자신감 없는 사람들은 무의식적으로 '나에게 그것은 불가능해'라고 생각해 버린다. 이러한 상상은 은연중에 갖는 부정적인 감정을 없애 주는데 도움이 된다.

2) 자신의 노력으로 바꿀 수 있다는 것을 믿는다.

인간의 능력은 처음부터 결정되어 있다고 생각하는가? 만약 능력이 선천적으로 결정되어 있다고 믿어 버리면 자신감이 없어져 실천하는 힘도 없어진다. 하지만 우리 인생은 결코 그렇지 않다. 작은 목표부터 설정하여 성취하는 습관을 가져야 한다. '목표-〉노력-〉성취' 의 사이클에 익숙해지면 우리의 뇌도 '노력으로 바꿀 수 있다' 는 당연한 진리를 받아들이게 된다.

3) 실패는 성공의 과정임을 명심한다.
주시는 복을 누릴 수 있는 성품과 자질을 갖추게 하기 위하여 실패하게 하시고 훈련을 겪게 한다. 그런 과정을 통하여 영적 성숙과 됨됨이를 갖추게 된다. 인생은 항상 성공만 할 수 없다. 헤리포터의 저자인 J.K 롤링은 미혼모에 생활 보호 대상자였지만 헤리포터를 썼다. 천재는 노력하는 자를 이길 수 없고 노력하는 자는 즐기는 자를 이길 수 없다. 그녀의 소설은 12개의 출판사에 거절당했지만 포기하지 않고 13번째 겨우 자신의 책을 출판할 수 있었다. 실패가 거듭되더라도 좌절하지 않는 것이 중요하다. 성공에 가까워졌다는 의미이기 때문이다. '실패 〉새로운 전략 〉 재도전' 이 패턴은 자신감을 향상시키는 가장 좋은 방법이다.
이상 3가지가 자신감을 형성하는 방법이다. 도전하기 전 항상 성공하는 상상을 하고 실패해도 노력으로 바꿀 수 있다는 진리를 믿으며 실패가 거듭되어도 좌절하지 않고 일어서는 것! 자신감을 머리뿐만 아니라 가슴에도 새기는 방법이라 할 수 있겠다.

"모든 것을 잃었다 해도 희망만 남아 있다면, 거기에서 모든 것을 다시 시작할 수 있다. 희망은 항상 출발이자 영원한 시작이다."

– 이케다 다이사쿠 –

13. 성공적인 인간관계의 비결

"네 마음을 다하고 목숨을 다하고 뜻을 다하여 주 너의 하나님을 사랑하라 하셨으니 이것이 크고 첫째 되는 계명이요 둘째도 그와 같으니 네 이웃을 네 자신 같이 사랑하라 하셨으니 이 두 계명이 온 율법과 선지자의 강령이니라"(마 22:37-40)

성공적인 인간관계의 비결은 관심과 사랑이다. 인간관계에 있어서 중요한 것은 배려와 관심이다. 이 두 단어는 사람과 사람이 만나서 인간관계를 형성하는데 있어서 가장 중요한 역할을 하는 요소일 것이다. 우리가 만나는 사람들을 따뜻하게 배려하고, 격려의 말을 건넨다면 우리의 교제는 한층 더 좋아지고 풍성해질 것이다. 다른 사람의 행복에 관심을 갖고 도울 수 있다면 더욱 더 사랑이 넘칠 것이다.

"성공적인 인간 관계란 다른 사람의 행복에 관심을 갖는 것이다."

– 게리 체프 –

1) 먼저 베풀자

인간은 누구나 자신을 위해 무엇인가 해주기를 원한다. 뿐만 아니라 자신의 것은 아깝고 다른 사람의 것은 별것 아닌 것으로 안다. 그러나 직장이나 어디서나 훌륭한 관계를 만들 수 있는 비결은 자신이 먼저 남에게 베푸는 것이다. 직장에서는 자신이 가지고 있는 노하우(Know-How)를 공개하기꺼려한다. 그러나 회사를 위해서 자신이 가진 것을 서로가 공유할 때에 자신에게도 많은 이익이 돌아올 수 있다. 마음이나 정보 및 금전적으로 베풀 때 직장에서 재미있게 살아갈 수 있다.

2) 이익부터 생각하지 말라

누구와 친하게 지내면 나의 사업에 큰 도움이 될텐데, 그리고 저 사람과 친하게 지내면 승진하는 데 도움이 될텐데 하는 생각은 인간관계에 있어서 다른 사람을 수단으로 이용하는 진실된 인간관계가 되지 못하는 것이다.

3) 진실된 인간관계를 가지라

많은 친구보다 소수지만 진실한 친구가 필요하다. 개인의 삶은 정치인의 정치 스타일이 아니다. 인기에 편승해서 자신에게 표를 많이 밀어주는 것으로 자신을 훌륭하다고 보는 정치인 스타일의 인간관계는 직장에서는 재고해 볼 문제다. 또한 지금 만나고 있는 자가 가장 중요한 자라는 것을 인식한다면 매사에 모든 사람들과 인간관계를 진실되게 그리고 최선을 다할 수 있을 것이다.

4) 호감을 갖도록 한다

호감은 어떤 인기 위주의 스타일보다 자신의 업무와 과업에서의 호감을 말한다. 또한 리더의 자세보다 도우려는 자세, 나를 보이려는 자세보다 동료를 칭찬하는 자세는 은은한 화목의 바른 길일 것이다.

5) 필요한 정보를 제공하라

현대사회는 정보가 범람하는 사회다. 그러나 중요한 것은 많은 데이터 속에서 가치 있는 정보를 찾는 것은 더욱 힘들어지고 있다는 것이다. 직장에서 자신이 넘버원이 되고자 하는 자세로 자신이 알고 있는 정보를 주기 싫어한다. 그러나 회사나 직장내에서 자신의 알고 있는 정보의 공유의 관계는 자신의 정보를 더욱 살찌게 만들 수 있다. 교환하면 괴로움은 작아지고 값어치는 높아가며 행복은 커진다는 것을 인식해야 한다.

6) 최고의 친절성을 추구하라

세계는 지금 서비스 시대다. 어디나 매너가 좋고 서비스가 일품이면 그 직장의 성공은 탄탄대로이다. 친절하고자 하는 마음은 직장을 살찌우고 나아가서 결국은 자신에게 이익이 돌아오는 것이다.

7) 급한 관계 개선을 기대하지 말라

몇 번 만나고 과거부터 친한 사람처럼 행동하지 말라. 많은 시간 동안의 만남이 정의 깊이를 더욱 깊게 하는 데 정비례한다. 그래서 미운 정 고운정이라고 하는 것이다. 자주 만나도록 하자 그리고 항상 처음과 끝이 똑같은 자세를 가지자. 우리는 가끔씩 어릴 때 친구를 만나면 허물없이 대화하고 서로 간의 격이 없이 대하게 된다. 이는 오래된 친구일수록 서로 간의 이해폭이 넓어진다는 것이다.

8) 포용력 있는 관계를 가지라

포용력은 다분히 많은 양해와 희생정신이 따른다. 특히 노사 간의 관계가 원활함은 포용력에 비례한다고 인식해야 한다. 부하 직원을 이해하고 자신의 욕심을 줄이며, 회사는 사장 개인의 것이라는 것보다 우리의 것으로 가꾸어 나가는 자세가 필요하다.

직장의 구성원으로 좋은 인간관계를 가지기 위해서는 자기 자신을 떠나 상대방을 이해하려는 생각과 남을 존경할 줄 아는 마음가짐이 필요하다. 이것이 바로 예절인 것이다. 따라서 예절은 자신의 인격을 높이는 계단과도 같다. 자칫 예절은 남에게 보이는 것 또는 인간관계만을 위한 것으로 생각하기 쉬우나 사실은 자신을 위한 도약의 기본 조건이다.

그러므로 예절이 마음속에서 우러나오도록 힘써야 하는 것은 직장에서 기본적인 요소이다. 직장은 각기 인격을 인정받고, 사회인으로서의 권리와 의무를 함께 지니고 있는 사람들이 모여서 일하는 곳이지만, 여러 사람이 모여 생활하게 되므로 뜻에 맞지 않는 일도 있고 불쾌한 일도 생기게 된다. 공동생활에서 잘 어울리고 일의 능률을 올리는 사람은 자기 태도에 주의하고 의사를 분명히 하며 원만한 대인관계를 지니도록 노력하는 예의를 갖춘 사람이다. 성공적인 직장생활에 필수적인 것들을 세부적으로 조사하여 다루었다.

신입 사원으로서 직장에 대한 자세

다른 사람보다 먼저 출근해 그날의 일과를 점검하고 윗사람이든 동료든 내가 먼저 인사하라. 팀 또는 부서의 장에게 모든 지시사항에 순종하며 일하라. 그 내용이나 할 일에 불만이 있어도 거역 또는 불평을 하지 말라. 회식 또는 모임이 있을 때는 그 좌석 분위기에 따른 좋은 이미지를 하나씩 심어주고 너무 튀는 것보다는 은근한 이미지를 항상 품어내 보라.

모든 사람에게 호감을 사는 발언이나 행동은 항상 은연중에 나의 이미지를 표출한다. 모든 직장 내 사람들과 절대로 적을 만들지 말고, 이 회사는 나의 회사이고 또 내가 이 회사의 사장이라는 입장에서, 회사를 대표하는 마음가짐으로 모든 일을 처리하라. 내가 하는 일에 항상 최고가 되어 자부심을 가지고 일하고 항상 겸손하게 부서장 또는 임원들에게 나의 이미지가 어떻게 표출되어 있는지를 점검하는 기회가 왔을 때 그 기회를 놓치지 말고 최대한 활용하여 나의 나 됨을 깊이 심어주라.

성공은 1%의 가능성을 99%의 노력으로 이룬다는 명언을 명심하라. 그러면 당신은 이미 성공한 청년이다. 성공을 방해하는 세 가지 나쁜 마인드는 첫째 매사에 부정적인 생각을 하는 것, 둘째 게으름과 나태함, 셋째 대충 넘어가는 무사안일주의다.

"각각 은사를 받은 대로 하나님의 여러 가지 은혜를 맡은 선한 청지기 같이 서로 봉사하라"(벧전 4:10)

14. 성공한 사람들의 7가지 습관

"너는 마음을 다하여 여호와를 신뢰하고 네 명철을 의지하지 말라 너는 범사에 그를 인정하라 그리하면 네 길을 지도하시리라"(잠 3:5-6)

습관은 삶의 방식을 결정한다. 좋은 습관을 가져야 후회없는 삶을 살 수 있는 것이다. 인생의 성공 열쇠는 습관에 달려있다. 스티븐 코비가 쓴 『성공하는 사람들의 7가지 습관』이란 책은 세계적인 베스트셀러 중의 하나이다. 이 책에서 성공하는 사람들의 두드러진 습관 중 하나로 인간관계에서 서로 간의 이익을 추구하는 상생(相生)의 습관을 들었다.

성공하는 사람들은 함께 이기는 Win-Win Game을 한다는 것이다. 그래서 코비는 나만이 승자가 되기 위하여 상대방을 넘어뜨리려는 사고방식에서 과감히 벗어날 것을 강조한다. 이런 사고방식의 전환은 먼저 내가 손해 볼 줄 아는 마음가짐을 실천할 때에 가능하다. 이런 마음가짐은 하루아침에 체득(體得)되는 것이 아니다.

어린 시절 부모와 가까운 사람들로부터 보고 배우는 긴 과정이 뒷받침 되어야 한다. 이런 가치관을 지닌 사람으로 성장하여 나가려면 장기적인 삶의 목표를 세워 그 목표를 이루기 위하여 살아가는 사람이 되어야 한다.

이런 장기적인 목표가 없이 살아가는 사람은 우선 눈앞의 이익에 매여 사는 사람으로 머물기 쉽다. 그러나 장기적인 목표를 세우고 살아가는 사람들은 우선은 손해를 볼지라도 멀리 내다보고 살아가기에 당장의 손해를 능히 받아들일 수 있다.

이런 장기적인 목표가 서 있지 않은 사람들은 당장 눈앞의 손해를 쉽사리 포기하려 들지 않는다. 이렇게 당장의 이익에 매여 살다보면 어느 순간에 삶의 목표 의식을 잃고 방황하는 인생을 살게 된다. 우리 자녀들에게 더불어 사는 가치관과 함께 승리하는 사고방식을 길러주는 일에 좀 더 관심을 기울여야 할 때다.

성공하는 사람들의 7가지 습관 – 스티븐 코비 –
1) 자신의 삶을 주도하라
　인생의 코스를 스스로 선택하라. 성공하는 사람들은 자신이 할 수 없는 일에 집착하거나 외부의 힘에 반응하는 대신, 할 수 있는 일에 집중하며 자신의 선택과 결과에 책임을 진다.
2) 끝을 생각하며 시작하라
　자신이 어디로 향하고 있는지 알기 위해서는 전반적인 인생목표를 포함해 최종목표를 정해야 한다.
3) 소중한 것을 먼저하라
　긴급함이 아니라 중요성을 기반으로 업무 우선순위를 정하고 습관 2에서 정한 목표성취를 돕는 계획을 세우라. 우선순위에 따라 업무를 수행하라.
4) 윈 – 윈을 생각하라
　쌍방에 도움이 되는 해결책을 추구하라.
5) 먼저 이해하고 다음에 이해시키라
　상호존중하는 환경을 조성하고 문제를 효과적으로 해결하기 위해서는 타인의 말을 경청하고 열린 자세를 가져야 한다. 이로써 상대도 같은 태도를 보이도록 유도할 수 있다.
6) 시너지를 내라
혼자서 달성할 수 없는 목표를 이루기 위해 팀을 활용하라. 팀원들의 최대성과를 이끌어내기 위해 유의미한 공헌과 최종목표를 장려하라.
7) 끊임없이 쇄신하라
장기적으로 성공하기 위해서는 기도나 명상, 운동과 봉사활동, 고무적인 독서를 통해 몸과 마음, 영혼을 건강하게 유지하고 쇄신해야 한다. "실패는 성공을 위한 리허설"이다.

"우리는 쉽게 얻는 것에 대하여 너무 가볍게 생각한다. 만물에 그 가치를 부여해 주는 것은 귀중함 뿐이다. 하나님만이 만물에다 적절한 가치를 부여하는 방법을 아신다."   - 토마스 페인 -

15. 좋은 습관을 지닌 사람이 성공에 이른다

"무엇이든지 남에게 대접을 받고자 하는 대로 너희도 남을 대접하라 이것이 율법이요 선지자니라"(마 7:12)

"생각을 바꾸면 습관이 바뀌고 습관이 바뀌면 행동이 바뀌고 행동이 바뀌면 인생이 달라진다."   — 작자미상 —

좋은 습관이 좋은 사람을 만들고 나쁜 습관이 나쁜 사람을 만든다. 좋은 습관을 지닌 사람이 성공에 이르고 나쁜 습관을 지닌 사람은 실패하는 인생을 살아간다. 왜 어떤 사람은 좋은 습관으로 살아 자신을 일으켜 세우고 어떤 사람은 나쁜 습관으로 살아 자신을 무너뜨리는가? 해답은 한 가지이다. 좋은 습관으로 살아가는 데에는 대가(代價)를 치러야 함에 있다.

좋은 습관으로 살아가는 사람은 그 습관을 몸으로 익혀 나감에 치러야 할 대가를 기꺼이 치른 삶이다. 그러나 그렇지 못한 사람은 자신이 선택한 그릇된 습관에 젖어 자신을 무너뜨린다.

남다른 대가를 치르고 체득(體得)되야 하는 좋은 습관에 다음 4가지가 있다.

첫째는 일찍 일어나 그날 하루의 준비를 하는 습관이다.
둘째는 열심히 걷는 습관을 실천하는 사람이다.

셋째는 마음의 양식이 되는 책 읽기에 정성을 쏟는 습관이다.
넷째는 매사에 긍정적인 사고방식, 삶의 태도를 지니는 습관이다.

늦잠을 즐겨하는 삶이 성공적인 삶을 살아가는 예는 거의 없다. 야행성(夜行性) 습관을 지닌 삶은 거의가 자신의 인생을 낭비한다. 일찍 일어나 새벽 공기를 허파 가득히 들이마시며 동녘에서 떠오르는 태양을 보며 살아가는 사람들이 무언가에 앞선 사람이 된다.

걸으면 살고 누우면 죽는다. 나이 들어가면서 건강을 유지하고 인간답게 살려면 걸어야 한다. 걷고 걷고 또 걸어야 한다. 독서는 국력의 기본이 되고 개개인의 삶의 질을 결정하는 비타민이다. 독서를 게을리하는 국민들이 선진 국민이 될 수 없다.

모든 인생에는 긍정적인 면과 부정적인 면이 공존한다. 긍정적인 면에 관심을 기울이고 긍정적으로 생각하고 행동하는 사람들이 인생의 경기장에서 승리자가 된다.

성공한 여성의 7가지 습관

1. 표정이 언제나 밝다.
   그런 여성에겐 자신감이 넘쳐 보이고 다가오는 사람들이 많아지게 된다. 어떤 일을 하든지 성공할 것 같은 이미지를 풍기므로 도움과 지원이 많아진다.
2. 목소리가 생기발랄하고 애교가 넘친다.
   만나보지 못한 상태에서도 전화 목소리만으로 호감을 주고 상대방으로 하여금 만나보고 싶은 마음을 이끌어 내는 여성이다.
3. 자기가 맡은 일에 전문성을 가지고 똑 부러지게 한다.

어려운 일이 닥쳐도 여자라는 핑계로 떠넘기려 하지 않는다. 부드러운 설득력으로 주변의 지원을 받아낼 줄 알고 끝까지 정성스럽게 최선의 노력을 아끼지 않는다.
4. 대인관계가 원만하다.
개인적으로나 업무상으로 절대로 적을 만들지 않는다. 언제나 동원할 수 있는 응원군으로 대기시켜 놓는다. 그리고 남자들에게 항상 얻어먹지 않고 가끔씩은 당당하게 돈을 쓸 줄도 안다.
5. 고마워 할 줄 안다.
자신에게 도움을 주는 사람뿐만이 아니라 경쟁 상대인 관계에서도 마찬가지의 자세를 가지고 있다. 나 외의 모든 사람은 고객이다라는 말에 동의하고 상대방이 있기 때문에 자신이 존재하고 발전할 수 있음에 감사한다.
6. 상대의 고통과 고민을 감싸주고 이해한다.
누구나 자신의 고통을 하소연하기는 쉬워도 상대방의 어려움을 이해하기는 쉽지가 않은 법이다. 들어준다는 것은 내 편으로 만들고 있다는 증거이다.
7. 다정하고 따뜻하나 헤프지 않다. 포용과 절제가 무엇인지를 안다.

"행동의 씨앗을 뿌리면 습관의 열매가 열리고 습관의 씨앗을 뿌리면 성격의 열매가 열리고 성격의 씨앗을 뿌리면 운명의 열매가 열린다."
― 나폴레옹 ―

16. 습관은 21일 간의 노력으로 바꿀 수 있다

"우리가 환난 중에도 즐거워하나니 이는 환난은 인내를, 인내는 연단을, 연단은 소망을 이루는 줄 앎이로다"(롬 5:3-4)

습관에 대한 연구에 따르면 인간의 일상행동 중에 40%가 습관이라 한다. 일상의 습관은 무의식적으로 우리 삶을 지배한다. 이 말은 우리 일상생활의 40%는 자동으로 작동한다는 뜻이다. 습관은 별로 중요한 것 같아 보이지 않지만 삶 전체가 성공이냐 실패냐를 가르는 비밀이다.

습관에 의한 행동과 선택은 성공과 실패를 결정짓는다. 가정의 부모나 학교의 스승으로부터 혹은 시련과 실패를 통하여 좋은 습관을 체득한 사람은 성공하는 삶을 살게 된다. 그런 사람들이 세상을 이끌어 가게 된다.

나는 지금 좋은 습관을 지니고 살아가고 있는가? 아니면 나쁜 습관으로 나 자신을 실패자로 몰아가고 있는가? 나는 지금 성공하는 삶을 살게 될 것인가 실패자로 살아가게 될 것인가를 결정하는 갈림길에 서 있다. 이 질문의 핵심은 나 자신을 좋은 습관을 따르는 사람으로 바꾸어 나가야 한다는 말이다.

나 자신의 나쁜 습관을 바꾸려면 나의 뇌(腦)가 저항한다.

그래서 새로운 습관을 가지려는 나의 노력이 얼마 후에 사라진다. 새로운 습관을 실천하려 힘쓰지만 얼마 후에 뇌가 옛 습관으로 되돌려 놓는다. 그래서 옛 습관이 다시 살아난다. 최근의 심리학적 연구와 실힘에 따르면 새로운 습관을 온 몸으로 익힘에는 3주, 21일이 필요하다는 것이다. 21일 만에 옛 습관에서 벗어나 새롭고 바람직한 습관을 체득(體得)할 수 있는 훈련을 쌓아야 한다.

사람들은 자신의 잘못된 습관을 안다. 그래서 고쳐 보려고 무진 애를 쓴다. 그러나 작심삼일(作心三日)이란 말도 있듯이 어느 사이에 결심한 바가 해이하여지고 제자리로 돌아가고 만다. 우리 뇌(腦)가 그렇게 만든다. 뇌는 습관에 따라 입력된 바대로 제자리로 돌아가기를 택한다.

그래서 심리학에서 한 번 입력된 습관을 어떻게 고칠 수 있는지에 대하여 여러 가지로 실험을 하였다. 연구 결과 습관을 고침에 기본적으로 필요한 일수가 21일임을 밝혀내었다. 예를 들어 아침 8시까지 늦잠을 자는 사람이 6시에 일어나고 싶을 때 어떻게 할 것인가? 어떤 방법 어떤 과정을 거쳐 8시에 일어나던 사람이 6시에 일어나는 습관으로 바꿀 수 있게 되는가?

주위의 친한 사람에게 6시에 깨워 주기를 부탁한다. 혹은 자명종(自鳴鐘) 시계를 구입하여 머리맡에 두고 6시에 큰 소리로 울리도록 장치하여 둔다. 물론 도움이 된다. 그러나 안심할 수 없다. 주위에서 깨워 주어도 본인의 의지력이 강력하지 못하다면 다시 누워버리면 그만이다. 그리고 자명종 시계를 6시에 울리게 해 두었어도 본인이 꺼버리고 다시 잠들어 버린다.

그래서 다른 어떤 방법보다 중요한 것이 자신의 강력한 의지(意志)이다. 어떤 유혹 어떤 장애도 스스로 극복하고 옛 습관을 고치고 새 습관을 따르겠다는 강력한 의지가 선행되어야 한다. 그런 자기극복의 의지를 지니려면 자신의 미래에 대한 확실한 그림이 그려져야 한다.

내가 무엇을 위하여 지금의 습관을 극복하고 새로운 습관으로 바꾸려 하는지 청사진(靑寫眞)이 마음속에 확립되어 있어야 한다.

"운명은 그 사람의 성격에 의해서 만들어진다. 그리고 성격은 그 사람의 일상생활의 습관에서 만들어진다. 그러기 때문에 오늘 하루 좋은 행동의 씨를 뿌려서 좋은 습관을 거두어들이도록 하지 않으면 안 된다. 좋은 습관으로 성격을 다스린다면 그때부터 운명은 새로운 문을 열 것이다."
— 데커 —

17. 자기 삶을 당당하게 가꾸는 사람

"무릇 지킬 만한 것보다 더욱 네 마음을 지키라 생명의 근원이 이에서 남이니라"(잠 4:23)

"누가 가장 영광스럽게 사는 사람인가? 한 번도 실패함이 없이 나아가는 사람이 아니라 실패할 때마다 조용히 그러나 힘차게 다시 일어나는 사람이다."
— 스미스 —

1. 힘차게 일어나라

시작이 좋아야 끝도 좋다. 육상선수는 심판의 총소리에 모든 신경을 곤두세운다. 0.001초라도 빠르게 출발하기 위해서다.

2020년 365번의 출발 기회가 있다. 빠르냐 늦느냐가 자신의 운명을 다르게 연출한다. 시작은 빨라야 한다. 아침에는 희망과 의욕으로 힘차게 일어나라.

2. 당당하게 걸으라

인생이란 성공을 향한 끊임없는 행진이다. 목표를 향하여 당당하게 걸으라. 당당하게 걷는 사람의 미래는 밝지만, 비실거리며 걷는 사람의 앞날은 암담하기 마련이다. 값진 삶을 살려면 가슴을 펴고 당당하게 걸으라.

3. 오늘 일은 오늘로 끝내라

성공해야겠다는 의지가 있다면 미루는 습관에서 벗어나라. 우리가 살고 있는 것은 오늘 하루뿐이다. 내일 해가 뜬다해도 그것은 내일의 해다. 내일은 내일의 문제가 우리를 기다린다. 미루지 말라. 미루는 것은 죽음에 이르는 병이다.

4. 시간을 정해 놓고 책을 읽으라

책 속에 길이 있다. 길이 없다고 헤매는 사람의 공통점은 책을 읽지 않는데 있다. 지혜가 가득한 책을 소화시키라. 하루에 30분씩 독서 시간을 만들어 보라. 바쁜 사람이라 해도 30분 시간을 내는 것은 힘든 일이 아니다. 하루에 30분씩 독서 시간을 만들어 보라. 학교에서는 점수를 더 받기 위해 공부하지만, 사회에서는 살아 남기 위해 책을 읽어야 한다.

5. 웃는 훈련을 반복하라

최후에 웃는 자가 승리자다. 그렇다면 웃는 훈련을 쌓아야 한다. 자신을 돋보이게 하는 지름길도 웃음이다. 웃으면 복이 온다는 말은 그냥 생긴 말이 아니다. 웃다보면 즐거워지고 즐거워지면 일이 술술 풀린다. 사람은 웃다보면 자신도 모르게 긍정적으로 바뀐다. 웃고 웃자. 그러면 웃을 일이 생겨난다.

6. 말하는 법을 배우라

말이란 의사소통을 위해 하는 것만은 아니다. 자기가 자신에게 말을 할 수 있고, 절대자인 신과도 대화할 수 있다. 해야 할 말과 해서는 안 될 말을 분간하는 방법을 깨우치자. 나의 입에서 나오는 대로 뱉는 것은 공해다. 상대방을 즐겁고 기쁘게 해주는 말, 힘이 생기도록 하는 말을 연습해보자. 그것이 말 잘하는 법이다.

7. 하루 한 가지씩 좋은 일을 하라

인생에는 연장전이 없다. 그러나 살아온 발자취는 영원히 지워지지 않는다. 하루에 크건 작건 좋은 일을 하자. 그것이 자신의 삶을 빛나게 할 뿐 아니라 사람답게 사는 일이다. 좋은 일 하는 사람의 얼굴은 아름답게 빛난다. 마음에 행복이 가득 차기 때문이다.

8. 자신을 해방시키라

어떤 어려움이라도 마음을 열고 밀고 나가면 해결된다. 어렵다, 안 된다, 힘들다고 하지 말라. 굳게 닫혀진 자신의 마음을 활짝 열어보자. 마음을 열면 행복이 들어온다. 자신의 마음을 열어 놓으면 너와 내가 아니라 모두가 하나가 되어 기쁨 가득한 세상을 만들게 된다. 마음을 밝히라, 그리고 자신을 해방시키라.

9. 사랑을 업그레이드 시키라

사랑은 아무나 하는 것이 아니다. 그런데도 아무나 사랑을 한다. 말이 사랑이지 진정한 사랑이라고 할 수는 없는 일이다. 처음에 뜨거웠던 사랑도 시간이 흐름에 따라 차츰 퇴색된다. 그래서 자신의 사랑을 뜨거운 용광로처럼 업그레이드시키는 것이 필요하다. 지금의 사랑을 불살라 버리자. 그리고 새로운 사랑으로 신장 개업하라.

10. 매일 매일 점검하라

생각하는 민족만이 살아 남는다. 생각 없이 사는 것은 삶이 아니라 생존일 뿐이다. 이제 자신을 점검해 보자. 인생의 흑자와 적자를 보살피지 않으면 내일을 기약할 수가 없다. 저녁에 그냥 잠자리에 들지 말라. 자신의 하루를 점검한 다음 눈을 감으라. 나날이 향상하고 발전한다.

"인간이 자신에게 요구되는 바를 이뤄내기 위해서는 자신을 실제 모습보다 훨씬 훌륭하다고 여겨야 한다." – 요한 볼프강 폰 괴테 –

18. 사람다운 모습

"마음의 즐거움은 얼굴을 빛나게 하여도 마음의 근심은 심령을 상하게 하느니라"(잠 15:13)

사람다운 모습은 훈훈한 마음에 빙그레 웃는 얼굴이다. 도산 안창호 선생님은 온갖 어려움을 몸소 겪으며 사셨지만, 늘 훈훈한 마음에 빙그레 웃는 얼굴로 사람들을 대하곤 하셨다. 우리 사회는 유난히 스트레스가 많은 사회이다.

과도한 스트레스 탓에 모두들 찌푸린 얼굴로 살아가게 된다. 아침 출근 녘에 지하철을 타보면 한결같이 울적한 얼굴들이다. 빙그레 웃는 얼굴 모습을 찾아보기 힘들다. 올해는 모두가 작정하고 훈훈한 마음에 빙그레 웃는 얼굴로 한 해를 보낼 수 있었으면 한다.

교육의 철학은 전인형성(全人形成)이다. 인간적 능력을 균형적, 조화적으로 발달케 해야 한다. 이를 위해서는 우선 눈에는 맑은 기운인 정기(精氣)가 빛나야 한다. 그 눈은 마음의 거울이요, 정신의 창이다.

옛사람은 안광 형형(眼光 炯炯)이라고 했다. 수정처럼 맑은 눈을 가져야만, 사물의 핵심을 꿰뚫어보는 통찰력(洞察力)이 생긴다. 이런 눈에서 인생과 역사를 멀리 내다보면서 모든 일을 슬기롭게 판단하는 혜안(慧眼)이 생긴다. 눈빛이 흐리고 탁한 사람은 아무 것도 기대할 것이 없다.

육안(肉眼)도 중요하지만 심안(心眼)이 더 중요하다. 마음의 눈이 맑아야 한다는 말이다. 맑은 심안을 가져야만 진리를 볼 수 있고, 지혜를 깨달을 수 있다. 짧은 생각을 하는 단견(短見)이나, 편협한 소견을 갖는 편견(偏見)이나, 좁은 생각을 하는 관견(管見)은 모두 마음의 눈이 좁고 흐리기 때문이다. 총기(聰氣)의 빛이 번쩍거리는 맑은 눈, 이것이 우리가 갖고 싶은 눈이다.

또 우리의 얼굴에는 화기(和氣)가 풍겨야 한다. 훈훈한 마음으로 빙그레 웃는 얼굴, 이것이 우리 한국인이 가져야 할 마음 표정이요, 얼굴 표정이다. 그래서 옛 사람은 화기만면(和氣滿面), 춘풍접인(春風接人)이라고 했다. 화기가 가득한 얼굴로 봄바람처럼 훈훈하게 사람을 대하는 화기가 충만한 얼굴, 그것은 축복이요, 하나의 예술이다.

그리고 우리의 몸에는 활기가 넘쳐야 한다. 몸에 활기가 충만해야만 칠전팔기(七顚八起)하는 늠름한 용기가 솟구치고, 고난과 시련을 극복하는 강한 의지력이 생기고, 목표에 도전하는 굳센 인내력과 공고한 투지력이 생긴다.

싹이 푸른 사람과 싹이 노란 사람이 있다. 우리는 상록수(常綠樹)와 같은 푸른 기상을 가져야 한다. 인도의 성웅 간디는 이렇게 말했다. "인간의 첫째 의무는 자기의 심신을 강건(強健)케 하는 것이다." 사람은 몸과 마음이 강건해야만 가정에서, 직장에서, 그리고 사회 공인 구실을 제대로 할 수가 있다. 강건한 신체에 강건한 정신이 깃들인다.

건강관리는 인간의 첫째가는 관리다. 체력은 인간의 기초 자본이다. 몸에 활기가 넘칠 때, 얼굴은 발랄해지고 보무(步武)는 당당해지고, 일에는 생동감이 넘치고, 대인관계는 친절과 미소가 넘친다. 활기야말로 인생의 대업을 성취하는 원동력이다.

그뿐만 아니라, 우리의 가슴에는 의기(義氣)가 넘쳐야 한다. 의기는 의로운 마음이요, 옳은 것을 사랑하는 마음이다. 사회에는 의로운 사람이 많아야 하고 민족에는 의로운 정신이 넘쳐야 한다. 옛날 소돔과 고모라성(城)은 의인 열 사람이 없어서 망했다. 이것은 성서가 우리에게 가르쳐 주는 역사의 위대한 교훈이다.

"여호와께서 하늘 곧 여호와께로부터 유황과 불을 소돔과 고모라에 비같이 내리사 그 성들과 온 들과 성에 거주하는 모든 백성과 땅에난 것을 다 엎어 멸하셨더라"(창 19:24-25)

참을 사랑하고 거짓을 미워하는 마음, 이것이 의(義)다. 義의 질서가 무너질 때 그 나라는 조만간 멸망한다. "인인심야(仁人心也), 의인로야(義人路也), 어질고 착한 것이 인간 본래 마음 바탕이요, 참되고 의로움은 사람이 마땅히 가야 할 옳은 길이다." 맹자의 명언이다. 개인에게는 양심이 건재해야 하고 사회는 기강이 서 있어야 하고 민족에는 정기(正氣)가 빛나야 한다. 이것이 모두 의(義)의 표현이다.

끝으로 우리의 생활에는 윤기(潤氣)가 있어야 한다. 윤기는 윤택한 것이요, 여유가 있는 것이요, 낭만과 풍족한 것이다. 산업사회, 도시화, 경쟁사회 속에서 우리의 마음은 콘크리트처럼 딱딱하고 우리의 생활은 아스팔트처럼 메마르기 쉽다. 윤기의 반대는 거칠고 메마르고 삭막(索漠)하고 황량한 것이다. 인간이 기계처럼 되기 쉽고 물건처럼 되기 쉽다. 우리의 생활에 윤택한 기운이 넘쳐야 한다.

낭만이 없는 생활은 생활이 아니다. 멋이 없는 인생은 인생이 아니다. 유유자적(悠悠自適)하는 마음, 호연지기(浩然之氣)를 가지는 풍류를 즐기는 생활, 태연자약(泰然自若)한 자세로 인생을 여유 있게 살아가는 태도, 이것이 생활의 윤기다. 눈에는 정기를, 얼굴에는 화기를, 몸에는 활기를, 마음에는 의기를, 생활에는 윤기를 가질 때 우리는 비로소 인간다운 인간이 되는 것이다.

"사람이 사람답게 살 수 있는 힘은 오직 의지력에서 나온다. 물그릇이 있어야 물을 뜰 수 있다. 의지력이란 바로 그런 물그릇인 것이다."
— 레오나르도 다빈치 —

19. 참된 성공에 이르는 삶

"내가 깨달은 것은 오직 이것이라 곧 하나님은 사람을 정직하게 지으셨으나 사람이 많은 꾀들을 낸 것이니라"(전 7:29)

하나님께서 사람을 지으시던 때에 사람을 정직하게 지으시고 그 마음속에 평화와 행복과 건강을 누리도록 하셨는데 사람들이 많은 꾀를 내어 자기들의 힘으로 행복하게, 건강하게 살려고 애를 태우고 있다. 그래서 하나님께서 이미 마음속에 심어 놓으신 행복과 건강과 평화를 누리지 못하고 살아가고 있다.

참된 성공에 이르는 삶은 사람들의 마음속으로부터 나온다. 이미 하나님께서 마음속에 심어 놓으신 행복과 건강과 평화를 누리는 것이 중요하다. 그러나 사람들은 밖에서 그런 삶을 찾으려 한다. 이미 자신의 마음속에 있는 것을 모른채 밖에서 찾으려 부질없는 꾀들을 부린다.

최근 미국에서 발간되어 전 세계에서 베스트셀러인 〈힐링코드〉는 심리학자인 알렉산더 로이드와 외과 의사인 벤 존슨이 함께 쓴 책이다. 이 책의 포인트는 하나님께서 사람을 지으시던 때에 유전자 속에 행복하고 건강하게 살 수 있도록 입력시켜 두었다는 것이다. 그런데 사람들이 잘못된 습관, 잘못된 음식, 잘못된 인간관계로 말미암아 그 유전자가 병들어 각종 병에 시달리게 되고 불행한 삶을 살게 되었다는 것이다. 해결은 창조하던 때의 본래 상태로 돌아가게 되면 회복되고 치유 된다는 것이다.

"너는 내게 부르짖으라 내가 네게 응답하겠고 네가 알지 못하는 크고 은밀한 일을 네게 보이리라"(렘 33:3)

알렉산더 로이드가 결혼한 지 6개월 만에 아내가 우울증에 걸렸다. 자신이 심리학자이면서도 아내의 우울증을 치료하지 못하여 무려 12년간 온갖 고생을 다하였다. 어느 밤에는 아내가 피투성이가 되어 온 침대를 피로 물들이는 소동에 이르기까지 증세가 악화하였다. 그러던 어느 날 로이드 박사가 로스앤젤레스 지역에 특강을 나왔다가 집으로 가는 비행기를 타려고 공항으로 가는 중에 다급한 목소리로 도움을 청하는 아내의 전화를 받았다. 해결의 방도를 찾지 못한 채로 12년간 시달린 로이드 박사는 비행기 좌석에 앉자 비통한 마음으로 하나님께 도우심을 요청하는 기도를 드리게 되었다.

"모든 질병 중 하나도 너희에게 내리지 아니하리니 나는 너희를 치료하는 여호와임이라"(출 15:26)

"살아계신 하나님, 신실하신 하나님, 불쌍한 저의 아내를 도와주십시오. 이미 12년째 치료의 길을 찾지 못한 채로 고통이 날로 심하여지고 있습니다. 어떤 심리치료로도, 의술로도 고치지를 못하고 있습니다. 치료하시는 하나님의 손길이 아니고는 치료의 길이 없습니다. 여호와 라파 하나님께서 도와주시옵소서." 이렇게 간절히 기도하는 중에 문득 치료할 수 있는 방법이 영감으로 떠올랐다.

마치 영화의 장면처럼 아내를 치료할 수 있는 방법이 확연히 떠오르는 것이었다. 이에 로이드 박사는 떠오르는 영감을 적었다. 4시간 가까운 비행시간 동안 낱낱이 적었다. 그리고 집에 도착하여 아내에게 그 영감대로 실천하였다. 40여분을 실천하는 중에 아내가 회복 되었다. 12년 동안 고통당하던 우울증이 40여분 만에 회복된 것이다.

그렇게 치유에 성공한 핵심 원리는 간단하다. 원래 하나님께서 사람을 창조하실 때에 누구나 건강하고 행복하게 살아갈 수 있도록 DNA에 입력하여 놓으셨다. 그런데 사람들의 잘못된 삶의 방식과 욕심과 게으름 탓으로 그 DNA에 이상이 생긴 것이다. 건강을 잃고 행복감을 잃고 병들어 고통당하게 되었다. 그러니 해결책은 병들게 된 DNA를 원래 상태로 회복시키는 것이 치료의 방법이다.

공저자인 벤 존슨이 대표적인 경우이다. 그는 유명한 외과 의사였다. 그런데 그가 루게릭병에 걸리게 되었다. 루게릭병은 불치병으로 발병케 되면 3년 안에 죽게 되는 병이다. 벤 존슨 박사는 자신의 병에는 치료법이 없음을 익히 알고 낙심하여 있던 차에 알렉산더 로이드 박사의 힐링 코드 치료법 소식을 듣게 되었다. 그는 로이드 박사가 인도하는 힐링 코드 치료 모임에 참여하여 로이드 박사가 일러 주는 지침을 따라 실천하는 중에 완전히 회복하게 되었다.

"내 이름을 경외하는 너희에게는 공의로운 해가 떠올라서 치료하는 광선을 비추리니 너희가 나가서 외양간에서 나온 송아지 같이 뛰리라"(말 4:2)

바로 그간에 잘못되게 살아온 삶의 방식과 사고방식을 바꾸며, 치료하는 하나님의 손길을 간구하는 중에 치료의 역사가 일어난 것이다. 시간이란 거의 모든 것을 치료한다. 시간이 시간을 갖도록 해주라. 다른 말로 표현하자면 실패로 갈 수밖에 없었던 삶의 방식을 성공으로 가는 삶의 방식으로 바꿀 때에, 그리고 하나님의 도우심을 간구할 때에 치료의 열매를 맺게 되는 것이다. 성공에는 성공으로 가는 삶의 방식이 있고 실패에는 실패로 갈 수밖에 없는 삶의 방식이 있다는 것을 꼭 기억해야 할것이다.

"도중에서 포기하지 말라. 망설이지 말라. 최후의 성공을 거둘 때까지 밀고 나가라."　　　　　　　　　　　　　　　　　　　- 데일 카네기 -

Part 2.
시스템 개혁이란 무엇인가?

1. 시스템 개혁이란 무엇인가?
2. 우리는 왜 성공하고 왜 실패하는가?
3. 세계 최고의 경영자 예수(Jesus Ceo)
4. 세계 일류가 될 수 있는 3C
5. 성공한 사람에게 필요한 20가지 언어기법
6. 성공 DNA를 가진자
7. 상상력과 창의력이 있는 사람
8. 국가 대 전략(National Grand Strategy)
9. 대한민국이 성공한 3가지 요인
10. 국민들의 도전정신
11. 지도력의 부재가 재난의 시작이다
12. 자기혁신 자기경영
13. 경영은 장인정신(匠人精神)으로 하라
14. 경영의 신(神) 마쓰시다 고노스케의 기업정신
15. 아담 스미스의 국부론(國富論)과 칼 막스의 자본론(資本論)
16. 영국의 마거릿 대처 수상의 신념과 추진력
17. 정치가 우에스기 요잔의 성공비결
18. 'Walt' Disney의 성공이야기
19. 삼성 반도체의 성공적인 비법

1. 시스템 개혁이란 무엇인가?

"충성된 자는 복이 많아도 속히 부하고자 하는 자는 형벌을 면하지 못하리라"(잠 28:20)

한국, 대만, 홍콩, 싱가폴을 아세아의 4용(龍)이라 불렀다. 경제가 치솟기를 마치 용이 하늘을 난 듯한다 하여 붙여진 이름이다. 그런데 이들 4용 중에서 유독 한국만 IMF 신세를 진 적이 있다. 왜 그랬을까? 여러 해 전 프랑스의 르몽드지가 그 이유를 지적한 적이 있다. Korea가 정치 경제 분야에서 시스템이 부족하였기 때문이라 지적하였다.

기업 경영이 그러하듯이 국가 경영 역시 시스템이 제대로 작동하여야 한다. 박근혜 전 대통령의 경우를 생각해 보자. 박대통령은 진실하고 애국자고 자질 역시 좋은 사람이었다. 그런데 왜 어렵게 되었을까? 국가 경영을 시스템으로 체계화하여 시스템이 작동하게 이끌지 못하였기 때문이다.

국가 경영의 핵심이 무엇인가? 국민들의 능력과 국가 자원을 국가 발전이란 목표에 집중하여 동원하는 기술이 국가 경영이다. 그런 기술의 핵심에 시스템이 있다. 시스템이 확립되어 제대로 작동하는 나라가 선진국이요 시스템이 미비하거나 없는 국가는 후진국이다

안타깝게도 그간에 우리나라는 바람직한 시스템의 뒷받침 없이 이미 선진국이라도 된 양 흥청망청하다 어느 순간 실력의 바닥이 드러나

나라 전체가 휘청거리게 되었다. 그러기에 기업의 경쟁력이나 국가의 경쟁력은 시스템의 산물이다.

성 어거스틴은 "현재 이 순간을 떠나서는 우리라는 것도 없고 세계도 인생도 없다. 이 현재의 순간을 놓쳐버릴 때 그것은 바로 인생을 놓쳐버린 것이 된다. 그리고 다시 돌이킬 수 없는 영원한 것을 놓쳐버린 것이다"라고 했다.

시스템에 관련된 한 쉬운 예를 들어보자. 한국도 대만도 같은 시기에 영수증 주고받기 운동을 시작하였다. 그런데 대만은 성공하였고 한국은 실패하였다. 그렇게 된 이유가 무엇이었을까? 대만인들은 수준이 높고 한국인들은 그렇지 못하여서일까? 전연 그렇지 않다. 시스템 탓이다. 대만은 모든 영수증에 복권 번호를 붙였다. "영수증 복권제"란 시스템이다. 대만은 매달 영수증에 적힌 복권 번호대로 복권 추첨을 하였고 연말에는 모든 영수증을 대상으로 복권 추첨을 하였다. 그러기에 대만 국민들은 앞다투어 영수증을 모았다. 그 결과로 대만의 영수증 주고받기가 대성공하였다. 한국은 금융실명제까지 실시하면서도 영수증 주고 받기를 시스템으로 정착시키지 못하였다.

"변할 수 없는 것이 아니라 '지금 상황을 유지하는 게' 편하기 때문에 변하지 않기로 결정한 것이다."

2. 우리는 왜 성공하고 왜 실패하는가?

"너희 중에 누구든지 지혜가 부족하거든 모든 사람에게 후히 주시고 꾸짖지 아니하시는 하나님께 구하라 그리하면 주시리라"(약 1:5)

성공할려면 먼저 "디테일(Detail, 세부묘사)"을 잘 하여야 한다. 어느 분야에서든 그 분야에서 성공하는 사람들에게 공통된 한 가지 특성이 있다. 넓게 보면서도 세심한 부분 부분을 볼 줄 안다는 점이다. 그리고 높이 보면서도 기본에 충실할 줄 아는 점이다.

"반드시 이겨야 하는 것은 아니지만, 진실할 필요는 있다. 반드시 성공해야 하는 것은 아니지만 소신을 가지고 살 필요는 있다."
— 링컨 —

아테네 철학자 중 탈레스란 철학자는 늘 하늘을 쳐다보며 우주의 본질이 무엇일까를 생각하며 길을 가다가 하수구에 빠진 적이 있었다. 그래서 아테네 시민들의 웃음거리가 되었다고 한다.

신라시대 불국사 건축을 국가적인 사업으로 정하고 그 공사 진행의 책임자로 김대성 전직 재상이 맡게 되었다. 이 일을 맡은 김대성은 불국사를 지을 터에 움막을 세우고 그곳에서 일년을 거하며 사계절의 변화를 모두 샅샅이 살폈다. 여름 장마철에 물은 어느 쪽으로 흐르는가? 겨울 바람은 어느 쪽으로 부는가? 가을철 경관은 어떻게 변하며 봄철의 변화는 어떠한가? 김대성은 그렇게 일 년간 움막에 거하며 사계절의 변화를 디테일한 부분까지 샅샅이 살핀 후에 설계를 시작하였다.

그렇게 정성을 들이고 디테일한 부분 부분을 살펴 설계하고 건축을 진행하였기에 불국사는 지금까지도 건재하다. 불국사 건축을 완성한 후에 세운 석굴암의 경우는 더 말할 나위도 없다. 세밀한 부분에 이르기까지 배려하여 세운 석굴암은 전 세계 최고 수준의 정교함과 치밀함과 합리성을 품고 있다. 우리는 조상들의 이런 장점을 되살려 나갈 수 있어야 한다.

이런 점들이 개인적이나 국가가 성공으로 나갈 수 있는 지름길이 된다. 우리 모두 전체를 보되 세밀하게 살피자. 디테일의 힘을 깨달아 성공의 길로 나아가자. 성공하고 싶은 사람은 많지만 실패하는 사람이 많은 것도 사실이다. 어떻게 하는 것이 성공에 가까운 길인가? 자신이 좋아하는 일, 그래서 열정을 쏟고 한 가지 일에 최선을 다하는 것이 가장 이상적이라고 생각한다.

우리가 지금까지 살기 위해 일하는 것이라고 생각해 왔다면 이제부터라도 내가 가장 잘 할 수 있고 일을 수행하면서도 기분 좋은 일을 할 수 있는 길을 찾는 것이다. 알이 먼저인가 닭이 먼저인가 처럼 애매한 질문 같지만 생계를 위한 일이 아니라 열정적으로 할 수 있는 일을 하기 위한 삶이 되도록 생각을 전환하고 일하는 모드를 바꾸어야 한다. 그러기 위해서는 때로는 위험부담을 감수해야 하며 현실에 안주하는 삶이 아닌 열정을 쏟아 몰입할 일을 찾아야 한다.

두 사람에게 똑같은 씨앗이 한 톨씩 주어졌다. 두 사람은 각자 그 씨앗을 심었다. 한 사람은 자신의 정원에서 가장 토양이 좋고 햇볕이 잘 드는 곳에, 다른 한 사람은 거친 토양의 산에 그 씨앗을 심었다. 자신의 정원에 씨앗을 심은 사람은 바람이 세차게 불어올 때면 나무가 흔들리지 않게 담장에 묶어두고, 비가 많이 오면 그 비를 피할 수 있도록 위에 천막을 쳐두기도 했다. 하지만, 산에 그 씨앗을 심은 사람은 아무리 세찬 비바람이 몰아쳐도 나무가 그것을 피할 수 있게 해주지 않았다.

단지 한 번씩 산에 올라갈 때면 그 나무를 쓰다듬어주며 "잘 자라다오. 나무야."라고 속삭여 자신이 그 나무를 늘 기억하고 있다는 사실만 일깨워 주었다. 20년이 지난 후 정원에 있는 나무는 꽃을 피우기는 했지만 지극히 작고 병약했고, 산에서 자란 나무는 이웃 나무들 중에서 가장 크고 푸른 빛을 띤 튼튼한 나무로 자라나 있었다.

시련과 혼란, 아픔과 갈등 없이 좋은 성과를 바라지 말라. 산에서 자란 나무는 비바람과 폭풍우라는 시련을 피하지 않고 당당하게 맞이한 대가로 그렇게 웅장한 모습으로 산을 빛낼 수 있었던 것이다. 아픔과 실패 없이 거둔 성공은 손안에 쥔 모래처럼 허무하게 사라져 가는 것이다.

성공자와 실패자에 대해서 우리는 또한 성경 사무엘서를 읽으면서 이 질문에 대한 답을 얻을 수 있다. 사울왕과 다윗왕은 같은 시대를 살았는데 왜 한 사람은 실패자로 끝나고, 다른 한 사람은 가장 성공한 사람이 될 수 있었을까? 두 사람은 출신 성분이 비슷하다. 사울은 영세 농가의 자녀로 태어나 당대에 왕위에 오른 인물이요, 다윗은 가난한 양치기 가정에서 태어나 온갖 풍상을 극복하여 왕위에 오른 인물이다.

무엇이 그들로 정반대의 삶을 살게 하였을까?

1) 하나님에 대한 흔들림 없는 신뢰와 신앙
2) 타인에 대한 배려와 관용
3) 정신적인, 정서적인 안정감과 자기 신뢰

이 3가지가 실패와 성공의 갈림길이었다. 사울은 결정적인 순간마다 하나님에 대한 신뢰가 흔들렸다. 하나님께서 자신과 함께 하신다는 영적 확신이 없었다. 그러나 다윗은 어떤 사지(死地)에 내몰려도, 하나님이 자신과 함께하시며 자신을 지키신다는 확신이 있었다.

사울과 달리 다윗은 생명을 다투는 위급한 때에도 오히려 하나님을 신뢰하고 하나님을 힘입어 용기를 얻었다. 그리고 무엇을 하여야 할지 여호와께 기도로 물었다

"삶은 꿈과 멀어질수록 지루하고 똑같은 일상의 반복으로 전락하고 만다."
— 아르투르 쇼펜하우어 —

3. 세계 최고의 경영자 예수(Jesus Ceo)

"너의 행사를 여호와께 맡기라 그리하면 네가 경영하는 것이 이루어지리라"(잠 16:3)

"행동가처럼 생각하라, 그리고 생각하는 사람처럼 행동하라."
– 헨리 버그슨 –

예수 그리스도를 영적인 면과 본질적인 면을 제하고 순전히 경영자의 관점에서 볼 때 그는 최고 경영자 중의 최고였다. 미국 여류 경영자인 로리 존스 회장이 쓴 최고 예수(Jeus CEO)란 책에서 주장하는 내용이다. 저자는 예수의 경영을 영적인 동기부여에 기초한 오메가 경영(Omega Management)이라 이름 짓고 그 내용을 조목조목 분석하고 있다.

로리 존스 회장은 예수의 삶과 업적을 살피며 예수가 12제자를 길러 그들로 세계를 변화시키는 일꾼들이 되게 한 점에서 다른 경영인들과 비교할 수 없는 탁월한 경영자였음을 지적한다. 그리고 예수의 경영능력 중에서 특히 세 가지 점이 탁월하였다고 평가한다.

첫째는 한 사람 예수가 12제자를 훈련시켰고 그들 12제자가 세계를 변화시키게 하였다는 점이다. 예수는 12명의 제자를 스스로 선택하여 그들과 3년간 함께 살면서 공동체 의식을 기르고 그들에게 위임하여 세계로 나가게 하였다.

"또 산에 오르사 자기의 원하는 자들을 부르시니 나아온지라 이에 열둘을 세우셨으니 이는 자기와 함께 있게 하시고 또 보내사 전도도 하며 귀신을 내쫓는 권능도 가지게 하려 하심이라"(막 3:13-15)

예수는 그의 제자들과 함께 살며 몸소 본을 보이시고 때로는 그들을 현장으로 파송하여 현장체험을 하게 하시고 권한을 위임하여 후에 그들 각자가 작은 예수가 되어 능력을 발휘할 수 있게 하였다.

둘째는 예수가 선택한 열두 제자는 무식하고 결함이 많은 사람들이었으나 그런 제자들로 세계경영에 도전하게 하였다는 점이다. 예수의 열두 제자 중에는 엘리트가 없었다. 그들 중에 그나마 가장 엘리트 급에 속하는 제자가 가룟 유다였으나 그는 예수를 배반하는 역할로 끝나고 말았다.

다른 11명의 제자들은 어느 마을에서나 만날 수 있는 평범한 젊은 이들이었다. 예수를 만나지 않았더라면 자신의 앞가림이나 제대로 할 수 없을 정도의 서민들이었다. 그런 사람들을 예수는 함께 살며 훈련시켜 높은 가치를 실현시킴에 인생을 투자할 수 있도록 동기를 부여하였다.

평범한 사람들 내면에 깃들어 있는 가능성을 개발하여 위대한 업적에 동원할 수 있게 하는 능력은 아무에게나 있는 능력이 아니다. 예수는 그런 점에서 탁월한 경영인이셨다. 일반 경영인들은 사람을 선택할 때에 그가 쌓은 스펙을 중요시한다. 그러나 예수는 스펙에 있어서는 최하위 그룹에 속하는 사람들을 그 속에 담겨진 가능성과 잠재력을 평가하고 제자로 선택하여 최상의 임무를 감당하게 하셨다.

셋째는 명확한 목표 설정과 그 달성에 대한 확신을 가지셨다. 예수는 하나님 나라 건설과 세계 복음화에 대한 분명한 목표가 있었다. 그리고 그 목표는 분명히 성취된다는 확신이 있었다. 그리고 그 목표와 확신을 성취하여 나갈 일꾼들로 열두 제자들을 기르셨다. 말하자면 자신이 하는 일의 후계자들로 열두 제자를 기르신 것이다. 자신이 밤새워 기도하시며 선택한 열두 제자들과 3년간 동고동락하시며 그들에게 자신의 비전을 심으셨다. 말하자면 12명의 작은 예수를 기르신 것이다. 그리고 마지막 유언을 남기시면서 그들에게 분부하셨다.

"땅 끝까지 복음을 전하라. 내가 너희와 항상 함께 할 것이다."

미국 역대 대통령들 중에 가장 존경 받는 아브라함 링컨은 노예 해방과 통합된 국가 건설이란 분명한 목표가 있었다. 그 목표를 달성하기 위하여 어떤 희생도 마다하지 않았다. 그래서 지금의 강력한 미국의 기초를 닦았다

삼성전자의 이건희 회장은 세계적인 경쟁 기업인 소니, 파나소닉, 모토로라 같은 경쟁 기업들을 넘어서기 위하여 10년 이상을 선택하여 집중하였다. 드디어 불가능에 가까운 목표를 성취하여 이들 기업들을 추월하여 세계 최강의 전자 회사를 이룰 수 있었다. 정주영 회장은 고속도로를 신나게 달리는 자동차를 꿈꾸고, 오대양을 운항하는 선박을 마음속에 그리며 자동차 회사를 창립하고 조선소를 마음속에 그렸다.

예수께서 실천하신 경영 활동을 살펴보면 전략적 선택과 집중의 중요성을 알게 된다. 세계적인 경영자들과 경영 전략가들은 한결같이 선택과 집중의 중요함을 강조한다. 경영학의 석학인 피터 드러커 역시 선택과 집중이 경영 성공의 요체임을 강조한다. 세계적으로 주목받고 있는 신상품이나 새롭게 떠오르고 있는 기업들의 경우를 살펴보면 성공 전략이 의외로 단순함을 알게 된다.

예수께서 자신의 목표를 성취하시기 위하여 선택하시고 집중하신 원칙 역시 간단 명확하다.

첫째는 예수는 인간적인 대우를 받지 못하고 살아가는 소외된 백성들을 고객으로 선택하셨다.

둘째는 수많은 사람 중에서 예수님의 패러다임을 확신 있게 받아들이는 12명만을 제자로 세우셨다.

셋째는 이 땅에 오신 하나님으로 오로지 고객 사랑을 최고 가치로 삼아 백성들을 섬기셨다.

예수님은 이런 전략적 선택이 성공에 이를 수 있도록 다음의 4가지 원칙에 집중하셨다. 첫째 자신의 모든 에너지를 백성들과 호흡을 같이 하고 백성들을 구원하는 일에 집중하셨다. 둘째 열두 제자를 자신의 목표를 수행할 전사들로 기르는 일에 모든 에너지를 집중하셨다. 셋째 사랑과 위로 존중에 목말라 있던 서민들에게 섬김의 삶을 실천하셨다. 넷째 구원 역사를 이루시기 위하여 십자가에 처형당하시기까지 전심전력을 기울이셨다.

이런 과정을 세밀히 살펴보면 예수님의 현실을 인식하시는 능력과 선택과 집중의 능력이 얼마나 탁월하셨던지를 익히 판단할 수 있다.

"훌륭한 지도자는 아랫사람들이 큰일을 할 수 있도록 동기를 부여하는 사람이다. 그리고 자기가 임무를 완성 했을 때, 백성들 입에서 '마침내 우리가 이 일을 해냈다.'고 자랑스럽게 말할 수 있도록 하는 사람이다."

― 노자 ―

4. 세계 일류가 될 수 있는 3C

"내가 나 된 것은 하나님의 은혜로 된 것이니 내게 주신 그의 은혜가 헛되지 아니하여 내가 모든 사도보다 더 많이 수고하였으나 내가 한 것이 아니요 오직 나와 함께 하신 하나님의 은혜로라"(고전 15:10)

"모든 것을 잃었다 해도 희망만 남아 있다면, 거기에서 모든 것을 다시 시작할 수 있다. 희망은 항상 출발이자 영원한 시작이다."

― 이케다 다이사쿠 ―

하버드대학 경영학 교수로 로자베스 캔터(Rosabeth Kanter)라는 여성이 있다. 그녀는 최근 출간한 'World Class'란 책에서 누구나 세계 일류가 될 수 있는 방법으로 3C를 들었다. 3C는 무엇을 뜻하는가?

1) 분명한 개념, Concept
2) 갈고 닦은 능력, Competence
3) 튼튼한 인맥, Connection

Concept, Competence, Connection 3가지를 갖추면 세계 일류가 된다는 것이다. 그렇다면 세계 여자 골프 선수로 일류가 된 박세리 선수의 경우를 생각해 보자.

첫째는 박세리 선수가 골프의 중요한 개념들을 정확히 파악하고 온몸으로 습득한 일이다.

박 선수는 티샷, 피칭, 퍼팅 등의 개념을 정확히 인지하고 세계 일류 선수들의 자세와 동작을 거울로 삼아 연습에 연습을 거듭하여 자기 것으로 삼았다. 그리고 그들보다 더 앞서기 위해 조금 더 노력하였다.

둘째는 자신의 능력을 최고로 높인 일이다.

골프의 기본 원리들을 정확히 이해한 후, 골프 선수였던 아버지의 지도 아래 지옥훈련에 준하는 혹독한 훈련을 쌓았다. 그러한 강도 높은 훈련을 통해 세계 최고의 능력을 길렀다.

셋째는 튼튼한 인맥이다.

박세리 선수는 삼성그룹의 후원을 받으며 세계 제일의 골프 코치로 알려진 데이비드 레드베터의 코치를 받게 되었다. 이런 인맥의 뒷받침이 박세리로 하여금 세계 제1의 여자 골퍼가 되게 하였다. 중요한 것은 여자 골프에서만이 아니라 경제, 과학기술 같은 분야에서 세계 일류가 되는 일에 도전하는 일이다.

  그래서 우리나라가 세계 일류 국가가 되어 국민소득 4만 달러를 넘어서게 하는 것이다. 이런 목표는 정치인, 기업가, 과학자와 국민들이 힘을 합하면 능히 도달할 수 있는 목표이다. 능력이 어디까지 뻗어나가느냐는 자신의 한계를 어디까지라고 생각하느냐에 따라 결정된다.

  "길은 가까운 곳에 있다. 그런데 사람들은 헛되이 딴 곳을 찾고 있다. 일은 해보면 쉽다. 시작도 하지 않고 미리 어렵게만 생각하기 때문에 할 수 있는 일들을 놓쳐버리는 것이다."   – 미상 –

  "마음속으로 확신하고 믿는다면 어떤 일이든 이룰 수 있다. 생각이 곧 모든 것을 말해준다. 그리고 강력한 생각이 분명한 목적과 불타오르는 열정과 결합하게 되면 부자가 탄생한다."   – 나폴레온 힐 –

5. 성공한 사람에게 필요한 20가지 언어기법

"경우에 합당한 말은 아로새긴 은 쟁반에 금 사과니라"(잠 25:11)

"정상에 오르는 사람은 그렇지 못한 사람들과 생각하는 것이 다르다."
─ 윌리엄 아서 워드 ─

1. 말할 때는 온 몸으로 표현하라

말하기와 듣기는 모두 직접 마주하고 주고받는 것이다. 때문에 온 몸으로 표현해야 상대방에게 강한 인상을 줄 수 있다. 대화할 때 분위기가 침체되어 있으면 억지로라도 명랑하게 행동하고 웃는 표정을 짓게되면 분위기가 한결 좋아진다. 대화는 꼭 말로만 이뤄지는 것이 아니기 때문이다.

2. 웃는 얼굴과 무뚝뚝한 얼굴

아무리 말이 유창해도 얼굴 표정이 어둡거나 밝지 못하면 상대방은 경계심을 갖게 마련이다. 밝은 표정은 상대방과 내 마음까지 환하게 밝혀준다.

3. 대화의 기본은 눈을 마주보기

대화할 때 시선을 돌리면 상대방은 당황하게 되고 좋은 관계를 맺을 수 없다. 상대방을 보며 시선을 마주쳐야 마음이 통하고 이야기에 신명이 붙는다. 서로 다른 곳을 보면 대화 분위기가 서먹해지기 마련이다.

4. 목소리 톤에 변화를 주라

대화란 우선 상대방에게 들리도록 하는 것이 기본이다. 그렇다고 처음부터 끝까지 큰소리로 대화하는 것은 실례가 될 수 있다. 목소리의 크기는 적당하게, 그리고 목소리에는 억양이 있도록, 또한 명확한 발음으로 말할 수 있는 훈련이 필요하다.

5. 첫인상이 좋은 사람은 성공한다

사람의 인상은 첫 만남에서 결정된다. 첫인상이 좋은 사람의 말은 호의적으로 받아들여지고, 귀 기울여 들어준다. 대화할 때는 웃는 표정, 인사예절을 잘 갖추어 좋은 첫인상을 줄 수 있도록 노력하라.

6. 상대방을 이해시키라

말할 때는 상대방이 이해할 수 있도록 메시지를 적극적으로 전달하려는 노력이 필요하다. 따라서 상대방이 자기의 말을 듣고 있는지 확인해 가면서 말해야 한다. 듣는 사람이 있어야 이야기가 성립되기 때문이다.

7. 수평적인 대화가 가능한 사람

말하기와 듣기의 주고받음이 잘 이루어지려면 대화하는 사람들 사이에 수평적인 관계가 전제되어야 한다. 수업대화의 특징이 불평등성이다. 교사와 학생간의 관계가 그렇기 때문이다. 따라서 교사는 수업

대화에서 이점을 잘 극복할 수 있는 방안을 찾아야 한다. 뿐만 아니라 상사는 부하에게 타이르는 식이 아니라 수평적인 커뮤니케이션이 이루어지도록 노력해야 한다.

8. 첫인사를 능숙하게 건네는 방법

누군가에게 말을 붙이는 것을 인사라고 한다. 제대로 된 인사는 좋은 인간관계를 만드는 첫걸음이 된다. 인사는 항상 내가 먼저, 상대방의 상황에 맞게 하는 것이 매우 중요하다.

9. 대화가 끊겼을 때는 이렇게 하라

대화가 끊기고 잠시 침묵하는 순간 당황하는 사람이 많다. 이때 너무 서두르지 말고 상대방이 말하기를 기다리는 것도 좋은 방법이다. 또한 공통된 화제를 찾아 얘기하면 좋다. 먹거리, 음료, 지식, 정보, 교통, 날씨, 취미, 친구, 건강, 미용, 여행 등은 좋은 공통 화제 거리가 될 수 있다.

10. 입버릇이 된 말을 조심하라

말을 할 때나 남의 말에 맞장구를 칠 때, 자기도 모르게 자꾸 입버릇처럼 튀어나오는 말이 있다. 그런데 대화의 내용과 관계가 없는 입버릇은 빨리 고쳐야 한다. 이것 참, 일단은, 어차피, 인제 등은 도움이 되지 않는 말버릇이다.

11. 첫 만남에서 상대의 마음을 열라

첫 대면일 때는 서로 경계하기 때문에 말문을 열기가 힘든다. 이럴 때는 우선 밝은 분위기를 연출하여 상대방의 관심사를 화제로 삼는 것이 좋다. 상대방의 마음을 사로잡기 위해서는 사전에 정보를 수집하고, 상태를 잘 파악하여 항상 웃는 얼굴로 예의 바르게 대하는 것이 중요하다.

12. 욕을 먹었을 때 이렇게 하라

화가 많이 날 때는 곧바로 반격하지 않는 것이 좋다. 심호흡을 하고 잠시 쉬었다가 차분한 마음으로 대책을 강구하여야 한다. 감정적이 되면 지고 만다.

13. 알기 쉽게 설명하라

남에게 설명하는 것을 주제넘은 짓이라고 생각하는 사람이 많다.

그러나 우리는 알아듣기 쉽게 설명하는 능력이 필요하다. 설명하는 기술을 익혀두면 상대방이 이해하기 쉽게 이야기 할 수 있다.

14. 사람을 움직이는 설득방법

사람의 감정은 일방적으로 밀어붙이면 반발하게 마련이다. 상대방이 스스로 그럴 마음이 들게끔 이야기를 서서히 이끌어 가는 것이 현명한 방법이다. 사람은 혼자서는 살 수 없다. 그런데 다른 사람은 내 마음대로 움직여주는 존재가 아니다. 이해와 행동 사이에 거리감이 없도록 노력하는 자세가 필요하다. 속담, 격언, 금언 등은 때로는 사람을 움직이는 힘이 있다. 적절하게 활용하는 자세가 필요하다.

15. 원하는 결과를 이끌어 내는 말

　부탁을 능숙하게 하는 사람은 적절히 일을 나눠주어 다른 사람의 능력을 살려주는 역할을 한다. 부탁할 때는 상대방에게 기대감을 가득 담아 부탁하는 것이 좋은 방법이다. "부장님이라면 꼭 해결해 주실 것으로 믿습니다." "선배님의 지혜를 제게 좀 나누어주십시오."

16. 능숙하게 거절하는 법

　남의 부탁을 거절하는 건 결코 쉬운 일이 아니다. 상대방의 기분을 다치지 않고 능숙하게 거절할 줄 아는 요령을 알아야 한다. 거절할 때는 먼저 사과의 말부터 하며, 응할 수 없는 이유를 명확히 밝혀야 한다. 또한 말할 수 있는 환경을 만들고 나서 대안을 제시하는 것이 좋다. 말을 잘하는 사람은 다른 사람에게 상처를 주지 않으며 부드럽게 거절할 줄 아는 사람이다.

17. 주의를 줄 때는 짧게 한다

　사람은 누구나 결점이 있고 실수도 하면서 배우고 성장한다. 그래서 잘못을 꾸짖어 주는 사람이 필요한 것이다. 그런데 잘못을 꾸짖거나 주의를 줄 때는 다음과 같은 점을 생각해야 한다. 첫째, 저항을 부드럽게 풀어 주어야 한다. 둘째, 꾸지람을 받아들일 수 있는 분위기를 조성한다. 셋째, 밝은 말투로 짧게 말한다. 때에 따라서는 능숙한 꾸지람으로 인간관계를 더욱 깊게 할 수도 있다.

18. 칭찬할 타이밍을 노리라

　꾸지람과 칭찬은 둘 다 상대방에게 하는 것이다. 꾸지람에 비하면 칭찬은 간단하다고 하는데 과연 그럴까? 한번 깊이 생각해 봐야 한다. 칭찬하기 위해서는 남의 좋은 점을 찾아야 한다. 그런데 남의 장점을 찾기란 쉬운 일이 아니다. 이것이 칭찬이 어려운 이유이다. 남의 장점을 찾아내려면 ① 자신을 기준으로 삼지 않는다. ② 좋은 면을 본다. ③ 당연한 것이라도 칭찬하는 마음을 갖는다.

19. 순간 스피치를 잘하는 방법

갑작스럽게 스피치 지명을 받으면 누구나 당황하기 마련이다. 그러나 이를 극복하는 방법도 있다. ① 모임에 출석할 때는 반드시 스피치를 준비한다. ② 현장 상황 관찰과 다른 사람의 이야기 속에서 스피치의 힌트를 찾는다. ③ 우선 자기 소개부터 시작한다.

20. 대화의 윤활유 '유머'

유머는 자연히 생기는 것인 동시에 만들어 내는 것이다. 유머는 명랑한 분위기를 만들고 대화도 즐겁게 한다. 평소에 유머에 관심을 갖고 자료를 외워두었다가 대화하면서 적절하게 끼워 넣어 웃기는 것이 좋다. 유머를 말할 때는 ① 자연스럽게 말한다. ② 긴 설명을 덧붙이지 않는다. ③ 이야기는 짧게 한다 ④ 말하는 사람이 먼저 웃으면 재미가 반감된다. ⑤ 유머가 통하지 않더라도 웃음을 강요하지 않는다.

"유머 감각은 리더십 기술이자 사람들과 잘 어울리고 일을 성사시키는 요령이다."
― 드와이트 아이젠하워 ―

6. 성공 DNA를 가진자

"사람이 마음으로 자기의 길을 계획할지라도 그의 걸음을 인도하시는 이는 여호와시니라"(잠 16:9)

웬만한 도시에는 KFC란 이름의 닭요리 가게가 있다. 미국에서 시작되어 온 세계에 체인점을 열고 있는 식당 체인이다. KFC란 이름은 Kentucky Fried Chicken의 머리글자를 줄여 쓴 이름이다. 이 가게의 간판에는 반드시 수염이 텁수룩한 노인 그림이 로고로 그려져 있다. 이 식당 창업자의 얼굴이다.

이 노인이 창업한 이야기가 특이하다. 그는 원래 기업을 경영하던 기업인이었다. 그런데 63세 나이에 기업이 부도가 나서 완전히 거덜나게 되었다. 거기에다 일이 잘못되어 옥살이까지 하게 되었다. 형기를 마치고 출소하니 가족도 흩어지고 회사는 사라지고 남은 재산이라고는 1톤 트럭 한 대 뿐이었다. 그는 그 트럭을 몰고 공원으로 가서 잠을 자고 공원 화장실에서 세수를 하곤 하였다. 글자 그대로 몸 붙일 곳 없는 처량한 신세가 되었다.

그런 처지에서 하루는 어느 뒷골목을 걷는 중에 어디선가 들려오는 풍금으로 치는 찬송가 소리를 듣게 되었다. 어린 시절 교회학교에 다니던 때에 듣던 풍금소리였다. 발길을 멈춘 채 풍금소리를 듣다 소리를 따라 들어갔다. 뒷골목에 있는 조그만 교회당에서 들리는 소리였다. 교회당 안으로 들어갔더니 어느 소녀가 풍금 앞에서 찬송가를 연습하고 있었다. 그는 뒷자리에 앉아 마음을 모으고 기도를 드렸다.

"하나님 이 어리석은 죄인을 용서하시옵소서. 하나님을 잊고 세상 것만을 따르다 빈손으로 하나님 앞에 나왔습니다."

이렇게 시작한 기도가 얼마 지나지 않아 참회의 눈물로 바뀌고, 헛되이 살아온 날들에 대한 회개의 기도로 바뀌게 되었다. 하염없이 눈물을 흘리며 회개한 후에 마음의 평화를 느낄 수 있었다. 그런데 성경 말씀 한 구절이 마음에 떠올랐다. 빌립보서 4장 13절의 말씀이었다.

"내게 능력 주시는 자 안에서 내가 모든 것을 할 수 있느니라"(빌 4:13)

이 말씀이 그에게 잃어버린 자신감을 회복시켜 주었다. 나 자신으로서는 실패하였지만, 그리스도 안에서 새로 시작하면 할 수 있다는 확신이 마음에 임하였다. 그러면 '무엇을 할 수 있을가'를 생각하는 중에 자신이 청년 시절 닭다리 요리를 잘하던 생각이 났다. 자기가 닭다리 요리를 하여 친구들을 대접하면 친구들이 한결같이 맛이 뛰어나다며 닭요리 집을 개업하라던 생각이 났다.

그는 닭요리 집을 열어 재기하여 체인점으로 발전시키겠다는 창업 계획을 세우고는 그에 필요한 사업계획서를 쓰고 필요한 예산을 짰다. 그러나 그에게 예산이 없었다. 그는 사업계획서를 들고 투자할 사람들을 찾아다니기 시작하였다. 지기들을 만나 사업계획서를 펴고는 투자하기를 설득하였다. 그러나 이미 그 도시에 망한 사람이란 소문이 다 난 데다 거지같은 모습으로 다니는 그를 보고 투자할 사람이 있을 리 없었다.

그러나 그는 불굴의 의지로 사람들을 찾아다녔다. 무려 1,006명을 만나 투자를 설득하였으나 실패하였다. 그러나 1,007번 째 만난 사람이 그의 열정에 감명받아 투자에 동의하였다. 그렇게 시작된 KFC식당이 대박이 되어 세계로 뻗는 체인점으로 성공한 것이다.

그는 가난함으로써 그가 상속한 재산의 목록은 튼튼한 수족과 굳센 마음, 무슨 일이든 꺼리지 않고 할 수 있는 힘, 슬픔을 가슴에 품고 지그시 견디는 용기와 인내, 작은 것도 고맙게 생각하는 마음, 곤란한 사람을 도울 줄 아는 상냥한 마음이었다. 예나 지금이나 끈기 있는 사람, 불굴의 투지를 지닌 사람, 사람을 설득하는 열정을 지닌 사람, 확고한 계획을 지닌 사람, 분명한 목표를 가진 사람이 성공에 이른다. 그런 사람들을 성공 DNA를 지닌 사람이라 부른다.

"힘든 장애물에 부딪혀 넘어지고 실패하는 것은 결코 부끄러운 일이 아니다. 실패 역시 꿈에 속하기 때문이다"   - 슈뢰더 -

7. 상상력과 창의력이 있는 사람

"우리 하나님 여호와는 오직 유일한 여호와시니 너는 마음을 다하고 뜻을 다하고 힘을 다하여 네 하나님 여호와를 사랑하라"(신 6:4-5)

"어떤 결과라도 기꺼이 받아들일 용의가 있는 한 이 세상에 못할 일은 없다."   – 서머싯 몸 –

창의력 혹은 창조적 능력은 몇몇 사람에게만 주어지는 선물이 아니다. 인간의 생존력을 높이기 위하여 모든 사람이 갖게 된 인간만의 특혜이다. 상상력은 역사를 만드는 추진력이 된다. 상상력이 풍부한 사람들이 문화를 일으키고, 사람 살만한 세상, 사람이 사람답게 사는 세상을 창출(創出)한다. 비전(Vision)이 무엇인가? 왜 비전이 있고 없고에 따라 국가의 장래가 달라지는가? 비전이란 지도자가 앞장서고 국민 모두가 마음을 합하여 나아가야 할 미래의 목표이다.

밀가루와 베이킹 소다, 우유, 계란, 설탕을 합하여 다른 물체인 빵을 만들어낼 때처럼 새로운 것을 만들어내거나, 모양을 변형시키는 능력의 중심에는 언제나 창의력이 자리잡고 있다. 모든 사람이 베토벤이나 아인슈타인처럼 창의적일 수는 없지만 어느 정도의 창의력은 모든 사람이 지니고 있다. 창의력이 있는 사람들은 '끊임없이 노력하는 사람들'이다.

창의력을 타고나는 것으로만 생각하여선 안 된다. 끊임없이 갈고 닦지 않으면 창의력은 빛을 발휘하지 못한다. 역사에 발자취를 남긴 탁월한 창조적인 사람들도 자기 분야에서 최소한 10년 이상 각고의 세월을 보낸 사람들이다. 아인슈타인이 26세에 상대성원리를 발견하였기에 갑작스레 영감을 받은 사람으로 생각들 하지만, 실은 10년 전인 16세부터 상대성 원리에 대하여 연구하기 시작하였다.

모차르트가 어려서부터 작곡을 하였다고 칭송을 받지만 제대로 된 작품을 내게 된 것은 22세 지나서였다. 타고난 천재일지라도 창의력은 끊임없이 갈고 닦는 노력 없이는 빛을 발휘하지 못한다. 요즘 〈마스터리〉란 말이 많이 쓰인다. 어느 한 사람이 한 분야에 일만 시간을 집중하여 투자하였을 때에 이르는 전문가의 수준을 마스터리라 일컫는다. 창의력이 있는 사람은 '쌓인 경험이 많은 사람' 이다.

우리는 흔히 생각하기를 창의력이라면 젊은 천재들을 생각한다. 그러나 창의력은 나이가 상관없다. 오히려 나이들어 창의력을 발휘하여 남이 못한 업적을 남긴 사람들이 허다하다. 피터 드러커는 93세에 세계적인 베스트셀러를 썼다. 샘 월튼은 50세가 넘어 Walmart를 창업하였다. 켄터키 후라이드치킨인 KFC체인점을 연 창업자는 63세에 사업에 실패하여 알거지나 다름없는 처지에서 새로운 아이디어를 얻어 창업하였다.

창의력이 젊은이들의 몫인 것처럼 오해하는 노인들이 많다. 특히 한국사회는 늙은이는 아무런 능력도 없는 것처럼 스스로 포기하는 노인들이 많다. 참으로 아타까운 일이다. 평생에 쌓은 경험과 경륜에 창의력이 더하여 질 때에 자신과 사회에 유익을 주는 새로운 업적을 남길 수 있다.

로마는 보병으로 세계를 제패하였다. 몽고는 기마병으로 당대에 제국을 이루었고 영국은 해군력으로 해가 지지 않는 나라라는 명성을 얻었다. 현대 미국의 힘은 공군이다. 막강한 미국 공군력을 당할 나라가 지구상에는 없다. 앞으로도 적어도 50년간은 없을 것이다. 지금은 디지털 시대이다. 아날로그 시대가 끝이 나고 디지털 시대가 시작되었다. 디지털 시대의 힘은 어디에서 오는가? 상상력과 창의력이다. 앞으로는 상상력이 경쟁력이다. 상상력은 지식보다 중요하다. 자원 많은 나라도, 인구 많은 나라도 부국이 아니다. 군사력만으로는 부족하다.

"창의성 없는 정신은 잘못된 해답을 찾을 수 있다. 하지만 잘못된 질문을 찾아내려면 창의적 정신이 필요하다."　　－앤터니 제이－

미래는 상상력과 창의력의 시대이기에 우리나라에 기회가 있다. 우리는 좁은 땅도 남북으로 갈라져 있다. 자원이라고는 사람밖에 없다. 그런데 그 사람이 똑똑하고 민첩하다. 기동성 있고 순발력이 뛰어난 국민이다. 이 시대에 가장 적합한 국민적 자질을 지니고 있다. 그러기에 도전해 볼 만하다. 그런데 세 가지가 문제다. 이들 세 가지만 바로 잡으면 우리 민족이 세계사를 주도하는 시대가 올 것이 틀림없다.

첫째는 싸움질 잘하는 습관, 체질을 고쳐야 한다.
매사를 부정적이고 삐딱한 시선으로 보고 트집을 잡으니 가는 곳마다 하는 일마다 쌈이 그칠 사이 없다. 심지어 교회들까지 싸움판에서 한몫을 하고 있으니 가슴을 칠 일이다. 이것을 고쳐야 한다.

둘째는 정치판이 문제다.

고작해야 2급 인사들이 정치판을 좌지우지하니 정치가 제자리 걸음을 하고, 국민들의 총명한 역량을 미래를 향해 이끌어내지 못하고 있다. 정치판에 과감한 물갈이가 일어나야 한다.

셋째는 교육이 문제다.

오죽하면 교육 황폐니, 교실 붕괴니 하는 말들이 생겼겠는가? 무엇이든 잘못된 것은 기초에서부터 다시 쌓아야 한다. 우리 나라는 자녀들을 총명하게 낳아서 바보로 기른다. 교육 박사도 많고 교육대학원도 많은데 교실은 변하지 않고 있다. 어떻게 하면 상상력 있는 정치가, 창의력 있는 학생, 화목한 국민을 이루어 단군 이래 처음으로 세계사를 주도하는 국민, 국가, 교회로 발돋움해 나갈 것인가? 우리 모두가 함께 고민하고 기도하고 도전해 나가야 한다.

"상상력을 안 가진 정신은 망원경을 안 가진 천문대 같다"
― 헨리 포드 피처 ―

세상의 모든 것을 아름답게 창조하신 하나님!
이 아름다운 세상에서 우리를 살게 하심을 감사드립니다. 주님의 크신 은총으로 저희를 축복하여 주옵소서. 주님의 창조적인 능력이 저희의 지성을 풍요롭게 함으로 생각의 깊이를 더해 주시고, 그 넓이와 깊이가 넓어져서 수많은 것들을 만들어 낼 수 있게 하옵소서. 무엇보다 창의력이 푸르른 자가 되게 하셔서 새로운 의견을 생각해 내는 탁월한 능력을 주옵소서.

매사에 아이디어가 넘쳐나게 하시고, 생각의 폭이 크게 자라나 그 마음 안에 품은 호기심이 창조적인 일들로 열매를 맺게 하옵소서. 모든 것에 뛰어난 관찰력을 주시고 새로운 의견을 생각해 내는 지혜로움을 주옵소서. 나이를 뛰어넘는 명석함과 비상한 창의력, 원숙한 영혼의 눈으로 세상을 바라보게 하옵소서. 주님이 주신 지혜를 활용하여 교회와 나라를 크게 이롭게 하는데 쓰임받게 하옵소서. 예수님의 이름으로 기도 드립니다. 아멘!

8. 국가 대 전략(National Grand Strategy)

"너는 두려워하지 말라 내가 너를 구속하였고 내가 너를 지명하여 불렀나니 너는 내 것이라 네가 물 가운데로 지날때에 내가 너와 함께 할 것이라 강을 건널때에 물이 너를 침몰하지 못할 것이며 네가 불 가운데로 지날 때에 타지도 아니할 것이요 불꽃이 너를 사르지도 못하리니 대저 나는 여호와 네 하나님이요 이스라엘의 거룩한 이요 네 구원자임이라"(사 43:1-3)

제2차 세계대전 이후 네 나라가 분단되었다. 그중 독일, 예멘, 베트남은 이미 통일을 이루었는데 유독 우리나라만 아직 분단국으로 남아 있다. 개인이나 기업도 그러하지만, 국가라면 반드시 그 국가가 어떤 방향으로 어떻게 나아가겠다는 장기적인 청사진이 있어야 한다. 이를 국가 대전략이라 표현할 수 있다. 영어로 말하자면 National Grand Strategy로 표현할 수 있을 것이다.

한 나라를 이끄는 대통령이나 여당 혹은 차기에 국가경영을 맡으려 준비하고 있는 야당 역시 이런 국가 대전략을 지니고 있어야 한다. 앞서 간 지도자들 중에는 이런 국가경영 내지 민족경영에 대한 대전략을 지녔던 지도자들이 있었다. 김구 선생의 문화민족전략, 이승만 대통령의 자유민주주의 국가전략, 박정희 대통령의 부국강병 전략 등이 대표적인 경우라 할 것이다.

그러나 최근 들어 이런 대전략을 품은 지도력이 등장하지 못하고 있어 국민들로 하여금 나라를 바로 이끌어 줄 지도력에 대한 갈증을 느끼게 한다. 지금 우리나라 온 국민이 함께 바라보고 나아가야 할 국가경영 내지 민족경영의 대전략의 핵심은 무엇이어야 할까? 나는 다음 3가지를 그 핵심으로 꼽는다.

1) 첫째는 통일한국에의 전략이다.
2) 둘째는 강한 한국에의 전략, 곧 올바른 안보관의 확립이다.
3) 셋째는 잘 사는 한국에의 전략, 바로 선진경제로 나아가는 전략이다.

첫 번째 통일한국은 제2차 세계대전 이후 독일, 예멘, 베트남, 대한민국 4개국이 분단되었다가, 나머지 3국은 통일이 되고 유독 우리나라만 분단의 역사를 극복하지 못하고 있다. 독일에서 활약하고 있는 박선규 교수는 독일의 통일과정을 지켜보고 나서 독일이 통일을 이룬 조건 3가지를 지적하였다.

첫째가 미국의 도움이다. 둘째가 서독의 경제력이다. 셋째가 서독 국민들이 단합되어 있었다.

그는 이런 3가지 조건을 지적하면서 한국 통일에도 이 3가지가 그대로 적용될 것이라 하였다. 특히 그는 미국의 도움이 절대적이라 강조한다. 한반도의 통일에 큰 힘을 써줄 나라는 역시 미국 밖에 없다. 그러기에 우리는 미국의 힘을 인식하고 미국과의 관계를 소중히 하면서 그 힘을 한국의 통일에 사용할 수 있도록 최선을 다하여야 한다.

그것이 국가대전략(National Grand Strategy)의 핵심사항이다. 나아가 한미일 동맹(韓美日 同盟)을 존중하여야 한다. 이것이 한국 안보의 지름길이요 최선의 길이다. 우리는 일본과의 관계에서 과거로부터 벗어나야 한다. 우리는 한일관계(韓日關係)에서 반일(反日)할 것이 아니요 친일(親日)할 것 역시 아니다. 용일(用日)하여야 한다.

미국의 브레진스키는 키신저에 버금가는 전략가였다. 그가 2012년에 '전략적 비전(Strategic Vision)'이라는 책을 썼다. 미국의 세계전략 방향을 담은 책이기는 하지만 본문 중 한국에 대하여 언급한 부분이 있다. 브레진스키가 가상으로 쓰기를, 만일 무슨 일이 있어 미국이 다른 나라에 대한 관계를 모두 끊게 된다면 가장 곤란한 처지에 처할 나라가 South Korea라 하였다. 그리고 만일 그런 상황이 오게 된다면 한국이 선택할 방법은 다음의 3가지라 지적하였다.

첫째는 조선시대로 돌아가 중국에 머리를 숙이고 중국의 반 속국처럼 되는 길이다. 둘째는 일본과 연대하여 중국세력 내지 중국의 영향에 맞서는 길이다. 셋째는 한국이 스스로 핵무장을 하여 자신을 지키는 길이다. 이 3가지 길 중 자신이 추천하는 바는 두 번째인 일본과 연대하여 중국세력을 견제하는 것이라고 쓰면서, 덧붙여 언급하기를 한국민의 국민감정상 그 길을 선택하기는 어려울 것이라 하였다.

나는 한국이 취할 국가대전략(National Grand Strategy)으로 두 번째와 세 번째를 합한 길을 선택하여야 한다고 생각한다. 한미일 3국의 동맹을 공고히 하면서 한걸음 더 나아가 우리 자체로 핵무기를 개발하는 길이다. 내 개인의 판단으로는 앞으로 적어도 30년은 그 전략으로 안보의 틀을 세워야 한다는 생각이다. 그렇다고 중국과 다툴 필요도 없고 중국과의 관계를 소홀히 할 필요 역시 없을 것이다. 지금처럼 계속 관계를 맺어나가면 될 것이다.

나폴레옹 장군이 남긴 명언이 있다. "인류의 미래는 인간의 상상력과 비전에 달려 있다." 상상력은 역사를 만드는 추진력이 된다. 상상력이 풍부한 사람들이 문화를 일으키고, 사람 살만한 세상 사람이 사람답게 사는 세상을 창출(創出)한다. 비전(Vision)이 무엇인가? 왜 비전이 있고 없고에 따라 국가의 장래가 달라지는가? 비전이란 지도자가 앞장서고 국민 모두가 마음을 합하여 나아가야 할 미래의 목표이다.

국토가 넓다고 부강한 나라가 되는 것이 아니다. 자원이 많다고 부강한 나라가 되는 것도 아니다. 사람이다. 부강한 나라, 건강한 사회를 만드는 것은 사람이다. 사람이 중요하다는 말은 가치관, 추구하는 목표, 미래를 창조하여 나가는 상상력과 비전을 지닌 사람이 중요하다는 말이다. 개인도 기업도 국가도 그리고 교회도 마찬가지이다. 상상력이 있고 비전이 있을 때 모든 악조건을 극복하며 밝은 미래를 열어나간다.

예를 들어 남미(南美)와 북미(北美)의 경우를 생각해 보자. 17세기 같은 시대에 양쪽의 개척이 시작되었다. 같은 유럽 사람들이 같은 시대에 진출하여 개척을 시작한 것이다. 그런데 지금에 와서 그 결과가 어떠한가? 남미는 침체되고 뒤떨어진 사회가 되었고, 북미는 세계 제일의 국가, 선진사회를 이루고 있다. 무엇이 그렇게 달라지게 하였는가?

그들이 지닌 가치관과 이상과 전략의 차이에서 달라졌다. 남미로 간 사람들은 대부분 라틴족 계열이었고 북미로 간 사람들은 앵글로색슨족이었다. 남미로 간 라틴민족 계열의 사람들은 황금을 찾아 갔다. 금을 찾고 은을 찾아 갔다. 그래서 한때는 많은 황금과 은을 채굴하여 국부(國富)를 쌓았다. 그러나 북미로 간 앵글로색슨족은 사상을 찾아, 미래에의 비전을 따라 갔다. 자유와 꿈을 찾아 나무배를 타고 대서양을 건넜다.

그 결과는 어떻게 되었는가? 설명이 필요 없이 눈에 보이는 그대로다. 지금도 마찬가지이다. 그냥 '잘 살아보세' 하는 사회와 '바로 살아 보세' 하는 사회는 세월이 흐르면서 완연히 달라진다. 그런 점에서 김구 선생 같은 선각자는 오늘날 한국의 사표(師標)가 될 수 있다.

김구 선생은 살아생전 거듭거듭 말하기를, 무력으로 강한 나라가 아니고 경제로 부강한 나라가 아니고 오직 문화로 가치관으로, 인간다운 도덕과 윤리로 세계 다른 나라들이 따르는 기준이 될 나라를 세우자고 역설하였다. 김구 선생은 잘 사는 나라를 세우는 것이 아니라 바르게 사는 나라를 세우자 하였다. 오늘을 살아가는 우리들이 국가경영, 민족경영의 출발점으로 삼아야 할 가치가 아니겠는가!

"세상을 변화시키려는 사람은 많다. 그러나 자기 자신을 변화시키려는 사람은 많지 않다."
― 레프 톨스토 ―

9. 대한민국이 성공한 3가지 요인

"여호와를 자기 하나님으로 삼은 나라 곧 하나님의 기업으로 선택된 백성은 복이 있도다"(시 33:12)

2차 세계대전 이후 새롭게 시작된 나라들이 무려 120여 나라에 이른다. 그 시대엔 사회주의의 평등사상이 매력이 있었다. 서구제국주의의 침략을 벗어나 자주 독립 국가를 이루고 평등 사회를 이루는 것이 신생 독립국들의 꿈이었다.

그래서 다수의 신생국 지도자들이 사회주의 내지 공산주의를 체제로 선택하였다. 그러나 그 나라들은 거의 실패하였다. 자유민주주의를 체제로 선택한 나라들이 성공하였다. 그렇게 성공한 나라의 대표적인 사례가 대한민국이다. 그리고 코리아의 성공은 3가지 요인이 합하여 이루어졌다.

첫째는 뜨거운 교육열과 땀 흘려 일한 헝그리 정신이다.

둘째는 자유민주주의를 선택한 이승만 대통령의 탁월한 선택과 이승만 대통령이 닦은 기반 위에 경제 발전을 이룬 박정희 대통령의 지도력이다.

셋째는 한미방위조약의 바탕 위에 안보가 보장되고 자원을 경제 발전에 투입할 수 있었던 점이다.

줄여서 말하자면 부지런한 국민들과 탁월한 국가경영의 리더십과 한미방위조약의 혜택이다. 그런데 작금에 들어와 이들 3가지 조건들이 모두 흔들리고 있다. 그래서 나라의 장래를 염려하는 애국 시민들이 가슴앓이를 하게 한다.

그러기에 대한민국의 기틀을 바로 세워나감에 먼저 하여야 할 일이 이들 3가지 조건들을 다시 튼튼히 다져 가는 일이다. 이를 위해 먼저 무엇을 어떻게 하여야 할 것인가? 어디에서부터 시작하여야 할 것인가? 누가 그 일을 하여야 할 것인가?

결론을 먼저 말하자면 대한민국의 건국 정신을 계승하기를 원하는 모든 세력이 단결해야 한다. 흔히 보수우파 세력이라 일컫는데 정확한 표현이 아니다. 헌법 정신을 계승하는 자유민주주의 세력이란 표현이 좀 더 정확할 것이다.

이 세력에는 크게 3부류가 있다.

이들 3부류의 대동단결이 핵심 과제이다. 안보 세력과 민주화 세력과 산업화 세력이다.

중요한 것은 그동안 하나님의 손길이 때를 따라 우리나라를 도우셨다. 그러기에 대한민국은 여호와를 하나님으로 섬기는 나라가 되어야 한다. 신앙입국(信仰立國)이 나라의 기틀이 되어야 한다.

"아무도 다른 사람을 변화하도록 설득할 수는 없다. 우리는 누구나 단지 내면에서만 열 수 있는 변화의 문을 지키고 있다. 논쟁이나 감정적 호소에 의해서는 다른 사람이 가진 변화의 문을 열 수 없다."
― 메릴린 퍼거슨 ―

10. 국민들의 도전정신

"지혜 있는 자는 궁창의 빛과 같이 빛날 것이요 많은 사람을 옳은 데로 돌아오게 한 자는 별과 같이 영원토록 빛나리라"(단 12:3).

영국의 에드먼드 힐러리 경(卿)은 히말라야 정상에 최초로 오른 사람이다. 그가 히말라야 정상에 오른 후 다음과 같이 말했다.

"인간은 도전하는 동물이다. 인간이 인간다운 것은 도전정신이 있기 때문이다."

도전은 인간의 본질이다. 도전에는 인내가 필요하고 용기가 필요하고 개척정신이 필요하다. 도전해야 진보가 있고 향상이 있다. 영국 국민은 바다에 도전하였고 이스라엘 국민은 사막에 도전하였다. 스위스 국민은 산에, 덴마크 국민은 히스(heath) 황무지에 도전하였다. 미국 국민은 우주에 도전하였고 일본 국민은 2차 대전 패배 후 Japanese Dream에 도전하였다. 한국 국민은 어디에 도전할 것인가?

우리의 선조들 중에서도 도전정신이 탁월한 선조들이 있었다. 신라의 장보고는 바다에 도전하여 해상왕국을 이루어 지금의 베트남까지 상권을 넓혔다. 고려시대 최무선은 화통도감을 설치하여 화약무기에 도전하였다. 그의 노력이 조선시대 세종대왕 때에 열매를 맺어 세계 최초의 2단 로켓인 산화신기전을 발명하기까지에 이르렀다. 이순신장

군은 바다에 도전하여 일본군과의 해전에서 조선을 빛냈다.

문제는 이러한 도전이 후손에게까지 이어져 오지 못한 점이다. 만일 장보고의 도전정신이 성공하였더라면 우리는 영국 이전에 바다를 다스리는 해양강국이 되었을 것이다. 최무선의 화약무기와 세종대왕 시절 2단 로켓기술이 계속 발전하였더라면, 지금처럼 미국의 사드 도입으로 나라가 시끄러운 지경에 빠질 염려는 없었을 것이다.

우리는 세종대왕 시절의 과학기술이 당대로는 세계 최첨단기술이었음을 기억해야 한다. 세종대왕 시절의 과학기술과 무기 수준이 계속 이어져 왔더라면 임진왜란이 왜 일어났겠으며 병자호란이 왜 있었겠는가?

도전정신이 강한 국민이 발전하고 번영을 누린다. 도전정신이 약한 국민은 침체하고 쇠퇴한다. 우리 역사에도 여러 차례의 도전으로 번영을 이루어 나갈 기회가 있었으나, 개척자들이 천신만고 도전 끝에 기초를 닦아 놓으면 그뒤로 소인배(小人輩)들이 권력을 잡으면서 도전정신을 사그러뜨리고 말았다.

지금은 어떠한가? 선조들의 도전정신을 되살려 통일한국시대에 세계 선두에 설 수 있는 비전을 제시할 인재들이 있는가? 고만고만한 인물들이 제각기 대권을 입에 올리며 이곳저곳 뛰고 있다. 그들의 행적을 날마다 보아야 하는 국민들의 처지가 민망할 따름이다. 그러나 도전에는 실패가 뒤따르고 그 실패를 극복하면 성공을 이룰 수 있다고 한다.

"이 세상에 열정없이 이루어진 위대한 것은 없다."

― 게오르크 빌헬름 ―

11. 지도력의 부재가 재난의 시작이다

"자주 책망을 받으면서도 목이 곧은 사람은 갑자기 패망을 당하고 피하지 못하리라 의인이 많아지면 백성이 즐거워하고 악인이 권세를 잡으면 백성이 탄식하느니라"(잠 29:1-2)

지도자의 역할이 얼마나 중요한가에 대하여 마야 문명의 예를 들어 보자. 멕시코 남부에서 과테말라에 이르는 유카탄 반도 일대를 중심으로 인디언들이 이루었던 문명을 마야 문명이라 부른다. 3세기에서 10세기에 걸쳐 찬란하였던 문명이 흔적 없이 사라졌다. 역사가들은 그 원인을 찾으려 애쓰고 있다. 마야 문명은 외부로부터의 침입이나 내부 분열의 흔적도 없이 그냥 사라졌다.

역사학자들은 마야 문명이 소멸된 원인을 제구실을 못한 지도자들에게서 찾는다. 국가 지도자들이 국민들로부터 신뢰를 받지 못할 때에 어떤 일이 일어날 수 있는가에 대하여 마야 문명이 일러 준다.

마야 문명은 지도자들이 국민들을 과도하게 수탈하고 억압하고 신뢰를 주지 못하게 되자 견디다 못한 국민들이 밀림 속으로 사라지면서 뿌리째 흔들리게 되었다. 어느 시대에나 그 시대를 살아가는 민초들이 본받고 의지하고 따를 지도층이 필요하다. 그런 지도자나 지도층이 없을 때에 그 사회나 공동체는 중심을 잃고 흔들리기 마련이다.

한국인들은 장점이 많은 국민이다. 영특하고 날쌔고 진취적이다. 거기에 더하여 영성이 강한 국민들이다. 말하자면 하나님이 주신 복을 타고난 국민들이다. 지금 우리나라의 경우는 어떠한가?

지금의 나라 사정이 옛날에 비하면 훨씬 좋아졌지만 그런 중에도 국민들의 마음은 걷잡을 수 없이 흔들린다. 국민들이 미래에 대한 희망을 걸고 따를만한 지도력이 부재하기 때문이다. 지난 날 우리 겨레가 일본 제국주의의 지배를 받고 있을 동안에도 국민들에게는 미래에 희망을 가질만한 지도자들이 있었다.

이승만, 김구, 안창호, 조만식 같은 믿고 의지할 지도자들이 있었다. 국민들은 그런 지도자들에 희망을 걸고 불행한 시기를 극복하여 나갈 수 있었다. 지금이 그 시절에 비하여 얼마나 좋은 조건인가? 그럼에도 국민들의 마음이 수심에 잠기게 되는 것은 겨레의 미래에 대하여 희망을 걸만한 지도자 내지 지도력이 부재하기 때문이다.

국민들의 자질이 아무리 빼어나다 할지라도 그 자질을 갈고 닦아 하나로 모아 미래를 향하여 이끌어 나갈 지도력이 뒷받침되지 못한다면 개개인의 자질만으로는 나라 전체가 크게 성장할 수 없다.

유대인들은 훌륭한 분들을 집으로 초청하여 자녀들과 함께 식사하는 것을 즐긴다. 자녀들이 그런 분들로부터 감화를 받게 하기 위하여서이다. 자녀들에게 살아 있는 모범을 가르쳐 주기 위해서다. 아이들에게는 훌륭한 인물들을 본받고자 하는 마음이 있다. 우리도 자라는 자녀들이 본받고 싶어 하는 지도자들을 기르고, 높이고, 존중하자. 다른 어떤 일보다 더 중요한 일이다.

"리더가 된다는 것은 기꺼이 위험을 감수하며 사람을 사랑하겠다는 의지이다."   - 허버트 험프리 -

12. 자기혁신 자기경영

"너의 행사를 여호와께 맡기라 그리하면 네가 경영하는 것이 이루어지리라"(잠 16:3)

"노동은 기계가 대신해 주고 완전히 자동화되는 날이 올지도 모르지만 지식만은 오직 훌륭한 인간적인 자원인 것이다. 지식은 책에서 얻어지는 것이다."   - 피터 드러커 -

세계적인 경영사상가 피터 드러커가 쓴 책 중에 〈새로운 현실, The New Realities〉이란 제목의 책이 있다. 세계적인 경영학자답게 그는 21세기의 경영에 대하여 탁월한 견해를 쓰고 있다. 그 책에서 한 부분을 인용한다. "기존의 조직 노동조합이든 정당이든 교회든 병원이든 이노베이션 곧 자기 쇄신을 하지 않으면 몰락하고 새로운 조직은 매니지먼트 곧 경영 관리를 하지 않으면 탈락한다."

우리 모두가 마음에 깊이 새겨야 할 지적이다. 지금 우리가 처한 처지가 심상치 않은 위기를 앞두고 있기에 마음도 몸도 교회도 기업도 새로워진다는 것은 그렇게 해도 되고 안 해도 될 그럴 처지가 아니다. 그렇게 하지 않으면 함께 망하는 길로 나가게 되는 문제이다.

일본의 경영서들 중에 〈기업에는 수명이 있다〉는 제목의 책이 있다. 1886년 일본이 메이지 유신을 이룬 이래 100년이 넘는 세월 동안 일본에 등장하였던 500개의 대기업들을 조사하였다. 모두가 한때는 일본 최고 기업으로 등장하였던 기업들이다. 그런데 이들의 수명이 고작 30년임을 밝힌 책이다.

숱한 기업들이 한때는 일본 제일을 자랑하였어도 30년을 수명으로 사라졌다는 분석이다. 그런데 그런 중에서도 평균 30년의 수명을 거슬러 50년 100년 살아남은 기업들이 있다. 그렇게 살아남은 기업들의 공통점이 있었다. 끊임없는 이노베이션, 자기혁신을 이루어 나간 기업들이다.

그러기에 이노베이션은 개인에게도 기업에게도 해도 되고 하지 않아도 되는 문제가 아니라 하지 않으면 죽게 되는 결정적인 문제이다. 우리들이 산과 들을 다닐 때에 뱀이 벗어놓은 껍질을 보게 된다. 뱀은 주기적으로 자신의 껍질을 벗음으로 수명을 유지한다. 그런데 무슨 병에 걸리거나 날카로운 가시에 찔려 상처를 받게 되면 껍질을 벗지 못하고 자신의 껍질에 갇혀 죽게 된다. 개인도 기업도 국가까지도 마찬가지이다.

그러므로 우리들의 신앙도, 교회도, 기업도 해마다 새로워져야 한다. 만약에 고정 관념에 갇혀 새로워지지 못하면 자기 속에서 몰락의 길로 나가게 된다. 그러기에 봄이 오기 전에 먼저 하여야 할 바가 있다. 자신이 이제껏 매여 살았던 고정 관념을 버리고, 옛 습관과 편견을 버리고 새로워져야 한다. 마치 뱀이 허물을 벗듯이 자기 자신의 굴레에서 벗어나야 한다.

"인간에게 가장 중요한 힘은 표현력이며, 현대의 경영이나 관리는 커뮤니케이션에 좌우된다."　　　　　　　　　　－ 피터 드러커 －

13. 경영은 장인정신(匠人精神)으로 하라

"마음의 경영은 사람에게 있어도 말의 응답은 여호와께로부터 나오느니라"(잠 16:1)

"혹 실패한다 해도 시도한다면 20년 뒤에 웃으면서 말할 수 있다. 그러나 하지 않는다면 20년 뒤 후회할 뿐이다."   － 마크 트웨인 －

예수님의 리더십은 부드럽고 조용하고 희생적이면서도 2천년에 걸쳐 부동의 1위를 지키는 조직을 이루었다. 그 비결이 무엇일까? 우리는 예수님의 남다른 리더십을 오메가 리더쉽이라 한다. 오메가 리더쉽의 비전을 제시하여 사람들로 그 비전에 인생을 걸게 하는 동기를 부여하였다.

그렇다면 비전이란 무엇인가?

비전이란 국가면 국민, 회사면 사원, 교회면 교인 전체가 바라보고 나갈 미래의 목표이다. 비전에 대하여 나폴레옹 장군의 명언이 있다. "인류의 미래는 인간의 비전과 상상력에 달려 있다."

한 공동체의 가치와 미래는 그들이 품은 비전에 달려 있다. 그러기에 비전을 줄 수 있는 지도자가 진정한 지도자이다. 예수님의 진가는 그가 제자들에게 심어 준 비전에 있다. 예수님은 자신을 따르는 사람들에게 하나님 나라 건설이란 비전을 심어 주었고 그들이 그 비전에 목숨을 걸게 하였다. 지금 우리 사회가 길을 잃고 헤매는 이유는 총명한 국민들이 신바람나게 인생을 투자할 수 있는 비전을 제시하는 지도력이 없는 데 있다.

예수님의 지도력을 경영적인 측면에서 살필 때에 두드러진 점은 사람들의 열정과 헌신을 이끌어 낸 점이다. 어떤 일이든지 열정 있는 사람들이 이루어 낸다. 세상 경영에서 그런 것만이 아니다. 거룩한 경영, 하나님의 일도 마찬가지이다. 성경 전체를 살피건대 하나님께서 쓰신 일꾼들은 자신의 분야에서 열정을 품고 일하던 사람들이었다.

하나님께서는 게으른 사람이나 놀고 있는 사람들을 사용하신 적이 없다. 하나님의 일에 열정이 필수 조건이다. 하나님께서는 자신이 맡은 분야에서 정열을 품고 일하던 사람들을 일꾼으로 사용하셨다.

예수께서 이르시기를 하나님 사랑이나 이웃 사랑 혹은 교회 섬김에 있어 목숨을 다하여 하라 이르셨다. 목숨을 걸고 일하라는 것이다. 하나님의 일만 그런 것이 아니다. 경영에 있어 열정을 품고 전심전력을 다하는 사람들이 업적을 이룬다. 자신이 하는 일에 프로 근성을 가지고 인생 전체를 걸고 집중할 때에 남보다 앞선 업적을 이룰 수 있다.

그런 프로 근성을 다른 말로는 장인정신(匠人精神)이라 일컫는다. 자신이 선택한 분야에 인생을 걸고 혼을 기울여 연마하고 헌신하는 마음의 태도가 장인 정신이다. 예수님의 인간 경영은 공동체를 이루어 함께 살며 비전을 심어 주고 그 비전에 인생 전체를 통체로 투자할 동기를 심어 주셨다. 그래서 순교까지 기꺼이 감수하겠다는 열정으로 일하게 하셨다.

"모든 빛나는 성과는, 자신의 내면에 떠오른 무엇인가가 지금까지의 어떤 것보다 뛰어나다는 확고한 믿음을 갖고 현실에 도전한 이들에 의해 성취되었다."

― 브루스 바튼 ―

14. 경영의 신(神) 마쓰시다 고노스케의 기업정신

"사람이 교만하면 낮아지게 되겠고 마음이 겸손하면 영예를 얻으리라"(잠 29:23)

일본인들이 경영의 신이라 존경하는 마쓰시다 고노스케는 일반 경영인들과는 다르다. 그는 사상가요 교육자다. 그가 세운 '마쓰시다 정경숙(政經塾)'의 예를 들어 보자. 그는 거금을 기증하여 미래에 일본을 이끌어 갈 정치, 사회 지도자를 배출하는 학교를 세웠다. 이 학교를 마쓰시다 정경숙이라 한다.

이 학교는 일 년에 30명 정도의 최고 엘리트들을 선발하여, 3년 동안 최고의 강사진, 최고의 프로그램으로 교육하고 훈련시킨다. 특히 일본을 이끌어 갈 소장 정치 지도자들을 기르는 데에 많은 투자를 한다. 이들은 기숙사에서 함께 생활하며 일본의 미래, 아시아의 미래, 세계의 미래를 설계하는 공부에 열중한다. 그리고 최고지도자들이 지녀야 할 덕성(德性)을 기르는 일에 전심을 다한다.

정경숙에 들어가는 입구가 너무 낮아 허리를 완전히 굽히고서야 들어갈 수 있다. 건물입구를 이렇게 낮게 만들어 놓은 특별한 이유가 있다. 정경숙의 숙생들에게 '겸손'을 가르치기 위해서이다. 그런 겸손이 바로 마쓰시다 고노스케의 삶의 방식이며 기업정신이다.

일본과 한국뿐 아니라 세계의 정치 지도자, 경제 지도자들이 마음 깊이 새겨야 할 교훈이라 생각된다. 특히 한국의 정치 지도자들이 특별히 귀를 기울여야 할 정신이다. 이상하게도 한국의 국회의원들은 당선된 날부터 목에 힘이 들어간다. 그래서 자신은 마치 특별한 DNA를 가진 사람인 것처럼 거드름을 피운다.

성경에서는 이스라엘 백성을 하나님이 나무라실 때에 "목이 곧은 백성들"이라 나무라셨다

"네 하나님 여호와께서 그들을 네 앞에서 쫓아내신 후에 네가 심중에 이르기를 내 공의로움으로 말미암아 여호와께서 나를 이 땅으로 인도하여 들여서 그것을 차지하게 하셨다 하지 말라 이 민족들이 악함으로 말미암아 여호와께서 그들을 네 앞에서 쫓아내심이니라, 하나님 여호와께서 네게 이 아름다운 땅을 기업으로 주신 것이 네 공의로 말미암음이 아니니라 너는 목이 곧은 백성이라"(신 9:4–6)

겸손하지 못하고 미련스러움을 나무라시며 그렇게 표현하신 것이다. 우리는 모두 마쓰시다 고노스케처럼 높이 올라갈수록 겸손히 행하는 덕성을 기르기에 힘쓰자.

"자신에 대한 존중이 우리의 도덕성을 이끌고, 타인에 대한 경의가 우리의 몸가짐을 다스린다."
— 로렌스 스턴 —

15. 아담 스미스의 국부론(國富論)과 칼 막스의 자본론(資本論)

"여호와를 경외하는 것이 지식의 근본이거늘 미련한 자는 지혜와 훈계를 멸시하느니라"(잠 1:7)

20세기에 들어 세계사의 방향을 결정한 두 권의 책이 있다. 아담 스미스의 국부론(國富論)과 칼 맑스의 자본론(資本論)이다. 영국의 아담 스미스가 국부론에서 주창한 경제 이론을 따라 국가를 경영한 나라들은 한결같이 부자 나라들이 되었다. 그러나 칼 막스의 자본론의 주장을 따라 국가를 경영한 나라들은 가난한 나라가 되고 실패한 체제가 되었다.

아담 스미스의 국부론에서는 자유 자율 창의를 내세웠고 칼 막스의 자본론에서는 부르주아 계급을 숙청하고 무산대중, 프로레타리아 계급이 일당 독재로 국가를 경영하여야 한다. 그러기 위하여는 투쟁과 통제와 전체를 위하여 개인이 희생하는 전체주의를 주창하였다. 한반도가 1945년 일본제국주의의 억압에서 해방된 이래 북녘은 소련과 중국의 지원을 받아 김일성이 전체주의 사회주의를 채택하였다.

그러나 남녘은 미국을 위시한 자유세계의 지원을 받는 이승만 박사가 자유민주주의를 체제로 선택하였다. 결과는 어떻게 되었던가? 남한의 대한민국이 북한의 공산주의 사회주의 체제와의 대결에서 완승(完勝)하였다. 남한은 세계 10위에 이르는 대열에 설 수 있게 되었고 북녘은 백성들의 호구지책조차 해결하지 못하는 최빈국으로 떨어졌다.

"궁핍은 영혼과 정신을 낳고, 불행은 위대한 인물을 낳는다."
- 작가미상 -

그래서 자신들과 체제가 살아남기 위하여 핵무기를 개발하여 그에 매달리고 있다. 그러나 분명한 사실은 북녘의 공산주의 전체주의 체제는 핵무기로 인하여 머지않은 장래에 몰락의 길로 나가게 될 것이다. 그러기에 대한민국은 북녘의 체제가 허물어진 후에 오게 될 통일한국시대에 국가경영 내지 민족경영을 어떻게 할 것인가에 대하여 지금부터 철저히 준비하여야 한다.

"주도적인 노력에 의해 스스로의 인생을 고결하게 하는 인간의 불가사의한 능력보다 더욱 고무적인 것은 없다."
- 헨리 데이비드 소로 -

16. 영국의 마거릿 대처 수상의 신념과 추진력

"두려워 말라 내가 너와 함께 함이라 놀라지 말라 나는 네 하나님이 됨이라 내가 너를 굳세게 하리라 참으로 너를 도와주리라 참으로 나의 의로운 오른손으로 너를 붙들리라"(사 41:10)

1970년대 영국에서는 영국병이란 말이 유행하였다. 국민들이 땀 흘려 일하려는 의욕이 적은 점과 노동조합이 너무 강성이어서 기업가들이 기업 경영에 어려움을 느끼는 점 등이 영국병의 중심이었다. 그렇게 되면 생산력이 떨어지게 되고 기업에 투자가 이루어지지 아니하고 일자리가 늘어나지 않게 된다. 결국은 실업자가 날로 늘어나게 된다.

그런 결과로 영국은 1976년에 IMF 신세를 지게 되었다. 지금 우리나라의 처지가 그때 영국과 흡사하다. 영국은 영국병을 어떻게 벗어날 수 있었던가? 그런 때에 보수당이 집권하여 마거릿 대처 여사가 수상으로 등장하였다. 대처 수상은 먼저 영국병을 고치려면 강성 노조를 고쳐야겠다고 결심하였다.

당연히 노조가 반발하여 격렬한 시위를 벌였다. 노동조합 중에 광산 노조가 가장 강성이었다. 그들은 농성장에 산소통을 쌓아놓고 노동자들의 가족까지 동원하였다. 만일 경찰이 투입되면 산소통을 터뜨려 자폭하겠다고 선포하였다. 그러나 대처 수상은 영국을 살려야겠다는 신념이 확고하였기에 기마경찰을 투입하여 시위를 진압하였다. 기마대에 부상을 입은 노동자들이 대처 수상을 찾아와 강력하게 항의하였다. 그러자 대처 수상은 단호하게 대처하겠다는 자신의 뜻을 다음 같이 말하였다.

"경찰을 보낸 것은 내가 잘못하였습니다. 한 번만 더 그런 불법 시위가 일어나게 되면 기마경찰이 아니라 탱크를 보내겠습니다." 대처 수상의 그런 소신 있는 정책 집행으로 영국은 영국병에서 벗어날 수 있게 되었다. 우리가 깊이 생각하여 보아야 할 대목이다. 마거릿 대처를 철권 수상이라고 부른다. 강력한 신념과 추진력으로 영국병을 고쳤기 때문이다.

지금 옥중에 있는 박근혜 전 대통령이 대통령직에 오를 때에 영국을 살린 여자 수상 대처와 같은 여성 지도자가 되어 주기를 바랐다. 그러나 어떻든 그렇게 되지 못하여 본인은 물론이려니와 나라 전체에 큰 상처를 주었다. 그러면 먼저 영국병에 대하여 생각해 보자.

영국병이란

첫째 국민들이 일은 적게 하고 혜택은 많이 누리려는 마음가짐이다.

둘째 공무원은 계속 늘리고 일자리는 계속 줄어드는 현상이다.

셋째 노동자들에게는 천국 같은 세상이 되고 기업인들은 지옥 같이 느껴지게 되는 사회 흐름이다.

넷째 교실에서 학생들에게는 모든 자유를 누리게 하고 선생님들은 아무것도 누리지 못하게 하는 교육 풍토이다.

기업하는 사람을 마치 도둑질하여 살아가는 사람들처럼 몰아가며 노동조합 만능시대를 만들어 가는 병이다. 이런 현상 모두를 합하여 영국병이라 하였다. 마거릿 대처 여자수상은 선거 운동할 때에 영국병을 고치겠다고 공약하여 당선되었다.

대처 수상이 자신이 내걸었던 이 공약을 실천하느냐 못 하느냐를 판가름하는 사건이 광산 노조의 파업에서 일어났다. 광산 노조는 지금 우리나라의 민주노총과 비슷한 성향의 노조였다. 대처 수상의 집권 이전에 하던 방식대로 강경투쟁으로 치달렸다. 일이 어렵게 된 것이 영국의 언론들이 노조 편을 들었고 시민들은 침묵하였다.

그러나 대처 수상은 물러서지 않았다. 경찰과 노조가 대처하기를 1년이 넘도록 대치하였다. 대처는 기마경찰로 하여금 말 탄 그대로 노조 데모대를 돌파하라 명하였다. 데모대 중에 부상자가 속출하고 경찰도 부상자가 연이어 발생하였다. 그러나 대처는 영국병을 뿌리 뽑기 위하여 물러서지 않는다고 선포하고 일관되게 강행하였다. 1년이 지나 노조가 굴복하였고 영국병에서 벗어나기 시작하였다.

영국의 이야기는 그들만의 이야기가 아니다. 우리들의 이야기가 될 수 있다. 나라의 기틀을 바로 세워 나가려면 먼저 있어야 할 것이 바른 리더십이다. 민주적이고 강력하고 비전이 확고한 개인 혹은 팀이 나라를 이끌어야 한다.

"유능한 리더는 사랑받고 칭찬받는 사람이 아니다. 그는 그를 따르는 사람들이 올바른 일을 하도록 하는 사람이다. 인기는 리더십이 아니라 성과이다."　　　　　　　　　　　　　　　－ 피터 드러커 －

17. 정치가 우에스기 요잔의 성공비결

"자기의 마음을 믿는 자는 미련한 자요 지혜롭게 행하는 자는 구원을 얻을 자니라"(잠 28:26)

"미덕을 몸에 익히지 못했으면 하다못해 그 시늉이라도 하라."
- 윌리엄 세익스피어 -

250여 년 전의 일본의 정치가 우에스기 요잔의 이야기를 쓰는 이유가 있다. 그릇되어가는 세상을 바른 길로 바꾸겠다는 개혁 정신은 어느 시대 어느 곳에서나 통하는 공통점이 있기 때문이다. 개혁 의지를 지닌 지도자를 중심으로 뜻을 함께하는 동지들이 뭉쳐야 한다는 점이다. 그리고 그 지도자가 사심 없이 앞장서서 개혁 운동을 이끌어 가는 솔선수범이 있어야 한다는 점이다. 우에스기 요잔은 그런 점에서는 바람직한 지도자였다.

미국의 케네디 전 대통령이 40대 나이에 대통령으로 당선되었을 때에 신문 기자들과 인터뷰 시간을 가졌다. 그 자리에서 한 기자가 물었다. "존경하는 정치가가 누구십니까?" 이 질문에 케네디는 의외의 대답을 하였다. 아무도 기대하지 못하였던 대답이다.

"일본의 정치가 우에스기 요잔입니다."

이 대답에 기자들이 웅성거리기 시작하였다. 도대체 우에스기 요잔이란 인물에 대하여 아무도 아는 바가 없었기 때문이다. 우에스기 요잔은 그렇게 알려지지 않은 인물이지만 불가능한 상황을 극복하고 개혁을 성공시켰다는 점에서 위대한 정치가였다.

그의 개혁 운동은 망가진 현실을 극복하여 나감에 상하 관민이 먼저 뭉치게 하였고 좋은 세상을 만들어 가는 이상을 실현함에 먼저 신뢰 사회를 건설하는 데에 기초를 두었다. 나아가 그런 신뢰 사회를 바탕으로 경제를 일으킴에 중심을 두었다. 그가 건설한 신뢰 사회가 어느 정도까지 성공하였는지를 가늠하는 한 기준이 있다.

지금까지 일본사회에 남아 있는 "요네자와 상거래"란 말에서 우에스기 요잔이 남긴 성공의 증거를 찾을 수 있다. 요네자와 상거래란 가게에 상품을 잔뜩 쌓아두고 가게 주인은 다른 일로 외출한다. 고객이 가게에 들어와 기록되어 있는 가격표를 보고 그 값을 상자에 넣고 물건을 가져간다.

이것이 요네자와 상거래의 요점이다. 우에스기 요잔이 요네자와 번에서 20여년 만에 성취한 신뢰 사회의 한 단면이다. 서로 신뢰하는 사회를 이루어 나감이 개혁 운동의 출발점이요 종점이다.

"세상에서 가장 아름다운 것은 세상 그 자체이다." - 스티븐슨 -

18. Walt Disney의 성공이야기

"네 시작은 미약하였으나 네 나중은 심히 창대하리라"(욥 8:7)

디즈니랜드 놀이동산을 세운 "Walt Disney"(1901-1966)의 이야기는 가난과 역경 속에서도 꿈을 버리지 않는 모든 사람에게 희망을 심어 주는 이야기이다. 월트 디즈니는 9살 되던 때부터 만화가가 되는 꿈을 꾸기 시작하였다. 그러나 그에게는 만화를 연습할 종이도 없었고 그릴 도구도 없었다.

그는 아침 일찍 일어나 신문 배달을 하고 주말에는 세차를 하면서 그림 그릴 도구를 샀다. 고교 졸업 후 만화가로 출판사에 취직을 하였으나 그림에 소질이 없다는 이유로 얼마 후 해고당하였다. 6개월이나 집세를 내지 못하여 길거리로 쫓겨났다. 낙심한 그는 한 교회를 찾아가 눈물을 흘리고 있었다. 그때 그 교회 목사님이 그에게로 다가와 물었다.

"형제님 왜 그렇게 낙심하고 계십니까?" "목사님 저는 제가 그린 만화 원고를 가지고 여러 출판사를 찾아갔지만 번번이 거절만 당하였습니다. 저는 희망도 없고 갈 곳도 없습니다." 목사님이 그를 위로하며 말하였다. "형제님 갈 곳이 없으면 교회 창고가 비어 있으니 그 곳에서 거하면서 만화를 그리세요. 사람들은 형제를 버린다 해도 하나님은 형제를 사랑하십니다."

그는 용기를 얻고 허름한 교회 창고를 안식처로 삼아 만화 그리기에 열중하였다. 그는 온갖 시련 중에서도 만화의 대가가 되겠다는 꿈을 버리지 않았다. 창고에 생쥐가 살고 있었다. 이 생쥐를 만화 주인공으로 그려보면 어떨까 하는 생각에서 미키 마우스란 이름으로 생쥐를 주인공으로 그리는 작업을 계속하였다.

그가 동물 캐릭터 미키 마우스를 창안한 것은 만화에 소질이 없다는 이유로 다니던 회사에서 해고당한 후에 한 목사님의 배려로 교회 창고에 책상 하나 놓고 헌 침대에 자면서 재기의 노력을 하고 있던 때였다. 워낙 허름한 창고였던지라 쥐들이 창고에서 함께 살다시피 하였다. 예쁘게 생긴 새앙쥐 한 마리가 그의 앞에 오락가락하였다.

그 쥐를 보면서 자신처럼 좌절한 나날을 살아가고 있는 사람들에게 위로를 주고 재기의 용기를 줄 수 있는 캐릭터로 그 쥐를 주인공으로 삼아야겠다는 생각을 하게 되었다. 그리고 캐릭터의 주인공인 쥐의 이름을 미키 마우스로 지었다. 그 선택이 디즈니랜드를 빛나게 하는 미키 마우스가 탄생한 배경이다.

1925년 그가 25세 되던 해에 월트 디즈니사를 창립하였다. 그러나 얼마 지나지 않아 파산하였다. 천신만고 끝에 다시 일으켰으나 그 후로도 다섯 차례나 파산하였다. 그러나 그는 뜻을 꺾지 않았다.

그는 연이은 파산의 불행을 겪으면서도 사막 같은 황량한 땅 위에 디즈니랜드란 이름의 놀이터를 세우겠다는 꿈을 계속 발전시켜 나갔다. 사업 계획서를 작성하여 가슴에 품고 기업가들과 은행들을 찾아다니며 투자하여 줄 것을 요청하였다. 그러나 무명의 만화가인 그의 제안에 귀를 기울이는 사람은 없었다.

그러나 월트 디즈니는 포기하지 않았다. "디즈니랜드는 아직 완성되지 않았다. 세상에 상상력이 남아있는 한 그것은 계속 발전할 것이다." 그는 어딘가에 자신의 원대한 꿈을 이해하고 투자할 사람이나 은행이 분명히 있을 것이란 확신을 버리지 아니한 채로 끈질기게 사람을 만나고 다녔다. 그의 정열에 감동하여 투자하기로 나서는 은행을 만났다. 그가 처음 계획서를 만들어 사람을 만나기 시작한지 20년이 지난 때였다.

은행의 지점장이 그의 열정에 감동하여 그런 열정이라면 성공할 것이란 확신이 들어 투자를 결정한 것이다. 그리하여 1955년에 로스앤젤레스 외곽에 어린이들과 어른들이 함께 즐길 수 있는 디즈니랜드 놀이동산이 탄생되었다. 디즈니랜드의 꿈을 꾸기 시작한지 30년 만이었다.

지금도 디즈니랜드는 그 은행만 거래한다. 디즈니랜드가 세워지는 곳에는 그 은행의 지점이 꼭 따라 다닌다. 누구도 귀를 기울이지 않던 시절에 그를 믿고 투자하여 준 데 대한 감사의 표시이다. 믿음이란 무엇인가? 어떤 난관도 좌절도 극복하여 나가는 용기이다. 그리고 믿음은 중단을 거부하는 전진이다. 그렇게 전진하는 믿음이 55000명의 일꾼들이 매주 90만 명의 관람객을 맞이하는 디즈니랜드를 이루었다.

"나는 불가능을 모른다. 나는 뛰어가서 기회를 잡았을 뿐이다."

— 월트 디즈니 —

19. 삼성 반도체 성공의 비법

"내게 능력 주시는 자 안에서 내가 모든것을 할 수 있느니라 그러나 너희가 내 괴로움에 함께 참여하였으니 잘 하였도다"(빌 4:13-14)

삼성그룹의 창업자 이병철 회장은 해마다 1월이면 일본으로 가서 호텔에 한 달간 머물며 일본 방송에서 방영되는 미래 사회에 대한 신년 특집 프로그램을 세세히 듣곤 하였다. 그러면서 새로운 사업에 대한 아이디어를 얻으려 하였다. 낮에는 일본 서점에 들려 새로운 정보들을 실은 도서들을 찾아내어 정독하곤 하였다.

그런 탐색에서 얻은 결론으로 반도체가 미래 사회에서 얼마나 큰 역할을 할 것인지를 정확히 인식할 수 있게 되었다. 그 후로 일본의 반도체 전문가를 초빙하여 개인 교사로 모시고 반도체에 대한 개인 지도를 받으며 반도체 산업에 대한 깊은 지식을 쌓았다. 그런 후로 삼성이 반도체 산업에 진출하겠다는 계획을 공표하였다.

삼성 반도체는 1982년에 시작되었다. 이회장이 반도체 산업을 시작할 때에 모두가 반대하였다. 반대하는 이유인 즉 너무나 엄청난 예산이 필요한 데다 반도체 제품이 너무 빨리 바뀌고 기술력이 미국과 일본을 도저히 따라갈 수 없다는 등의 이유였다. 모두가 그럴 만한 것이 반도체 설비는 한 라인을 건설하는 데만 1조의 예산이 소요된다.

그러나 이병철 회장은 반도체가 미래 산업의 쌀이란 생각에서 국운이 걸린 산업이기에 삼성이 기필코 이루어 나가야 할 분야란 신념이 있었다. 삼성에서 새로운 사업을 시작할 때는 3가지 조건을 신중히 검토한다고 호암자전에 적혀 있다.

첫째는 국가에 유익한 산업인가?
둘째는 국민들에게 유용한 산업인가?
셋째는 국제 경쟁력이 있는가?

이회장은 이런 조건을 신중히 검토하면서 모두의 반대를 무릅쓰고 반도체 산업을 시작하였다. 1982년에 시작하여 이제 38년이 지났다. 돌이켜 보면 그때 삼성이 반도체 산업을 시작하지 않았더라면 어찌 되었을까? 생각할수록 이회장 같은 선견지명이 있는 기업가가 국가 발전에 얼마나 중요한가를 실감하게 된다.

그로부터 38년이 지난 지금에 이르러 이병철 회장의 선택이 얼마나 현명한 선택이었는지 알게 되었다. 최고가 되기보다는 최선을 다하자. 삼성 반도체는 다음의 3가지 조건이 합하여 성공에 이르게 되었다는 평가이다.

첫째는 탁월한 선택을 한 기업가 정신이다.
둘째는 한국인들의 뛰어난 기술 능력과 재능이다.
셋째는 당시 정부의 강력한 뒷받침이다.

기업을 발전시키고 고용을 늘리고 기술을 발전시키는 일은 정부가 하는 몫이 아니다. 기업이 하는 몫이다. 정부는 오로지 기업가들의 사기를 높여 주고 기업 발전을 가로막는 장애들을 제거하여 주는 역할을 한다. 그런데 최근 들어 정부가 기업가들의 기업 활동 의욕을 깎아내리는 그릇된 역할을 하는 듯하다. 하루 속히 극복해야 할 일이다.

삼성그룹 창업주 이병철 회장 단문 명언

- 세상에 우연이 없다. 한 번 맺은 인연을 소중히 하라.
- 자주 막히는 것은 우선멈춤 신호이다. 멈춘 다음 정비하고 출발하라.
- 기도하고 행동하라. 기도와 행동은 앞바퀴와 뒷바퀴이다.
- 자신의 영혼을 위해 투자하라. 투명한 영혼은 천년 앞을 내다본다.
- 마음이 가난하면 가난을 못 벗는다. 마음에 풍요를 심어라.
- 남이 잘됨을 축복하라. 그 축복이 메아리처럼 나를 향해 돌아온다.
- 힘들어도 웃어라. 절대자도 웃는 사람을 좋아한다.
- 마음의 무게를 가볍게 하라. 마음이 무거우면 세상이 무겁다.
- 효도하고 또 효도하라. 그래야 하늘과 조상이 돕는다.
- 적극적인 언어를 사용하라. 부정적인 언어는 복 나가는 언어이다.
- 느낌은 소중히 하라. 느낌은 신의 목소리이다.
- 있을 때 겸손하라. 그러나 없을 때는 당당하라.

"만족할줄 아는 사람은 진정한 부자이고, 탐욕스러운 사람은 진실로 가난한 사람이다."
― 솔론 ―

Part 3.
성경말씀이란 무엇인가?

1. 성경의 정의
2. 성경의 탁월성이란 무엇인가?
3. 성경의 핵심내용은 무엇인가?
4. 하나님의 온전하신 뜻이 무엇인가?
5. 하나님께서 인간에게 주신 최대의 선물
6. 삼위일체(三位一體)신앙
7. 신앙의 4가지 차원
8. 성령충만을 받으라
9. 토마스 아퀴나스의 영적 체험
10. 세만틱스(Semantics), 의미론(意味論)
11. 대화의 기적
12. 하나님의 말씀과 기도는 역사를 변화시킨다
13. 생각과 기도의 힘이 인생을 바꾼다
14. 우리의 몸이 성전이요 우리의 삶이 예배이다
15. 내가 변하면 나의 환경도 변한다
16. 화가 날때는 침묵을 지키라
17. 여호와는 나의 목자가 되신다

1. 성경의 정의

"모든 성경은 하나님의 감동으로 된 것으로 교훈과 책망과 바르게 함과 의로 교육하기에 유익하니"(딤후 3:16)

미국의 헌법 기초자인 제퍼슨(Thomas Jefferson)은 "만약 성서가 없었다면 지구는 멸망하였을 것이다"라고 했고, 아브라함 링컨은 "가장 위대한 선물은 성서이다"라고 말하였으며, "복음은 하나님이 인간을 찾는 일이다. 그러므로 종교는 많으나 복음은 하나 뿐이다" 라고 존슨은 말했다.

기독교는 성경에 기초한 신앙공동체이다. 따라서 성경을 바르게 읽고 받아들여야 기독교가 무엇인지를 분명히 알 수 있다. 성경 'Bible'은 희랍어 'Biblos'에서 유래한 말로 '두루마리들, 편지들, 하나님의 말씀'이라는 뜻이다.

성경은 창세로부터 요한계시록까지 약 1,600여 년에 걸쳐 40여 명의 성서 기자들이 하나님의 영감을 받아 기록하였다. 영감이란 신약과 구약이 만들어질 때 하나님에 의해서 초자연적인 통제를 받는 것을 의미한다. 디모데후서 3장 16절에 "모든 성경은 하나님의 감동으로 된 것으로 교훈과 책망과 바르게 함과 의로 교육하기에 유익하다"라고 했다.

"성경과 비교할 때 다른 모든 책들이 내 눈에 보잘것 없게 여겨지게 하는 책이며 또한 내가 당황하고 좌절할 때 어김없이 빛과 힘을 주었다."
― 로보트 리 ―

성경에는 구약과 신약이 있는데 이는 영어의 테스트먼트(testament)에서 왔는데 이 말은 라틴어 'Testamentum' 곧 '유언'이란 뜻으로 '계약, 약속'이란 말이다. 즉 하나님의 계약, 하나님의 약속이 곧 성경이다. 무엇에 대한 계약이며 약속인가?

구약은 기다리고 있는 메시야에 대한 약속이며, 신약은 그리스도를 증언하고 있다. 즉 신구약은 하나님께서 인간을 구원하시기 위해 예수 그리스도를 보내시고 십자가까지 지게 하심으로써 인간의 모든 죄와 허물을 용서하시고 구원하시는 하나님의 사랑과 능력을 증언하고 있다.

그러므로 칼 바르트는 "예수 그리스도는 인간이 되신 하나님의 말씀이고, 성경은 기록된 하나님의 말씀이며, 설교는 선포되는 하나님의 말씀이다"라고 말하고 있다. 하나님의 말씀을 보고 들을 때마다 사무엘처럼 "주여 말씀하소서 종이 듣겠나이다"라는 심정으로 대해야 한다.

성경은 구약 39권, 신약 27권, 총 1,189장 31,100절(개역한글)이다. 성경을 주신 하나님의 목적은 예수가 하나님의 아들이심을 믿게 하는 것이며 예수를 믿는 사람에게 영생을 갖게 하려는 것이다. 죄로 망할 수밖에 없는 인간에게 영원히 사는 길이 예수밖에 없음을 알게 하고 사람이 살아가는 가장 **빠른** 길을 알게 하시려는 데 있다.

"우리의 길을 인도해 주는 이 복된 책을 가지고 있으면서도 어찌하여 사람들은 길을 잃는가?"　　　　　　　　　- 마이클 페러데이 -

성경을 어떻게 읽을 것인가?
　사랑하는 마음으로, 경건한 마음으로, 기도하는 마음으로, 묵상하는 마음으로, 조직적으로, 단호한 결심으로 매일매일 성경을 읽어야 한다. 라인홀드 니버(Reinhold Niebuhr)가 "성서 없이 사는 것은 배가 나침반 없이 항해하는 것과 같다"고 하였듯이 성서는 하나님의 사랑을 깨닫게 하고 구원받은 하나님의 백성이 살아나가는 이정표를 제시하고 있다. 하나님의 뜻을 발견하고 하나님 나라의 건설을 위한 사명자의 길을 걷게 한다.

　"정확한 의미에서의 성경은 우리에게 있어서 영원한 영적 진리를 보관하고 있는 유일한 보고이다."
　　　　　　　　　- 도와이트 아이젠 하워, 34대 미국 대통령 -

우리 가운데 말씀으로 오신 주님!
　기록된 성경을 읽고자 합니다. 성경을 읽을 때 저의 생각과 지혜와 지식으로 읽지 말고 성령의 감동으로 읽게 하옵소서. 성경을 기록했던 성령의 역사가 오늘도 동일하게 임하게 하옵소서. 성경을 통해 살아 계신 주님을 바라보고 그 마음을 느끼게 하시고 영안이 열려서 말씀을 통해 하나님의 섭리를 깨닫게 하옵소서. 겸손한 마음을 주시고 말씀의 지혜를 보여주옵소서.
　성경을 단순한 문자로 보지 말게 하시고 하나님의 숨결과 사랑과 성품을 경험하는 시간이 되게 하옵소서. 하나님의 역사 속으로 들어가 그 안에서 말씀하시는 하나님의 음성을 듣고 제게 향하신 하나님의 뜻을 깨닫는 시간이 되게 하옵소서. 하나님의 말씀은 살아 있고 운동력이 있음을 믿게 하시고 말씀을 읽는 중에 제게 이런 역사가 그대로 일어나게 하옵소서. 말씀을 잘 이해할 수 있도록 저의 영을 새롭게 하옵소서. 예수님의 이름으로 기도드립니다. 아멘.

2. 성경의 탁월성이란 무엇인가?

"우리가 이것을 말하거니와 사람의 지혜가 가르친 말로 아니하고 오직 성령께서 가르치신 것으로 하니 영적인 일은 영적인 것으로 분별하느니라"(고전 2:13)

전지전능하신 하나님에 의하여 영감으로 기록된 성경말씀은 세상의 모든 책들을 능가하는 탁월성(卓越性)이 있다. 성경은 도덕적 교훈은 물론 다른 모든 영역에 있어서도 세상의 책들보다 탁월하다.

세상 과학자들은 중세기까지도 지구가 둥글다는 것과 또 지구를 둘러싼 공기가 불에 탈 수 있다는 과학적 사실에 대해 아무도 모르고 있었다. 그러나 하나님은 벌써 약 3,500여 년 전에 욥을 통하여 지구는 둥글며 그것이 우주 공간에 매달려 있다는 사실을 성경에 기록하게 하셨다.

"그는 북쪽을 허공에 펴시며 땅을 아무것도 없는 곳에 매다시며 물을 빽빽한 구름에 싸시나 그 밑의 구름이 찢어지지 아니하느니라"(욥 26:7-8)

그리고 베드로를 통하여 지구가 불에 탈 수 있다는 것을 기록하게 하셨다.

"그러나 주의 날이 도둑 같이 오리니 그 날에는 하늘이 큰 소리로 떠나가고 물질이 뜨거운 불에 풀어지고 땅과 그 중에 있는 모든 일이 드러나리라 이 모든 것이 이렇게 풀어지리니 너희가 어떠한 사람이 되어야 마땅하냐 거룩한 행실과 경건함으로 하나님의 날이 임하기를 바라보고 간절히 사모하라 그 날에 하늘이 불에 타서 풀어지고 물질이 뜨거운 불에 녹아지려니와 우리는 그의 약속대로 의가 있는 곳인 새 하늘과 새 땅을 바라보도다"(벧후 3:10-13)

"인간이 발견한 모든 것은 결국 거룩한 성경에 실려있는 진리를 더욱 강하게 확인하기 위해 이루어진 것으로 보인다." - 존 헌셀 경 -

성경은 세상의 어떤 책보다도 탁월한 지혜의 근본이며 지식의 보고(寶庫)이다. 성경은 과학, 철학, 사학, 법학, 천문학, 문학, 신학, 음악, 군사학, 정치학, 행정학, 동물학, 식물학, 생리학, 의학, 사회학 등 모든 학문과 지식과 지혜의 근원이다.
　성경은 세상 어느 책보다도 각계 각층의 많은 사람에게 보편적으로 널리 보급되어 읽혀지고 있다.

성경은 현재 1,300여 방언으로 번역되어 세계에 반포되었으며, 매년 발행되는 부수는 어느 베스트셀러도 감히 따를 수 없는 것이다. 성경은 어떤 환경이나 지식, 수준, 연령 고하를 막론하고 어린이로부터 노인에 이르기까지 빈부귀천(貧富貴賤) 유무식(有無識)을 초월하여 널리 알려지고 있다. 그 이유는 어떠한 두뇌의 사람도 연령이나 교육적 배경 및 교양의 정도에 관계없이 성경을 읽으면 그 머리속에 하나님의 은혜가 임하고 진리를 깨닫게 되기 때문이다.

"어려서부터 성경을 알았나니 성경은 능히 너로 하여금 그리스도 예수 안에 있는 믿음으로 말미암아 구원에 이르는 지혜가 있게 하느니라"(딤후 3:15)

성경은 유구한 세월을 지내 오면서 여러 왕들과 정권자들의 박해를 받아 불태워지고, 파기 당하고 출판이 금지되기도 하였다. 그러나 성경이 오늘날까지 보존되고 세상에 널리 보급되어 세계 어느 곳에서든지 찾아볼 수 있다는 것은 그 보존성이 다른 어떤 책과도 비교될 수 없으리만치 탁월하다는 증거가 된다.

"우리는 하나님의 성경이야말로 가장 고상한 철학이라고 생각한다. 이 세상에서 아무리 심오한 역사를 보아도 성경에 나오는 기록만큼 정확성을 가진 것은 없다."   - 아이작 뉴턴 경 -

유다왕 요시야가 백성들의 타락한 종교를 개혁하고 여호와의 종교를 회복하려고 퇴락(頹落)한 성전을 수리하다가 우연히 율법책을 발견한 사건은 성전의 법궤 밑에 보관되어 오던 율법책이 사람들의 불찰로 분실되었다가 하나님의 섭리로 다시 찾게 된 것이었다. 하나님은 성경이 조금도 손상(損傷)됨이 없이 온전히 보존되어 후대에 전해지도록 하기 위하여 특별히 섭리하시고 역사하신 것이다.

"내가 행하거든 나를 믿지 아니할지라도 그 일은 믿으라 그러면 너희가 아버지께서 내 안에 계시고 내가 아버지 안에 있음을 깨달아 알리라 하시니라"(요 10:38)

3. 성경의 핵심내용은 무엇인가?

"성경의 모든 예언은 사사로이 풀것이 아니니 예언은 언제든지 사람의 뜻으로 낸 것이 아니요 오직 성령의 감동하심을 받은 사람들이 하나님께 받아 말한 것임이라"(벧후 1:20-21).

성경의 내용을 간추려 보면 구약은 선민 이스라엘을 통하여 하나님이 자기 자신을 계시하신 사건들을 기록한 것이다. 하나님은 천지를 창조하신 조물주이시며 피조물인 인간은 그분의 뜻에 순종하면 구원받고 복을 받는다는 것과 장차 인류의 구속주이신 예수 그리스도를 보내 주시겠다는 약속이 구약의 주요 내용이다.

선민 이스라엘이 하나님의 축복을 약속 받았음에도 불구하고 타락하여 구원을 받기 어렵게 되었음과 하나님이 이스라엘 민족 중에서 구세주(예수 그리스도)를 탄생케 하신 사실과 이스라엘 민족이 그리스도를 거부한 것과 누구든지 "예수 그리스도를 구주로 믿으면 구원을 얻는다"라는 복음을 기록한 것이다.

　성경은 하나님의 성품과 그 의지(意志) 및 세계와 인류 역사에 대하여 가지시는 하나님의 생각과 희망을 인류에게 나타내 보여주신 메시지이다. 성경은 인간이 하나님의 뜻을 따라 참되게 살아야 하는 생활의 규준이며, 하나님의 뜻을 거역하고 범죄하여 타락한 인간에게 하나님이 사랑과 자비와 긍휼을 베푸시고, 인류의 속죄와 구원을 위하여 하나님께서 어떤 일을 하셨고, 또 무슨일을 하고 계시는가를 알려주며 우리 인간들은 구원을 얻기 위해 무엇을 어떻게 해야 하는지를 말해주고 있다.

　성경의 핵심 내용은 하나님이 인류를 구원하시고자 계획을 세우신 것과 그 계획이 예수 그리스도를 통하여 시행되어지고 이루어지는 사실을 기록한 것이다. 그러므로 성경 이야기 가운데 오직 하나의 중심 주제는 바로 "예수 그리스도"이다. 예수 그리스도와 십자가는 구약과 신약을 깊이 알고 이해하는데 열쇠가 된다.

　성경의 내용은 구약과 신약으로 구분되며 구약은 하나님께 범죄하고 타락하여 영원히 멸망할 수밖에 없는 인류를 그 죄악에서 대속하기 위하여 구주 예수 그리스도가 오시리라는 언약을 기록한 것이다. 율법서인 구약은 하나님의 품성과 그 의지를 보여주는 동시에 우리를 그리스도에게로 인도하는 몽학선생이 되어 우리로 하여금 믿음으로 말미암아 의롭다 함을 얻게 하려는데 목적이 있다. 신약은 구약에 예고

된 대로 구주 예수 그리스도가 오셔서 인간의 죄를 속량하신 일에 대하여 기록한 것이다.

인류의 구세주이신 예수 그리스도가 세상에 오신 것은 인류 역사에 신기원(新紀元)을 이룬 중대한 역사적 사실로서 예수 그리스도는 역사의 중심이 되었다. 그래서 예수 그리스도가 세상에 오신 것을 역사의 기원으로 하여 예수 오시기 전을 기원 전(B.C)이라 하고, 예수가 오신 후를 기원 후(A.D)라 하여 오늘날 전세계가 다 이것으로써 역사의 연대를 구분하고 있는 것이다.

"성경은 서구 문명의 모든 내용을 통합한 책이다. 우리의 현대 문명은 성경이 없었더라면 존재할 수 없었고 또한 지탱될 수도 없었다."

– 웰스 –

성경은 죄인에 대한 하나님의 사랑, 예수 그리스도의 대속과 구원, 그 구원의 성격과 범위 및 결과에 대하여 설명하는 한편, 공의로우신 하나님의 최후 심판에 대해서 기록하고 있다. 성경은 역사의 종말에 있을 전 인류에 대한 하나님의 심판과 이때에 악인은 형벌을 받아 지옥 불에 들어가고, 성도들은 상을 받고 영생에 들어가게 됨을 기록하였다.

"이를 놀랍게 여기지 말라 무덤속에 있는 자가 다 그의 음성을 들을 때가 오나니 선한 일을 행한자는 생명의 부활로, 악한 일을 행하는 자는 심판의 부활로 나오리라"(요 5:28-29).

4. 하나님의 온전하신 뜻이 무엇인가?

"우리가 알거니와 하나님을 사랑하는 자 곧 그의 뜻대로 부르심을 입은 자들에게는 모든 것이 합력하여 선을 이루느니라"(롬 8:28)

로마서를 일컬어 역사를 변화시키는 책이라 하고 역사를 만드는 책이라 한다. 역사를 변화시키는 (History Changing) 역할과 역사를 만드는 (History Making) 역할이 교회가 지닌 시대적 사명이요, 교회가 지상에 존재하여야 할 이유들 중의 하나이다. 로마서는 지난 2천년 세계사에서 그런 역할을 수차례나 감당하였다.

이 짧은 글에서 로마서가 감당하였던 그런 역할의 사례를 들기에는 어렵지만 세계사는 로마서가 지닌 영적 폭발력으로 인하여 수차례나 개조되었고 위기를 넘겼고 새로운 시대를 창출하는 일에 전위대 역할을 하였다. 로마서 12장의 말씀은 4 단위로 구분하여 이해할 수 있다.

1) 너희는 이 세대를 본받지 말라
2) 마음을 새롭게 하여 변화하라
3) 하나님의 뜻을 분별하라
4) 세계를 변화시키라

4번째 단위를 한 문장으로 표현하자면 〈변화를 받아 변화를 시키라〉는 말이 된다. 바로 한국교회가 이 시대에 한반도에서 감당하여야 할 시대적 요청이다. 교회는 스스로 변화되어 한반도의 미래를 변화시켜야 한다. 크리스천은 이에 대한 확신을 지녀야 한다. 역사를 변화시킬 수 있다는 확신이요, 바람직한 역사로 만들 수 있다는 확신이다.

"하나님 외에는 아무것도 영혼을 만족 시킬 수 없다." - 베일러 -

지난 100여년의 민족사의 흐름에서 한국교회는 민족을 개조하는 일에, 민중을 계몽하고 의식화(意識化)하는 일에 큰 업적을 쌓아왔다. 그러나 최근 2, 30년 사이에 이런 저런 사연으로 위축되어 제 기능을 발휘하지 못하고 있다. 이제 잠에서 깰 때이다. 살아 계신 하나님의 살아있는 말씀의 능력을 힘입어 먼저 자신이 변화되어 민족을 변화시켜야 할 때이다.

우리는 한국교회가 그렇게 할 수 있다는 확신을 가져야 한다. 그런 확신을 바탕으로 행동하여야 한다. 행동하여 역사를 변화시켜 나가야 한다. 그런 사명은 먼저 우리가 그렇게 할 수 있고 그렇게 하여야 한다는 확신에서부터 시작된다.

"우리는 확신을 가지고 성경이라는 굳건한 반석을 의지한다."
- 윈스턴 처칠 -

5. 하나님께서 인간에게 주신 최대의 선물

"어려서부터 성경을 알았나니 성경은 능히 너로 하여금 그리스도 예수 안에있는 믿음으로 말미암아 구원에 이르는 지혜가 있게 하느니라"(딤후 3:15)

우리 역사에 신라시대와 고려시대는 불도(佛道)의 시대였다. 그 시절 일천여 년 세월 동안 부처의 가르침에 정신세계를 의탁하여 지냈다. 조선시대 500년은 유학의 시대였다. 공자 맹자의 가르침을 중심으로 사서오경을 읽으며 지냈다. 이제 다가오는 통일한국시대는 어떤 시대가 되어야 할까?

하나님의 말씀인 성경이 통일한국시대 8천만 동포들의 정신세계를 이끌어 주는 시대가 되어야 한다. 성경은 바른 역사를 만들어 주는 책이요, 병든 역사를 고쳐 주는 책이다. 위에 적은 디모데후서 3장에서 성경에 대하여 이르기를 백성들을 깨우쳐 주는 교훈의 책이요, 그릇된 방향으로 나가는 지도자들을 책망하여 주는 책이라 하였다.

그리고 성경은 삐뚤어진 방향으로 나가는 민심을 바르게 잡아주는 책이요, 자녀들을 교육시켜 나가는 국민교육의 교과서라 하였다. 그래서 성경은 국민들을 온전하게 하고 바른 역사를 만들어 가는 능력을 지닌 책이라 하였다. 그러기에 우리들 크리스천들은 성경에 대한 확신을 지녀야 한다. 성경이 세상을 변화시키고 역사를 이끌어 주는 능력을 지닌 책이란 확신을 지녀야 한다.

영국이 16세기까지만 하여도 낙후된 역사를 이어온 섬나였다. 그러나 19세기에 이르러는 해지지 않는 나라라 일컬어질 만큼 당대의 패권 국가였다. 그 시대 영국의 통치자는 빅토리아 여왕이었다. 어느 해에 영국을 방문한 한 왕이 빅토리아 여왕에게 물었다.

"지난날에 자체 식량도 해결하기 어려웠던 가난한 나라 영국이 지금에 와서 세계 최강의 국가가 된 비결이 무엇입니까?" 하고 물었다. 여왕이 답하기를 "영국 국민들이 성경을 사랑하고 성경대로 살기를 원하게 되면서 영국이 강국이 되었다."라고 하였다. 물론 관점에 따라 시비가 있을 수 있겠지만 영국이 성경을 받아들이면서부터 국민들과 국가가 발전케 된 것은 이론의 여지가 없을 것이다.

러시아의 경우도 마찬가지이다. 한 시대 미국과 겨루면서 세계 최강의 국가였던 소련이 허무하게 무너졌다. 이에 대하여 고르바초프가 남긴 말이 있다. 그가 소련의 권력자가 되어 처음으로 결재한 법안이 소련 안에서 성경을 마음대로 인쇄하고 보급하고 읽을 수 있게 허용한 법안이었다. 그 법안에 결재하면서 고르바초프는 다음 같이 말했다고 전해진다.

"우리 공산당 선배들이 성경을 읽지 못하게 하면서 소련은 기울어지기 시작하였다. 나라가 건강하게 유지되려면 십계명과 주기도문은 살아 있어야 하는 것인데 소련을 이끈 선배 지도자들이 이를 금하면서 소련이 기울어지게 되었다."

자유 대한민국이 통일한국시대에 세계사의 선두에서 선한 힘을 발휘하면 성경이 국민 교과서가 되고 한국교회가 교회다운 교회가 되는 데서부터 시작될 것이다. 이에 우리 한국의 크리스천들이 가져야 할 확신은 한국교회가 역사를 변화시킬 수 있고 위대한 코리아를 건설하여 나갈 수 있다는 것이다.

  지금 세계적으로 널리 알려진 투자자 짐 로저스의 "세계에서 가장 자극적인 나라"란 제목의 책 서두에서 그는 역사에 대하여 말하고 있다. 먼저 그는 자신이 투자자로서가 아니라 역사가로 세상에 기억되기를 원한다고 쓰고 있다. 짐 로저스는 확신 있게 말한다. 역사를 아는 자가 강하다고 말한다.

  이미 앞서간 수많은 이들의 실패와 성공을 통하여 세상을 보는 지혜와 안목을 가질 수 있기에 역사를 공부하여야 함을 강조한다. 역사를 아는 자들은 비록 넘어질지언정 그 걸음을 멈추지는 않는다. 다시 일어설 지혜와 용기를 역사 공부 속에서 얻을 수 있기 때문이라고 짐 로저스는 강조한다. 그리고 그는 말한다. 역사의 큰 흐름을 보지 못하는 사람들은 자기 안에서만 답을 찾으려 들기에 벽에 부딪혔을 때에 멈추게 된다고 지적한다.

  성경이 사랑받는 이유는 성경은 1500년의 역사를 거치며 완성된 최고의 역사 교과서이며 성경은 다른 어떤 책에서도 얻을 수 없는 역사의 지혜를 우리들에게 가르쳐 주고 있기 때문이다.

  "이 책이 없었다면 우리는 옳고 그름을 분별할 수 없었을 것이다. 내가 믿기로는 성경은 하나님께서 인간에게 주신 최대의 선물이다."

—에이브러햄 링컨 —

6. 삼위일체(三位一體)신앙

"주 예수 그리스도의 은혜와 하나님의 사랑과 성령의 교통하심이 너희 무리와 함께 있을지어다"(고후 13:13)

삼위일체(三位一體) 신앙은 기독교 교리의 기본이 되는 교리이다. 한 분 하나님이시지만 하나님이 계시는 존재 방식이 성부 성자 성령 삼위로 존재하신다. 그래서 삼위일체이다. 그런데 이 삼위일체에 더하여 두 번째 삼위일체가 있다. 신앙과 생활과 산업의 삼위일체이다. 이를 다른 말로 표현하면 교회와 가정과 산업 곧 일터가 하나가 되는 삼위일체이다.

건전하고 건강한 신앙인이라면 제2의 삼위일체 신앙을 온 몸으로 체득하여 생활화할 수 있어야 한다. 확고한 신앙과 경건한 생활과 창조적인 산업이 한 신앙, 한 인격 속에서 균형 있게 실천될 때 신앙인의 삶이 빛을 발하게 된다.

공동체가 바람직한 공동체가 되려면 〈신앙-생활-산업〉이 균형을 이루어 가족들에게 행복을 약속하는 삼위일체가 이루어져야 한다. 신앙은 교회이고 생활은 가정과 마을이고 산업은 일터이다. 성경적인 신앙에 바탕을 둔 건강한 교회와 행복한 가정과 활기찬 산업 현장이 아름답게 균형 있게 이루어져 나갈 때에 성공적인 공동체가 된다.

그러기에 활기차고 행복한 공동체가 이루어지려면 필수적인 조건이 자유롭고 개방적인 토론의 분위기와 토론을 통하여 합의하여 나가는 과정과 합의하여 세우는 미래에의 목표이다. 그 목표를 다른 말로 표현하면 비전이 된다. 함께 바라보고 나가는 비전이 있는 공동체는 희망을 만들어 퍼뜨리는 희망제작소(希望製作所)가 되어야 한다.

그래서 공동체의 성공 조건에는 〈참여-토론-공감-합의〉를 이루어 나가는 과정이 중요하다. 이런 과정을 거쳐 합의된 목표 즉 비전이 있어야 한다. 이것이 공동체 성공의 필수 조건이다. 그리고 이런 비전에 도달하기까지 합리적 경영이 뒷받침 되어야 한다. 많은 공동체가 의욕도 좋고 목표도 좋은데 합리적 경영을 등한히 하여 실패하게 된다.

그런데 현실에서는 신앙이 좋다는 사람들의 생활이 건전하지 못한 경우가 많고, 신앙생활은 잘 하는데 산업을 제대로 꾸려가지 못하여 바닥을 헤매는 사람들 역시 적지 않다. 건전한 신앙인이라면 마땅히 생활이 경건하여야 하고, 경건한 신앙인이라면 경제생활 역시 모범적이어서 정당한 이익을 창출하여 하나님의 일에 쓸 수 있어야 한다. 세상에는 숱한 종교가 있지만 경제에 대한 입장이나 사상은 2가지로 나뉜다.

청빈사상(淸貧思想)과 청부사상(淸富思想)이다.

청빈사상은 가난하고 깨끗하게 살자는 사상이고 청부사상은 깨끗한 부자로 살자는 사상이다.

불교와 도교는 비교적 청빈 쪽에 속하고 유교와 기독교는 청부 쪽에 속한다. 기독교 중에서도 카톨릭은 비교적 청빈 쪽이고 프로테스탄트는 청부 쪽에 가깝다. 프로테스탄트 신도들은 빨리 부자가 되고 사회적인 진출 역시 빠르다. 프로테스탄트 신도들이 그렇게 되는 이유는 신앙과 생활과 산업의 삼위일체를 삶 속에서 실천하는 경향이 강하기 때문이다.

  삼위일체란 세 분의 다른 인격과 서로 다른 개체를 가지신 하나님이지만 목적과 사명과 뜻과 마음이 한 분처럼 완전한 일체를 이루시기 때문에 삼위일체의 하나님이라 부른다.

  "인류의 구원은 하나님의 절대적인 의지와 목적을 따라 정한 것이다."   - 존 칼빈 -

7. 신앙의 4가지 차원

  "능히 모든 성도와 함께 지식에 넘치는 그리스도의 사랑을 알고 그 넓이와 길이와 높이와 깊이가 어떠함을 깨달아 하나님의 모든 충만하신 것으로 너희에게 충만하게 하시기를 구하노라"(엡 3:18-19)

4가지 차원이 합하여져 균형 있는 신앙을 이룬다.

첫째는 깊이의 차원이다.
둘째는 높이의 차원이다.
셋째는 넓이의 차원이다.
넷째는 길이의 차원이다.

에베소서는 에베소 교회를 설립한 사도 바울이 로마 감옥에 갇혀 있으면서 에베소 교회 교인들에게 보낸 편지이다. 바울은 옥중에서도 에베소 교회 교인들을 위한 충심어린 중보기도를 하나님께 드렸다. 그 기도 중에서 그리스도의 신앙의 깊이와 높이와 넓이와 길이를 말한다.

신앙의 깊이는 영성의 깊이요, 높이는 비전의 높이요, 넓이는 선교의 넓이요 길이는 사역의 길이다.

첫째, 신앙의 깊이란 영적인 세계이다.

영적인 각성과 깨달음을 구하려면 먼저 깊은 데로 자신을 던져야 한다. 사고의 그물을, 삶의 그물을 그리고 수행의 그물을 깊은 데로 던질 때에 진정한 영적 깨달음에 이를 수 있다.

그럼에도 목회자들은 교회를 이끌면서 높이와 넓이에 매인다. 큰 교회, 멋진 예배당, 유명한 목사를 추구한다. 그렇게 높이와 넓이를 좇다보면 어느새 자신도 모르게 교회가 세속화되고 목사는 참된 교회와는 거리가 멀어진 교회를 이끄는 목사가 되어진다.

한국교회에 가장 약한 부분이 영성의 깊이라 생각한다. 모든 종교는 깊이의 세계이다. 깊이의 차원을 잃은 교회는 교회이기를 그만둔 교회이다. 안타깝게도 한국교회는 깊이의 차원이 빈약하다. 한국교회의 근본 원인은 영성의 문제이다. 본질적이고 성경적인 깊이의 차원을 상실한 것이 한국교회의 문제이다.

둘째, 깊은 영성으로 무장된 성도들은 높은 비전을 향하여 나아가야 한다.

비전의 높이에 따라 영성의 깊이가 열매를 맺는다. 높은 비전이 신앙인들과 교회에 왜 중요한가? 잠언 29장 18절에 비전 없는 백성들은 망하는 길로 나아간다 하였다. 비전이 없이는 개인도 국가도 교회도 망하는 길로 향한다.

일찍이 나폴레옹 장군이 말하기를 인류의 장래는 인간의 상상력과 비전에 달려 있다 하였다. 그렇게 중요한 비전을 누가 어디에서 얻는가? 학교에서나 국가에서 직장에서 배우는가? 아니다. 교회가 가르친다. 성령께서 하나님의 자녀들에게 깨우쳐 주신다.

예수님 나시기 700여 년 전 요엘 선지가 선포하기를 세상 끝날에 여호와께서 사람들에게 성령을 부어주셔서 자녀들이 예언을 하고 늙은이들이 꿈을 꾸고 젊은이들이 비전을 보게 하신다 이르셨다. 성령받은 젊은이들이 비전을 받아 세상 사람들에게 선포한다.

비전 중의 최고의 비전은 하나님 나라의 도래이다. 흥망성쇠를 거듭하는 세상 나라들 위에 하나님의 나라를 세우시어 하나님이 다스리시는 영원한 나라의 비전을 보여 주신다. 깊은 영성을 연마한 성도들이 드높은 비전을 세상에 선포한다. 이 얼마나 영광스럽고 위대한 과업인가!

셋째, 넓이의 차원을 다른 말로 표현하자면 〈땅 끝까지 복음을 전하라〉 이르신 예수님의 말씀에서 시작된다.

예수님은 갈릴리 시골 청년들을 제자로 뽑아 3년간 공동체를 이루어 동고동락하신 후에 명하시기를, 〈땅 끝까지 복음을 전하라〉 이르셨다.

그 땅 끝이 바로 넓이의 차원이 닿는 곳이다. 바울이 3차에 걸쳐 선교 여행을 다녔다. 그가 처음 세운 계획으로는 아시아 쪽으로 복음을 전하겠다는 계획이었다. 그러나 성령께서 친히 명하시기를 서쪽인 유럽 쪽으로 발걸음을 돌리라 이르셨다. 바로 사도행전 16장에서 다음 같이 나온다.

"성령이 아시아에서 말씀을 전하지 못하게 하시거늘 … 밤에 환상이 바울에게 보이니 마케도니아 사람 하나가 서서 그에게 청하여 이르기를 마케도니아로 건너와서 우리를 도우라 하거늘 바울이 그 환상을 보았을 때 … 이는 하나님이 저 사람들에게 복음을 전하라고 우리를 부르신 줄로 인정함이니라"(행 16:6-10)

이로써 복음의 서진 운동(西進運動)이 시작되었다. 복음 전도의 방향이 서쪽인 유럽으로 건너가 로마를 기독교화하고 영국으로 건너가 영국에서 미국으로 전하여졌다. 그리고 미국에서 한국으로 전하여졌다. 이 과정을 일컬어 복음의 서진 운동이라 부른다. 그러면 이제 한국에서 멈출 것인가? 아니다. 한국교회가 서진 운동의 배턴을 이어받아 계속하여 나가야 한다.

중국 선교, 동남아시아 선교를 넘어 인도를 거쳐 이슬람 지역까지 뻗어 나가야 한다. 그래서 이스라엘 땅까지 전진하여 나가야 한다. 복음의 출발지였던 이스라엘까지 복음 전도가 계속되어지는 운동을 〈Back To Jerusalem Movement〉 라 한다. 복음을 전하는 전선(戰線)이 오대양 육대주 모든 나라 모든 민족들에게 전하여져야 한다. 이 사명을 최선을 다하여 감당하는 것이 신앙의 넓이 차원이다.

넷째, 신앙의 길이는 사역의 길이다.

사역이란 하나님의 뜻이며, 하나님의 계획에서 시작되는 것이다. 이 땅에 하나님의 나라(구원, 구속)를 이루시기 위한 하나님의 일하심이다. 사역에는 무엇보다 먼저 한 영혼을 사랑하는 마음이 불타야 하고 어떤 사람이라도 포용할 수 있는 넓은 마음을 얻어야 한다. 그리고 부름받은 자는 남다른 준비와 영혼 구원을 위해 끊임없이 노력하고 기도해야 하며 자신의 인격과 삶이 예수 그리스도를 닮아가기에 부족하지 않도록 성령의 영감을 받기를 사모해야 한다.

감사한 것은 그 일하시는 하나님이 인간을 동역자로 부르시고 초대한다는 것이다. 하지만 인간의 도움이나 헌신, 노력, 지혜가 필요하기 때문이 아니다. 이 땅이 인간에게 위탁한 공간이기 때문이다. 이 땅은 하나님의 통치도 존재하지만, 인간의 선택과 결정도 존재하는 곳이다. 더불어 인간의 불순종과 거역을 통해 일하고 있는 사탄과 그 추종 세력도 일하는 곳이다.

그러므로 하나님은 누구의 도움도 필요하지 않으신 분이심에도 불구하고, 인간을 동역자로 부르신다. 사람을 통해 일하시고 역사하신다. 그것이 바로 사역이다. 그것이 권위를 바르게 이해하는 출발점이다.

그렇기 때문에 사역은 철저하게 하나님의 아이디어야 한다. 사람의 아이디어에서 시작하면 안 된다. 인간이 하나님을 위해 무엇을 해 드리고 싶고, 해 드릴 수 있다고 사역을 할 수 있는 것은 아니다. 그것은 진정한 사역이 아니다.

성경적인 사역의 출발은 하나님의 음성을 듣는 것이다. 그 분의 계획, 뜻, 의지와 마음이 무엇인지 먼저 듣고 알아야 한다. 그래야 바른 사역을 시작할 수 있다. 그것이 바른 순종인 것이다. 먼저 음성을 들으라. 주님의 말씀에 귀를 기울이라. 그 분의 초청과 말씀하심, 보내심이 있어야 진정한 사역이 시작되는 것이다.

성경적인 사역 = 초청 + 말씀하심(음성듣기) + 보내심 + 순종이다.

"우리의 인생은 우리가 노력한 만큼 가치가 있다."   - 모리악-

8. 성령충만을 받으라

"그들이 이 말을 듣고 마음에 찔려 베드로와 다른 사도들에게 물어 이르되 형제들아 우리가 어찌할꼬 하거늘 베드로가 이르되 너희가 회개하여 각각 예수 그리스도의 이름으로 세례를 받고 죄 사함을 받으라. 그리하면 성령의 선물을 받으리니"(행 2:37-38)

"성령님은 우리 안에 임재해 계시고, 우리를 소생시키시며, 우리에게 구원에 이르는 산 소망을 주시는 분이시다."   - 필립 브룩스 -

사도행전 2장을 성령 충만의 장이라 부른다. 오순절에 성령이 불길로 뜨겁게 임함으로 교회가 시작되었다. 성령 충만하여진 사도들은 그길로 예루살렘 시가지로 나가 노방전도를 하였다. 성령 충만함으로 열정에 사로잡힌 베드로와 사도들은 거침없이 〈예수 부활 사건〉과 〈하나님의 나라가 임하였음〉을 전하였다.

사도 중의 사도 베드로의 열정적인 전도 설교를 들은 예루살렘 시민들은 성령의 감동으로 마음이 찔려 사도들에게 애원하다시피 말하였다.

"형제들아 우리가 어찌할꼬?"

이에 베드로가 그들에게 확신을 가지고 바른 길을 네 가지로 제시하였다.

1) 너희가 먼저 할 일은 회개하는 일이다. 오신 메시야 그리스도를 십자가에 죽게 만든 죄를 회개하는 일이다.
2) 회개한 후에 그리스도의 이름으로 세례를 받아야 한다.
3) 그렇게 하여 죄 사함을 받으라.
4) 그렇게 하면 성령을 선물로 받게 된다.

베드로의 이 설교를 들은 예루살렘 시민들이 마음이 열려 그날에 3,000명이나 세례를 받고 교회로 들어오게 되었다. 성령의 강력한 역사였다. 그 뒤로 그들은 사도들의 가르침을 받으며, 성만찬을 나누며 교재를 깊이 하고, 합심 기도하는 일에 오로지 전념하였다.

"그들이 베드로와 요한이 담대하게 말함을 보고 그들을 본래 학문 없는 범인으로 알았다가 이상히 여기며 또 전에 예수와 함께 있던 줄도 알고"(행 4:13)

사도행전 2장이 시작되는 첫 부분에서 오순절 성령이 임하여 모인 무리 120여 명이 성령 충만한 사람들로 변화되었다. 이에 그들은 성령 받은 그 자리에 머물지 아니하고 예루살렘 시내로 나가 담대하게 예수 부활 소식을 전하였다. 이어서 병자들이 낫게 되고 시민들이 마음에 감동을 받아 회개하고 세례를 받게 되었다.

"성령은 인격자시다. 그는 감화력과 능력을 가졌을 뿐만 아니라 넘어진 자를 일으키고 우는 자를 위로하는 자애로운 인격을 가지신 영이시다."
— 정용섭 —

그 숫자가 하루에 무려 3000명에 이르렀다. 글자 그대로 경천동지할 만한 사건이 예루살렘 시에서 일어났다. 예루살렘 시가 비록 로마 제국의 점령 하에 있었지만 그런 중에서도 기존 질서를 움직이는 기득권 세력은 있게 마련이었다. 유대교의 제사장들, 바리새인들, 현실 이권에 민감한 사두개인들이 기득권 세력이었다.

그들은 예수 부활 소식에 마치 전기에 감염이나 된 듯이 휩쓸려 들어가는 민중의 분위기에 위기의식을 느끼지 않을 수 없었다. 특히 그들을 놀라게 한 것은 이 운동을 주도하는 인물들이 변방인 갈릴리 출신의 학문도, 신분도, 사회적 기반도 전연 없는 바닥 인사들인 점이다. 사도행전 4장 13절에서 이르기를 그들이 학문 없는 범인이었다 하였다.

그들이 단지 예수와 함께 있었던 사실 밖에는 아무런 배경이 없는 인사들인 점에 놀랐다. 예수의 제자들은 공자나 석가나 소크라테스의 제자들과는 판이하게 달랐다. 공자는 당대의 석학 3천여 명을 제자로 거느리며 어떻게 천하를 다스릴 것인가를 논하였고 석가는 자신이 왕자 출신이어서 그를 따르는 제자들 중에서도 많은 왕족들이 있었다.

그리고 소크라테스의 경우는 아테네시의 지식인 청년들이 그를 따르며 학문을 연마하였던 인물이다. 그들에 비하여 예수의 제자들은 전연 달랐다. 변두리 지방인 갈릴리의 젊은이들로 당시로서 하층에 속하는 민초(民草)들이었다. 예수는 그런 제자들 12명을 뽑아 3년을 동고동락한 후에 땅 끝까지 복음을 전하라 이르셨다.

"오직 성령이 너희에게 임하시면 너희가 권능을 받고 예루살렘과 온 유대와 사마리아 땅 끝까지 이르러 내 증인이 되리라 하시니라"(행 1:8)

9. 토마스 아퀴나스의 영적 체험

"하나님의 지혜에 있어서는 이 세상이 자기 지혜로 하나님을 알지 못하는고로 하나님께서 전도의 미련한 것으로 믿는 자들을 구원하시기를 기뻐하셨도다"(고전 1:21)

토마스 아퀴나스(1224-1274)는 2천년 교회사에서 별과 같이 빛나는 신학자이다. 그가 쓴 글에서 자신의 사명을 다음 같이 적었다.

"내 평생 최고의 목표는 나의 모든 지식과 강의가 사람들에게 하나님의 말씀을 들려주는 것이다."

그는 자신의 이 목표를 이루기에 전심전력을 다하였다. 그가 49세 되던 때에 이미 40권의 탁월한 저서들을 남겼다. 그런데 그해 1273년 12월 6일에 채플에서 예배를 드리고 있을 때에 성령의 임재하심을 체험케 되었다. 하나님의 영이 온몸에 임하면서 그는 감동에 휩싸이게 되었다. 온몸으로 살아계신 하나님의 영의 임재하심을 체험한 후 그는 말하였다.

"이제 나는 더 이상 글을 쓸 수 없다. 지금까지 내가 쓴 모든 글은 지푸라기처럼 보인다."

토마스 아퀴나스는 그 후로 한 줄의 글도 쓰지 않았다. 매일 정한 시간에 채플로 나가 하나님과 깊은 교제를 나누었다. 마치 연인들끼리 속삭이듯이 그는 하나님과 영적인 만남 교제를 나누다가 다음 해인 1274년에 천국으로 갔다. 신학자로서는 참으로 아름다운 마무리였다.

그의 저서 중 〈신학대전〉은 교회사에 길이 남는 명저이다. 그는 아리스토텔레스의 철학을 신학화하여 자신의 신학을 발전시켰다. 그러나 평생에 걸친 신학적 작업도 성전에서 성령의 임재하심을 온몸으로 체험한 후에는 지푸라기처럼 여겼다. 그는 어떤 신학 어떤 교리보다 위에 있는 영적인 체험 속에서 자신의 삶을 승화시켰다.

"현시대의 문제가 무엇인지 아는가? 신학자는 많으나 무릎을 꿇는 자는 많지 않다는 점이다"　　　　　　　　　　 - Billington -

　삶과 인생에서 욕심없는 마음으로 살아가면 삶은 그리 무겁지 않다. 가벼운 생각으로 살아가면 인생은 그리 고달프지 않다. 감사하는 자세로 살아가면 삶은 그리 힘들지 않다. 즐거운 시간으로 살아가면 인생은 그리 괴롭지 않다.
　만족하는 기분으로 살아가면 삶은 그리 나쁘지 않다. 순리대로 받아들이며 살아가는 인생은 그리 어렵지 않다. 살아가는데 그리 많은 것이 필요하지 않다. 인생 사는 거 어렵지 않다. 어렵게 생각할수록 더 힘든 것이 또한 인생이다. 정답은 언제나 주 안에서 즐겁게 사는 것이다.

　"믿음이 있는 사람에게는 어떠한 설명도 필요없고, 그러나 믿음이 없는 이에게는 어떠한 설명도 불가능하다."　　 - 토마스 아퀴나스 -

10. 세만틱스(Semantics), 의미론(意味論)

"사람은 그 입의 대답으로 말미암아 기쁨을 얻나니 때에 맞는 말이 얼마나 아름다운고, 경우에 합당한 말은 아로새긴 은 쟁반에 금 사과니라"(잠 15:23, 25:11)

"올바른 말을 선택하면 상황에 따른 상대방의 반작용을 실질적으로 감소 시킬 수 있다."　　　　　　　　　　　- 데이비드 J. 리버만 -

논리학 중에서도 세만틱스(Semantics), 의미론(意味論)은 언어, 즉 말을 주제로 다루는 학문이다. 의미론의 관점에서 말하자면 한 사람의 인격과 정신, 그의 됨됨이와 깊이를 판단하려면 그의 말을 분석하면 된다는 이론이다. 그 사람의 말, 즉 언어 세계가 그 사람의 전체이다는 주장이다.

어느 한 사람을 판단하려면 그의 말을 판단하면 된다는 주장이 의미론의 주장이다. 그래서 말이 중요하여진다. 그의 말이 진실하면 그 사람 자체가 진실하다. 그 사람의 말이 허황되면 그 사람 자체가 불성실하고 허황된 사람이다. 우리 사회는 언어 세계가 너무나 과장되고 허황하다. 말의 인플레가 심한 사회라고나 할까.

말은 마음을 보여주는 수단이요, 도구이다. 마음이 드러나는 첫 번째 형태가 말이다. 삶을 단순하게 하기 위하여서 먼저 집중하여야 할 것이 말을 단순하게 하는 일이다. 누구든 자신의 삶을 단순하게 고쳐 나가려면 먼저 말을 단순히 함에서 시작하여야 한다. 우리가 건강하고 단순한 삶을 살아가려면 바르게 생각하고 단순하게 말하고 솔직하게 말해야 한다.

솔직하고 단순한 말에 정성을 담아 전할 때에 상대의 마음을 움직일 수 있다. 그리고 말로 인하여 일어나는 혼란이 사라진다. 건강한 사회는 서로 간의 신뢰를 바탕으로 이루어진다. 그리고 신뢰는 각자의 성실함에서 자란다. 그리고 그 성실은 말에서 배어난다. 나는 단순한 말로 단순하게 살려고 노력하며 기도하고 있다. 말 잘하는 대화수칙을 기억하고 실행하면 성공적인 삶을 살 수 있다.

1. 대화해야 할 것

말을 할 때는 이성적이고 논리적인 사고를 하도록 할것. 말을 시작하기 전에 먼저 3초간 요점을 가다듬어 정리하고, 불만이나 푸념 또는 부정적인 말을 가급적 자제하고, 목소리의 속도와 높이, 그리고 크기를 변화있게 잘 조절해서 말해야 한다. 간결하고 명확한 문장을 구사하도록 하여 상대방의 반응에 적절히 대응하면서 말해야 한다.

평소에 대중앞에 서는 연습을 자주 하도록 한다. 보다 넓고 깊은 안목으로 세상을 관찰하여 이야깃거리를 많이 만들어 두고, 심각한 이야기에도 때로는 유머를 섞어 긴장을 없애는 여유를 가지고, 친한 사이일수록 예의를 잃지 말고 〈6W,1H원칙〉을 적용해서 말을 한다. 즉 누가(WHO), 무엇을(WHAT), 어디서(WHERE), 언제(WHEN), 왜(WHY) 누구에게(WHOM), 어떻게(HOW). 적절한 바디 랭귀지를 활용하여 공통의 화제나 관심사를 빨리 찾아내어 대화를 부드럽게 진행해 나가야 한다.

"부드러운 말로 상대방을 설득하지 못하는 사람은 위엄있는 말로도 설득하지 못한다."
– 안톤 체호프 –

2. 대화하지 말아야 할 것

화가 난 상대방의 말을 감정적으로 맞받아 치지 말것. 상대방도 내 생각과 같을 것이라고 속단해서는 안된다. 사전 준비없이 어떤 상황 돌아가는 대로 대충 말한다거나 지나치게 스스로를 과소평가하는 말도 쓰지 말아야 한다. 상대방에게 말할 기회를 주며 자기 말을 앞세우려 하지 말고, 무의미한 단어를 쓸데없이 반복하지 말아야 한다. 예를 들어 "저기요", "어", "음", "있잖아요", "– 인 것 같다"라는 불확실한 분위기의 말을 피해야 한다.

"말로 입힌 상처는 칼이 입힌 상처보다 깊다."   – 모로코 속담 –

11. 대화의 기적

"여호와께서 말씀하시되 오라 우리가 서로 변론하자 너희의 죄가 주홍 같을지라도 눈과 같이 희어질 것이요 진홍같이 붉을지라도 양털 같이 되리라"(사 1:18)

사람을 행복하게 함에 가장 소중한 것이 인간관계이다. 인간관계의 기본은 대화이다. 우리 사회는 치명적인 약점이 있다. 대화가 잘 이루어지지 않는 점이다.

우리 국민들에게는 애초에 대화를 제대로 이루어 나가게 하는 DNA가 결핍된 것이 아닐까 하는 생각마저 든다. 서점에 가면 대화의 기적(Miracle of Dialogue)이란 제목의 책이 있다.

대화가 인간관계에서 막힌 담을 헐어주고, 바람직한 대화가 행복감을 높여 주는 내용을 담고 있는 책이다.

구약성경 이사야서 1장에 이르기를 하나님께서 우리들에게 대화를 요청하신다. 하나님과 우리 사이에 대화가 이루어지면 우리들의 죄와 허물이 눈 녹듯이 사라지게 된다고 이르셨다. 교회에서는 하나님과 우리들 간의 대화를 기도라 부른다.

지금이 어떤 때인가? 지금은 기도하여야 할 때이다. 옛날 이스라엘 나라가 어려움의 극에 이르렀을 때에 다니엘이 금식하고, 회개하며 기도드렸듯이 지금 우리가 기도드려야 할 때이다. 지금 온 세계가 불황을 맞아 글자 그대로 뿌리째 흔들리고 있는 때에 우리 코리아가 이

만큼이나마 나라 사정을 유지하고 있는 것은 성도들의 기도가 뒷받침 되고 있기 때문이다.

나 자신을 위하여, 겨레를 위하여, 교회를 위하여, 그리고 이 나라의 지도자들을 위하여 금식하며 기도드리는 성도들이 있기 때문이다. 기도에 곡을 붙여 함께 부를 때 찬송이라 한다. 바람직한 대화에서 가장 중요한 것은 상대에 대한 배려이다. 상대에 대한 배려가 없는 대화는 말다툼으로 끝나는 경우가 많다.

그래서 요즘 젊은이들은 대화를 빗대어 말하기를 "대 놓고 화내는 것"이라 한다. 대화의 기본은 쌍방통행(雙方通行)이다. 공을 주고받듯 기분 좋게 말을 주고 받아야 한다. 그러나 우리 사회에서는 대화하자 해 놓고는 독백이나 일방통행 식으로 나간다.

대화(dialogue)란 어떤 사실이나 정보뿐 아니라 자신의 감정이나 의견을 서로 교환하는 것을 의미한다. 바람직한 대화란 상대방의 자유로운 표현을 장려하고, 나를 자유롭게 표현하며, 상호이해를 촉진시키는 대화를 뜻한다. 서로의 감정을 존중하고 하나의 인격체임을 인정하며, 상대방의 자존심을 상하지 않도록 하며 상대방의 말을 경청하는 것이다.

그러기에 대화는 훈련을 쌓아야 한다. 그 훈련은 어려서부터 시작해야 한다. 대화 교육을 가장 잘하는 국민들이 유대인들이다. 그들은 아예 유치원에서부터 대화를 생활화한다. 그래서 대화가 체질이 되고 습관이 되도록 이끌어 준다.

"너희 중에 누구든지 지혜가 부족하거든 모든 사람에게 후히 주시고 꾸짖지 아니하시는 하나님께 구하라 그리하면 주시리라 오직 믿음으로 구하고 조금도 의심하지 말라 의심하는 자는 마치 바람에 밀려 요동하는 바다 물결 같으니 이런 사람은 무엇이든지 주께 얻기를 생각하지 말라"(약 1:5-7)

12 하나님의 말씀과 기도는 역사를 변화시킨다

"너희는 이 세대를 본받지 말고 오직 마음을 새롭게 함으로 변화를 받아 하나님의 선하시고 기뻐하시고 온전하신 뜻이 무엇인지 분별하도록 하라"(롬 12:2)

하나님의 말씀 곧 성경은 역사를 만드는 책이요, 역사를 변화시키는 책이다. 성경이 지니는 그 힘은 먼저 개인을 변화시킴에서 시작된다. 그리고 또한 하나님의 말씀은 살았고 운동력이 있다고 하였다. 살아 역사하시는 하나님의 말씀인 성경은 분명한 운동력이 있다. 인간을 변화시키는 운동력이요, 세계를 변화시키는 운동력이요, 역사를 만드는 바로 history changing하는 운동력이다. 성경을 읽는 중에 심령의 변화를 체험하고 그로부터 세계사를 변화시킨 사람들의 사례를 들자면 부지기수(不知其數)일 것이다.

아우구스티누스, 루터, 칼빈, 크롬웰, 링컨, 파스칼, 우찌무라 간죠, 가가와 도요히꼬, 김교신, 길선주, 조만식 등 동서양의 기라성 같은 인물들이 성경을 통하여 그 인격이 변화되고, 남다른 비전을 품게 되어 역사를 변화시켜 나가는 일꾼들로 쓰임을 받았다.

성경의 중심은 십자가이고 십자가의 중심은 속죄이다. 그리고 속죄의 도리는 로마서에 압축되어 있다. 로마서는 힘이 있는 책이다. 좁게는 한 인간을 변화시키는 힘에서부터 넓게는 세계사를 변화시키는 힘을 지닌 책이다. 로마서를 통하여 세계사는 몇 번이나 개조되었다. 앞으로도 세계는 로마서를 통하여 개조되는 미래를 가지게 될 것이다.

그러기에 로마서를 통달하면 성경 전체를 알 수 있고, 기독교 진리의 본질을 체득할 수 있다. 일찍이 영국의 천재 시인이었던 코울리지는 로마서를 일컬어 "세계 최대의 책"이라 하였다. 인간이 펜으로 쓴 책 중에 로마서처럼 깊은 진리를 압축하여 담고 있는 책은 없을 것이다. 로마서가 있었기에 세계사는 몇 번이나 개조되었다.

만일 로마서가 없었더라면 우리는 어떤 세계에 살고 있었을까? 아우구스티누스의 로마 가톨릭과, 마틴 루터의 프로테스탄트, 올리버 크롬웰의 청교도 개혁, 워싱턴 장군의 미국 건국이 없었을 것이며 분명히 지금의 세계보다 훨씬 어두운 세계에 살고 있었을 것이다.

4세기 아우구스티누스의 로마서, 16세기 마틴 루터의 로마서, 18세기 요한 웨슬레의 로마서, 20세기 칼 바르트의 로마서는 너무나 유명하다. 만약에 로마서가 없었더라면 지금 세계의 모습은 훨씬 다르게 전개되었을 것이다.

"하나님께서 지으신 모든 것이 선하매 감사함으로 받으면 버릴 것이 없나니 하나님의 말씀과 기도로 거룩하여짐이라"(딤전 4:4-5)

크리스천의 삶은 거룩함을 추구하는 삶이다. 크리스천의 거룩함은 거룩하신 하나님으로부터 비롯된다. 하나님께서는 자신이 거룩하시니 '너희도 거룩하라' 이르신다. "거룩함"은 하나님의 성품이다. 성경에서 거듭거듭 이르기를 "하나님께서 거룩하시니 너희도 거룩하라" 이르셨다. 거룩하신 하나님을 본 받아 거룩한 크리스천으로 살려면 말씀과 기도가 뒷받침 되어야 한다는 것이다.

"너는 이스라엘 자손의 온 회중에게 말하여 이르라. 너희는 거룩하라 이는 나 여호와 너희 하나님이 거룩함이니라"(레 19:2)

"거룩하다"는 말의 의미는 "구별되다"는 의미이고 "깨끗하다"는 의미이다. 하늘의 사람들은 땅의 사람들과는 구별된 사람들이고 깨끗한 사람들이다. 하나님을 제대로 알기 전에는 세상에 휩쓸려 살면서 세상 사람들과 구별되지 못하고 깨끗하게 살지 못하였지만, 하나님을 알고 난 후로는 이전의 자신과 구별된 사람으로 살고 깨끗한 사람으로 살아가는 것이다.

그렇다면 어떻게 거룩하게 되는가?
말씀과 기도로 거룩하게 된다. 날마다 말씀을 읽고 묵상하며, 기도드리는 삶이 생활화되고 습관화되어질 때에 거룩하여지는 성화(聖化, Santification)가 이루어진다. 말씀과 기도생활은 갑자기 쉽게 이루어지는 것이 아니다. 말씀과 기도를 중노동에 비할 만큼 크리스천들은 투자하여야 한다

"말씀의 씨를 뿌리는 자는 멸망치 않는다. 그대가 이 세상을 떠난 후에라도 그대의 씨가 풍족한 열매를 맺으리라." – 킹 슬리 –

13. 생각과 기도의 힘이 인생을 바꾼다

"지혜있는 자에게 교훈을 더하라 그가 더욱 지혜로워질 것이요 의로운 사람을 가르치라 그의 학식이 더하리라"(잠 9:9)

우리는 새롭게 대두되는 시대에 주목할 필요가 있다 '아는 것이 힘'이었던 시대는 지식의 보급이 떨어질 때의 구호였다 이젠 '생각이 힘'인 시대이다. 시간이 흘러 우리나라는 IT 계의 비약적인 발전을 이룩했고 세계에서 유래없는 놀라운 속도로 인터넷 강국이 되었다 포털과 스마트 폰의 보급으로 각 분야 집단지성의 결과물과 지식백과를 단 몇 초면 누리고 공유할 수 있는 시대가 된 것이다.

우리의 힘은 '생각'으로부터 발현되고 모든 행동은 생각에서부터 시작된다. 많은 사람이 새로운 생각을 하고 새로운 결심을 하고, 새로운 말을 하고, 새로운 행동을 하려 한다. 마거릿 대처가 어릴 때 아버지로부터 들었던 이 말이 자기 인생을 바꿨다고 한다. "좋은 충고를 받아들이는 것은 자신의 능력을 키우는 것이다."

"애야 생각을 조심해라. 말이 된다. 말을 조심해라. 행동이 된다. 행동을 조심해라. 습관이 된다. 습관을 조심해라 인격이 된다. 인격을 조심해라. 운명이 된다. 그 운명이 네 인생이다."

- 요한 볼프강 폰 괴테 -

모든 운명과 인생은 생각에서 출발한다. 인간의 생각은 무슨 일이든 이루어낼 수 있는 힘을 가지고 있다. 자신의 생각이 자기 운명을 결정한다. 생각은 인생의 물줄기를 이끄는 수로(水路)와 같다. 생각이 위대하면 인생도 위대하게 된다. 생각이 뛰어나면 인생도 뛰어나게 된다. 생각은 인생을 결정 짓는 열쇠와 같다.

1884년 미국의 스탠포드 상원의원 부부는 외아들과 함께 유럽을 여행하였다. 그러나 여행 중 아들이 열병에 걸려 죽고 말았다. 16세 생일을 며칠 앞둔 때였다. 아들에게 모든 재산을 물려주려 했던 스탠포드 의원은 하늘이 무너지는 아픔에 자살까지 생각하였다.

그는 교회를 찾아가 하나님께 부르짖어 기도드리기 시작하였다. 기도 중에 살아계신 하나님을 만나고 평정심(平靜心)을 찾게 되었다. 이에 그는 생각을 고쳐 아들에게 물려주려던 재산을 몽땅 털어 뜻있는 일에 사용하기로 하였다.

"그래, 내 아들의 이름을 따서 대학을 세우자!"

그는 귀국 후 모든 재산을 털어 스탠포드 대학을 세웠다. 지금 전자공학과 경영학으로 이름을 떨치고 있는 스탠포드 대학이다. 천만 평의 캠퍼스에 1만5천 명의 학생들이 공부하고 있다. 1,300명의 교수들 중에는 노벨상 수상자만 11명이다. 스탠포드 의원은 사랑하는 아들이 죽은 좌절감에서 생각을 바꾸어 명문대학을 세울 수 있었다.

한 사람의 생각이 이렇게 큰 변화를 일으킬 수 있다. 생각은 힘이다. 한 사람의 생각이 나라를 바꿀 수 있고 세계를 바꿀 수 있다. 한 사람이 생각하는 내용이 그 사람의 미래이다. 긍정적인 생각을 하는 사람에게는 긍정적인 미래가 열리고, 부정적인 생각을 하는 사람에게는 부정적인 미래가 열린다. 우리들 한국인은 장점이 많은 국민이다. 총명하고 친절하고 부지런하고 빠르다. 그런데 한가지 치명적인 약점이 있다. 매사에 부정적으로 생각하는 경향이 있다는 점이다. 부정적인 마음은 결코 당신에게 긍정적인 인생을 주지 않는다.

우리 크리스천들은 항상 희망을 이야기해야 한다. 희망을 이야기하려면 먼저 희망을 생각하여야 한다. 희망을 생각하려면 먼저 우리들이 처한 현실을 냉정하게 판단할 수 있어야 한다. 냉철한 판단력과 과감한 실천력은 자신들의 삶을 성공으로 이끄는 양 날개와 같다.

어떤 사람이든 그 사람의 생각하는 힘이 곧 인생을 바꾼다. 인간은 누구나 자기가 생각한대로 된다. 우리는 우리들 자신의 10년 후가 어떠할지를 미리 알 수 있다. 어떻게 알 수 있느냐? 그것은 지금 우리가 생각하는 것, 말하는 것, 기도하는 것 그리고 꿈꾸는 것이 우리들의 미래가 되기 때문이다.

"우리는 자신의 힘으로는 아무리 해도 강건해지지 못하나 주님의 크신 힘에 의해 강해짐을 얻을 수 있다."　　　　　　- 우찌무라 간조 -

고난을 친히 당하신 주님!

먼저 제게 닥친 고난을 잘 이해할 수 있게 하소서. 이것 역시 주님께로부터 온 것임을 알게 하시고 고난의 의미를 이해하게 하옵소서.

수고하고 무거운 짐 진 자들을 친히 도우시는 주님! 먼저 주님 안에서 평안을 얻게 하옵소서. 제게 닥친 이 고난이 주님께 다가서는 기회가 되게 하시고 이 고난을 통해 주님의 고난을 경험하게 하소서.

어려운 순간일수록 주님과 더욱 가깝게 하옵소서. 하나님의 때에는 고난이 끝날 줄로 믿고 하나님의 순간을 기다리며 이 어려움을 잘 이기게 하옵소서. 위대함은 고난을 통해 창조됨을 믿으며 불평하지 말고 믿음으로서 이 고난을 잘 이기게 하옵소서. 말씀으로 위로를 주시고 성령 충만함으로 용기를 주옵소서. 예수님의 이름으로 기도드립니다. 아멘.

14. 우리의 몸이 성전이요 우리의 삶이 예배이다

"너희는 너희가 하나님의 성전인 것과 하나님의 성령이 너희 안에 계시는 것을 알지 못하느냐? 누구든지 하나님의 성전을 더럽히면 하나님이 그를 멸하시리라 하나님의 성전은 거룩하니 너희도 그러하니라"(고전 3:16-17)

미국의 철학자 중 실용주의 철학자로 William James라는 인물이 있었다. 그가 품격 있는 종교의 3요소를 들었다.

첫째는 거룩한 예배, 둘째가 확고한 신앙고백, 셋째 응답받는 기도이다. 모든 종교는 나름대로의 예배를 갖추고 있다. 그래서 거룩하고 활기찬 예배는 그 종교의 품격을 규정짓는 핵심이 된다. 우리 몸은 하나님의 영이 머무시는 곳이기에 성전이다. 그래서 성전인 우리 몸을 거룩히 지키고 건강하게 가꾸는 일은 성도의 의무이자 축복이다. 성전인 우리 몸을 거룩히 지키며 하나님께 살아있는 제물로 바치는 제사가 바로 거룩한 예배의 기본이다. 거룩하게 살아가는 나날의 삶이 바로 예배가 되어야 한다.

그러기에 몸을 잘 관리하여 건강한 몸으로 살아가는 것이 성도의 의무이자 특권이다. 하나님의 영이 거하시는 성전을 더럽히거나 병들게 함은 하나님의 뜻을 거스리는 일이다. 그러므로 우리는 몸 성전의 건강을 위하여 모든 노력을 다하여야 한다

우리는 우리가 섬기는 교회의 건물을 성전이라 한다. 물론 그렇게 부를 수 있지만 엄밀히 따지자면 성전이라기보다 예배당이다. 성전은 건물이 아니다. 하나님의 영이 머물러 계시는 자리이다. 그래서 우리들이 사는 자리가 어디든지 그곳에 하나님의 영 곧 성령이 거하시면 그곳이 바로 성전이다. 그러므로 우리 몸을 하나님의 영이 거하시는 성전이라 일컫는다.

"너희 몸은 너희가 하나님께로부터 받은 바 너희 가운데 계신 성령의 전인 줄을 알지 못하느냐 너희는 너희 자신의 것이 아니라 값으로 산 것이 되었으니 그런즉 너희 몸으로 하나님께 영광을 돌리라"(고전 6:19-20)고 하셨다.

우리 안에 하나님의 영이 거하시기에 우리 몸이 바로 성전이 된다. 바로 몸 성전이다. 우리 몸이 성전이기에 성전 된 우리 몸을 소중히 지

키고 가꾸어 나갈 책임과 의무가 있다. 그런데 우리는 우리 몸을 너무 소홀히 한다. 몸에 해로운 담배를 피우고 과도하게 술을 마신다. 운동을 게을리하고 음식을 가려 먹지 못한다. 성전인 우리 몸을 함부로 다룬다.

이런 잘못을 바로 잡으려면 어떻게 하여야 할까? 하나님의 영이 머무시는 성전을 가꾸는 마음으로 우리 몸을 가꾸어야 한다. 우리 몸을 그렇게 가꾸는 데는 훈련이 필요하다. 디모데전서 4장에서 2가지 훈련을 일러 준다.

"망령되고 허탄한 신화를 버리고 경건에 이르도록 너 자신을 연단하라 육체의 연단은 약간의 유익이 있으나 경건은 범사에 유익하니 금생과 내생에 약속이 있느니라"(딤전 4:7-8)

바로 경건의 훈련과 육체의 훈련이다. 경건의 훈련을 통하여 우리들의 영성이 자라고 육체의 훈련을 통하여 성전인 몸이 강건하여진다. 그런데 사람들은 영성의 강화와 육체의 건강을 분리하여 생각하려든다. 성경적인 의미는 그렇지 아니하다. 성경의 가르침은 영과 몸이 분리되지 아니하고 일체를 이룬다. 그러므로 경건의 훈련과 육체의 훈련은 하나로 연결되어 있다.

몸이 성전이기에 몸을 거룩하게, 건강하게 지켜나가는 훈련이 필요하다. 바로 거룩함에 이르는 훈련이다. "하나님의 말씀과 기도로 거룩하여짐이라"(딤전 4:5) 우리 몸이 말씀과 기도로 거룩하여지기에, 말씀과 기도가 날마다 생활 속에서 실천되어야 한다. 말씀을 일상생활에서 실천하는 데는 말씀을 읽고, 말씀을 공부하고, 말씀을 묵상하고,

말씀을 암송하고, 말씀을 삶속에 실천할 때 거룩한 삶의 기본이 이루어진다.

"형제들아 내가 하나님의 모든 자비하심으로 너희를 권하노니 너희 몸을 하나님이 기뻐하시는 거룩한 산 제물로 드리라 이는 너희가 드릴 영적 예배니라"(롬 12:1)

이 말씀에서 '하나님이 기뻐하시는 거룩한 산 제물'이라는 말은 '살아 있는 제물'을 뜻한다. '살아 있는 제물'은 무엇을 뜻하는가? 우리 삶이 곧 제물이 되고 제사가 되고 예배가 되어야 함을 뜻한다. 삶이 곧 예배이다. 매일의 삶이 바로 예배드리는 거룩함이 배어있는 예배드리는 삶이 되어야 한다.

"오늘날 교회는 좀더 명료해야 하고 그 메시지에 확신을 가져야 한다."   – 도널드 –

구약시대에는 제사에 반드시 양이나 소 같은 짐승을 잡아 제물로 드렸다. 그러나 지금 우리가 드리는 예배에 양이나 소를 잡아 제물로 드리지는 않는다. 대신 우리 삶 자체가 거룩한 제물이 되어, 거룩함을 드러내는 삶이 되어야 한다. 그래서 '거룩한 산 제물이 되는 예배'가 되어야 한다.

"현대 교회의 약점은 그들이 세상에서 너무 편안함을 느끼고 있다는 것이다. 청교도적인 특성이 사회와 타협하여 변질되므로, 세상을 개조시키기보다 오히려 교회가 세상에 맞도록 조정하고 있다."

-A. 토저 -

15. 내가 변하면 나의 환경도 변한다

"누구든지 그리스도 안에 있으면 새로운 피조물이라 이전 것은 지나갔으니 보라 새 것이 되었도다"(고후 5:17)

"아무것도 변하지 않을지라도, 내가 변하면 모든 것이 변한다."
- 오노레드 발자크 -

오늘의 문제를 해결하는 방법은 복잡하고, 어렵고, 힘든 것이 아니라 나로부터 진정한 변화가 있을 때 모든 문제는 해결되는 것이다. 문제는 내가 변화되지 아니하기 때문에 복잡하고, 문제가 풀리지 않고, 고생하고 힘드는 것이다. 내가 변화되면 모든 문제는 쉽게 해결되는 것이다.

나 자신이 평소 긍정적인 언어를 많이 쓰는 사람인가, 부정적인 언어를 많이 쓰는 사람인가에 대해 돌아볼 필요가 있다. 그리고 가족이건 친구이건 남이건, 상대방에게 상처를 주는 말을 습관적으로 하고 있지 않은지도 돌이켜 보아야 한다. 혹시 다음과 같은 말을 남에게 자주 하고 살아오지는 않았는가?

1. 남과 비교하는말 : 아무개는 잘하는데 너는 왜 그것밖에 못하니?
2. 상대방의 자존심에 상처를 주는 말 : '당신 대체 할 줄 아는 게 뭐야?', '넌 왜 그 모양이니?', '네가 하는 게 그렇지.'
3. 상황, 나이, 외모, 학벌 등 약점이나 민감한 부분을 건드리는 말 : '취직은 언제 할 거니?', '왜 아직도 결혼을 안 해요?' 왜 여태 아이를 안 가져요?'
4. 상대방을 비하하는 말 : 너 되게 살쪘다.

 혹시 위와 같은 말들을 습관적으로 한 적이 있다면, 내가 무심코 내뱉은 한 마디로 인해 상대방은 큰 상처를 받았을지도 모른다. 상처를 주는 말들은 부정적 에너지를 형성하고 그 말을 내뱉은 나 자신에게 언젠가는 되돌아올 것이다.
 모든 사람들은 본능적으로 좋은 말, 우호적인 말, 칭찬의 말, 긍정적인 말을 듣고 싶어 하고 또 하고 싶어 한다. 그것이 인간의 선한 본성이다. 나쁜 말, 적대적인 말, 헐뜯는 말, 부정적인 말을 듣고 싶어하는 사람은 아무도 없다.
 그렇기 때문에 긍정적인 언어를 주로 사용하는 사람들에게는 비슷한 언어습관과 에너지를 가진 긍정적인 사람들이 모여들게 마련이다. 내가 먼저 남들에게 긍정적인 언어로 이야기할 때, 남들도 나를 도와주려 하고, 칭찬하려 하고, 우호적으로 생각할 것이기 때문이다.
 반면 부정적이고 적대적인 언어를 주로 사용하는 사람에게는 마찬가지로 부정적이고 해를 끼치는 에너지를 가진 사람들이 모여들 것이다.

이처럼 내가 쓰는 어휘에 따라 내 주변 사람들의 성향이 달라지고, 인간관계의 유형도 달라진다.

내 주변에 어떤 사람들이 포진해 있느냐에 따라 환경도 달라진다. 결국 우리 자신의 환경을 결정하는 것은 외부에 있는 것이 아니라 우리의 내부, 즉 내가 쓰는 언어습관과 생활습관, 마음의 습관에 달려있음을 알 수 있다. 긍정적인 언어를 사용하는 연습과 훈련을 할수록 환경도 긍정적으로 변화한다. 그리고 이러한 긍정적인 변화야말로 우리를 감사로 인도하는 지름길이다.

"항상 마음을 변화시킬 수 있도록 열어 두자. 변화를 환영하자. 대접하자. 자기의 의견이나 생각을 몇 번이라도 검토하고 고침으로 해서 인간은 성장할 수 있는 것이다."　　　　　　－데일 카네기 －

긍정적 변화를 몰고 오는 감사 메시지
1. 나는 나 자신과 주변 사람들에게 행복의 언어, 사랑의 언어, 배려의 언어, 긍정의 언어로 말하는 데 익숙한 사람이다.
2. 긍정적인 언어로 말하면 나의 두뇌가 긍정적인 결과를 향해 작동하지만, 부정적인 언어로 말하면 나의 두뇌가 이미 부정적인 결과를 염두에 두고 준비할 것이다.
3. 성공과 실패는 외부에 있는 것이 아니라 나의 내면에 있다.
4. 비록 오늘 만족할 만한 결과를 얻지 못했더라도 나의 언어와 마음가짐은 내일의 성공을 이야기한다.
5. 긍정의 언어로 말하고 있는 나는 이미 성공하고 행복한 사람이다.

처음 인간이 창조될 때부터 시작하여 지금까지 변하지 않는 것이 하나 있다. 모든 인간이 태어나면서 각각 네 개씩의 소중한 선물을 가지고 태어 난다는 점이다. 신은 그 네 가지 선물을 태어나는 모든 사람에게 선물하면서 어느 곳에 둘까 많은 고민을 했다고 한다.

가장 높은 꼭대기에 … 바다 깊숙한 곳에 … 깊은 고민을 하다가 결국엔 사람의 가슴 속에 그 선물을 숨겨 두었다. 희망과 절망 기쁨과 슬픔 인내와 포기 사랑과 증오 사람에 따라 시시각각 모양을 달리하는 다양한 이 네 가지 선물이 지금도 사람을 이끌어 가는 재산이 되고 있다고 한다.

16. 화가 날때는 침묵을 지키라

"내 사랑하는 형제들아 너희가 알지니 사람마다 듣기는 속히 하고 말하기는 더디 하며 성내기도 더디 하라 사람이 성내는 것이 하나님의 의를 이루지 못함이라"(약 1:19-20)

후횟거리보다 추억거리를 많이 만들라. 화날 때 말을 많이 하면 대개 후횟거리가 생기고 그때 잘 참으면 그것이 추억거리가 된다. 즉 화가 날 때에는 침묵을 지키라. 불길이 너무 강하면 고구마가 익지 않고 껍질만 탄다.

살다보면 기쁘고 즐거운 때도 있고 슬프고 괴로울 때도 있다 그러나 우리가 고통스러운 순간에도 결코 좌절하거나 낙심하지 않는 것은 즐거움과 기쁨엔 깊이가 없지만 고통에는 깊이가 있기 때문일 것이다.

"소망 중에 즐거워하며 환난 중에 참으며 기도에 항상 힘쓰며"(롬 12:12)

소망을 품고 즐거워하며, 환난을 당할 때에 참으며, 기도를 꾸준히 하라는 뜻이다.

즐거움은 그 순간이 지나면 금세 잊혀지는데 고통은 우리의 마음 깊숙이 상처도 남기지만 그로 인해 배우고 깨닫게 되기 때문이다. 몹시도 화가 나고 도저히 이해되지 않고 용서되지 않던 것들이 시간이 지나면서 분노도 사그라져 내가 그때 왜 그렇게까지 화를 내었는지 자신도 모를 때가 가끔 있다.

감정이 격할 때에는 한걸음 물러서서 치밀어 오르는 화는 일단 참고 '그럴 만한 사정이 있겠지.'라고 생각하고 억지로라도 상대방의 입장이 되어 역지사지(易地思之)로 생각해 보라. 뭔가 그럴 만한 사정이 있어서 그랬을거라고 생각하고 함부로 말하거나 행동하지 않는다면 실수하거나 후회할 일이 생기지 않을 것이다.

"분을 내어도 죄를 짓지 말며 해가 지도록 분을 품지 말고 마귀에게 틈을 주지 말라"(엡 4:26)

불길이 너무 강하면 정작 익어야 할 고구마는 익지 않고 그 고구마

마저 태워 버려 먹을 수 없는 것처럼 화는 우리를 삼킬 수 있다. 밝은 쪽으로 생각하자. 그것은 건강과 장수를 위해서도 꼭 필요한 일이다. 말하기는 더디하고 듣기는 속히 하라는 교훈처럼 화가 날 때 우리의 생각과 말을 성능 좋은 브레이크처럼 꽉 - 밟고 서서히 브레이크에서 발을 뗀다면 무리없는 인생을 살 수 있을 것이다.

축복안에 사는 20가지 방법

1. 쉬지말고 기도하라. 기도는 하늘과의 직통전화다.
2. 아침에 일어나면 "오늘은 좋은 날"하고 세 번 외치라.
3. 부모에게 효도하라. 부모는 살아있건 아니건 최고의 수호신이다.
4. 남이 잘되게 도와주라. 그것이 내가 잘되는 일이다.
5. 꽃처럼 활짝 웃어라. 얼굴이 밝아야 밝은 운이 따라온다.
6. 자신의 그릇을 키우라. 그릇의 크기만큼 담을 수 있다.
7. 말 한마디도 조심하라. 부정적인 말은 부정 타는 말이다.
8. 어떤 일이 있어도 기죽지 말라. 기가 살아야 운도 산다.
9. 오늘 일을 내일로 미루지 말라. 오늘과 내일은 족보가 다르다.
10. 어두운 생각이 어둠을 만든다. 마음 속에 한 자루 촛불을 키라.
11. 말조심하라. 칼로 입은 상처는 회복되어도 말로 입은 상처는 평생 간다.
12. 내가 상처를 입혔으면 내가 치유해 주라. 그게 사람의 도리다
13. 아픔을 준 사람을 위하여 기도하라. 하늘에서 특별상을 수여한다
14. 좋은 글을 읽고 또 읽으라. 나도 모르는 사이에 엄청난 에너지로 변한다.
15. 집안청소만 하지 말고 마음도 매일 청소하라. 마음은 행운이 깃드

는 성전이다
16. 욕을 먹어도 화내지 말라. 그가 한 욕은 그에게로 돌아간다.
17. 좋은 말을 하는 사람과 어울리라. 말은 운을 운전하는 운전기사다.
18. 죽는 소리를 하지 말라. 저승사자는 자기 부르는 줄 알고 달려온다.
19. 자신을 먼저 사랑하라. 내가 나를 사랑해야 남도 나를 사랑한다.
20. 잠잘 때 좋은 기억만 떠올리라. 밤 사이에 행운으로 바뀌어진다.

"모든 지킬 만한 것 중에 더욱 네 마음을 지키라 생명의 근원이 이에서 남이니라"(잠 4: 23)

17. 여호와는 나의 목자가 되신다

"여호와는 나의 목자시니 내게 부족함이 없으리로다 그가 나를 푸른 풀밭에 누이시며 쉴 만한 물 가로 인도하시는도다 내 영혼을 소생시키시고 자기 이름을 위하여 의의 길로 인도하시는도다"(시 23:1-3)

시편은 구약시대의 찬송가이자 기도서이다. 종교개혁자 존 칼빈은 시편을 일컬어 "인간 영혼의 해부학"이라 하였다. 150편의 '시'들 속에 인간사의 슬픔과 기쁨, 탄식과 감격, 감사와 찬양이 골고루 녹아 들어 있기 때문이다.

시편은 예수께서 가장 애송하셨던 책이다. 예수께서 십자가에서 읊조리셨던 구절들도 모두가 시편의 구절들이었다.

시편 중에 대표적인 시가 23편이다. 이 시는 다윗 왕이 재야시절 사울 왕에게 쫓기며 각박한 세월을 보내던 시절에 지은 시이다. "여호와는 나의 목자시니 내게 부족함이 없으리로다."로 시작되는 시편 23편은 문학적으로도 완벽한 내용이려니와 내용에 담긴 영적 깊이가 최고의 경지에 이르고 있다.

1950년 6.25전쟁이 일어났을 때다. 인민군에 쫓겨 정부가 진해로 옮겨 갔다. 맥아더 사령부에서는 한국 정부를 일본으로 옮기라고 권유하였으나 이승만 대통령은 "내가 진해 바다에 빠져 죽을지언정 이 땅을 떠나지 않겠노라"하며 진해를 지켰다. 이승만 대통령은 인민군들이 쏘는 포소리를 지척에서 들으며 정부를 이끌었다.

정부가 진해로 옮겨간 후 첫 예배를 드리던 때다. 연세대 교수였던 나운영 교수가 성가대 지휘자였다. 나운영 교수는 피난 정부에서 드리는 첫 예배에 찬양을 무슨 곡으로 선택할까를 고심하다 시편 23편을 친히 작곡하여 부르기로 하였다. 그리고는 밤을 새워 작곡을 하여 첫 예배 찬양으로 불렀다.

성가대가 찬양을 드리기 전에 나운영 지휘자는 신도들 앞에 나가 시편 23편을 작곡하게 된 경위를 설명하고는 눈물을 흘리며 성가대를 지휘하였다. 찬양을 들으며 대통령 부부도 울고, 성가대 대원들도 울고, 예배에 참여하였던 신도들도 모두가 울었다. 그야말로 눈물의 예배였다. 그리고 찬양대의 성가가 끝난 후 여호와께서 이 나라를 공산화의 위험에서 구하여 주실 것을 울며 기도드렸다.

그런 눈물의 기도가 응답되어 오늘의 한국이 있다. 우리는 아무리 어렵고 힘들지라도 선배들의 눈물의 기도를 잊어서는 안 된다. 오늘도 우리는 시편 23편을 읊조리며 이 겨레의 목자 되신 예수께서 이 겨레를 통일한국으로 이끄시고, 8천만 동포가 함께 행복을 누리고 번영을 누리는 내일로 인도하여 주실 것을 기도하여야 한다.

"성령은 우리 안에 임재해 계시고, 우리를 소생시키시고 거룩케 하시며, 신자에게 위로부터 오는 힘을 주시는 이시다."

- 요한 스토트 -

Part 4.
믿음과 구원이란 무엇인가?

1. 믿음과 구원이란 무엇인가?
2. 믿음과 구원의 정의
3. 믿음에 확신을 갖고 살자
4. 기독교가 가진 힘
5. 기독교 정신과 비전이란 무엇인가?
6. Vision 있는 신앙
7. 자녀들에게 꿈과 비전을 심어주자
8. 크리스천들이 가져야 할 마음의 자세
9. 그리스도인에게 따르는 고난과 핍박
10. 영적인 바른 지도자들을 만나야 한다
11. 인간은 인정 받고자 하는 욕구가 있다
12. 약보다도 효험이 있는 좋은 말
13. 치유하는 공동체
14. 실존적 교재(Existential Communion)
15. 마릴린 먼로와 에반스 콜린의 삶
16. Raymond Moody의 사후생
17. 이븐 알랙산더 교수의 Proof of Heaven

1. 믿음과 구원이란 무엇인가?

"내가 그리스도와 함께 십자가에 못 박혔나니 그런즉 이제는 내가 사는 것이 아니요 오직 내 안에 그리스도께서 사신 것이라 이제 내가 육체 가운데 사는 것은 나를 사랑하사 나를 위하여 자기 자신을 버리신 하나님의 아들을 믿는 믿음 안에서 사는 것이라"(갈 2:20)

인간은 왜 구원을 받아야 하며 인간을 구원하실 분은 누구인가?

만일 인간이 구원받지 못한다면 인간은 어떻게 될 것이며 구원의 길은 어디에 있는가? 그리고 구원받은 인간의 상태는 어떠한가?

구원을 뜻하는 히브리어는 예슈아와 가알(gaal) 두 단어가 있다. 예슈아는 '넓다, 넓어지다, 확대시키다'의 뜻으로 억압, 제한, 한정으로부터의 해방을 의미한다. 그리고 가알(gaal)은 타인의 수중에 들어간 소유를 되찾는 것으로 '해방한다, 구한다, 구속, 대속'의 뜻을 가지고 있다. 70인역이 사용한 소테리아(soterria, 46회)라는 단어는 '구원하다, 목숨을 구하다'는 뜻으로 완전한 해방을 의미한다.

신약성서는 헬라어 소재인(soxein, 100회)을 사용했는데 이는 질병, 귀신, 위험, 죽음으로부터의 구원을 말한다.

구약성서는 구원을 역사의 종말에 완전히 이루어질 새로운 창조와 구원의 행위로 이해했으며, 구원받은 하나님의 새로운 백성이 새 하늘과 새 땅에서 살게 될 것을 예언하였다.

이를 종합해 보면 구원이란 한마디로 '건져낸다, 구하여 낸다'의 뜻으로 죄의 사망으로부터의 구원, 죄의 형벌로부터의 구원, 죄의 권세로부터의 구원, 죄의 현존으로부터의 구원을 말한다.

왜 하나님은 인간을 구원하시는가? 죄와 질병으로부터 자유케 하시기 위함인가, 아니면 죽어서 천당 가게 하고 내세에서라도 행복하게 살도록 하기 위함인가? 구원의 목적은 하나님 나라의 건설을 위한 것이다. 이스라엘을 선민으로 택하여 복음의 일꾼으로 삼으신 것처럼 하나님의 영광과 하나님 나라를 위해 인간을 구원하시는 것이라고 예수께서도 말씀하셨다.

"인간이 발견한 모든 것은 결국 거룩한 성경에 실려 있는 진리를 더욱 강하게 확인하기 위해 이루어진 것으로 보인다."

― 존 허셀 경 ― 성경에 관한 위인들의 명언 ―

2. 믿음과 구원의 정의

"영접하는 자 곧 그 이름을 믿는 자들에게는 하나님의 자녀가 되는 권세를 주셨으니 이는 혈통으로나 육정으로나 사람의 뜻으로 나지 아니하고 오직 하나님께로부터 난 자들이니라 말씀이 육신이 되어 우리 가운데 거하시매 우리가 그의 영광을 보니 아버지의 독생자의 영광이요 은혜와 진리가 충만하더라"(요 1:12-14)

"신이 최고자라는 것을 믿지 않는 자는 바보이든가 아니면 인생의 경험이 없는 자이다."   － 스타티우스 －

믿음(Pieties)이란 인간이 신앙의 대상인 창조주 하나님의 은혜와 그분이 보내신 구주 예수 그리스도에 대하여 알고 신뢰하는 것이다.

"영생은 곧 유일하신 참 하나님과 그가 보내신 자 예수 그리스도를 아는 것이니이다"(요 17:3)

영혼 구원을 위하여 하나님이 보내주신 예수 그리스도를 구주로 믿고 영접해야 한다.

"주 예수를 믿으라 그리하면 너와 네 집이 구원을 받으리라"(행 16:31)

사랑으로 복종하며 하나님의 말씀에 순종함으로써 그 뜻대로 선을 행하는 것이다.

"나더러 주여 주여 하는 자마다 다 천국에 들어갈 것이 아니요 다만 하늘에 계신 내 아버지의 뜻대로 행하는 자라야 들어가리라"(마 7:21)

믿음은 하나님께서 주시는 은혜의 선물로 신앙의 근원은 하나님이시다. 그러나 신앙의 조건은 사람편에도 있다. 즉 사람이 하나님의 말씀을 듣고, 그 말씀에 동의하며, 믿음의 주이신 예수 그리스도를 마음에 영접할 때 신앙이 생기고 영생을 얻게 되는 것이다. 본래 믿음이 없는 사람이라도 그리스도의 복음을 듣고 하나님의 진리의 말씀을 마음에 받아들일 때 믿음이 생기는 것이다.

"믿음은 들음에서 나며 들음은 그리스도의 말씀으로 말미암았느니라"(롬 10:17)

믿음이란 인간이 회개하여 죄를 벗어버리고 전향(轉向)하여 예수를 구주로 믿으며 그분만 바라보는 것이다.

"믿음의 주요 또 온전하게 하시는 이인 예수를 바라보자 그는 그 앞에 있는 기쁨을 위하여 십자가를 참으사 부끄러움을 개의치 아니하시더니 하나님 보좌 우편에 앉으셨느니라"(히 12:2)

다시 말하면 믿음이란 그리스도께서 죄인들을 위해 십자가에 달려 죽으심과 대속의 증거를 위해 부활하심을 믿고 그리스도에 대한 충성과 신뢰함으로 자신을 온전히 그리스도의 십자가의 공로에 의탁하는 것이다.

이러한 믿음과 구원은 인간이 스스로 가지는 것이 아니라 하나님의 은혜의 선물인 것이다. 믿음이 하나님의 선물인 것처럼 그 결과인 구원도 역시 믿는 자의 공로가 아니라 하나님의 선물이다. 신앙은 그리스도인의 삶에 있어서 가장 근본적이고 중요한 것이다.

"성령은 하나님께서 인류에게 주신 최대 선물이다."
- 우찌무라 간조 -

왜냐하면 믿음은 구원의 필수 조건으로서 오직 믿음으로 구원을 얻고 믿음으로 하나님의 자녀가 되고 믿음으로 천국의 후사가 되기 때문이다.

"이는 이방인들이 복음으로 말미암아 그리스도 예수 안에서 함께 상속자가 되고 함께 지체가 되고 함께 약속에 참여하는 자가 됨이라"(엡 3:6)

"하나님에 대한 변함이 없는 믿음을 가지고 사는 사람에게는 안정이 생긴다. 영원한 인생을 생각하며 사는 사람은 항상 침착한 사람이다."
- 조셉 시주 -

믿음과 구원의 주님!

우리에게 믿음과 구원을 주신 주님의 은혜를 찬양합니다. 구원받은 자녀로서 하루를 살게 하심을 감사드립니다. 매 순간 잊어버리기 쉬운 믿음과 구원의 은혜에 감사하게 하시고 구원받은 힘으로 모든 것을 행하게 하소서. 구원받은 것이 얼마나 행복하며 최고의 축복을 받았음을 인식하여 자랑하게 하시고 그것을 삶에서 즐기게 하소서.

구원받은 사람을 주시어 서로 사랑하게 하시고 구원받은 자녀로서 교제하게 하심을 감사드립니다. 모든 출발이 하나님의 구원에서 이루어짐을 알게 하시고 구원의 능력으로 세상에서 승리하는 삶을 살게 하소서. 매 순간 이미 받은 구원을 즐거워하며 구원을 이루어가는 성숙된 삶으로 인도하소서.

우리의 만남이 온전한 구원을 이루는 데 방해가 되지 말고 오히려 그 구원을 이루는 데 사용되게 하소서. 한 번 받은 나의 구원에 만족하지 말고 아직도 구원에 이르지 못한 주위 사람들에게 구원의 복음을 전하게 하시고 구원의 은혜를 나누어 주는 데 우리의 만남이 쓰이게 하소서.

구원받을 자격이 없는 우리를 구원해주신 주님의 사랑으로 이웃을 바라보게 하시고 사랑하는 사람을 바라보게 하여 늘 겸손함으로 생활하게 하소서. 구원받은 자의 아름다움을 세상에 드러내게 하시어 주님의 영광을 나타내소서. 예수님의 이름으로 기도드립니다. 아멘.

3. 믿음에 확신을 갖고 살자

"우리 복음이 너희에게 말로만 이른 것이 아니라 또한 능력과 성령과 큰 확신으로 된 것임이라"(살전 1:5)

이 시대의 풍조는 불확실성의 시대요, 불신과 갈등의 시대이다. 우리 크리스천들은 이런 시대의 풍조에서 벗어나야 한다. 시대의 풍조를 벗어나 확신 있는 신앙에 뿌리를 내리고 흔들림이 없어야 한다.

크리스천들에게는 기본적으로 다섯 가지 확신이 있다.

첫째는 하나님이 역사를 주관하신다는 확신이다. 일컬어 섭리사관(攝理史觀)이라 한다.

"이 모든 일의 된 것은 주께서 선지자로 하신 말씀을 이루려 하심이니 이르시되 보라 처녀가 잉태하여 아들을 낳을 것이요 그의 이름은 임마누엘이라 하리라 하셨으니 이를 번역한즉 하나님이 우리와 함께 계시다 함이라"(마 1:22-23)

하나님께서 나와 함께 하신다는 확신 있는 신앙을 임마누엘 신앙이라 한다. 이와 같이 임마누엘 신앙은 기독교 신앙의 중심을 이루는 신앙이다.

"내가 너희에게 분부한 모든 것을 가르쳐 지키게 하라 볼지어다 내가 세상 끝날까지 너희와 항상 함께 있으리라 하시니라"(마 28:20)

예수께서 세상 끝날까지 함께 하신다는 약속이 곧 임마누엘에의 약속이다. 어떤 간증, 어떤 체험, 어떤 교리보다 임마누엘에의 확신이 가장 앞서는 신앙이요, 소중한 확신이다.

둘째는 그 하나님이 나를 사랑하시고 관심을 가지신다는 확신이다. 나를 사랑하시되 나를 찾아 세상에 오시기까지 하셨다. 세상에 오셔서 고난당하시고 십자가에서 죽으시기까지 하셨다는 확신이다.

"그리스도께서도 단번에 죄를 위하여 죽으사 의인으로서 불의한 자를 대신하셨으니 이는 우리를 하나님 앞으로 인도하려 하심이라 육체로는 죽임을 당하시고 영으로는 살리심을 받으셨으니"(벧전 3:18)

셋째는 내가 이 땅에 오신 하나님이신 예수 그리스도를 믿음으로 구원받았다는 확신이다. 구원받아 땅의 백성에서 하늘의 백성으로 다시 태어났다는 확신이다.

"너희는 그 은혜에 의하여 믿음으로 말미암아 구원을 받았으니 이것은 너희에게서 난 것이 아니요 하나님의 선물이라 행위에서 난 것이 아니니 이는 누구든지 자랑하지 못하게 함이라"(엡 2:8-9)

크리스천들은 믿음으로 말미암아 구원받은 자들이다. 이 구원은 우리들의 노력이나 수행이나 행위로 난 것이 아니라 믿음으로 말미암아 받게 된 하나님의 선물이다. 구원의 확신이야말로 크리스천들이 지녀야 할 확신이다.

"우리는 그리스도 안에서 은혜의 풍성함을 따라 그의 피로 말미암아 구속 곧 죄 사함을 받았느니라"(엡 1:7)

넷째는 내가 지금 죽어도 천국으로 간다는 확신이다.
그러기에 죽음은 나쁜 것이 아니라 땅에서 하늘로 옮겨가는 절차일 따름이란 확신이다. 크리스천들이 강할 수 있는 것은 천국에 대한 확신이 있기 때문이다. 우리들의 삶이 이 세상에서 끝나는 것이 아니라 죽음 저편 천국으로까지 이어진다는 확신이 있기에 크리스천들은 타협하지 아니하고 좌절하지 아니하고 후퇴하지 아니하고 어떤 난관도 능히 돌파하여 전진할 수 있다.

"행동가처럼 생각하라, 그리고 생각하는 사람처럼 행동하라."
— 헨리 버그슨 —

예수 그리스도께서 이 땅에 오시어 성취하신 일 중에 최고의 성취가 죽음을 이기시고 부활하시어 죽음의 권세를 깨뜨리신 일이다. 크리스천들에게는 죽음이 없다. 이 땅에 살 동안에 천국 소망을 품고 열심히 살다 숨지는 때에 천국으로 옮겨가는 일이 있을 뿐이다.

다섯째는 내가 드리는 기도가 응답받는다는 확신이다.

하나님은 나의 기도를 들으시어 그 기도가 이루어짐으로 영광 받으시기를 기뻐하신다는 확신이다. 우리들이 예수님의 이름으로 하나님께 구하는 기도가 응답받는다는 확신이다. 우리 기도가 응답받음으로 인하여 하나님께 영광 돌리게 된다. 우리 크리스쳔들은 하나님께 영광 돌리는 삶을 살기를 원한다.

"너는 내게 부르짖으라. 내가 네게 응답하겠고 네가 알지 못하는 크고 은밀한 일을 네게 보이리라"(렘 33:3)

하늘을 우러러 부르짖는 기도는 기적을 낳는다. 우리가 부르짖을 때에 하나님께서 그 부르짖음을 들으시고 지금 우리들의 수준에서는 상상하지 못하고, 알지 못하고, 꿈꾸지 못하는 크고 놀라운 열매를 거둘 수 있게 하신다. 크리스쳔의 신앙은 말과 구호로만 그치는 신앙이 아니라 확신 있는 신앙이 되어야 한다. 산이 무너지고 땅이 흔들려도 그 확신 붙들고 천국까지 가는 신앙인이 되길 간절히 소망한다.

"하나님에 대한 변함이 없는 믿음을 가지고 사는 사람에게는 안정이 생긴다. 영원한 인생을 생각하며 사는 사람은 항상 침착한 사람이다."
― 조셉 시주 ―

4. 기독교가 가진 힘

"나의 힘이신 여호와여 내가 주를 사랑하나이다"(시 18:1)

기독교는 힘이 있는 종교이다. 우리가 믿는 복음은 능력의 복음, 힘의 복음이다. 그 힘은 4가지로 표현할 수 있다.

첫째는 믿는 자를 구원하는 힘이다.
둘째는 병든 개인과 사회를 치료하는 힘이다.
셋째는 절망하는 백성들에게 희망을 주는 힘이다.
넷째는 침체되고 타락한 현실을 변혁 시키는 힘이다.
어느 시대 어느 곳에서나 기독교가 들어가는 곳에서는 이들 4가지 힘이 드러나곤 하였다. 만일 어느 사회나 나라에 기독교가 들어갔음에도 이런 힘들이 드러나지 않았다면 그 기독교는 본질에서 벗어난 변질된 기독교이기 때문일 것이다.
요즘 우리 교회에도 그러하지만 우리 사회 전반에 모순과 병리적인 현상이 극심하게 나타나고 있다. 그로 인하여 국민들이 근심에 쌓이게 하고 있다. 한국교회가 이 시대 이 땅에서 필히 하여야 할 일은 병든 현실을 변혁시켜 건강한 사회로 만들어내는 일에 힘을 발휘하는 일이다. 어떤 일을 착수하기 전에 그 일에 기대를 가져야 한다. 교회는 그렇게 할 힘을 이미 지니고 있음에도 자신이 지닌 힘을 인식하지 못하고 그 힘을 발휘하지 못하고 있다.

기독교가 지닌 힘은 다음의 세 가지에 기반을 두고 있다.

첫째는 성서적 신앙의 전통은 철저하게 백성들의 삶의 현장 속에 뿌리를 두고 있다. 민초(民草)들의 삶을 기반으로 서 있는 종교가 기독교 신앙이다. 유교는 그 출발에서부터 엘리트 운동으로 시작되었다. 유교의 이상인 수신제가치국평천하(修身齊家治國平天下)란 말 자체가 엘리트 위주의 발상이지 일반 백성들을 위한 발상은 아니다.

불교 역시 그러하다. 유교보다는 덜하지만 불교는 명상과 수행을 기반으로 하여 서민들로써는 쉽사리 접근하기 어려운 체계이다. 그 점에서 기독교는 다르다. 서민 대중이 쉽게 접근하여 단순하게 깨닫고 생을 걸어 헌신할 수 있는 신앙체계이다. 예수께서 선택하셨던 12사도의 경우에서 이런 점이 분명히 두드러진다.

기독교가 지닌 힘의 두 번째 바탕은 역사의식이다. 구약시대 예언자들이 부르짖은 사회정의에서 예수님의 가르침에 이르기까지 사회정의와 자유와 평등이 조화롭게 어우러지는 공동체의 건설이 기독교가 지닌 힘의 뿌리이다.

구약성경 아모스서에서 이르는 "정의가 흐르는 물처럼 공의가 강물처럼 흐르는 세상을 이루어 나가는 것"이 기독교의 이상이요, 사명이다. 그러기에 기독교는 힘이 있는 종교이다. 부정과 부패에 맞서는 힘이요 인간을 억압하는 모든 세력에 정면으로 도전하는 힘이다.

기독교가 지닌 힘의 세 번째 기반은 생활 속의 신앙이다.

"너의 하나님 여호와가 너의 가운데에 계시니 그는 구원을 베푸실 전능자이시라 그가 너로 말미암아 기쁨을 이기지 못하시며 너를 잠잠히 사랑하시며 너로 말미암아 즐거이 부르며 기뻐하시리라 하리

라"(습 3:17)

우리가 믿는 하나님은 성전 안에만 머물러 계시는 하나님이 아니시다. 성도들의 마음속에만 계시는 하나님이 아니다. 인간관계 속에 계시고, 사건과 사건 속에 계시고 우리들이 살아가는 삶의 현장 한 가운데 계신다.

그리고 "여호와는 구원을 베푸시는 전능자시라"는 말씀 역시 깊은 뜻을 담고 있는 말씀이다. "여호와는 구원을 베푸시는 전능자"란 말을 다른 말로 표현하자면 "해결사 하나님"이란 말이다. 우리가 믿는 하나님은 우리들의 삶의 현장에서 부닥치는 온갖 문제들에 대하여 해결사이신 하나님이시다.

우리는 한 세상 살아가는 동안에 온갖 문제들에 부닥친다. 때로는 우리들의 힘으로는 해결할 수 없는 어려운 문제들을 만나기도 한다. 그럴 때마다 우리는 겸허한 마음으로 전능자 하나님 앞에 무릎을 꿇고 엎드려 하나님의 도우심을 간구한다. 우리 하나님은 그럴 때마다 우리들의 기도를 들으시어 해결사가 되시어 문제를 해결하여 주시는 하나님이시다.

그래서 해결사 하나님은 우리들에게 너무나 고마우신 하나님이시요 위대하신 하나님이시다. 그리고 하나님은 우리를 잠잠히 사랑하시고 우리로 인하여 기뻐하시는 하나님이시다. 사람들은 요란하지만 하나님은 잠잠하시다. 잠잠하시고 깊으시다. 그리고 자녀된 우리로 인하여 기뻐하시는 하나님이시다.

요한복음 1장 14절 "말씀이 육신이 되어 우리 가운데 거하시매 우리가 그의 영광을 보니 아버지의 독생자의 영광이요 은혜와 진리가 충만하더라"의 말씀이 대표적인 말씀이다. 기독교 신도들이 믿고 섬기는 하나님은 하늘 위에 계시는 하나님도 아니요 교회나 성당 안에만 머물러 계시는 하나님이 아니시다.

하나님은 기독교 신도들의 삶의 현장(現場) 한 가운데에 계신다. 우리가 믿는 하나님은 기독교 신도들의 삶의 현장에 함께 계셔서 우리 크리스천들이 부딪히는 온갖 문제들의 해결사(解決士)로 계시는 하나님이시다. 그러므로 기독교는 힘이 있는 종교이다. 해결사이신 하나님을 믿기 때문이다.

"믿음으로 사는 방법을 배우고 나면 세상적인 생각을 좇지 않게 된다."
— 로렌 커닝햄 —

5. 기독교 정신과 비전이란 무엇인가?

"그러므로 형제들아 내가 하나님의 모든 자비하심으로 너희를 권하노니 너희 몸을 하나님이 기뻐하시는 거룩한 산 제물로 드리라 이는 너희가 드릴 영적 예배니라"(롬 12:1)

세계 교회가 다 그러하듯이 한국 교회도 지난 130년을 넘어서는 기간 동안 두 흐름이 공존하여 왔다. 개인 구원에 치중하는 경향과 사회 구원을 주창하는 경향이라는 두 가지 흐름이다. 첫째번의 개인 구원에 몰두하는 흐름은 주로 보수주의 신앙인들이 따르는 경향으로 공산주의가 들어오든 독재 정치가 벌어지든 민주화 운동이 일어나든 어차피 세상은 망할 세상이니 세상일에 관심을 기울이지 말고 영혼 구원에만 전념하자는 생각이다.

두 번째 흐름은 교회가 개인 구원에만 머물지 말고 정의로운 사회를 건설하고 인간이 인간답게 살아가는 인간화(Humanization)에 헌신하자는 흐름이다. 진보적인 의식을 지닌 사람들이 따르는 주장이다. 그러나 성경을 바로 읽고 바로 해석을 하면 "이쪽이 옳다" "저쪽이 옳다"고 왈가왈부할 일이 아니다. 성경에 정답이 나와 있기 때문이다.

디모데후서 3장 14절에서 17절 사이에서 일러 주기를 개인의 영혼이 구원받고 천국 가는 개인 구원의 신앙과 정의로운 사회, 민주 사회, 인간이 인간답게 사는 세상을 건설하는 사회 구원의 신앙이 어느 쪽이 바른 신앙인지에 대한 정답이 기록되어 있다.

예수를 믿음으로 개개인의 영혼이 구원에 이르는 신앙은 기독교 신앙의 기본이다. 그러나 복음은 이에만 머물고 있어서는 안 된다. 거기서 한 단계 더 나아가야 한다. 구원받은 확신에 선 신앙에서 한걸음 더 나아가야 한다.

"모든 성경은 하나님의 감동으로 된 것으로 교훈과 책망과 바르게 함과 의로 교육하기에 유익하니"(딤후 3:16)

이 말씀에서 일러 주는 바대로 성경은 모든 국민을 깨우치는 교훈의 책이 되어야 한다. 개인과 사회, 국가가 그릇된 길로 나아갈 때는 책망하여 바로 잡아 주는 역할을 하여야 한다. 국민 윤리가 무너지고 사회 정의가 허물어질 때는 국민정신을 일깨워 주는 바른 지침서가 되어야 한다.

그래서 우리들의 신앙은 개인 구원의 기초 위에서 사회 구원, 역사 구원에까지 이르는 신앙이 되어야 한다.

개인 구원과 사회 구원간의 관계에 대하여 좀 더 생각해 보자. 불교의 경우에는 소승 불교와 대승 불교가 있다. 소승 불교는 동남아시아 지역의 불교가 소승 불교인 편인데 말하자면 개인 구원에 머물러 있는 유형이다. 이에 비하여 극동 지역의 불교는 대승 불교에 속한다. 특히 신라 시대의 불교는 호국불교(護國佛敎)로서 대승 불교의 전형적인 예이다.

대승 불교가 기독교식으로 표현하자면 사회 구원에 속한다. 미얀마 태국 캄보디아 등을 포함한 동남아 지역의 불교가 개인 구원 격인 소승 불교(小乘佛敎)임에 비하여 한국 일본 중국 등을 중심으로 하는 극동 지역의 불교가 사회 구원 격인 대승 불교(大乘佛敎)에 속한다. 옛 신라, 고려, 조선 시대의 불교가 대승 불교였기에 나라를 지키는 불교인 호국불교로 역할을 하였다.

그래서 그 바탕에서 신라의 화랑도 운동이 일어나고 조선 시대 임진왜란 때는 승병을 일으켜 왜적과 대항하려 하였다. 그런데 유학이 중심이었던 조선 시대에는 불행하게도 개인 구원 격인 주자학(朱子學)이 중심을 이루어 사회 구원 격인 양명학(陽明學)은 그늘에 가리워 득세하지 못하였다. 이런 현상이 조선 유학의 한계요 불행스런 일이었다.

그러나 일본은 주자학이 아닌 양명학이 주류를 이루어 일본의 사회 발전에 긍정적인 역할을 하였다. 그렇다면 한국 기독교의 경우는 어떠하였던가? 한국 기독교가 한국의 근대화에 끼친 긍정적인 역할은 이미 정평이 나 있다. 한국 기독교의 역할을 빼고는 한국 현대사를 논할 수 없다. 그럼에도 불구하고 한국에 복음을 전하러 온 미국 선교사들 중에는 보수적인 기풍이 강하였다.

그래서 성경 해석과 민족 현실에 대한 적용 면에서 좁을 수밖에 없었다. 그런 연고로 한국 교회는 개인 구원에 머무는 흐름이 주류를 이루었다. 물론 그런 흐름의 저변에는 일제의 폭압에서 살아남기 위한 현실적인 측면도 있었다. 그런 중에도 1919년에 일어난 3.1 만세 운동 때까지는 한국 교회에 역사 구원 내지 사회 참여의 강한 전통이 있었다. 그러나 3.1 운동 이후로 한국 교회는 민족 현실에 대하여 과감하게 태클하지 못하고 개인 구원 내지 내세 소망 쪽으로 기울어졌다. 그 공백을 사회주의, 공산주의자들이 메우게 되었다.

"우리가 하나님의 말씀으로 해야 할 네 가지 일이 있다. 그것을 하나님의 말씀으로 인정하고, 그것을 우리 마음과 정신에 새기며, 그것에 복종하고, 그것을 세상에 전달하는 것이다."

- 윌리엄 윌버포스 -

6. Vision 있는 신앙

"때가 찼고 하나님의 나라가 가까이 왔으니 회개하고 복음을 믿으라"(막 1:15)

"지금까지의 철학은 세계를 해석하여 왔다. 그러나 지금으로부터의 철학은 세계를 변화시켜야 한다"   - 칼 막스 -

칼 막스는 기독교 가정에서 자랐다. 할아버지가 목사였고 아버지는 장로였다. 그러나 유달리 총명하였던 그는 자라면서 하나님을 믿는 신앙에서 떠났다. 이상주의에 불탔던 청년 막스는 어떻게 하면 평등한 사회, 빈부귀천이 없는 계급 없는 사회와 세계를 건설할 수 있을까에 몰두하였다. 그는 자신의 이 비전을 추구하는 데에 일생을 투자하였다.

고국 독일에서 쫓기는 몸이 된 그는 영국으로 망명하여, 모진 가난

속에서 자신의 비전을 실현하는 이론을 세우는 일에 생애를 바쳤다. 그는 자신의 비전이 인류에게 재앙을 가져다 줄 그릇된 비전임을 알지 못하였다. 그로 인하여 적어도 5천만 이상의 사람들이 죽어 갈 것이라고는 상상도 못하였다. 그는 그릇된 비전이 인류에게 얼마나 큰 재앙인 줄을 알지 못하였다.

대영제국 국회도서관에 18년간 하루도 빠짐없이 개근하며 공산주의 사상의 바이블격인 자본론을 저술하였다. 그간에 자신의 딸은 영양실조로 죽고 아내는 정신질환에 시달렸다. 그러나 그는 딸을 장례하고 나서도 여전히 국회도서관으로 가서 자본론을 쓰기에 몰두하였다. 그러나 지금은 그가 그렇게 일생을 걸었던 공산주의가, 천국을 약속하였지만 지옥을 창출하였음이 드러났다. 그 이론으로 인하여 수천만의 생명이 희생당한 후에야 드러난 것이다.

예수 그리스도는 우리들에게 다른 비전을 가르치셨다. 사랑을 무기로 하는 하나님 나라 건설의 비전이다. 사랑과 용서, 희생과 헌신으로 땅 위에 하나님의 나라를 세워 나가는 비전이다. 그의 제자들은 세상의 변두리 유대 땅에서 별 볼일 없이 살아가던 하찮은 젊은이들이었다. 그러나 그들이 예수께서 깨우쳐 주신 비전에 삶을 바쳤을 때에 "사랑의 혁명"이 시작되었다. 그 혁명은 지금도 진행 중이다.

예수께서 십자가를 지시며 본을 보이시고, 제자들이 목숨을 바쳐 가며 시작된 하나님 나라 건설의 비전에 지금도 숱한 젊은이들이 삶을 던져 헌신하고 있다. 하나님 나라 건설의 비전은 중단 없는 전진으로 진행되고 있다.

어느 시인이 이르기를 "시인은 손바닥에 한 알의 씨앗을 놓고 새소리를 듣는다"고 하였다. 시인은 남다른 상상력을 통하여 씨앗 한 알을 놓고도, 그 씨앗이 자라 큰 나무가 되고 그 나무에 깃들인 새들의 소리를 듣는다는 것이다. 이런 상상력이 얼핏 보기에는 한낱 공상같이 여겨질지 모르지만 실제로는 이러한 상상력이 인간사에 몹시 중요한 역할을 한다. 한 개인이나, 공동체, 사회나 국가에 이런 상상력이 있고 없음에 따라 그 분위기가 완연히 달라진다.

나폴레옹 장군이 남긴 말 중에 "인류의 미래는 인간의 상상력과 비전에 달려 있다"는 말이 있다. 옳은 말이다. 상상력이 있고 비전이 있는 개인이나 집단은 미래가 열리고, 상상력이 메마르고 비전이 없는 개인이나 집단은 미래가 닫히게 된다. 독재국가나 전체주의 국가가 인간에게 해로운 것은 상상력의 세계를 닫아버리기 때문이다.

예수께서 이르시기를 하나님의 나라는 한 알의 겨자씨와 같다고 하였다. 그 겨자씨가 처음엔 씨 중의 작은 씨이지만 나중에 자란 후에는 큰 나무를 이루고 숲을 이루어 숱한 새들이 깃들이게 된다.

씨앗은 작지만 생명이 깃들어 있다. 생명이 있다는 말은 미래가 있다는 말이요 희망이 있다는 말이다. 그러기에 예수께서는 하나님 나라를 설명하시면서 비록 작게 시작하지만 생명이 자라고 자라 마침내는 온 땅에 차고 넘치게 되는 미래의 나라로 설명하셨다.

"비전 Vision 은 눈에 보이지 않는 것을 보는 예술이다."

— Swift —

그러기에 하나님 나라의 일꾼인 우리들은 생명의 씨앗을 품고 미래를 향한 희망과 상상력을 지녀야 하고 비전을 품어야 한다. 그것이 하나님 나라의 일꾼된 사람들에게 주어진 사명이자 축복이다.

새로운 꿈을 주신 하나님!

　마음에 소원을 두고 그것을 이루게 하시는 하나님을 믿게 하심을 감사드립니다. 하나님을 믿으면서 꿈을 갖게 되었으며 예수님을 만나면서 꿈이 달라졌음을 찬양합니다. 하나님이 주신 비전을 가슴에 품고 그것을 끊임없이 열망하고 비전을 이루기 위해 기도하며 수고하는 사람이 되게 하소서.

　내가 만들어낸 비전이 아닌 하나님이 주신 비전임을 확신하며 그것을 이루기까지 하나님은 나를 떠나지 않음을 믿게 하소서. 간절히 기도하옵기는 하나님의 비전을 통하여 하늘의 뜻이 땅에서도 그대로 이루어지게 하시고 목표가 없는 사람이 목표를 갖게 하소서.

　하나님이 주신 비전을 찾게 하시고 그것을 통하여 하나님의 영광을 높이게 하소서 힘이 들고 연약할 때마다 하나님이 주신 비전을 부여잡고 그것을 향해 달려가게 하소서. 제가 꿈꾸는 비전이 세상에서 끝나는 일시적인 비전이 아닌 영원한 하나님의 나라로 이어지는 약속을 이루는 비전이 되게 하시고 하늘나라에 가서도 그것을 바라보며 기뻐하는 비전이 되게 하소서.

　하나님의 비전을 통하여 점점 더 하나님의 형상을 닮게 하시고 하나님의 비전을 품으면서 하나님 나라를 세우는 일에 더 헌신하는 사람이 되게 하소서. 시간이 가면서 하나님의 비전이 더 구체화되게 하시고 흔들리지 않는 비전, 하나님의 꿈을 이루는 비전으로 다가서게 하소서 예수님의 이름으로 기도드립니다. 아멘.

7. 자녀들에게 꿈과 비전을 심어주자

"하나님이 말씀하시기를 말세에 내가 내 영을 모든 육체에 부어 주리니 너희의 자녀들은 예언할 것이요 너희의 젊은이들은 환상을 보고 너희의 늙은이들은 꿈을 꾸리라"(행 2:17)

어른이나 아이나 그리스도를 만나면 그 때부터 '예수 그리스도를 위한 삶'으로 비전을 갖게 된다. 먹고 입고 마시고 하는 모든 행위가 예수 그리스도를 위한 것으로 변화하게 된다. 예수님은 "내가 진실로 진실로 이르노니 내 말을 듣고, 또 나 보내신 자를 믿는 자는 영생을 얻었고 심판에 이르지 아니하나니 사망에서 생명으로 옮겼느니라"(요 5:24)라고 말씀하셨다.

예수를 만난다는 것은 바로 새 생명을 얻은 것이기 때문에 주님을 위한 비전을 갖지 않을 수 없다. 예수님을 위한 비전이 생겼다고 하여 자녀의 인성이 하루 아침에 달라지는 것은 아니다. 수많은 시간 동안 찬양과 기도와 말씀 등 훈련과 학습에 의해 다져지는 것임이 분명하다. 자녀의 비전 또한 저절로 생기는 것이 아니다.

성경에서는 "그런즉 너희가 먹든지 마시든지 무엇을 하든지 하나님의 영광을 위하여 하라"(고전 10:31)고 말씀하신다. 우리 자녀에게 주님의 말씀을 심어 주어야만 자녀가 자신의 현실 속에서 적용하게 된다. 나아가 부모는 모든 일을 살아계신 예수님이 주관하시는 일이라는 것을 생활속에서 먼저 보여 주어야만 자녀는 비로소 "내가 무엇으로 하나님께 영광 돌릴 것인가"를 구체적으로 생각하고 고민하게 된다.

이 고민이 어려서부터 정립된 자녀는 공부를 해나갈 때 흔들림이 없다. 그리스도의 비전을 꿈꾸며 오직 정진해 나아가기만 하면 되는 것이다. 혹 실패한다 할지라도 하나님께서 우리의 자녀를 일으켜 세워 주시고 다시 앞으로 나아가게 하시기에 자녀의 인생이 절대 실패의 길을 가지 않는다는 사실이다.

"당신이 어떠한 어려움에 처하더라도 그리스도를 향한 믿음을 잃지 말라. 그러면 고난은 하나님의 것이요, 은혜의 약속은 그대의 것이 될 것이다."   – 존 맥더프 –

자녀에게 신앙을 물려주는 것이 최고의 유산이다.

사람들은 흔히 자녀에게 재산을 유산으로 물려준다. 궁극에는 재산을 모두 잃고 대부분 허접 껍데기가 되고 마는 경우를 자주본다. 성경에서 "너는 마음을 다하고 성품을 다하고 힘을 다하여 네 하나님 여호와를 사랑하라 오늘날 내가 네게 명하는 이 말씀을 너는 마음에 새기고 네 자녀에게 부지런히 가르치며 집에 앉았을 때에든지 길에 행할 때에든지 누웠을 때에든지 일어날 때에든지 말씀을 강론할 것이며"(신 6:5-7)라고 하셨다.

부모된 자가 먼저 정성을 다해 하나님을 사랑하고 마음에 새겨 자녀에게 가르치고 강론하는 것이야말로, 우리 자녀에게 하나님을 향한 분명한 비전을 바라보게 하는 일이며, 나아가 자녀들의 삶이 하나님의 나라 속에 거하므로 의의 평강과 희락이 숨쉬는 삶을 살게하는 것이다. 이렇듯 부모들은 신앙을 물려주는 것이 최고의 유산임을 알아야 한다.

부모는 매일 자녀의 꿈과 비전을 위해 기도해야 한다. 그리스도 안에서 비전을 꿈꾸는 자녀를 위해 부모들이 해야 할 일은 무엇이 있을까. 기도밖에 없다. 자녀를 창조하신 하나님께서 우리 부모들보다도 그 자녀를 더 사랑하시기 때문에 자녀의 꿈과 비전을 위한 부모들의 축복기도는 헛됨이 없다.

지금 당장에 그 기도가 이루어지지 않는다 할지라도 하나님께서는 그 기도를 잊지 아니하시고 하나님의 때에 그 기도를 들어주신다. 부모의 기도를 먹고 커 가는 자녀는 절대 인생을 실패하지 않는다는 것을 수많은 믿음의 부모들이 간증하고 있지 않은가. 날마다 자녀를 위해 믿음과 기도를 심어야 한다. 먼 훗날 심은대로 거두리라.

"자녀들에게 자제력을 가르치라! 그것은 그들의 장래에 일어날 많은 불행들을 제거하는 좋은 약이 된다."   - Webster -

사랑의 주님!

우리 자녀가 하나님이 원하시는 비전을 꿈꾸는 자녀가 되게 하옵소서. 자신이 가진 최대한의 가능성을 키우며, 다른 사람에게 유익을 주는 비전의 씨를 성실히 뿌리는 자녀이기를 원합니다. 하나님께서 하신 약속에 대해 굳건히 서서 어떤 어려움이 닥쳐와도 당당하게 맞설 수 있는 강인한 비전 의식을 주옵소서. 주님이 이 시대를 밝히기 위해 비전의 사람을 찾으실 때 그 이름에 나의 자녀의 이름이 있기를 원합니다.

하나님이 원하시는 바를 아낌없이 이루어 드릴 수 있는 충성스러움을 주옵소서. 비전의 성취를 위해 행동하는 자가 되기를 원합니다. 또한 그 일에 감사하게 생각하고 최선을 다하게 하옵소서. 비전이 진정 하나님의 부르심에 합당한 비전이고 하나님께 영광을 돌리는 비전이 되기 위해 자신을 쳐서 복종시키는 경건함이 있게 하옵소서. 예수님의 이름으로 기도드립니다. 아멘!

8. 크리스천들이 가져야 할 마음의 자세

"이제 그리스도 예수 안에 있는 자에게는 결코 정죄함이 없나니 이는 그리스도 예수 안에 있는 생명의 성령의 법이 죄와 사망의 법에서 너를 해방하였음이라"(롬 8:1-2)

우리 크리스천들은 남의 단점을 찾으려는 교정자가 되어서는 안 된다. 남의 말을 좋게 하는 습관을 가져야 한다. 남의 단점을 찾으려는 사람은 누구를 대하든 나쁘게만 보려 한다. 그래서 자신도 그런 나쁜 면을 갖게 된다. 남의 나쁜 면만 말하는 사람은 언젠가 자신도 그 말을 듣게 된다.

우리는 남의 좋은 면, 아름다운 면을 보고 그 사람의 진가를 찾으려 애써야 한다. 마음이 아름다운 사람을 보면 코끝이 찡해지는 감격을 가질 수 있는 티 없이 맑은 그리스도의 마음을 가졌으면 좋겠다. 누구를 만나든 그의 장점을 보려는 순수한 마음을 가지고, 남을 많이 칭찬할 수 있는 넉넉한 마음, 말할 때마다 그 사람에게 은혜와 덕이 되는 좋은 말을 하고, 그 말에 진실만 담는 예쁜 마음이 크리스천들이 가져야 할 마음의 자세이다.

아름다운 사람을 보면 감동하며 눈물을 흘리고 싶을 만큼의 맑은 마음을 가져야 한다. 남의 좋은 점만 찾다 보면 자신도 언젠가 그 사람을 닮아 간다. 남의 좋은 점을 말하면 언젠가 자신도 좋은 말을 듣게 된다. 참 맑고 좋은 생각을 가지고 나머지 날들을 수 놓았으면 좋겠다.

"너희 안에 이 마음을 품으라 곧 그리스도 예수의 마음이니 그는 근본 하나님의 본체시나 하나님과 동등됨을 취할 것으로 여기지 아니하시고 오히려 자기를 비워 종의 형체를 가지사 사람들과 같이 되셨고 사람의 모양으로 나타나사 자기를 낮추시고 죽기까지 복종하셨으니 곧 십자가에 죽으심이라"(빌 2:5-8)

불트만은 "근세철학 이후 인간이 스스로 생각하고 스스로 판단하고 스스로 행동할 때에 비극은 시작 되었다"고 말한다. 전능하시고 자비로우신 하나님 앞에 겸손히 엎드릴 때에 인간다워지고 행복하여짐을 강조하였다.

"너희 마음에 그리스도를 주로 삼아 거룩하게 하고 너희 속에 있는 소망에 관한 이유를 묻는 자들에게 대답할 것을 항상 준비하라"(벧전 3:15)

크리스천들은 전능하신 하나님, 사랑의 하나님에 의하여 생각되어질 때에 행복하고 미래에 희망이 있는 것이다. 그래서 인간의 행복은 자신의 한계를 인식하고 전능하신 하나님 앞에 엎드릴 때에 인간다워지고 행복하여지는 것이다.

독일의 철학자 에른스트 블로흐(Ernst Bloch, 1885-1977)가 집필한 '희망의 원리(Das Prinzip Hoffnung)' 박설호가 번역하고 열린책들 출판사에서 간행했다. 에른스트 블로흐는 한때 막시즘을 신봉하여 동독에 머물렀으나 공산주의의 허구성을 인식하고는 자유세계로 탈출한 철학자이다. 이 책의 서두에서 블로흐는 이렇게 쓰고 있다.

"인간은 더 나은 내일에 대한 희망을 품고 산다. 문제는 희망을 배우는 일이다. 희망의 행위는 체념과 단념을 모르며 실패보다는 성공을 더 사랑한다. 두려움의 우위에 있는 희망은 두려움처럼 수동적인 것이 아니며 어떠한 무(無)에 갇혀 있는 법이 없다. 희망의 정서는 인간의 마음을 넓혀 준다."

평생을 가난에 쪼들리며 살았던 블로흐는 자신의 가난과 불행을 희망으로 견디었다. 그래서 그는 희망을 배우는 일이 중요하다고 지적한다. 인간은 미래에 대한 희망이 있을 때 현재의 고난과 좌절을 극복해 나갈 수 있다. 희망은 오늘의 절망을 이길 수 있게 하는 힘이다.

"현재의 고난은 장차 우리에게 나타날 영광과 비교할 수 없도다"(롬 8:18)

그러기에 희망을 잃은 자는 삶을 포기한 자이다. 블로흐의 지적에 의하면 그렇게 소중한 희망은 저절로 주어지는 것이 아니고 연습을 해야 한다는 것이다. 자동차 운전을 하려면 운전연습을 하여야 하듯 희망 역시 연습하여야 한다. 무엇이든지 연습에는 수고가 따르고 대가(代價)를 치러야 한다. 대가를 치를 의지가 없이는 희망을 얻을 수 없다.

지금 우리 사회에는 눈에 보이지 않는 치명적인 약점이 있다. 이 땅의 30대 젊은이들이 우리나라에는 희망이 없어서 외국으로 이민가고 싶다는 생각을 하고 있다는 사실이다. 우리의 젊은이들이 이 땅이 희망 없는 곳이라고 느끼고 있다는 사실이 얼마나 중대한 문제인가?

기독교 신앙이 소중하고 위대한 것은 예수를 바로 믿으면 그 예수는 믿는 자들에게 희망을 주시는 분이라는 점이다. 예수를 믿으면 전에 없었던 희망이 솟아나게 되기 때문이다.

"도덕성이 반드시 그리스도인을 만들지는 않는다. 그러나 그것 없이 또한 결코 그리스도인이 될 수도 없다."   -Wilson-

9. 그리스도인에게 따르는 고난과 핍박

"의를 위하여 박해를 받은 자는 복이 있나니 천국이 그들의 것임이라"(마 5:10)

그리스도인들에게는 고난이 따르고 핍박이 따르게 마련이다. 진정한 그리스도인이라면 언제 어느 곳에서나 기존 질서에서 새로움을 추구하는 개혁자로 살아야 하기 때문이다. 기존체제(Status Quo)가 물들어 있는 기성질서에 대해 변화와 개혁을 주창하는 사람들은 핍박을 받기 마련이다. 교회는 초대교회 때부터 핍박 속에서 자라왔다.

"성도를 핍박하는 악인의 손이 길다 할찌라도 성도를 구원하시는 하나님의 손은 그자들의 손보다 더욱 길고 굳세다."　　－ 랑케 －

로마 제국의 통치시대에 세계의 변방인 유대 땅에서 일어난 복음운동은, 로마 황제보다 예수 그리스도를 참 신으로 선택하여 섬겼기에 핍박을 피할 수 없었다. 초대교회 교인들과 로마제국 통치하의 신도들은 자신들의 신앙을 지키기 위하여 사형장으로 기꺼이 걸어 들어갔다. 그래서 핍박받는 삶은 그리스도인들에게 일상사가 되었다. 초대교회 시절에는 신앙을 지키는 일은 곧 순교로 연결되는 길이었다.

"자녀이면 또한 상속자 곧 하나님의 상속자요 그리스도와 함께 한

상속자니 우리가 그와 함께 영광을 받기 위하여 고난도 함께 받아야 할 것이니라"(롬 8:17)

요한계시록 6장에 보면 핍박 중에 죽은 영들이 천국에서 하나님께 핏값을 갚아 주시기를 청원한다. 하나님이 답하시기를 아직 핍박으로 죽는 숫자가 차지 아니하였으니 기다리라 하였다.

교회는 핍박 속에 강하여지고 편안함 속에 타락하였다. 지금 한국 교회의 문제는 핍박을 받아서가 아니라 너무나 편안하기에 일어나는 문제이다. 천국을 누리기 위하여 고난과 손해, 핍박과 희생을 기꺼이 선택할 수 있는 그리스도인이 되어야 한다.

"박해는 신앙을 멸시할 수는 있어도 이기지는 못한다."
- 존 웨슬레 -

수도원 전통에 모든 수도사들이 서원할 때에 서원하는 3가지가 있다.
1) 청빈(淸貧)
2) 순결(純潔)
3) 순명(順命)

수도사들은 여기에 한 가지를 더한다. 겸손(謙遜)이다. 겸손은 예수님의 성품을 말할 때에 첫 번째이다. 예수께서 친히 자신의 성품에 대하여 일러 주셨다.

Part 4. 믿음과 구원이란 무엇인가? **221**

"나는 마음이 온유하고 겸손하니 나의 멍에를 메고 내게 배우라 그리하면 너희 마음이 쉼을 얻으리니 이는 내 멍에는 쉽고 내 짐은 가벼움이라 하시니라"(마 11:29-30)

예수님을 닮아 살기를 서원하는 수도자들에게 겸손은 필수이다. 2천 년 교회사에서 가장 큰 인물인 어거스틴이 제자와 나눈 대화 중에 겸손에 대한 대화가 있다. 어거스틴의 제자 중의 하나가 어느 날 스승께 물었다

"스승님 그리스도의 제자가 되기를 서원하는 사람으로 가장 중요한 덕목(德目)이 무엇입니까?"

스승 어거스틴이 답하기를 "겸손이니라" 겸손의 반대가 무엇입니까? "교만이니라" 그러면 교만은 무엇입니까? "나는 겸손하다고 생각하는 것이니라"

"내가 그리스도와 함께 십자가에 못 박혔나니 그런즉 이제는 내가 사는 것이 아니요 오직 내 안에 그리스도께서 사시는 것이라 이제 내가 육체 가운데 사는 것은 나를 사랑하사 나를 위하여 자기 자신을 버리신 하나님의 아들을 믿는 믿음 안에서 사는 것이라"(갈 2:20)

10. 영적인 바른 지도자들을 만나야 한다

"거짓 선지자들을 삼가라. 양의 옷을 입고 너희에게 나아오나 속에는 노략하는 이리라. 그들의 열매로 그들을 알지니 가시나무에서 포도를, 또는 엉겅퀴에서 무화과를 따겠느냐 이와같이 좋은 나무마다 아름다운 열매를 맺고 못된 나무가 나쁜 열매를 맺나니 좋은 나무가 나쁜 열매를 맺을 수 없고 못된 나무가 아름다운 열매를 맺을 수 없느니라"(마 7:15-18)

사이비 목자, 사이비 신앙에는 특징이 있다. 순수한 교인들은 사이비의 특징을 미처 분별하지 못하기에 본의 아니게 말려들어 빗나간 신앙생활을 하게 되는 경우들이 있다. 문제는 사이비들일수록 위의 말씀에 표현하는 바대로 양의 옷을 입고 부드럽고 미소 띤 자세로 접근하기에 신도들은 분별하지 못하고 말려들게 된다는 것이다.

영적인 신앙적인 면에서만 그런 것이 아니다. 정치 지도자들이나 세속 지도자들 중에서도 이 점은 마찬가지이다. 사기꾼들이 더 매너가 좋고 부드럽게 매력 있게 접근하는 것과 마찬가지이다. 그래서 잘못 뽑은 지도자들 탓에 피해를 보는 경우가 허다하다. 역사적 실례를 들자면 히틀러가 민주주의의 기본인 선거로 선출된 지도자인 것이 구체적 예가 된다.

그러기에 교회의 지도자든, 세속적인 지도자든 사이비를 분별하는 데에는 기준이 있다. 다음에 소개하는 2가지 요소가 영적인 사이비 지도자나 가짜 지도자들을 분별하는 기준이 된다. 안타깝게도 교인들은 이런 기준을 미처 모르기에 피해를 보게 된다. 그러기에 이런 부분에 대하여 평소에 교인들이 훈련이 되어져야 한다.

첫째는 지도자에 대하여 비판하지 못하게 하고 무조건 믿으라고 강요한다.

우리들의 영혼이 바른 지도자들을 만나 바른 신앙, 바른 삶으로 나아가는 것이 얼마나 소중한가? 그런데 사이비들은 무조건 믿으라고 강요한다. 지도자를 의심하는 것이 불신앙이요, 죄를 짓는 것이라고 그릇되게 이끌어 간다. 기독교는 오랜 세월 온갖 비판을 거치면서 성숙, 성장하여 온 고등 종교이다. 올바른 비판 정신이 없었더라면 기독교는 이미 저급 종교로 퇴화 되었을 것이다.

사람은 외모로 판단할 것이 아니라 공의로 판단해야 한다. 우리는 비판과 비난을 구별할 수 있어야 한다. 바른 비판 정신이 없이 비난을 일삼는 경우가 있다. 비판은 교회에 덕을 세우고 문명을 발전시킨다. 그러나 비난은 사탄의 도구가 되어 교회에 해를 끼친다. 그러기에 교회는 비판 정신은 높여 나가고 비난하는 습성은 고쳐 나가야 한다.

둘째는 은혜와 물질을 연결하여, 물질을 많이 바치면 은혜를 많이 받는다고 가르치는 경우는 사이비 신앙, 사이비 지도자이다.

크리스천들이 교회에, 하나님의 일에 헌금을 바치는 것은 은혜를 받기 위해서나, 복을 받기 위하여 드리는 것이 아니다. 받은 은혜에 감사함으로 드리는 것이다. 크리스천들이 받은 모든 물질이 하나님의 것이지만 그중에서 십일조 헌금이나 감사 헌금을 구별하여 드린다.

그럼에도 어느 교회나 어느 지도자들이 물질을 많이 바치면 은혜를 많이 받고, 더 많은 복을 누리게 된다고 가르치거나, 강조하게 되면 사이비 신앙이고 사이비 지도자 이다.

지금 한국교회의 일그러진 이미지의 가장 큰 원인이 헌금에 대한 지나친 강조이다. 어떤 교회는 교회당 건축을 위하여 교인들에게 헌금 드리기를 지나치게 강조 내지 강요한다. 마치 참깨에서 참기름 짜내듯이 강요함으로 사람들의 감정을 상하게 한다. 그리하여 교회의 품위를 떨어뜨리고 하나님의 영광을 가리게까지 된다.

"악한 자는 자신의 죄가 드러날까봐 빛을 미워하지만 진리를 따라 사는 사람은 곧장 빛이 있는 곳으로 나아간다."

사이비일수록 재물이 많다. 수단 방법을 가리지 아니하고 헌금을 온갖 방법으로 거둬들여 곳간을 채운다. 우리를 사랑하시는 하나님은 자신의 생명을 십자가에 바치실 만큼 사랑을 실천하셨다. 그 사랑과 그 은혜에 감사 감격하여 물질을 드리고 삶을 헌신한다. 입술로만 하는것이 아니라 마음으로 공경한다. 사이비 신앙이나 사이비 지도자들은 이런 바른 헌금에서 벗어나 물질과 은혜를 결부시켜 감언이설로 물질을 바치게 한다. 이런 지도자들이 교회에서 발붙이지 못하게 하여야 한다.

"마음에 욕심이 없는 사람, 마음이 따뜻한 사람, 정의로운 사람, 자비로운 사람, 마음이 깨끗한 사람, 평화를 전하는 사람은 행복하다."

– 미상 –

11. 인간은 인정 받고저 하는 욕구가 있다

"누구든지 사람 앞에서 나를 시인하면 나도 하늘에 계신 내 아버지 앞에서 그를 시인할 것이요 누구든지 사람 앞에서 나를 부인하면 나도 하늘에 계신 내 아버지 앞에서 그를 부인하리라"(마 10:32-33)

인간의 원초적인 욕구 중에서 인정받고자 하는 욕구(Need)가 있다

인정받는 문제에 관하여는 신앙생활에서도 마찬가지이다. 예수께서 살아생전에 제자들에게 이르시기를 누구든지 사람들 앞에서 나를 시인(인정)하면 자신도 하나님 앞에서 그를 인정할 것이요 사람들 앞에서 예수님을 시인(인정)하지 않으면 예수께서도 하나님 앞에서 그를 인정하지 않으시겠다 하셨다. 이 말씀에 따르면 신앙생활이 다름이 아니다. 예수를 인정하는 삶이다.

그렇다면 예수를 인정(시인)한다는 말의 의미는 무엇일까?

자신의 삶의 모든 부분에서 예수를 주인으로 인정한다는 말이다. 우리 신앙생활의 바탕에 예수를 자신의 주인으로 믿고 받아들이고 모든 행동의 기준으로 예수의 뜻을 좇아 살아가는 결단을 의미한다. 그렇게 결단하고 살아가는 사람이 진정한 크리스천이요 예수의 제자이다. 영어로 표현할 때는 〈Jesus Christ is my personal Lord〉이다, 일찍이 시몬 베드로가 예수께 그렇게 고백한 적이 있다.

"예수께서 이르시되 너희는 나를 누구라 하느냐? 시몬 베드로가 대답하여 이르되 주는 그리스도시요 살아계신 하나님의 아들이시니이다"(마 16:15-16)

신앙생활이란 무엇인가? 예수를 주인으로 모시고 주인으로 인정하고 주인 되신 예수의 뜻을 따라 사는 삶이 신앙생활이다. 책 한 권을 저술하여 세계적인 석학으로 인정받게 된 미국 학자가 있다. 일본인 3세로 프랜시스 후꾸야마란 역사학 교수이다. 역사의 종말과 최후의 인간이란 제목의 책이다. 이 책에서 쓰기를 인류의 문명은 2가지 욕구로 인하여 발전하여 왔다. 첫째는 경제적으로 보다 더 잘 살려는 욕구이요, 둘째는 인정받고자 하는 욕구이다.

어느 사람, 어느 가정, 어느 나라나 한결같이 지닌 욕구(Need)가 있으니 경제적으로 더 안정되고 더 발전하고져 하는 욕구이다. 이 욕구가 있기에 인류는 끊임없이 문명의 발전을 이루어 왔다. 누구든 어느 국가든 경제적으로 발전할 수 있는 기회가 막혀 버리게 되면 그때부터 정체되고 시들어 가게 된다.

더 중요한 욕구가 있다. 인정받고자 하는 욕구이다. 사람은 인정받을 때에 용기가 생기고 활력 있게 된다. 그리고 타고난 자질을 발휘할 수 있게 된다. 그러나 인정받지 못할 때는 영혼도 마음도 시들어 가게 된다. 프랜시스 후꾸야마 교수는 위에 적은 책에서 소련 공산당이 기세등등하던 시절에 얼마 지나지 않아 소련이 몰락하게 될 것이라 예측하였다.

후꾸야마 교수는 그런 예측을 할 수 있는 근거로 공산주의 사회는 인민대중을 인정하지 않는 체제이기 때문이라 지적하였다. 그의 그런 예측에 대하여 모두들 이해가지 않는다고들 하였다. 그렇게 힘 있는 체제가 어찌 몰락하겠느냐고들 하였다. 그러나 1990년에 소련은 해체되었다.

공산주의는 소수 특권층들만 인정을 받고 대중은 인정받지 못하는 체제이다. 후꾸야마 교수의 소견은 그런 체제는 당연히 망한다는 것이다. 현제 북한 체제는 망할 수밖에 없는 체제임을 피부로 느끼게 된다. 왜냐하면 국민 한 사람 한 사람이 인정받지 못하고 있음을 눈으로 확인할 수 있기 때문이다.

"우리는 누구나 남이 나를 좋아하기 바란다. 자신의 뛰어난 지식을 자랑하는 듯한 인상을 주는 태도는 결코 남의 호감을 얻지 못한다. 남이 나를 좋아하도록 하는 비결은 상대방의 기분을 유쾌하게 해주는 점에 있다"
― 로렌스 굴드 ―

12. 약보다도 효험이 있는 좋은 말

"마음에 즐거움은 양약이라도 심령의 근심은 뼈를 마르게 하느니라"(잠 17:22)

"강인하고 긍정적인 태도는 그 어떤 특효약보다 더 많은 기적을 만들어 낸다."
― 페트리샤 날 ―

오래전 시골마을에 큰 부자가 있었다. 그는 성격이 괴팍하기로 소문난 사람이었는데 한번은 병이 났는데도 의사를 부르려 하지 않았다. 며칠 후 걱정이 된 친구가 의사를 모셔와 진찰을 하도록 했다. "흥, 나는 저 의사가 지어준 약은 먹지 않을거야." 이렇게 고집을 부리며 부자는 "의사의 목소리가 너무 크다"고 투덜댔다. 다음 날 친구는 또 다른 의사를 데리고 왔다. 이 의사는 부드럽게 말하는 사람이었는데 부자는 오히려 "이 의사는 너무 약골이야"라고 불평하면서 의사를 돌려보냈다.

친구가 세 번째로 청해온 의사는 단정한 옷차림에 매우 지적인 사람이었다. 그렇지만 이번에도 부자는 "사례금이나 챙겨 가시오"라고 말하며 의사에게 직접 그가 맘에 안 드는 이유를 털어 놨다. "나는 당신의 충고를 듣고 싶지 않소. 환자를 대충 보는 것 같거든." 어느 날 다른 지방에서 젊은 의사 하나가 여기 휴가를 왔다는 소식을 듣고 친구들이 찾아갔다. "우리 친구를 꼭 좀 살려 주십시오. 가능하겠죠?" 친구들은 정중하게 부탁을 하면서 그간의 사정을 설명했다. "병이 깊은데도 친구는 성격이 아주 난폭하고 의사를 믿지 않습니다. 선생님은 점잖고 성격이 부드러우신것 같으니 친구가 충고를 들을것 같습니다."

젊은 의사는 가장 좋은 옷을 입고 부자를 보러 갔다. "영감님, 오늘은 기분이 좀 좋으십니까? 제가 보기에는 금방 쾌유하실 것 같습니다." 의사는 하인에게 얼음을 가져오게 한 뒤 부자의 이마에 놓아주었다. 기분이 좋아진 부자는 "제가 지어주는 약을 드실 의향이 있으십니까?"라고 의사가 묻자 아무 말 없이 고개를 끄덕였다. 의사는 약 속에 꿀을 좀 넣었다. 부자는 미소를 지으면서 천천히 약을 삼켰다. "약이 아주 달아요"라고 말한 부자는 잠시 후 편안하게 꿈속으로 들어갔다.

부자는 잠에서 깬 후 열이 내리고 몸이 많이 좋아졌음을 느꼈다. 다른 의사들이 젊은 의사에게 어떻게 괴팍한 부자의 병을 치료할 수 있었느냐고 묻자 젊은 의사는 이렇게 대답했다. "좋은 말은 약보다 효과가 더 큰 것 같습니다."

언어는 중요한 소통 도구이므로 말을 잘하면 편리함과 이익을 얻을 수 있다. 사람들은 상대가 작정하고 아부하는것이 아니라면 듣기 좋은 말은 잘 받아들인다. 듣기 좋은 말로 마음을 풀어주면 환자는 의사의 치료법을 훨씬 잘 받아들인다. 따뜻한 말 한마디가 쓴 약을 당의정으로 만드는 것이다.

"믿음이 없다면 사람은 아무것도 해낼수가 없다. 그것이 있다면 모든 것은 가능하다."　　　　　　　　　　　　　　- 윌리엄 오슬러 -

13. 치유하는 공동체

"그가 네 모든 죄악을 사하시며 네 모든 병을 고치시며 네 생명을 파멸에서 속량하시고 인자와 긍휼로 관을 씌우시며 좋은 것으로 네 소원을 만족하게 하사 네 청춘을 독수리같이 새롭게 하시는도다"(시 103:3-5)

21세기에 들어오면서 세계 교회가 공통으로 추구하는 주제가 셋이 있다. 세계 교회라 함은 로마 가톨릭, 동방정교회, 프로테스탄트 세 종단을 통칭하여 이른다. 영성, 치유, 공동체 세 단어이다. 이를 합하여 하나로 묶으면 치유하는 영성 공동체가 된다. 치유하는 영성 공동체는 인류 문명의 대안이기도 하다.

치유에 대하여 먼저 생각해 보자.

문명이 발전하고 의학이 발전하면서 질병 역시 발전한다. 예전에 없던 병들이 널리 퍼져 나가고 있다. 그래서 치유, Healing이 현대의 화두이다. 성경의 신앙이 위대한 것은 신구약 성경 전체가 치유의 교과서라 할 만큼 치유에 대한 원리와 사례를 담고 있기 때문이다.

"그가 찔림은 우리의 허물 때문이요 그가 상함은 우리의 죄악 때문이라 그가 징계를 받으므로 우리는 평화를 누리고 그가 채찍에 맞으므로 우리는 나음을 받았도다"(사 53:5) "모든 질병 중 하나도 너희에게 내리지 아니하리니 나는 너희를 치료하는 여호와임이라"(출 15:26)

"내가 기뻐하는 금식은 흉악의 결박을 풀어주며 멍에의 줄을 끌러주며 압제당하는 자를 자유케 하며 모든 멍에를 꺽는것이 아니겠느냐"(사 58:6)

금식은 몸과 마음을 치유하는 힘을 지니고 있다. 하나님께 겸손히 무릎꿇고 자기의 죄를 회개하고 오직 주님만 믿고 의지할 때 마음의 병과 몸의 병을 앓고 있는 숱한 사람들이 금식 프로그램에 참여하면서 회복되고 치유되었다.

"하나님은 영혼을 구원하시기 위해 어떤 때는 육신에 병을 주신다."
― 프랜시스 ―

영성에 대하여 생각해 보자

21세기는 과학과 지성이 최고로 발전한 시대이다. 과학이 발전하고 지성이 발전할수록 더욱 요청되는 것이 영성이다. 인간은 영성이 채워질 때에 최고의 행복을 누리게 된다. 영성이 채워지지 않은 사람은 길을 잃은 양과 같다. 인간은 영성이 채워질 때에 마음의 평화를 누리게 되고 행복감을 누리게 된다.

21세기 들어 세계 교회가 함께 추구하는 3가지 주제인 영성과 치유와 공동체에 대하여 생각해 보자. 21세기에 꼭 필요한 시대의 요청이 치유하는 영성 공동체이다.

과학이 발전하고 지성이 발전할수록 더 중요하여지는 것이 영성이다. 한국 사회 역시 가장 필요로 하는 것이 건전한 영성의 회복이다. 그리고 공동체 정신이다. 개인주의가 발전하고 디지털 기기가 널리 보급되면서 공동체 정신이 무너지고 있다. 공동체 정신이 실종되면서 정신적 정서적 질병이 만연하여졌다. 그래서 치유하는 영성 공동체가 요청되어진다.

이러한 시대적 요청에 대한 답은 무엇인가? 바로 성경적 신앙이다. 성경에 대한 바른 이해와 바른 영성의 회복이 해답이다.

"인간에게 있어 병든 육체를 치료하는 것도 중요하지만 더욱 중요한 것은 영혼을 치료한 것이다."   - 에픽테투스 -

땅과 사람을 살리는 운동으로서의 공동체 운동이다. 그간에 쌓은 경험에 의하면 공동체가 건강한 공동체가 되려면 먼저 필요한 것이 영성의 회복이다. 영성 중에도 치유하는 영성이다. 공동체가 성공하려면 3가지가 필요하다. 바른 영성과 치유하는 능력과 함께 바라보고 나갈 비전이다.

여호와 라파 하나님!

저의 아픈 몸을 질병으로부터 구원해 주소서. 질병과 고통 가운데 힘들어 하고 있지만 이 고통을 잘 이기게 하시고 아무리 어려운 상황이 닥쳐도 주님을 원망하거나 입술로 죄를 범하지 않도록 도와주소서. 주님이 저의 아픈 상황을 잘 알고 계심을 믿습니다. 치료의 손길로 함께하셔서 하나님의 때에 저의 병을 고쳐 주소서. 하나님의 말씀 한마디면 죽은 자도 살아나는 기적이 일어남을 믿습니다. 하나님이 원하시면 고치지 못할 질병이 없습니다. 이 확신과 믿음으로 소망 가운데 질병과 고통을 이기게 하시고 이 고통의 시간이 믿음을 연단하는 아름다운 성숙의 과정이 되게 하옵소서. 질병의 고통을 통해 아픈 자를 이해하는 기회가 되게 하시며 더욱더 겸손하게 하나님 앞에 서는 축복을 허락해 주소서. 예수님의 이름으로 기도드립니다. 아멘.

14. 실존적 교재(Existential Communion)

"우리가 보고 들은 바를 너희에게도 전함은 너희로 우리와 사귐이 있게 하려 함이니 우리의 사귐은 아버지와 그의 아들 예수 그리스도와 더불어 누림이라 우리가 이것을 씀은 우리의 기쁨이 충만하게 하려 함이라"(요일 1:3-4)

2차 세계대전 이후에 등장한 새로운 철학이 있다. 실존주의(實存主義, Existentialism)이다. 실존주의가 등장한 배경은 2차 대전의 참혹한 현장을 거치면서 "과연 인간이란 어떤 존재인가?"에 대한 질문이 깊어지면서 일어난 철학이다.

"아무도 죽기를 원하지 않는다. 그래도 죽음은 우리 모두의 숙명이다. 아무도 피할 수 없다. 왜냐하면 삶이 만든 최고의 발명품이 죽음이기 때문이다."　　　　　　　　　　　　　－ 스티브 잡스 －

실존주의는 독일, 프랑스, 덴마크를 중심으로 2차 대전의 전쟁의 참화가 극심하였던 지역을 중심으로 일어난 철학이다. 독일의 실존주의 철학자 중에 Karl Jaspers가 있다. 칼 야스퍼스가 사용한 실존철학의 용어 중에 실존적 교제(實存的交際)란 용어가 있다. 실존적 교제란 일체의 이해관계를 벗어나 순수한 상태에서의 혼(魂)과 혼(魂)의 만남을 뜻한다.

이 용어가 오늘에 와서 관심을 끌게 된 것은 세월이 갈수록 사람들의 만남이 순수성을 잃고, 이해관계를 앞세운 만남이 날로 심하여진 탓이다. 사람이 사람을 만남에 이해관계가 얽혀 서로를 이용하려 하고, 서로가 상대의 진심을 믿지 못하게 되고, 서로가 계산에 의하여 만남이 이루어지기에 피곤하여진다.

"싫어하는 사람을 상대하는 것도 하나의 지혜이다."

– 그라시안 –

이런 시대의 흐름에서 인간의 영혼은 잡다한 이해관계를 벗어난 순수한 만남을 그리워하게 된다. 그러한 순수한 혼과 혼의 만남에서 인간은 인간다움을 찾게 되고 인간존재의 참된 가치를 인식하게 된다.

교회가 좋은 것은 그런 점에서다. 교회에서의 만남은 다른 이해관계가 없다. 그냥 영혼의 자유로움과 고귀함만으로 서로를 받아들일 수 있게 된다. 그런 만남을 성경의 용어로는 코이노니아(Koinonia)라 일컫는다.

"세상에서 살아 가려면 많은 사람과 사귈 줄 알아야 한다."

- 루소 -

코이노니아는 예수 그리스도를 중심에 모신 인간 영혼의 순수한 만남이다. 이런 만남을 통하여 인간은 서로를 인정하게 되고 서로를 높여 주게 된다. 그래서 자유로움을 누릴 수 있게 된다. 그렇게 자유로움을 얻게 되면 영혼 깊이 스며드는 기쁨을 누릴 수 있게 된다.

"기쁨을 주는 사람만이 더 많은 기쁨을 즐길 수 있다."

- 알랙산더 듀마 -

15. 마릴린 먼로와 에반스 콜린의 삶

"십자가의 도가 멸망하는 자들에게는 미련한 것이요 구원을 받는 우리에게는 하나님의 능력이라"(고전 1:18)

1960년대 미국에서 쌍벽을 이루던 헐리우드의 두 여배우가 있었다. 한 사람은 유명한 마릴린 먼로이고 또 한사람은 에반스 콜린이었다. 둘다 얼굴과 몸매의 아름다움을 과시하는 육체파 여배우였다.

마릴린 먼로의 매혹적인 미의 괴력은 그녀가 엉덩이 춤을 한번 추면 당시 젊은이들의 가슴이 미치고 환장할 정도였다고 한다. 그녀가 존 F. 케네디 대통령의 생일 파티에 초대받아 대통령 앞에서 요염한 모습으로 "Happy Birthday to You"를 불렀는데 그 모습을 본 케네디 대통령은 너무나 만족하고 행복해서 이렇게 말했다고 한다.

"이제 내가 대통령을 그만두어도 여한이 없다." 얼마나 아름다웠으면 미국의 대통령을 그만두어도 좋다고 했겠는가? 그녀는 세상 사람들의 박수와 갈채와 인기를 한몸에 누렸고 돈방석에 앉아 영화를 한몸에 누렸다. 그리고 그녀는 케네디 대통령과 그의 동생 로버트 케네디와 불륜관계를 가졌으며, 수많은 남자와 불륜을 저질렀다고 한다. 그러다가 결국 내면에서 밀려오는 허무와 갈증과 공허함과 고독을 이기지 못하고 끝내 수면제를 먹고 자살하고 말았다.

그런데 이에 못지않게 인기와 명예를 누리던 여배우가 있었다. 그녀는 마릴린 먼로의 라이벌인 에반스 콜린이었다. 마릴린 먼로와 동시대에 산 최고의 미녀였다. 그러나 에반스 콜린은 어느 날 갑자기 배우직을 청산하고 화려한 할리우드의 은막을 떠나기로 했다. 그리고 예수 그리스도를 영접했다. 그녀는 은퇴 기자회견에서 이런 말을 했다.

"여러분! 저는 지금 깊은 사랑에 빠져 있습니다. 저는 그 깊은 사랑에서 헤어날 줄 모르고 있습니다. 그래서 할리우드를 떠납니다." 청중들은 환호성을 치며, 누구냐, 그 행운의 남자는? 왜 그를 선택하였느냐고 외쳤다. 기자들이 물었다. "도대체 누구와 그런 깊은 사랑에 빠졌다는 말입니까? 그 남자가 누구입니까?"

"내가 그를 선택한 것이 아니라 그가 나를 선택한 것입니다. 그분은 예수 그리스도입니다. 그는 날 위해 십자가에서 죽으신 예수님입니다. 이제 나를 선택하신 그분을 위해 지금 선교사 학교에 다니고 있습니다." 이후에 에반스 콜린은 선교사 학교를 졸업하고 선교사와 결혼하였으며 아프리카 선교사로 떠나 선교지에서 일생을 마쳤다. 7년간 아프리카 선교를 하고 안식년차 잠시 미국에 왔던 에반스 콜린에게 빌리 그레이엄 목사가 물었다.

"자매님! 할리우드의 영광과 명예를 버리고 선교사로 떠난 것이 후회되지는 않습니까? 정말 행복합니까?" 에반스 콜린은 미소를 지으며 이렇게 대답했다. "후회는 무슨 후회입니까? 이 선교사의 자리는 영국 여왕의 자리와도 바꿀 수 없는 자리입니다. 미국 대통령의 자리도 이 자리와는 절대로 바꿀 수 없습니다." 얼마나 아름답습니까? 얼마나 아름다운 삶입니까? 그렇습니다. 복음은 참으로 아름답습니다. 믿음은 참으로 위대합니다. 그래서 한 사람을 이렇게 바꾸어 놓았으며 위대한 삶을 살도록 변화시켜 놓은 것입니다.

"내가 그리스도와 함께 십자가에 못 박혔나니 그런즉 이제는 내가 사는 것이 아니요 오직 내 안에 그리스도께서 사시는 것이라 이제 내가 육체 가운데 사는 것은 나를 사랑하사 나를 위하여 자기 자신을 버리신 하나님의 아들을 믿는 믿음 안에서 사는 것이라"(갈 2:20)

이제 내가 살아도 주 위해 살고, 이제 내가 죽어도 주 위해 죽으리라.

"하나님의 영광이 밝히 드러난 곳에서 우리는 그 영광을 밝히 볼 것이고 하나님의 기쁨이 충만한 곳에서 우리는 영원토록 그 기쁨을 누릴 것이다."
― 에젤스 홉킨스 ―

16. Raymond Moody 의 사후생

"예수께서 이르시되 나는 부활이요 생명이니 나를 믿는 자는 죽어도 살겠고 무릇 살아서 나를 믿는 자는 영원히 죽지 아니하리니 이것을 네가 믿느냐"(요 11:25-26)

Raymond Moody 박사는 정신과 의사였다. 그는 미국의 한 대학에서 철학과 교수로 재직하다가 뜻한 바 있어 의과대학에 다시 입학하여 의사가 되었다. 그가 의사가 되어 종합병원에 근무하던 중 한 가지 기이한 일을 보게 되었다. 가끔 몇 년에 한 번씩 의학적으로 사망진단을 받았다가 며칠 만에 다시 깨어나는 사람들이 있었던 것이다.

그런데 그들이 죽어 있던 동안 체험담이 비슷한 것에 관심을 기울이게 되었다. 지난날 철학과 교수였던지라 보는 관점이 남들과는 다른 점이 있었기에 그는 그 점을 이상히 여기고 연구해 보기로 작정하였다. 그는 연구논문을 위해 국내외 유명 종합병원에 의학적으로 완전히 사망 진단을 받았다가 깨어난 사례를 요청하였다.

이에 호응하여 연락을 주는 경우들이 있어 150건을 모았다. 그는 병원을 휴직하고 150건의 사례를 하나하나 찾아다니며 녹음하고, 그렇게 녹음한 자료들을 분석 정리하여 책으로 출간하였다. 이 책의 제목이 'Life After Life'이다. 1950년대에 출간된 이 책이 선풍적인 반응을 일으켜 전 세계에서 널리 읽혀졌다. 요즘 말로 대박을 터뜨린 것이다.

그리고 사후의 세계에 대해 큰 파문을 일으켰다. 그 내용이 워낙 생생하고 현실적인 이야기를 담고 있을 뿐 아니라, 현직 정신과 의사가 심혈을 기울여 한 명 한 명을 찾아다니며 인터뷰한 내용을 학문적으로 분석한 결과였던지라 그런 파문을 일으키게 된 것이다. 이 책의 영향으로 미국에서는 의료계에 종사하는 사람들이 '사후생명 연구회'를 조직하여 활동하기까지 하였다.

사례 하나를 들어 보자. 알콜중독자 한 사람이 술을 마신 채로 운전하다가 상대방 차선으로 들어가 오던 차와 충돌하게 되었다. 충돌한 순간까지는 기억하는데 그 후 자신이 운전대에 피 흘리며 쓰러져 있는 모습을 스스로 보게 되었다.

앰뷸런스 소리가 나고 교통순경이 다가오고 자신이 병원으로 실려가는 모습을 자신이 볼 수 있었다. 얼마 후 어두운 터널 같은 곳을 지나자 밝은 빛이 다가오는 곳으로 나가게 되었다. 그때 사람들의 반응이 두 가지였다. 첫 번째는 그 빛을 본 순간 평생의 부끄러운 경험이 영화 필름처럼 지나가고 빛 되신 분을 뵙기에는 너무나 당혹스러워 멀리 도망을 치는 경우였다.

두 번째는 빛 되신 분을 만나자 너무나 반가워 빨리 뵈어야지 하는 마음으로 다가가는 경우였다. 그리고 빛 되신 분을 만난 자리에서 평화로움에 감싸여 받은 질문이 두 가지였다.

첫째는 그대가 땅에 사는 동안 사람을 얼마나 사랑하였느냐는 질문이었고, 둘째는 그대가 땅에 사는 동안에 사명을 얼마나 감당하였느냐는 질문이었다. 그들이 깨어난 후 공통적으로 3가지의 행동 변화가 생겼다.

첫째는 술이나 마약이나 도박 중독자들이 스스로 중독을 끊게 되었다.

둘째는 누구의 권함도 없이 교회나 성당으로 찾아가 신앙을 가지게 되었다.

셋째는 가난한 사람인 경우에도 기회만 되면 어려운 이웃을 찾아 돕게 되었다.

죽음 이후의 세계는 단순한 상상의 세계가 아니다. 구체적으로 임하는 현실이다. 그래서 모든 사람은 죽음을 맞을 준비가 되어 있어야 한다.

"우리가 직면한 가장 중요한 문제는 죽음 뒤에 우리의 삶이 어떻게 되는가 하는 것이다. 죽음 뒤에 영원한 삶이 있다고 믿으라. 그래야 참된 삶을 살 것이다. 그러므로 우리들은 우리의 인생은 영원하다는 것을 발견하여 영원한 것에 전력을 다하여야 한다. 그러나 많은 사람들은 이와 반대로 행동한다."
— 파스칼 —

"천국은 눈이 부시도록 아름다운 빛의 세계요 사랑의 나라이며 기쁨과 평화가 강같이 흐르는 곳이며 하나님의 영광이 가득한 영광의 나라, 거룩한 나라이다. 여러분이 이 땅에서 느끼는 행복에 백만배를 더한다고 할지라도 천국과 비교할 수 없다"
— 천국을 보고 온 밥 존스 목사 —

"지옥은 극심한 고통 가운데서도 나를 더 공포로 몰고 간 것이 있었다. 그것은 수없이 많은 사람들의 비명소리였다. 그 소리가 어찌나 찢어질 듯 크고 날카로운지 고막이 터져버릴 정도였다. 공포에 질린 수많은 사람들의 비명소리가 나를 더 두렵게 했다. 내가 지금 있는 곳은 지옥이 분명했다. 신음소리, 비명소리, 더러운 공기가 꽉 찼다."
- 빌 와이즈(지옥에서의 23분 중에서) -

"낙원에 이르는 자는 하나님의 뜻을 행한 자들이나 지옥에 가는 사람은 자기의 뜻을 행한자들이다."   - 하워드 -

예수 그리스도를 믿음으로 영생을 얻는 복된 삶 되길 바란다.

17. 이븐 알랙산더 교수의 Proof of Heaven

"우리가 즐거워하고 크게 기뻐하여 그에게 영광을 돌리세 어린 양의 혼인 기약이 이르렀고 그 아내가 예비하였으니 … 천사가 내게 말하기를 기록하라 어린 양의 혼인 잔치에 청함을 입은 자들이 복이 있도다"(계 19:7-9)

주님이 말씀하시길, "너는 가서 사람들에게 전하거라 … 거룩함이 없이는 그 아무도 내 나라(천국)에 들어올 수 없다고"

– 쿠인 이 딕슨 –

Eben Alexander 교수는 현재 하버드대 의과대학 교수이다. 그는 뇌 과학으로는 세계적인 학자이다. 그가 불치병에 걸렸다. 의학계에서 그는 중요한 존재였으므로 그를 살리기 위해 최선을 다하였지만 죽고 말았다. 그런데 죽은지 7일 만에 그가 살아나는 기적이 일어났다. 그는 다시 살아난 후 모두를 놀라게 하였다. 죽어 있던 7일 동안의 체험담이 특이하였기 때문이다.

일정 기간 죽었다가 살아난 사람들의 체험담을 임사체험(臨死體驗)이라 한다. 레몬드 무디 박사가 150명의 임사체험을 분석하여 쓴 'Life after Life'라는 책으로 출간되었는데, 이븐 알렉산더 교수의 임사체험기는 'Proof of Heaven'이라는 제목의 책으로 출간되었다. 출간된 후 온라인 서점 Amazon에서 장기간 베스트셀러가 될 정도로 유명하고 충격적인 책이 되었다.

  그가 죽음을 경험하기 전에는 세계적인 뇌 과학자답게 천국과 지옥을 단순히 뇌가 만든 상징이라 해석하였다. 그랬던 그가 죽어 있을 동안 너무나 생생한 천국체험을 하게 되었다. 지구에서 살았던 그의 삶이 아득한 과거로 기억되고, 천국에서의 생활이 너무나 생생하고 (Lively)하고 현실적(Real)인 경험으로 다가왔다.

  천국은 눈이 부시도록 아름다운 빛의 세계요 사랑의 나라이며 기쁨과 평화가 강같이 흐르는 곳이며 하나님의 영광이 가득한 영광의 나라, 거룩한 나라이다.

  그는 깨어난 후, 죽음 이후의 삶에 대하여 생각을 완전히 바꾸고 천국과 지옥에 대한 관점 역시 완전히 바꾸었다. 사후의 세계가 실재하는 세계이며 천국과 지옥은 상징이 아닌 현실적으로 존재하는 세계라 믿게 되었고 그렇게 증언하였다. 그의 관점의 변화는 의학계에 큰 충격을 주었다.

  그는 현재도 하버드대 의과대학 교수로 재직하고 있다. 그러면서 죽음 이후의 세계에 대하여 자신이 확신하는 바를 당당히 증언하고 있다. 우리나라에서는 '나는 천국을 보았다'라는 제목으로 번역 출간되었다. 모두가 한 번은 반드시 읽어야 할 책으로 강추하는 바이다.

  "천국은 오직 경험한 자만 알 수 있는 더할 나위 없는 행복한 황홀함으로 가득했다. 그 어떤 인간의 눈도 그렇게 완벽하고 아름다운 것을 보지 못했다. 그 어떤 귀도 그런 음악을 듣지 못했다. 그 어떤 인간의 마음도 그런 황홀함을 경험하지 못했다. 천국을 보고, 듣고, 느끼는 것은 나의 특권이었다"   – 구세군의 창시자 윌리엄 부스 –

"천국은 말문이 막히고 입이 떡 벌어질 정도로 빛났고 아름다웠다. 천국의 곳곳에서 드러나는 주님의 아름다우심과 높고 위대하심은 말로 표현할 수 없는 그야말로 경이로움! 그 자체였다."

- 천국을 보고 온 향유 -

"저편 천국은 영원한 태양이 찬란한 빛을 비추는 곳이요, 하나님의 높은 보좌에 흘러 나오는 사랑의 생명수를 영혼이 마시는 곳으로 영광과 행복이 충만한 곳이다."

- 존 바우리 -

"지옥의 광경은 너무도 무서운 곳이어서 말로서는 이루 표현할 길이 없었다. 도망칠 방법도 없으며 하나님의 은혜가 없이는 벗어날 구멍이 없는 감옥과 같은 곳이었다. 이 거대한 지옥 불못은 잃은 영혼들의 오열과 통곡소리로 메아리치고 메아리쳤다. 그녀는 몸을 뒤흔들면서 더 큰소리로 울부짖었고, 그녀의 울부짖음은 끝이 없었다.

그녀의 온 몸에 벌레들이 있었고, 그녀의 팔에는 하나의 뱀이 휘감고 있었다. 가장 소름끼치는 것은 지옥불 속에서 몸부림치는 사람들의 얼굴들을 알아볼 수 있는 것이었다. 아직도 그때의 비명 소리가 들리는 것 같다."

- 로널드 레이건 -

"주위의 온도가 너무 뜨겁고 사방팔방에서 셀 수 없이 많은 사람들이 엄청난 비명을 지르는 소리를 듣게 되었다. 도저히 견딜 수 없는 악취가 나고 주위에 있던 사람들이 겪는 고통을 그들의 비명 소리로부터 느낄 수 있었다."

- 교통사고로 죽었다가 다시 살아난 세라의 지옥체험 -

Part 5.
기도란 무엇인가?

1. 기도란 무엇인가?
2. 기도의 정의
3. 기도의 자세와 정신
4. 기도는 영혼의 호흡이다
5. 기도는 하나님과의 대화이다
6. 기도의 법칙
7. 기도는 명령이다
8. 기도의 기적들
9. 기도의 금 향료
10. 기도하는 자가 성공한다
11. 기도가 생활화되어야 한다
12. 부모는 자녀들에게 축복기도 하라
13. 금식기도의 위력
14. 가족을 위한 기도
15. 나라와 민족을 위한 기도
16. 하나님이 들어 주시지 못하는 기도
17. 귀천(歸天)의 기도(祈禱)

1. 기도란 무엇인가?

"아무것도 염려하지 말고 오직 모든 일에 기도와 간구로, 너희 구할 것을 감사함으로 하나님께 아뢰라 그리하면 모든 지각에서 뛰어난 하나님의 평강이 그리스도 예수 안에서 너희 마음과 생각을 지키시리라"(빌 4:6-7)

"기도는 나의 창조주요, 구세주요, 우주의 지배자라고 믿는 인격자이신 하나님과의 영적 대화이며 영적 교통이다."

종교를 라틴어로 '렐레가레'(relegare)라고 하는데 이 단어에는 '조심스럽게 경의를 표한다, 다시 연결한다'의 뜻이 있다. 인간은 하나님의 형상으로 지음 받았지만 범죄와 타락으로 인하여 하나님으로부터 분리된 상태가 되고 말았다. 이 분리된 상태가 곧 인간의 슬픔, 고통, 불안, 허무, 타락, 멸망의 원인이 된다.

예수의 비유 가운데 잃은 양의 비유, 잃은 드라크마의 비유, 잃은 아들의 비유는 하나님과 인간의 단절된 상태를 단적으로 표현하고 있다. 그러나 잃은 양인 우리 죄인들이 목자이신 그리스도의 음성을 듣고 그분의 희생과 헌신적 사랑으로 하나가 될 때 종교는 창조주 하나님과 피조물인 인간이 다시 연합하는 구원의 역사를 이룬다.

종교를 크게 나누면 유신종교(有神宗敎)와 무신종교(無神宗敎)가 있다. 유신종교는 신(神)을 절대자로 믿고 무엇이든지 신의 뜻과 섭리에 따라 순종하고 응답함으로 행복한 삶을 누린다는 신앙이다. 기독교, 유대교, 이슬람교가 여기에 속한다.

그러나 절대적 신(神)이 아니고 자신의 어떠한 탁월성을 개발하기 위해서 자아를 깨닫고 우주의 도(道)를 발견해서 자신의 삶을 보람 있게 살 수 있다고 주장하고 있는 종교가 있는데 불교, 유교, 천도교등이 그것이다.

그리고 수목이나 동물을 신앙의 대상으로 삼고 섬기는 토테미즘(Totemism)이 있고, 모든 사물 속에 신이나 영혼이 있다고 믿는 애니미즘(Animism)이 있다. 그리고 질병과 재앙을 면케 한다고 무당을 믿는 샤머니즘(무속신앙)이 있고 작은 주물을 몸에 지니고 다니면 신통력이 생긴다는 페티시즘(Fetishism:주물신앙)이 있다.

기도가 필요한 종교는 기독교, 유대교, 이스람교뿐이다. 불교나 유교는 신(神)이 없는 종교이므로 다만 명상과 오득(깨달음)만이 필요할 뿐이다. 기도란 인격적 신과 인격을 지닌 인간과의 대화이며 관계성이기 때문이다. 기독교에는 세 가지 보배가 있다. 첫째는 사도신경이요, 둘째는 십계명이며, 셋째는 주기도문이다. 사도신경은 무엇을 믿을 것인가에 대한 신앙고백의 내용이며, 십계명은 무엇을 행할 것인가 하는 윤리의 문제이다. 그리고 주기도문은 사도신경과 십계명을 합한 것과 같아서 무엇을 믿고, 무엇을 행할 것인가를 합한 내용이다.

주기도문은 예수께서 친히 가르쳐 주신 기도문이다. 주기도문에는 세 가지 특징이 있다.

첫 번째 특징은 기도가 간결하다는 점이다.

예수께서 이르시기를 "너희가 말을 많이 하여야 들으실 줄로 알지마는 그렇지 않다"고 이르셨다. 예수께서 가르쳐 주신 기도는 간결하다.

두 번째 특징은 쉽다는 점이다.
"도(道)는 깊을수록 쉽다"는 말이 있다. 목사가 설교를 어렵게 하거나 교수가 강의를 어렵게 하는 것은 자신도 잘 모르는 말을 하기 때문이다. 명설교, 명강의 치고 어려운 설교나 강의는 없다.

세 번째 특징은 본질을 제시한다는 점이다.
우리의 기도는 비본질적인 것, 잡다한 것을 늘어놓는다. 무릇 종교는 진리의 세계, 본질의 세계이다. 신앙생활이 본질을 추구하여 들어가지 못하게 되면 지루하여진다. 본질이 제시되어져야 갈수록 신앙이 깊어지고 성숙되고 안목이 넓어진다.

"기도의 본질은 우리가 원하는 것을 하나님으로부터 얻어내는 것이 아니라 하나님에 의해 우리가 변화되어 하나님께서 우리에게 원하시는 것을 우리도 원하게 되는 것이다."   - Mitton -

진정한 영적생활은 기도의 생활, 성령께 감동받는 생활이다. 성령께 감동받는 과정은 사람의 성정(性情)이 변하는 과정이다. 성령 감동이 없는 생활은 영적 생활이 아니라 종교의식이다. 늘 성령의 감동과 깨우침과 비추임이 있는 사람만이 영적생활에 진입한 사람이다.

"기도는 간구가 아니라 하나님과의 사귐이다."   - 조인선 -

2. 기도의 정의

"하나님이 모든것을 지으시되 때를 따라 아름답게 하셨고 또 사람들에게는 영원을 사모하는 마음을 주셨느니라 그러나 하나님이 하시는 일의 시종을 사람으로 측량할 수 없게 하셨도다"(전 3:11)

기도의 정의를 신학적으로 간단하게 정의한다면 "기도는 영혼의 신실한 요구이며 사람의 본성이 하나님을 찾아가는 것이라"고 할 수 있는 것이다. 기도는 하나님과의 대화요, 영혼의 호흡이며, 하나님의 능력을 우리 자신에게로 끌어들이는 통로이다.

"소망 중에 즐거워하며 환난 중에 참으며 기도에 항상 힘쓰며"(롬 12:12)

기도는 하나님이 자신의 자녀들과 관계를 유지하는 대화의 방법으로 하나님의 자녀들만이 가지는 최대의 특권인데, 우리는 성서를 통해 하나님의 말씀을 듣게 된다. 그 말씀에 우리의 영혼이 신앙하고 희망하며 경배와 찬양과 감사를 드리며 탄원과 간청으로 응답하는 대화가 바로 우리의 기도인 것이다.

1) 기도는 하나님과의 영적 교제라고 정의할 수 있다.
기도란 일반적으로 생각하는 것처럼 탄원이나 자기 이익에 대해 요청하는 수단이 아니고 한 차원 높여서 하나님과의 영적 교제의 매개체인 것이다.

테일러는 말하기를 "기도는 하나님께로 상승하는 마음"이라고 하였다. 예를 든다면 죄인과 변호인과 대화로서 교제가 이루어져 마음이 통하는 것과 같은 것이다.

"사람이 그 친구와 이야기함같이 여호와께서는 모세와 대면하여 말씀하셨다"(출 33:11)

기도를 통해서 신과 인간이 더욱 깊은 영적 교제를 가지게 되는 것이다.

"네가 부를 때에 나 여호와가 응답하겠고 네가 부르짖을 때에 말하기를 내가 여기 있다 하리라"(사 58:9)

2) 기도는 하나님과의 만남의 방편이라고 정의 할 수 있다.

"거기서 내가 너와 만나고 네게 명할 모든 일을 네게 이르리라"(출 25:22)하였다. 하나님은 언제나 기도하는 장소에 계시기 때문에 언제든지 그 곳에서 만나볼 수가 있다.

그러므로 성도들이 교회에서 기도드리는 것은 하나님과 만남의 방편이 되는 것이다. 토마스 아 켐피스는 말하기를 "기도는 하나님과 친교를 맺는 위대한 예술"이라 하였다. 주님께서 말씀하시기를 "내 아버지 집은 만민이 기도하는 집이라"(마 21:13) 고 하셨다. 그래서 기도하는 시간이 가장 즐거운 시간이라고 하는 것은 예를 들면 전화로서 사랑하는 상대와 통화하는 것과 같은 것이기 때문이다.

기도는 하나님을 의식하는 것이다. 그분을 바라보는 것이다. 그분을 향하여 사랑의 노래를 부르는 것이다. 기도는 하나님께 집중하는 것이다. 우리가 기도하고 있다는 것은 곧 하나님을 사랑하고 있음을 의미한다.

우리가 어떻게 하나님을 사랑할 수 있는가 그분과 함께 호흡하고 그분과 함께 생각하고 그분과 함께 말하고 그분과 함께 행동하는 것이다. 기도는 지금 나에게 말씀하시는 하나님께 귀를 기울이고 그분의 음성을 듣고 그 말씀에 순종하는 것이다. 기도는 하나님과 함께하는 삶이다.

기도에 대한 진정한 의미는 자신의 뜻을 포기하고 하나님의 뜻을 따르기로 했다는 선언이다. 자신의 뜻을 관철시키기보다는 하나님 앞에 항복하고 그 분의 뜻과 주권 안에 머무는 것으로 행복해 하는 것. 그것이 바로 기도의 진정한 목적이며 깊은 의미이다. 기도는 하나님을 변화시키는 것이 아니라 기도하는 나 자신을 변화시키는 것이다. 24시간 주님으로 살지 않는다면 나는 아직도 기도가 부족한 사람이다.

"사람이 자기의 의견과 소원을 초월하여 자기의 마음을 향상시키고 자기의 주의를 하나님께 집중시키는 것이 기도의 제일 중요한 일이다."   － 티틀(Ernest Fremont Tittle) －

저의 기도를 들으시는 주님!

그동안 저의 기도에 응답해 주심을 감사드립니다. 그런데 주님 지금은 기도하기가 너무 힘듭니다. 저에게 기도의 영을 허락하셔서 하나님과 교제하는 일이 즐겁게 하옵소서. 세상의 문제 때문에 힘들고 하나님을 향한 믿음이 부족해서 생긴 것인 줄 아오니 이럴수록 하나님을 더욱 의지하고 하나님의 음성에 귀 기울이게 하옵소서.

제 안에 있는 죄악을 돌아보게 하시며 혹시 제 안에 교만함이 있는지 살펴보게 하옵소서. 저의 부족함을 바라봄으로써 하나님을 더욱 갈망하게 하옵시며. 회개하는 영을 허락하시고 하나님께로 돌아서며 그 안에서 즐거워하는 은혜를 주옵소서.

제가 기도하지 못할 때 제 안에 계신 성령님께서 저를 위해 기도하고 계심을 믿게 하시고 그분을 바라봄으로써 기도의 즐거움을 찾게 하옵소서. 생명의 말씀을 주셔서 그 말씀으로 다시 기도를 시작하며 그 말씀으로 기도가 살아나게 하옵소서

예수님의 이름으로 기도드립니다. 아멘.

3. 기도의 자세와 정신

"이름을 주신 아버지 앞에 무릎을 꿇고 비노니 그의 영광의 풍성함을 따라 그의 성령으로 말미암아 너희 속사람을 능력으로 강건하게 하시오며"(엡 3:15-16)

기도의 자세는 무릎을 꿇고 겸허하고 진지한 자세로 해야 한다. 무릎을 꿇는다는 것은 경건과 신실성을 표시한다. 또한 마음을 토하는 진실한 기도이어야 한다. 시편 기자는 "백성들아 시시(時時)로 그를 의지하고 그의 앞에 마음을 토하라 하나님은 우리의 피난처시로다"(시 62:8)라고 했다.

"자신에게는 엄격하고 남에게는 관대한 자세를 가져라."
— 공자 —

기도는 은밀한 중에 하여야 한다. 사람을 의식하거나 중언부언하지 아니하고 오직 하나님만 바라보며 전심으로 간구하라는 뜻이다. "너는 기도할 때에 네 골방에 들어가 문을 닫고 은밀한 중에 계신 네 아버지께 기도하라 은밀한 중에 보시는 네 아버지께서 갚으시리라"(마 6:6)고 예수께서 말씀하셨다.

기도는 믿고 구해야 한다. 예수께서 "너희가 기도할 때에 무엇이든지 믿고 구하는 것은 다 받으리라"(마 21:22)고 하셨다. 40일 동안 비가 오지 않았을 때 엘리야는 갈멜산에서 바알의 선지자 450인과 대결하여 승리한 후에 하나님의 은혜로 비가 내릴 것을 확신하고 아합왕에게 "올라가서 먹고 마시소서 큰 비 소리가 있나이다"(왕상 18:41)라고 말하였다. 기도는 의심치 말아야 한다. 의심은 마귀의 생각이다. 기도는 필요한 것을 구하여야 한다.

"너희가 얻지 못함은 구하지 아니하기 때문이요 구하여도 받지 못함은 정욕으로 쓰려고 잘못 구하기 때문이라"(약 4:2-3)

필요한 것은 나에게뿐만 아니라 타인에게도 필요한 것이며 하나님께도 필요한 것이다. 오직 나에게만이라는 생각은 욕심과 정욕일 수 있다.

기도는 간절한 마음으로 드려야 한다. "구하는 이마다 받을 것이요 찾는이는 찾아낼 것이요 두드리는 이에게는 열릴 것이니라"(눅 11:10)고 하신 말씀처럼 간청할 때 그 소용대로 주신다. 기도에 희생이 따를 때 기적의 역사가 일어난다. 그런 기도는 하나님의 보좌를 움직일 수 있는 유일한 무기와 열쇠가 된다.

"세례 요한의 때부터 지금까지 천국은 침노를 당하나니 침노하는 자는 빼앗느니라"(마 11:12)

교인들 중에는 기도에 대하여 오해하는 사람들이 있다. 험한 세상을 피하여 골방에 들어가 하나님께 울며 호소하기를 "하나님 험한 세상을 피하여 하나님 앞에 엎드립니다. 나를 도와주시옵소서." 하며 기도드리는 것으로 그릇 생각하는 사람들이 있다. 기도는 그런 것이 아니다. 기도드리는 사람의 마음가짐이나 삶의 자세가 그래서는 안 된다.

기도는 험한 세상을 피하여 골방으로 숨는 것이 아니다. 험한 세상에 당당하게 맞서서 정면으로 돌파하는 것이다. 마태복음 11장에서 이르기를 천국은 피하는 자가 차지하는 것이 아니라 공격하는 자가 차지한다 이르셨다. 천국은 침노하는 자가 빼앗는다 하였다. 기도는 후퇴가 아니다. 공격이다. 세상 풍파에 지쳐 골방으로, 산으로 들어가 숨는 것이 아니다.

그러기에 진정한 신앙인은 공격 정신으로 무장하여 세상에서 정면 돌파(正面 突破)하는 것이다. 단지 세상 사람들과 다른 점은 무력으로, 힘으로, 폭력으로 돌파하는 것이 아니다. 사랑으로, 인내로, 겸손으로 돌파하는 것이다. 사랑으로 세상을 이기고 사랑으로 악을 이기는 것이 예수님의 가르침이다. 그래서 기도는 침노하는 정신이요, 공격하는 마음가짐이다. 예수께서 이르시기를 "내가 세상을 이겼으니 너희도 세상에 살면서 세상을 이기라" 하셨다.

"이 세상의 운명은 우리들의 기도에 따라서 작정될 것이다."

— 라우박흐 Frank Laubach —

4. 기도는 영혼의 호흡이다

"쉬지 말고 기도하라"(살전 5:17)
"기도에 감사함으로 깨어 있으라"(골 4:2).

이 말은 무슨 뜻인가? 어떻게 항상 기도할 수 있는가? 어떻게 쉬지 않고 기도할 수 있는가? 우리가 흔히 생각하는 일정한 시간을 정해 기도하는 것과는 사뭇 다른 요구이다. 우리 몸에서 항상 존재하고 쉬지 말아야 할 것은 맥박과 호흡이다. 호흡이 멈추면 그것은 곧 죽음을 의미한다. 즉, 호흡은 우리의 생명이다. 호흡이 끊어지면 우리는 죽는다. 그것은 생사를 판단하는 기준이 된다. 그만큼 중요한 것이 호흡이다. 영혼에도 호흡이 있다. 우리는 그것을 기도라고 한다. 즉 기도는 영적 호흡이다.

쉬지말고 항상 기도하라는 것은 곧 영혼의 호흡을 하라는 의미이다. 우리는 기도를 호흡처럼 생각해야 한다. 호흡을 멈추면 안 되듯이 기도 역시 멈추면 안 된다. 그렇다면 지속적으로 기도하기 위해 어떻게 해야 하는가? 호흡하듯이 기도해야 한다. 다시 말해, 모든 삶에 기도가 들어가야 한다. 모든 삶이 기도가 되어야 한다. 호흡이란, 이것을 두고 하는 말이다. 우리는 하나님의 은혜 없이 한순간도 살아갈 수 없다. 호흡이 멈추면 죽듯이 우리도 하나님의 숨결이 멈추면 죽는다.

호흡은 자연스러워야 한다. 강제적인 인공호흡으로 호흡을 유지하는 것은 위험한 일이다. 호흡으로서 기도는 어떤 특별한 시간에 무언가 기도하고 있다고 의식적으로 느껴지기보다는 자연스러운 일상생활로 여겨지는 기도를 의미한다. 모든 생활이 기도여야 한다. 그래서 항상 기도하는 것이고, 쉬지 않고 기도하는 것이 된다. 누구의 기도를 흉내 내서는 안 된다. 내 영혼이 호흡하듯이 하나님과 교제하고 자연스럽게 기도가 이뤄진다면 나는 지금 호흡으로서 기도하고 있는 것이다.

"기도는 끊임없이 쏟아져 나오는 끊임없는 사랑의 응답이며, 모든 영혼을 인도하시는 하나님과 시귀는 길이다."
－ 스티어 Dauglas Steere －

5. 기도는 하나님과의 대화이다

"너희가 내 이름으로 무엇을 구하든지 내가 행하리니 이는 아버지로 하여금 아들로 말미암아 영광을 받으시게 하려 함이라 내 이름으로 무엇이든지 내게 구하면 내가 시행하리라"(요 14:13-14)

기도는 한마디로 하나님과의 대화이다. 동방정교회에서는 가장 짧은 기도를 사용하면서 그 기도에 '예수의 기도'란 제목을 붙였다. "주 예수 그리스도, 내게 자비를 베푸소서." 이 짧은 기도를 수백 번 수천 번 되풀이하는 중에 하나님의 임재하심을 느끼게 되고 하나님과 하나 됨을 누리게 된다. 비록 짧은 기도일지라도 우리의 삶 속에 기도가 살아 있어야 한다.

삶 속에 배어 있는 기도는 우리가 살고 있는 삶의 현장 속으로 하나님을 모셔오게 한다. 기도는 이미 우리 곁에 와 계시는 하나님을 깨닫게 해준다. 비록 짧은 기도일지라도 기도를 계속하고 집중하게 되면 기도하기가 점차 쉬워진다. 그리고 기도가 쉬워질수록 더 많이 기도하게 된다. 이렇게 삶의 현장에서 기도를 통하여 하나님의 현존(現存)을 느끼는 사람은, 자신의 삶을 쉬지 않는 기도생활로 만들어 간다.

우리는 가끔 기도에 대하여 오해하고 있다. 우리들이 직면한 문제를 해결하는 도구로 생각하는 것이다. 물론 기도가 그런 해결의 길이 될 수 있다. 구약성경 스바냐 3장 17절에서 하나님을 표현하기를, 우리들의 삶의 현장에 함께하시며 우리가 직면하는 문제들을 해결하시는 해결사(解決使) 하나님으로 소개하고 있다. 그러나 기도의 본질은 그 이상이다. 하나님 앞에 선 인간의 본질이고 진실되게 살기 원하는 사람의 삶의 자세이다.

20세기 최고의 신학자였던 칼 바르트가 다음과 같이 말하였다 "만약 우리가 하나님께 '제가 가장 먼저 무엇을 할까요?' 하고 묻는다면 하나님은 '기도하는 것이다' 라고 대답하실 것이다." 기도는 하나님이 인간에게 내리신 가장 본질적인 명령이요, 인간이 하나님께 응답하여야 할 가장 본질적인 순종이다. 마가복음 9장에서 예수의 제자들이 진지한 자세로 묻기를 "우리가 믿는데 왜 능력이 나타나지 않습니까?" 하였을 때에 예수님께서 다음과 같이 대답 하셨다

"기도 외에 다른 것으로는 이런 능력이 나타날 수 없느니라"(막 9:29)

첫째, 우리가 기도할 때 우리의 기도를 응답하시는 하나님에 대한 확신이 있어야 한다. 둘째, 기도가 습관이 되어야 한다. 셋째, 기도는 집중이다.

많은 신앙인들이 기도드리기를 원하면서도 산만한 가운데 깊은 기도가 이루어지지 못하여 고민한다. 기도가 깊이를 더하여, 기도드릴 때에 살아계신 하나님과 교통함을 느끼고 성령이 임재하심을 느낄 수 있어야 한다. 전심으로 집중하는 기도에서 그런 경지로 나아갈 수 있다. 예수님은 집중하는 기도의 본을 보이셨다.

"예수께서 힘쓰고 애써 더욱 간절히 기도하시니 땀이 땅에 떨어지는 핏방울 같이 되더라"(눅 22:44)

이 시대는 기도하는 사람들이 필요한 시대이다. 모두들 물질문명에 취하고 본질을 외면하고 수단과 방법에만 매달려 있는 이 시대에, 살아계신 하나님 앞에서 삶의 본질을 추구하며 기도에 승부를 거는 기도의 사람이 필요하다. 그렇게 기도하는 사람들이 이 병든 시대를 치료하는 사람들이 되어야 할것이다

하나님은 기도하는 사람을 지켜 주신다. 기도하는 사람의 소원을 들어 주신다. 기도하는 사람에게는 능력이 따른다. 믿음으로 살아가는 기도의 사람은 역경을 만나도 주저앉거나 뒤로 물러나거나 침륜 곧 슬럼프에 빠지는 사람이 아니다.

"나의 의인은 오직 믿음으로 말미암아 살리라 또한 뒤로 물러가면 내 마음이 그를 기뻐하지 아니하리라"(히 10:38)

오로지 앞으로 전진에 전진을 거듭하여 구원에 이르는 믿음을 가진 자들이 기도의 사람들이다.

아브라함이 그러하였고 모세와 여호수아가 그러하였고 느헤미야가 그러하였다. 특히 개혁자 느헤미야는 철저한 기도의 사람이었다. 그는 불가능한 현실에 도전하여 개혁에 성공한 인물이다. 그의 무기는 기도였다. 느헤미야서를 읽으며 감동받는 것은 그가 기도로 시작하여 기도로 진행하였고 기도로 마쳤다는 점이다. 이것이 그가 성공한 비결이다.

대체로 성도들은 기도드릴 때 "주시옵소서"라는 말을 많이 한다. 물론 하나님께서는 "주시옵소서"하는 기도를 들어 응답하신다. 초신자 시절에는 "주시옵소서"에서부터 기도를 시작하여 많은 응답을 받기도 하고 은혜도 받게 된다. 그러나 신앙의 연조가 깊어지면서도 계속 "주시옵소서"를 되풀이하는 기도는 곤란하다.

신앙이 깊어져 가면 기도의 내용도 바뀌게 된다. "주시옵소서" 하고 말하는 기도에서, 나를 향하신 아버지의 뜻이 무엇인지를 듣는 기도로 승화되어 가야 한다. 하나님께서 내 인생, 내 청춘, 내 재물, 내 지식을 통하여 어떻게 하나님의 일을 이루어 나가시려는지를 묻는 기도로 바뀌어야 한다.

예수님의 기도는 그런 점에서 가장 모범적인 기도의 예가 된다. 누가복음 22장에 예수님께서 잡히시기 전날 밤을 지새우며 드린 기도가 있다. 그 기도에서 예수님은 자신을 향한 하나님의 뜻을 물으시며 "가능하면 십자가에서 죽어야 하는 잔을 피할 수 있게 하여 주시옵소서. 그러나 나의 원대로 하지 마시고 아버지께서 원하시는대로 행하시옵소서"라고 기도하셨다.

예수님의 이 기도가 듣는 기도의 대표적인 예이다. 내가 원하는 나의 삶은 이러이러한 삶이지만, 내가 원하는 바가 아니라 나를 통하여 이루고자 하시는 하나님의 뜻이 무엇인지 들려주시기를 구하는 기도가 기도다운 기도이다. 그래서 기도는 말하는 것이 아니라 듣는 것이다.

즉 기도는 말하는 것, Speaking 에서 듣는 것, Listening으로 승화되어야 한다. 나의 삶을 통하여 이루시고자 하는 하나님의 뜻과 계획이 무엇인지를 듣는 것이 기도이다.

이제는 우리의 기도생활이 변화되어야 할 때이다. 그동안 하나님께 끊임없이 주시기를 구하던 기도에서, 나의 삶을 통해 이루시고자 하는 하나님의 뜻이 무엇인지를 듣는 기도로 변화되어야 한다. 그리고 또한 우리는 반드시 기도 응답의 확신을 갖고 기도해야 한다.

"너희가 내 이름으로 무엇을 구하든지 내가 행하리니 이는 아버지로 하여금 아들로 말미암아 영광을 받으시게 하려 함이라 내 이름으로 무엇이든지 내게 구하면 내가 시행하리라"(요 14:13-14)

크리스천들은 누구든지 하나님께 영광 돌리는 삶을 살기 원한다. 프로테스탄트 신앙고백의 기준이 되는 웨스트민스터 신앙고백서 제1조에는 사람의 첫번째 목적을 하나님께 영광 돌리는 것이라 하였다. 그런데 어떻게 하여야 하나님께 영광을 돌릴 수 있을까? 요한복음 14장, 예수께서 잡히시기 전날 사랑하는 제자들에게 전하신 말씀 중에서 그 질문에 대해 답을 하셨다.

'예수님의 이름으로 무엇이든지 기도하면 그 기도가 응답되어 이루어지는 것으로' 하나님께 영광을 돌리게 된다 이르셨다. 우리의 기도가 응답되는 것이 하나님께 영광 돌리는 삶이 된다. 누가복음 11장을 '기도장'이라 부른다. 성경 전체를 통해 기도에 관하여 가장 깊이 있게 기록한 장이기에 그렇게 부른다. 누가복음 11장에서 제자들이 예수님께 "기도를 가르쳐 주시옵소서" 하고 요청하였을 때 예수께서 "이렇게 기도하라"하시며 기도의 본질을 가르쳐주셨다.

"내가 또 너희에게 이르노니 구하라 그러면 너희에게 주실 것이요 찾으라 그러면 찾아낼 것이요 문을 두드리라 그러면 너희에게 열릴 것이니 구하는 이마다 받을 것이요 찾는 이는 찾아낼 것이요 두드리는 이에게 열릴 것이니라"(눅 11:9-10)

이 말씀에서 구하면 받을 것이요 찾으면 찾아낼 것이요 두드리면 열릴 것이라 하였는데, 이 말씀을 뒤집어 생각해 보면 기도의 본질을 깨닫게 된다. 구하지 않으면 받지 못하고 찾지 않으면 찾아내지 못하고 두드리지 않으면 열리지 못한다는 말이 된다. 하나님께서는 우리의 기도에 응답하기를 원하신다. 그러나 우리가 구하고 기도하지 않으면 응답하지 못하신다. 그래서 크리스천들의 생활에서 기도생활이 중요하게 된다.

"너는 내게 부르짖으라 내가 네게 응답하겠고 네가 알지 못하는 크고 은밀한 일을 네게 보이리라"(렘 33:2-3)

여호와께서는 당신 백성이 부르짖을 때에 응답하시고, 부르짖어 기도하는 자에게 상상치 못하는 크고 놀라운 미래를 이루어 주신다.

6. 기도의 법칙

"내가 너희에게 말하노니 무엇이든지 기도하고 구하는 것은 받은 줄로 믿으라 그리하면 너희에게 그대로 되리라"(막 11:24)

기도의 법칙이란 '옳바르게 기도하면 반드시 응답'을 받는다는 것이다. 소원을 품는것 그 자체가 이미 기도다. 원하는 것이 무엇이든지 이미 받았다는 확신을 가지고 기뻐하는 것이 옳바른 기도다. 다시 말해서 이미 얻은 줄로 믿고 구하면 받게 된다는 것이다. 기도가 응답되지 않는것은 우리가 잘못 기도했기 때문이다.

성서에 "네 마음(Heart)을 다하고, 목숨(Soul)을 다하고, 생각(Mind)을 다하고, 힘(Strength)을 다하여 주 너의 하나님을 사랑하라"는 말씀이 기도에 대한 교훈이다. 응답받는 기도의 비결은 '마음이 흩어지지 않고 하나되는(at-one-ment)데' 있다. 하나님에 대한 신앙을 가지고 의심하거나 두려워 하지 않는 마음의 소원은 반드시 이루어진다.

기도를 드릴 때에는 완전한 상태를 구하는 긍정적인 말만을 하고 부정적인 말은 사용하지 않아야 한다. 불만스럽고 부정적인 상황은 모두 버리고 무한한 선이신 하나님에 대한 생각으로 마음을 채워야 한다. 병을 고쳐 달라고 구할 것이 아니라 건강한 상태가 되기를 구하고, 불화와 갈등에서 건져 달라고 할 것이 아니라 조화로운 삶이 되기를 구할 것이며 궁핍을 면하게 해 달라는 것이 아니라 풍요로움이 넘치게 되기를 구하여야 한다.

모든 크리스천들은 기도하기를 원한다. 그러나 기도가 생각처럼 그렇게 쉽게 이루어지지를 않는다. 기도생활에 대하여 성도들이 오해하는 부분이 있다. 기도드릴 때마다 응답이 오고 기도드릴 때마다 감동이 올 것으로 생각하는 오해이다. 기도생활에는 응답이 오기 전까지 꾸준한 반복과 노력이 있어야 한다. 그래서 기도가 체질이 되고 습관이 되어야 한다.

"예수께서 나가사 습관을 따라 감람산에 가시매 제자들도 따랐더니 그곳에 이르러 그들에게 이르시되 유혹에 빠지지 않게 기도하라 하시고"(눅 22:39-40)

크리스천들은 세상 살아가면서 끊임없이 온갖 유혹에 노출된다. 방심하면 그런 유혹에 말려들기 마련이다. 그래서 예수님께서 제자들에게 이르시기를 유혹에 빠지지 않게 기도하라고 하셨다. 유혹과 시험에 빠져들지 않게 하는 유일한 길이 기도생활이다. 예수님께서 40일 금식하신 후 마귀에게 시험받으실 때에 신명기 말씀으로 시험을 물리치신 것처럼, 세상에서 직면하는 온갖 유혹과 시험에 우리들도 기도와 말씀으로 이겨나가야 한다.

그러기 위하여는 기도가 습관이 되어야 한다. 어떻게 하여야 기도가 습관이 될 수 있는가? 꾸준히 투자를 하여야 한다. 날마다 정한 시간, 정한 장소에서 기도드리기를 계속할 때 습관이 이루어진다. 기도드릴 때에 모든 잡된 생각을 끊고 전심전력으로 기도드려야 하지만 우리는 기도생활이 너무나 습관과 체질이 되지 못한다.

예수님께서도 습관을 따라 산기도 가시고, 새벽마다 기도하시고, 틈나실 때마다 기도에 정성을 쏟으셨다. 그러나 우리는 그렇게 하지 못한다. 습관으로 TV를 보고, 신문을 읽지만 기도는 그렇지 못하다. 규칙적이고 습관적으로 기도드리지를 못한다. 기도가 습관이 되지를 못하니 신앙생활의 뿌리가 약하고 활력이 없고 작은 유혹에도 흔들린다.

그러기에 우리가 먼저 하여야 할 일이 기도를 습관화하는 일이다. 기도가 습관화되기 위해 노력할 때 처음에는 온갖 방해가 일어난다. 이를 극복하여야 한다. 자신을 쳐서 복종시키는 인내와 끈기, 투자와 노력이 필요하다. 끈질긴 자기극복이 없이는 기도가 습관화되는 자리에까지 나아갈 수 없다.

모처럼 기도하려고 눈을 감으면 하필 그때 핸드폰이 울린다. 그런 중에서나마 기도드리기를 시작하여 2, 3분 기도하고 나면 더 이상 드릴 말씀이 없다. 그렇다고 "하나님 나머지 기타 사항은 하나님께서 알아서 해 주십시오."라고 마무리 할 수는 없다.

기도가 왜 그렇게 어려운가? 왜 기도생활을 깊이 하기를 원함에도 막상 실천으로 연결되지를 못할까? 기도는 훈련받아야 하고 습관이 되어야 하고 최고의 집중력이 필요하기 때문이다. 영적으로나 정신적으로나 정서적으로 산만한 생태에서는 절대 깊이 있는 기도 세계로 들어갈 수 없다. 그래서 크리스천들의 기도생활이 어렵고 힘이 든다.

이런 상태를 어떻게 극복하여 참된 기도를 드릴 수 있게 될까? 기도에는 기도의 법칙이 있다. 이러한 기도의 법칙을 체득(體得)하여 기도생활에 깊이 들어갈 수 있도록 훈련을 쌓아, 기도가 습관이 되고 생활화가 되어야 한다. 기도의 법칙은 우리 스스로 기도드리고, 삶으로 하나님의 뜻을 실천할 수 있어야 한다. 기도는 우리가 스스로 할 수 있는 것을 과감하고 담대하게 실천하는 것이다. 자신이 할 수 있는 일을 하나님께서 대신 해 주시기를 요청하는 것은 기도의 법칙에서 벗어난다.

하나님은 우리 스스로가 할 수 있도록 도와주시는 하나님이다. 기도 응답이 바로 그러하다. 기도 응답은 우리가 하여야 할 일을 스스로 할 수 있게 도와주시는 것이지, 우리 대신 모든 일을 다 하여 주시는 것이 아니다. '하늘은 스스로 돕는 자를 돕는다'는 말도 있거니와 스스로 개척하고, 스스로 전진하고, 스스로 실천함이 기도의 법칙이다.

기도는 험한 세상, 죄 많은 세상에서 실패하고 물러나 골방이나 산 속에서 통곡하는 것이 아니다. 오히려 험한 세상에 맞서 확신을 품고 담대하게 부딪혀 나가는 것이다. 그래서 다가오는 시련과 난관을 정면으로 돌파하여 나아가는 힘이다. 이것이 기도이다.

천국은 목숨과 바꿀 수 있는 확신을 품고 가로막는 장애를 돌파하며 미래를 향해 전진하여 나가는 사람들이 차지한다. 그래서 기도하는 사람들이 미래의 주인이 되고 역사를 만들어 나가는 사람들 History Maker가 된다. 기도는 하늘 보좌를 움직이는 힘이 있고, 역사를 변화시키는 능력이 있다

"나는 오늘 해야 할 일이 많기 때문에 기도하는 시간을 갖기 위해서 한 시간 더 일찍 일어난다."   – 마틴 루터(Luther Martin) –

7. 기도는 명령이다

"모든 기도와 간구를 하되 항상 성령 안에서 기도하고 이를 위하여 깨어 구하기를 항상 힘쓰며 여러 성도를 위하여 구하라"(엡 6:18)

독일의 신학자 칼 바르트가 한 말이 있다.
"만약 우리가 예수께 가장 먼저 무엇을 해야 할지 묻는다면 예수는 기도하는 것이라고 대답하실 것이다."
기도는 하나님이 우리에게 주신 명령이다. 그리고 인간이 하나님께 응답하여야 할 가장 본질적인 순종이다. 기도한다는 것은 하나님 앞에서 가장 사람다운 사람이 되는 것이다. 진실하고 겸손한 사람이 되는 것이다. 하나님 앞에 선 사람은 기도하는 사람이다.
기도는 무엇을 해야 하거나 하지 말아야 한다는 윤리적인 계명이나 선택이 아니다. 윤리가 무엇을 하라는 'to do'의 문제라 한다면, 기도는 무엇이 될 것이냐는 'to be'의 문제이다. 기도는 내가 어떤 행동을 할 것인지를 묻는 물음이기 이전에 어떤 존재가 될 것인지를 묻는 것이다. 우리가 하나님께로 나아갈 때는 기도로 나아간다. 하나님께서 우리들에게로 다가오실 때는 말씀으로 오신다. 그러기에 말씀과 기도가 합하여져 거룩한 생활 곧 경건한 삶의 기본을 이룬다.
기독교를 말씀의 종교라 하고 우리의 신앙을 말씀의 신앙이라 한다. 그러나 정작 우리들의 신앙생활에 말씀이 마음 깊이 다가오지를 못한다. 그리고 살아계신 하나님의 살아 있는 말씀이 우리 영혼에 닿아 심령의 뜨거운 체험에 이르지를 못한다. 그래서 우리가 입버릇처럼 말씀을 찾으면서도 실제 생활에서는 말씀이 영혼 깊이 뿌리를 내리지 못하고 있다.

나는 모태신앙으로 태어나 주일에 교회 출석을 한 번이라도 빠지면 큰 죄를 짓는 것으로 알고, 하루라도 성경읽기를 잊으면 그 역시 죄를 지은 것 같은 강박관념을 지닌 채로 신앙생활을 하였다. 그러나 그것은 의식적이고 습관적인 신앙생활이었지 말씀 속에서 살아계신 하나님을 만나는 인격적 체험에 이르지는 못하였다.

진정한 크리스천이라면 크리스천다운 생활이 뒷받침되어야 한다. 거룩한 신앙과 건전한 생활이 함께 조화를 이루지 않는 삶은 진정한 크리스천의 삶이 아니다. 참된 개혁은 말씀의 재발견과 회개와 기도로부터 시작되어야 한다.

그러기에 기도는 인간됨의 본질인 동시에 교회의 본질이다. 기도의 불이 꺼진 교회는 이미 교회이기를 그만둔 교회이다. 마찬가지로 기도하기를 멈춘 교인은 교인이기를 그만둔 교인이다. 그래서 기도를 사람의 호흡에 비유한다. 숨쉬기를 멈춘 사람이 죽은 사람이듯이 기도하기를 멈춘 교인은 죽은 교인이다.

"매일의 빵이 필요한 것처럼 매일 기도가 필요하다 오늘의 기도는 내일의 기도를 대신 할 수 없다."　　　　　　　　－ E.M. 바운즈 －

8. 기도의 기적들

"너는 내게 부르짖으라 내가 네게 응답하겠고 네가 알지 못하는 크고 은밀한 일을 네게 보이리라"(렘 33:3)

6.25 전쟁에서 일어난 기적들
우리 역사에서 가장 비참하고 비극적인 전쟁이 둘이 있으니 임진왜란과 6.25 전쟁이다. 임진왜란은 1592년에 일어나 1598년에 히데요시가 죽음으로 끝나기까지 7년에 걸친 끔찍한 전쟁이었다. 6.25 전쟁은 1950년 6월 25일 새벽 4시에 인민군 12만의 남침으로 시작되어 1953년 7월 27일 12시 정오에 휴전으로 끝났다. 온 강산이 초토화된 후이다.

1598년 임진왜란이 끝난 지 6년 후 명재상이었던 서애 류성룡이 회고록을 집필하였다. 징비록이란 책이다. 징비록에서 류성룡 재상은 거듭거듭 쓰기를 〈하늘의 도우심이었다〉고 기록하였다. 6.25 전쟁에서도 하늘의 도우심은 마찬가지였다. 6.25 전쟁은 대한민국이 패배할 수밖에 없는 전쟁이었음에도 공산 침략을 막아낼 수 있었다.

전황이 어려움에 직면할 때마다 하나님의 도우심으로 기적이 일어나곤 하였다. 6.25 전쟁에서 일어난 기적은 크게 5가지였다.

첫째, 대한민국이 UN으로부터 국가 건국의 승인을 얻는데서부터 나타났다.
대한민국이 수립된 날은 1948년 8월 15일이다. 그날이 대한민국의 건국절이다. 북한 김일성 정권은 그해 9월 9일에 조선민주주의 인민 공화국이란 국명으로 건국했다. 신생 국가가 건국되면 유엔으로부터 승인을 얻어야 한다. 그해 유엔 총회는 파리에서 열렸다. 10월 말에 시작하여 12월 15일에 마치는 기간이었다.

정부는 장면 박사를 단장으로 정부 수립 승인을 얻기 위해 대표단을 파리에 파견하였다. 그러나 소련 대표 비신스키가 한사코 승인을 방해하였다. 대한민국 승인안이 상정만 되면 비신스키가 소련의 위성국들과 짜고 회의 방해로 마이크를 잡고 놓지를 않았다. 드디어 마지막 날을 하루 앞둔 12월 14일이 되었다. 다급함을 느낀 장면 박사는 대표단을 이끌고 교회당을 찾아가 철야 기도를 드렸다. 다음 날 15일이 되어 역시 대한민국 승인안이 상정되자 비신스키가 여전히 마이크를 잡고 장광설을 토하기 시작하였다.

그러나 10분이 지나자 갑자기 비신스키 목에 병이 생겨 호흡이 곤란하여지고 목소리를 낼 수 없었다. 급히 병원으로 후송되고 그 시간에 사회자가 더 발언 없습니까 물으니 조용한지라 표결에 부쳤다. 47대 8로 대한민국이 승인되었다. 그로부터 1년 반 후에 6.25 남침이 일어났다. 유엔이 공적으로 승인한 국가가 침공을 받게 되자 유엔이 나서서 공산화를 막게 되었다. 글자 그대로 하나님이 간섭하여 일어난 기적이 아닐 수 없다.

두 번째, 유엔군이 참전하여 북한군의 침략을 막아낼 수 있었던 기적이다.

유엔군 참전이 왜 기적인가? 유엔군이 공식적으로 참전하려면 유엔 안전보장 이사회의 결의가 있어야 한다. 안전보장 이사회에는 상임이사 5개국이 있다. 이들 다섯 나라 중에서 하나라도 반대하면 참전 결정을 할 수 없다. 그들 다섯 나라 중에는 소련이 있다. 소련은 절대로 참전에 찬성할 수 없다. 그런데 북한군의 침략을 물리치기 위하여 유엔군 참전을 결정하는 회의에 기적이 일어났다. 소련 대표가 참석치 않은 것이다.

　소련이 그 중요한 회의에 당연히 참석하여 거부권을 행사할 것으로 모두들 알고 있는데 예상을 깨고 소련 대표가 나타나지 않았다. 회의 시작 시간이 지나도 소련 대표가 나타나지 아니하자 나머지 네 나라로 회의를 열었다. 네 나라는 만장일치로 참전을 결의하였다. 지금까지 그 회의에 소련이 참석치 않은 이유가 밝혀지지 않고 있다. 심지어 어떤 분은 소련 대표가 설사로 못 왔다는가 하면 비행기 연착으로 못 왔다고 하기도 한다. 그러나 아직까지 정확한 이유를 모른다. 그러나 나는 그 이유를 확실히 안다. 하나님께서 대한민국을 도우신 것이다.

　나는 확신을 가지고 그렇게 믿는다. 1945년 8월 15일에 해방을 맞은 이래 남한과 북한은 우여곡절을 거쳐 남은 자유민주주의 체제로 북은 공산주의 체제로 자리를 잡게 되었다. 5.16 군사정변이 일어나던 즈음만 하여도 남한은 국민 소득이 불과 80달러, 북한은 240달러였다. 그 시절엔 북한이 남한보다 3배나 더 잘 살았다. 남한은 미국이 보낸 원조 자금으로 나라 살림을 겨우 꾸려 나가는 처지였다.

　그러나 그 후 60년 남짓한 세월에 정세는 완전히 역전하였다. 대한민국이 북한과의 체제 경쟁에서 완전히 승리하였다. 지금은 남한의 경제력이 북한에 비하여 무려 50배 이상이어서 비교할 수 없는 수준으로 승리하였다. 북한이 핵무기 하나로 자신들의 약점을 커버하려 하지만 이미 역부족일 것이다.

　우리 남한이 북한과의 체제 경쟁에서 이렇게 승리하게 되기까지에는 여러 차례 고비가 있었다. 그런 고비의 정점이 6.25 전쟁이다. 1950년 6월 25일 4시에 북한군이 12만 군대를 앞세워 38선을 넘어 올 때에 남한은 아무런 준비가 되어 있지 못하였다. 북한의 권력자 김일성은 전쟁이 일주일이면 부산 점령까지 끝날 것으로 낙관하였다. 그러나 그들의 생각은 완전히 빗나갔다. 대한민국에 기적이 일어난 것이다. 기적도 한두 번이 아니라 다섯 차례, 여섯 차례 기적이 일어나 전세는 역전되고 남한은 공산화를 막아낼 수 있었다.

세 번째, 북한군이 남침을 시작한 이래 불과 3일 만에 서울을 점령하였다. 그대로 밀고 나갔으면 부산까지 단숨에 점령할 수 있었을 것이다. 그러나 무슨 이유에선지 북한군은 서울에서 3일을 그냥 허비하였다. 수도 서울을 점령하였으니 이제 완전 승리할 것으로 착각하고는 소중한 3일을 허비하였다. 그 3일간 국군이 전열을 정비하고 미군이 들어오고 유엔이 참전을 결정하여 낙동강 방어선을 구축할 수 있게 되었다. 그때 북한군이 서울에서 왜 3일을 허비하였는지 그 이유를 아직 모르고 있다. 그러나 나는 안다. 하나님께서 도우신 것이다. 하나님의 도우심으로 기적이 일어난 것이다. 말세에는 과학이 고도로 발달하고, 생활이 편해져서 간청 기도가 사라지는 현상이 생기는데, 우리는 늘 깨어 하나님께 기도를 드려 그분의 도우심을 받으며 살아가야 할 것이다.

"하나님께서 그 밤낮 부르짖는 택하신 자들의 원한을 풀어 주지 아니하시겠느냐 그들에게 오래 참으시겠느냐. 내가 너희에게 이르노니 속히 그 원한을 풀어 주시리라 그러나 인자가 올 때에 세상에서 믿음

을 보겠느냐 하시니라"(눅 18:7-8)

9. 기도의 금 향로

"또 다른 천사가 와서 제단 곁에 서서 금 향로를 가지고 많은 향을 받았으니 이는 모든 성도의 기도와 합하여 보좌 앞 금 제단에 드리고 저 함이라 향연이 성도의 기도와 함께 천사의 손으로부터 하나님 앞으로 올라가는지라 천사가 향로를 가지고 제단의 불을 담아다가 땅에 쏟으매 우레와 음성과 번개와 지진이 나더라"(계 8:3-5)

성경의 마지막 책인 요한계시록 8장에는 기도의 금 향로 이야기가 나온다. 요한계시록 8장 3절에서 5절 사이에 하늘의 하나님이 계시는 보좌 앞에 금 향로가 놓여 있다. 그 향로에는 지상에서 올리는 성도들의 기도가 차곡차곡 쌓인다. 그렇게 쌓인 기도가 향로에 가득히 차고 나면 하나님이 움직이신다.

우리가 평소에 꾸준히 드리는 기도가 사라지는 것이 아니다. 하나님 보좌 앞에 놓인 금 향로에 쌓인다. 그렇게 차근차근 쌓인 기도가 가득 차게 될 때면 천사가 그 향로를 하나님께 봉헌한다. 금 향로에서 나오는 향연(香煙)이 성도들의 기도와 어우러져 하나님께로 올라간다. 그 금 향로에 쌓인 기도가 연기처럼 하늘로 올라가 금 향로에 쌓인다.

그렇게 성도들의 기도가 금 향로에 쌓이게 되면 하나님께서 움직이시는 때이다. 그 기도에 대한 응답으로 지상에 변화와 변혁, 치유와 회복의 사건이 일어나게 된다. 그러기에 "기도는 하늘 보좌를 움직이는 힘이다." 일컫는다. 그러나 지상의 우리들은 금 향로에 기도가 가득히 쌓이기 전에 먼저 포기한다. 포기한 채로 세상적인 방법을 찾는다.

예를 들어 북녘 동포들의 고통을 생각해 보자. 숱한 동포들이 이런저런 사연으로 감옥이나 수용소에 갇혀 있다. 그들이 당하는 고통은 이미 세계에 알려진 바이다. 그들이 당하고 있는 고통은 끝이 없는 듯하다. 그러나 하늘의 하나님은 보좌 앞에 놓인 금 향로에 기도가 쌓이기를 기다리신다.

기도가 가득히 쌓였을 때에 천사가 그 향로를 하나님께 봉헌한다. 그러면 하나님께서 지상에 바람을 일으키시고 역사를 바꾸신다. 감옥이나 수용소에 갇혀 있는 그 불쌍한 백성들에게 해방의 사건이 이루어지고 그들이 자유함을 누리게 된다. 그러기에 우리들이 지금 하여야 할 일은 기도이다. 기도의 향연이 하늘에 닿아 보좌 앞에 놓인 금 향로를 먼저 채워야 한다.

한반도의 미래에 대한 예언을 미국 하와이 대학에 교수로 재직 중인 캐서린 브라운(Catherine Brown) 교수가 하였다. 그는 특별한 은사를 지닌 사람이다. 예언 은사이다. 고린도전서 12장에 9가지 은사를 짚어 주는데 그중에 예언의 은사가 있다. 예언 은사를 지닌 사람의 사역을 예언 사역이라 부른다.

캐서린 브라운 교수가 서울 하늘이 열리는 환상을 보았다. 열린 하늘에 두 천사가 있었다. 한 천사는 나팔을 들었고 다른 한 천사는 금 항아리를 들고 있었다. 나팔을 든 천사가 나팔을 분즉 금 항아리를 든 천사가 항아리에 든 금빛 액체를 서울 하늘에 부었다. 그런즉 그 빛나는 금빛 액체가 세계로 뻗어 나갔다.

이어서 캐서린 브라운 교수는 북한에 대한 환상을 보았다. 북한 땅의 비참한 현장을 하나님께서 보여 주시며 일러 주셨다. "불쌍한 북한 백성들을 그대로 버려두지 않을 것이다. 나는 그들을 지켜주는 아버지가 될 것이다. 나는 나의 이름과 영광을 북한을 통하여 입증할 것이다. 현재 북한의 감옥과 수용소에서 울부짖는 많은 사람들을 모두 해방시키고 자유롭게 해 줄 것이다."

이상이 그가 본 영적 환상이다. 물론 성경 말씀이 아니니까 그대로 믿을 것은 아니다. 그러나 참고가 될 수 있고 우리들의 기도 제목이 될 수 있다. 북한 동포들의 해방과 자유는 2020년 남한의 모든 국민들이 함께 기도드려야 할 기도의 주제이다. 응답되어질 것으로 믿고 기도드릴 제목이다.

"내가 아직도 너희에게 이를것이 많으나 지금은 너희가 감당하지 못하리라 그러나 진리의 성령이 오시면 그가 너희를 모든 진리 가운데로 인도하시리니 그가 스스로 말하지 않고 오직 들은 것을 말하며 장래 일을 너희에게 알리시리라"(요 16:12-13)

10. 기도하는 자가 성공한다

"이삭이 그 땅에서 농사하여 그 해에 백배나 얻었고 여호와께서 복을 주시므로 그 사람이 창대하고 왕성하여 마침내 거부가 되었더라"(창 26:12-13)

창세기 26장에는 아브라함의 아들 이삭이 농사를 짓는데 여호와께서 그에게 복을 주시어 마침내 거부가 되었다는 말씀이 나온다. 이삭이 젊은 날 하나님으로부터 복(福)을 받았을 때는 빈손이었는데 수십 년에 걸쳐 열심히 일하고, 기도하고, 인내하고, 절약하여 마침내 성공하고 거부가 되었다는 것이다.

지금도 그러하다. 한 개인도 가정도 교회나 국가도 마찬가지이다. 하나님께서 복을 주셔서 번영의 길로 나가게 하시되 그냥 주시는 것이 아니다. 국민들과 지도자들이 힘을 합하고 뜻을 하나로 하여 열심히 일하고 인내하고 절약하고 기도하여 응답 받아 마침내 번영을 이루게 된다.

우리 크리스천들이 종종 오해하는 바가 있다. 하나님께서 우리에게 복을 주시면 당장에 그 복이 눈앞에 나타날 것처럼 생각하는 오해이다. 전연 그렇지 아니하다. 이삭처럼 묵묵히 일하고 기도하고 절약하여 마침내 복을 받을 수 있는 자리에 오르게 된다.

우리나라가 해방 이후 치열한 좌우대립을 극복하고 6.25 전란에 잿더미에 앉게 되었던 자리에서 일어나 오늘의 자리에까지 이르게 된 데에도 같은 원리가 해당된다. 기업인들의 피나는 경영과 노동자들의 밤낮을 가리지 아니한 노동과 군인들의 투철한 안보에의 헌신이 합하여져 마침내 오늘의 자리에까지 이르게 되었다.

그런데 요즘 들어 나라의 사정을 볼 때 염려스러운 바가 깊다. 정치는 표류하고 경제인들은 투자를 잃고 노동자들은 자신의 자리에서 게으름을 피운다. 거기에다 젊은이들은 안정되다 하여 공무원 시험에 매달리고 실업자들은 날로 늘어난다. 이렇게 나가다가는 마침내 가난하였던 옛날로 되돌아가게 될까 염려하게 된다.

지금은 흥청망청하거나 서로 다툼을 계속할 때가 아니다. 지금은 지도자들과 국민 모두가 단합하여 새로운 도약을 향하여 나아가야 할 때이다. 그래서 마침내 얻어지는 번영하는 통일 한국 시대를 열어 나가야 할 때이다. 절망하지 않으면 반드시 성취한다.

"명성을 쌓는 것에는 20년이란 세월이 걸리며 명성을 무너뜨리는 것에는 5분도 걸리지 않는다. 그걸 명심한다면 당신의 행동이 달라질 것이다"
― 워렌 버핏 ―

11. 기도가 생활화되어야 한다

"백성이 다 세례를 받을새 예수도 세례를 받으시고 기도하실 때에 하늘이 열리며 성령이 비둘기 같은 형체로 그의 위에 강림하시더니 하늘로부터 소리가 나기를 너는 내 사랑하는 아들이라 내가 너를 기뻐하노라 하시니라"(눅 3:21-22)

위의 말씀에 3가지 기도 제목이 깃들어 있다.
1) 하늘이 열리기를 간구한다.
2) 성령이 임재하시기를 간구한다.
3) 하늘의 소리 듣기를 간구한다.

기독교 신앙은 하늘이 열림에서 시작된다. 기독교가 타 종교와 다른 점은 하늘이 열림에서 시작된 계시 종교 혹은 은혜 종교란 점이다. 예를 들어 불교의 경우는 하늘이 열리는 것이 아니라 사람이 수행하여 도를 깨쳐 나가는 종교이다. 그래서 사람이 수행을 통하여 깨달음의 경지로 나아간다. 그러나 기독교는 발상 자체가 다르다.

하나님이 사람을 찾아오시어 부르심에서 시작된다. 하나님이 아브라함을 찾아오시고 모세를 부르시고 느헤미야를 선택하셨다. 신약에서도 예수께서 고기잡이 하던 베드로를 부르시고 바울에게 자신을 나타내시어 그를 사도로 세우셨다. 그래서 요한복음 15장 16절에서 다음 같이 이르셨다.

"너희가 나를 택한 것이 아니요 내가 너희를 택하여 세웠나니 이는 너희로 가서 열매를 맺게 하고 또 너희 열매가 항상 있게 하여 내 이름으로 아버지께 무엇을 구하든지 다 받게 하려 함이라"(요 15:16)

기도는 기도의 영인 성령으로 해야한다. 하나님의 자녀는 항상 기도의 갈증을 느껴야 한다. 기도생활이 승리해야 인생도 승리할 수 있다. 자기 느낌이 없이 비슷비슷한 말들로 유창하게 기도하라는 것이 아니다.

모든 기도와 간구를 하되 항상 성령 안에서 기도하고 이를 위하여 깨어 구하기를 항상 힘쓰며 여러 성도를 위하여 구하라. 기도는 저절로 되는것이 아니라 항상 힘써야 하고 기도가 생활화되어야 한다는 것이다. 그러므로 우리는 기도생활의 유익함을 깨닫고 기도를 회복해야 한다.

사람이 자기의 의견과 소원을 초월하여 자기의 마음을 향상시키고 자기의 주의를 하나님께 집중하는 것이 기도의 제일 중요한 일이다.
— 티틀(Ernest Fremont Tittle) —

예수님의 기도생활은 아침 일찍 일어나 먼저 기도하러 한적한 곳으로 가시는 것으로 시작하셨다. 사람을 만나기 전에 먼저 하나님을 만나셨다.

"새벽 아직도 밝기 전에 예수께서 일어나 나가 한적한 곳으로 가사 거기서 기도하시더니"(막 1:35)

"무리를 작별하신 후에 기도하러 산으로 가시니라"(막 6:46)

예수님은 아침에 일찍 일어나 기도한 후, 종일 가르치시고, 병자를 고치시고, 일을 마치신 후에는, 그를 좇던 무리들과 제자들을 다 보내시고 홀로 기도하셨다. 말하자면 하루의 생활을 마치고 아버지께 돌아와서 하루의 일을 보고하셨다. 하루의 생활을 하나님 앞에서 셈하신 것이다.

이 두 성경 구절에서 우리가 꼭 배워야 할 교훈이 있다. 그것은 예수님이 기도와 일을 똑같이 힘쓰셨다는 점이다. 우리의 삶은 어떤가? 아침에 일찍 일어나 기도하는가? 기도와 일은 수레의 두 바퀴와 비교할 수 있다. 수레의 두 바퀴는 같이 굴러가야 한다.

어떤 이는 기도만 힘쓰고 일을 게을리 하거나 일은 힘쓰지만 기도를 게을리 한다. 건전한 신앙생활은 두 가지를 동시에 힘써야 한다. 주님! 우리의 기도 생활이 예수님을 닮을 수 있도록 은혜 베풀어 주옵소서. 아멘!

"기도는 끊임없이 쏟아져 나오는 끊임없는 사랑의 응답이며 모든 영혼을 인도하시는 하나님과 사귀는 길이다."

— 스티어(Dauglas Steere) —

12. 부모는 자녀들에게 축복기도 하라

"이는 지혜와 훈계를 알게하며 명철의 말씀을 깨닫게 하며 지혜롭게, 의롭게, 공평하게, 정직하게, 행할 일에 대하여 훈계를 받게 하며 어리석은 자로 슬기롭게 하며 젊은 자에게 지식과 근신함을 주기 위한 것이니 지혜있는 자는 듣고 학식이 더할 것이요, 명철한 자는 모략을 얻을 것이라"(잠 1:2-5)

부모로서 자녀들을 지혜로 가르칠 의무와 자녀들로서 거기에 대하여 책임있는 삶을 살 의무를 강조한 것이다.

부모는 하나님의 축복을 자녀에게 시행하는 대리자이다. 우리의 가정을 세우시는 분은 하나님이시다. 하나님은 가정을 세우시고 날마다 복주시기를 원하신다. 이 사실을 믿는 부모라면 결코 소홀히 해서는 안 될 것이 있다. 그것은 바로 기도이다. 자녀의 미래는 부모의 기도를 통해 세워져 나간다. 기도는 자녀의 미래를 위한 가장 확실한 투자이며, 동시에 기도를 통해 보여줄 수 있는 하나님을 향한 믿음은 부모들이 자녀들에게 남겨줄 수 있는 최고의 유산이다.

자녀를 위해 기도했다면 그 일들이 그대로 이루어질 것을 믿고 소망하며 기대해야 한다. 하나님은 우리의 기대를 저버리지 않으시고, 이 모든 기도를 다 응답해 주실 것이다. 자녀는 부모의 기도를 먹고 자라는 나무와 같다. 그 결실이 10년 후 혹은 20년 후에 이루어지기도 한다. 기도의 결실을 보면서 많은 믿음의 부모들이 간증하며 그 간증을 통해 우리는 은혜를 받는다. 그 만큼 자녀를 위한 기도가 진심과 정성이 담긴 기도이기에 하나님께서 응답해 주시는 것이다.

많은 분들이 자녀는 키우면 키울수록 힘이 든다는 말을 많이 하곤 한다. 그만큼 자녀는 주님이 창조하신 독립된 인격체로서의 자녀이기 때문이다. 그렇기에 우리 마음대로 할 수가 없다. 자녀를 위해 날마다 애써서 축복기도 한다는 것은, 바로 자녀가 하나님의 독립된 자녀임을 인정하는 일이며, 하나님께서 이 자녀를 책임져 주실 것을 믿는 일이며, 육신을 덧입고 우리 부모를 통해 이 땅에 태어난 자녀에 대한 책임을 다하는 일이다.

어머니가 된다는 것은 즐거운 일만은 아니다. 어머니들은 마치 전쟁터에서 싸우는 군인들과도 같다. 아이들의 영혼을 위해서 싸우는 것이다. 질병, 마귀의 시험, 세상의 악한 영향들, 고집 등과 맞서서 아이들을 보호하려고 기도로 싸운다.

아이들은 종종 자기 부모님을 통해서 하나님을 체험한다. 그래서 우리들의 역할과 책임은 막중한 것이다. 우리가 하늘에 계신 하나님 아버지를 닮는 삶을 살면서, 예수 그리스도의 삶이 우리를 통해서 아이들에게 흘러 내리게 한다면, 우리는 성공적인 부모가 되는 것이다. 그러나 그렇게 하는 데는 무슨 복잡한 신학적인 작업이 필요한 것이 아니라 아이들과 함께 시간을 보내면서, 그들을 만져주고, 같이 이야기해 주며, 함께 놀아주고, 기도해 주면 되는 것이다.

"기도는 끊임없이 쏟아져 나오는 끊임없는 사랑의 응답이며 모든 영혼을 인도하시는 하나님과 사귀는 길이다."

– 스티어 Dauglas Steere –

우리에게 평안함을 주시는 하나님!

우리 자녀에게 평안의 복을 주옵소서. 어떤 어려움이 닥쳐도 흔들리지 않는 견고한 마음을 주옵소서. 염려, 근심, 걱정, 불안, 초조, 절망이란 단어가 전혀 어울리지 않는 삶이기를 원합니다. 이러한 단어들이 삶에 없을 수는 없지만, 주님이 주시는 힘으로 염려의 먹구름을 떨쳐 버리게 하옵소서.

앞일에 대한 두려움, 어떻게 살 것인가에 대한 해결책이 주님께 있음을 깨달아 알게 해 주옵소서. 염려와 근심은 백해무익한 것임을 삶으로 체험케 하여 주옵소서. 근심하기 보다는 그 문제를 하나님께 가져옴으로 문제를 해결받게 하옵소서. 모든 인생의 짐은 주님께 맡기고 마음의 평안함을 갖고 사는 삶이 되게 하옵소서. 예수님의 이름으로 기도드립니다 아멘!

13. 금식기도의 위력

"내가 기뻐하는 금식은 흉악의 결박을 풀어 주며 멍에의 줄을 끌러 주며 압제 당하는 자를 자유케 하며 모든 멍에를 꺾는 것이 아니겠느냐"(사 58:6).

지금의 세계는 정신적으로 영적으로 몹시 어려운 처지에 놓여 있다. 길고 긴 인류 역사 이래 가장 급격한 변화의 시대를 살게 되면서 인류 전체의 정신세계가 뿌리째 흔들리고 있다. 그래서 나라마다 가는 곳마다 우울증이 날로 늘어나고 테러, 마약, 성범죄, 자살, 성인병 등이 날로 늘어나고 있지만, 어떤 나라 어떤 사회도 그 해결책이나 대안(代案, Alternative)을 제시하지 못하고 있는 실정이다. 이때야 말로 우리 믿음의 형제들은 하나님께 금식하며 부르짖을 때라고 생각한다. 왜냐하면 기도가 정답(正答)이기 때문이다.

"여호와의 말씀에 너희는 이제라도 금식하며 울며 애통하고 마음을 다하여 내게로 돌아오라 하셨나니 너희는 옷을 찢지말고 마음을 찢고 너희 하나님 여호와께로 돌아올지어다"(욜 2:12-13)

Alexis Carrel 박사는 노벨 의학상을 받은 의학계의 거장으로, 그는 금식에 대하여 의학적 소견을 다음과 같이 밝히고 있다.

"금식은 인체의 조직을 순환시키고 깊은 변화를 주며, 금식요법은 만병을 치유하는 비밀스런 열쇠와 같다. 또한 식용중추의 제어 기능을 회복할 뿐만 아니라, 몸속의 독성물질, 지방질, 활성산소 등을 없애주는 역할까지 한다. 현대병으로 고통받는 사람들은 물론이고, 건강증진과 체력향상을 도모하는 사람들에게 가장 고마운 건강법이 금식이다."라고 했다.

성경과 교회사에는 금식기도의 오랜 전통이 있다. 구약시대로부터 신약시대에 거쳐 믿음의 선진들은 금식기도를 통해 하나님의 능력을 체험했고, 간절한 소망을 이루었다. 모세, 다윗, 느헤미야, 다니엘, 엘리야와 엘리사, 그리고 신약으로 와서 예수님도 40일 금식기도를 마치신 후에 사역을 시작하셨다.

금식기도는 "나의 기뻐하는 금식은 흉악의 결박을 풀어 주며 멍에의 줄을 끌러주며 압제 당하는 자를 자유케 하며 모든 멍에를 꺾는 것이 아니겠느냐"(사 58:6) 이것이 금식기도의 위력이니 어찌 우리가 복되다 하지 않을 수 있겠는가?

앞에서 알렉시스 카렐 박사가 금식수련에 대하여 쓴 의학적 효능에 대하여 적었지만, 그것은 금식수련의 효과가 의학적으로, 건강상으로 유익한 점을 적은 부분에 지나지 않는다. 금식수련은 자신의 영성을 높이고 살아계신 하나님의 뜻을 물으며, 하나님의 인도하심을 받는 일에 최상의 지름길이다.

하나님을 믿는 우리는 참 복이 많은 사람들이다. 전능하신 하나님, 사랑의 하나님에 의하여 생각되어질 때에 행복한 것이다. 그래서 인간의 행복은 자신의 한계를 인식하고 전능하신 하나님 앞에 엎드릴 때에 인간다워지고 행복하여지는 것이다.

불트만은 "근세철학 이후 인간이 스스로 생각하고 스스로 판단하고 스스로 행동할 때에 비극은 시작 되었다."고 말했다. 전능하시고 자비로우신 하나님 앞에 겸손히 엎드릴 때만이 인간다워지고 행복하여짐을 강조하였다. 영멸에서 영생으로 구원받은 것도 복이지만, 세상 사람들이 사람의 힘으로 도저히 안 되어 포기할 때 우리에게는 아직 방법이 남아있기 때문이다.

금식은 무조건 굶는다고 하나님이 열납 하시는 것은 아니다. 금식은 육신의 정욕을 제어하고 하나님 앞에 겸손히 엎드린다는데 그 의미가 있는 것이다. 금식은 인간의 욕구를 내려놓고 전적으로 하나님의 은혜를 구하는 것이다.

그러므로 금식하는 동안에는 오락을 삼가하고, 남에게 가혹하게 일을 시키지도 말고(사 58:3), 싸워서도 안 되며(사 58:4), 가난한 이웃을 먹이고 입히며, 또 금식기간 중 찾아온 친척을 피하지도 말고 대접해야 한다(사 58:7).

그리고 가장 중요한 것은 다윗처럼 진정으로 나를 돌아보면서 자복하고 회개하는 마음으로 "나는 하나님 앞에 죄인입니다 나를 긍휼히 여기소서" 마음을 찢는 애통의 심정으로 금식해야 하며(느 9:1-2), 사람에게 보이려는 슬픈 기색 없이 해야 하며, "지금까지 살아온 나의 삶 전체가 모두 하나님의 은혜이며 하나님께 감사한 것 뿐입니다."라고 고백할때 하나님께서 기뻐 받으신다.

하나님이 기뻐하시는 금식을 하면 어떤 결과가 나타날까?

"네 빛이 아침 같이 비칠 것이며 네 치료가 급속할 것이며 네 의가 네 앞에 행하고 여호와의 영광이 네 뒤에 호위하리니 네가 부를 때에는 나 여호와가 응답하겠고 네가 부르짖을 때에는 말하기를 내가 여

기 있다 하리라"(사 58:8-9)

이처럼 금식기도는 흉악의 사슬을 푸는 열쇠이다. 그런데 그 열쇠가 당신 손에 있는데 왜 걱정하고 포기하는가? "일을 행하시는 여호와, 그것을 만들며 성취하시는 여호와, 그의 이름을 여호와라 하는 이가 이와 같이 이르시도다. 너는 내게 부르짖으라 내가 네게 응답하겠고 네가 알지 못하는 크고 은밀한 일을 네게 보이리라"(렘 33:2-3)고 하셨다.

금식을 왜 꼭 해야만 하는가?
첫째, 우리는 먼저 국가적인 재난을 당했을 때 금식해야 한다.
둘째, 위기에 봉착했을 때에도 금식해야 한다.
셋째, 슬픈 일을 당했을 때도 금식해야 한다.
넷째, 걱정이 있을 때도 금식해야 한다.
다섯째, 병들었을 때 금식해야 한다.
여섯째, 능력을 받기 위해서 금식해야 한다.
일곱째, 하나님의 특별한 자비를 구할 때 금식해야 한다.

"그러므로 내가 너희에게 말하노니 무엇이든지 기도하고 구하는 것은 받은 줄로 믿으라 그리하면 너희에게 그대로 되리라"(막11:24)

14. 가족을 위한 기도

"항상 기뻐하라 쉬지말고 기도하라 범사에 감사하라 이것이 그리스도 예수 안에서 너희를 향하신 하나님의 뜻이니라"(살전 5:16-18)

온 가족이 함께 모여서 기도하면 반드시 축복을 받게 될 것이다. 기도는 축복으로 들어가는 통로이기 때문에 이것은 틀림없는 하나님의 약속이다. 그리고 여러분 가족의 필요뿐만 아니라 다른 가족들의 필요를 위해서 기도하다 보면, 여러분이 도리어 먼저 축복을 받게 될 것이다. 왜냐하면 은혜와 축복과 은사의 근원이신 하나님을 만나고 있기 때문이다.

간절한 바람이 간절한 기도를 낳는다. 당장 이루어지지 않을 수 있다. 더 간절한 마음으로 더 간절히 기도해야 한다. 그러면 하늘이 움직이기 시작한다. 사람을 붙여주고, 물질을 채워주고, 많은 인연들을 만들어 주신다.

"기도는 신자의 유일한 무기이다."

— 톰슨 Frances Thompsam —

사랑의 하나님!

좋은 가족과 형제를 주신 하나님께 감사를 드립니다. 가족을 통해 하나님의 깊은 은혜를 느끼고 형제를 통해 이웃을 사랑하는 법을 배우게 하소서. 자연스럽게 사랑할 수 있는 혈육으로 묶어주신 하나님! 이 안에 숨겨진 하나님의 계획과 의미를 알게 하시고 가족과 형제의 사랑을 통해 주님의 사랑을 터득하게 하소서. 가까운 친척과 가족부터 더욱더 사랑하게 하시고 잘 대할 수 있도록 하소서. 형제간의 우애가 깊어져 그 안에 주님의 모습이 더욱더 나타나게 하시고 우리 가족과 형제를 통해 세상 사람들이 주님의 제자임을 알게 하소서.

나보다 가족을 먼저 생각하는 여유를 주시고 서로를 아끼고 사랑하며 믿음으로 하나 되게 하소서. 물질적인 풍요보다 마음의 풍요가 소중함을 느끼게 하시고 이기적인 마음 때문에 서로에게 고통을 주지 않도록 하소서. 없는 것에 대해 불평하기보다 저희에게 주신 것에 대해 감사할 줄 아는 여유와 은총을 주소서.

교만으로부터 오는 자존심과 허영심을 모두 버리고 겸손함과 정직함으로 살아가도록 하소서. 작은 지식으로 다른 사람을 판단하지 않도록 하시고 모든 사람을 존중할 수 있는 겸허함을 주소서. 저를 위하여 다른 사람들이 있기를 바라기보다 다른 사람들을 위해 내가 존재하는 기쁨을 느끼도록 하소서.

서로를 믿고 사랑하며 사랑 안에서 모두가 함께 할 수 있도록 하소서. 삶이 힘들고 괴로울지라도 주어진 삶을 기쁨으로 맞이할 수 있는 용기와 믿음을 주소서. 실수를 하거나 잘못을 하였을 때 욕하고 비난하기보다 용서하고 격려하며 포용할 수 있는 넓고 깊은 마음을 갖도록 하소서.

노력 없이 결과를 기대하지 않도록 하시고 성실과 정직으로 모든 일에 임하도록 하소서. 다른 사람에게 보여주기 위해 열 가지의 일을 하기보다 보이지 않는 진정한 하나의 일을 즐겁게 할 수 있게 하소서.

미미한 나의 능력과 지혜와 물질이 나만을 위한 것이 아니고 너와 나 우리 모두를 위해 주신 것임을 잊지 않도록 하소서. 서로를 이해하고 용서하며 기쁨과 즐거움이 함께 하는 열린 가족이 되게 하소서. 예수님의 이름으로 기도드립니다. 아멘!

15. 나라와 민족을 위한 기도

"구하는 이마다 얻을 것이요 찾는 이가 찾을 것이요 두드리는 이에게 열릴 것이니라"(마 7:8)

"기도하라. 끊임없이 기도하라. 기도는 성령님의 힘의 저장고를 여는 열쇠이기 때문이다."   - P. S. 보들레르 -

농사꾼과 학자들에게 세 부류가 있듯이 정치가들에게도 마찬가지로 세 부류가 있다. 하정(下政), 중정(中政), 상정(上政)이다. 상정이 많아야 그 나라의 정치가 제대로 되어질 터인데 오히려 하정이 많은 것이 우리나라 정치판의 현실이다.

하정(下政)이라 함은 자신의 이권과 입지를 위하여 백성들을 희생시키고 자신의 사리사욕을 앞세우는 정치가이다. 이런 정치는 패거리 정치가 된다. 사회학에서는 그런 정치가들이 이루어 나가는 공동체를 이익사회, 곧 Gesellschaft, 이익 공동체라 한다. 타락한 정치 공동체 이익을 앞세워 다툼을 일삼는 공동체이다.

이익사회 Gesellschaft에 대조되는 공동체가 이념 공동체 곧 Gemeinschaft 이다. 이념 공동체는 개인의 이익이 아니라 개인보다 공동체의 유익이 앞서는 공동체를 일컫는다. 안타깝게도 우리나라의 정치판에는 하정(下政)에 속하는 정치꾼들이 주름을 잡고 있어 나라의 발전과 국민들의 행복이 제자리 걸음을 하고 있다.

중정(中政)은 정치가로서 제자리만 제대로 지키면서 공공의 유익에 대하여는 무관히 여기는 정치가이다. 하정에 비하면 훨씬 좋은 정치가들이지만 상정에 비하면 많이 뒤처지는 정치가들이다.

상정은 차원이 다르다. 국가와 국민들을 위하여는 자신을 기꺼이 희생시켜 국가의 장래를 도모하는 정치가들이다. 그런 정치가들이 나라를 이끌게 되면 새로운 시대가 열려지게 된다. 그런 지도자들의 지도 아래 국민들이 뭉치게 되고 국가발전은 제 길로 나아갈 수 있게 된다. 우리나라에 이렇게 상정(上政)에 해당하는 정치가들이 기회를 얻어 나라의 장래를 열어 나가 통일한국시대를 성취하여 나갈 수 있게 되기를 기도한다.

여호와 샬롬 하나님!

우리나라가 국론이 통일되고 정의롭고 안전한 나라가 되게 하옵소서. 근면하고 성실하게 노력하는 이들이 존중받게 하소서. 한국 교회가 하나 되지 못함과 오만과 종교다원주의와 세속주의와 거짓과 음란의 죄를 용서하여 주시고, 거룩한 성령의 공동체로 회복되어 열방을 섬기는 빛과 소금의 역할을 감당하게 하소서. 남과 북이 평화롭게 교류하며 통일의 길을 열게 하소서. 한민족이 그리스도 안에서 치유되고 화해하게 하소서. 이웃나라 일본과 동북아 국가들이 화목하여 평화를 누리게 하소서

구원의 하나님!

이 나라와 이 민족을 불쌍히 여겨 주옵소서 저희들에게 나라를 사랑하는 애국심을 주옵소서. 지금은 그 어느 때보다 정치와 경제, 교육, 외교 모든 분야가 어렵고 혼란스럽습니다. 이 나라가 지금 위기에 있습니다. 국민들은 어떻게 해야 좋을지 갈 바를 알지 못하고 있습니다. 경제도 위기이고, 안보도 위기이고, 국민들은 하나가 되지 못하고 나누어져 있습니다.

우리는 지금 국제적으로는 정치, 경제, 군사적으로 무서운 대립과 경쟁의 시대, 국내적으로는 보수와 진보 사이에서 여야간의 치열한 싸움이 벌어지는 혼돈의 시대에 살고 있습니다. 이 나라에는 또한 생활고 때문에 혼란에 빠지는 사람들이 날로 늘어가고 있으며 정치와 경제가 근원을 알 수 없는 소용돌이에 휘말려 극단의 이기주의로 치닫고 있습니다. 배가 망망한 바다로 항해하다 심한 폭풍우와 암초에 부딪혀 갈 길을 잃고 헤매이고 있듯이 국민들은 불안해 하고 목적도 없고 갈등하며 한숨만 짓고 있습니다.

이 혼란의 시기에 우리 성도들은 바른 역사관으로 이 시대를 바로 인식하고, 신앙을 잘 지켜나갈 수 있도록 지혜를 주옵소서. 모든 일에 하나님의 선하시고 기뻐하시고, 온전하신 뜻이 무엇인지 잘 분별할 수 있는 명철을 주옵소서. 세상 어둠의 옷을 벗고 예수 그리스도의 의의 옷으로 갈아 입고 주님의 말씀과 기도로 깨어 기도하게 하옵소서!

여호와 닛쉬 하나님!

이 나라를 긍휼히 여겨 주옵소서. 이제 나라의 소중함을 바로 깨달아 무엇이 옳고 그릇됨을 알고 국민들이 스스로 나라를 사랑하며 나라를 지켜 나가는 놀라운 은혜를 더하여 주옵소서, 주님의 긍휼과 주님의 손길로 이 나라를 다스려 주옵시고 구원해 주옵소서.

기도가 세계 역사와 인류 공동체의 미래를 바꿀 수 있다고 믿습니다. 더욱더 기도의 용사들을 불일 듯 일으켜 주옵소서. 대한민국을 세계속에 우뚝 선 나라를 만들기 위해 쓰임 받는 시대의 일꾼들을 보내 주옵소서. 갈급한 심령 위에 주의 성령을 부으시어 우리로 그리스도인으로서 당당하게 살도록 하옵소서. 예수님의 이름으로 간절히 기도 드립니다. 아멘!

16. 하나님이 들어 주시지 못하는 기도

"오직 성령의 열매는 사랑과 희락과 화평과 오래 참음과 자비와 양선과 충성과 온유와 절제니 이 같은 것을 금지할 법이 없느니라"(갈 5:22-23)

하나님께서 들어 주시지 못하는 기도 3가지가 있다.
첫째는 과식하는 사람의 위장을 지켜 주지 못하신다는 것이고

둘째는 과로하는 사람의 건강을 지켜 주지 못하신다는 것이요,

셋째는 과욕을 부리는 사람의 은행 구좌를 지켜 주지 못하신다는 것이다.

삼금이란 첫째는 과식이요, 둘째는 속식이요, 셋째는 간식이다. 우리나라 음식이 장점이 많은 음식인데 한 가지 약점이 있다. 맵고 짜고 물이 많은 점이다. 그래서 한국인들에게는 위장병이 많다.

과식하지 아니하고 소식(小食)하고 속식하지 아니하고 서식(徐食)하고 간식을 먹지 아니하고 정한 시간에 정한 양을 먹는 정식(定食)을 원칙으로 정하고 열심히 지킨다. 그래서 적게 먹는 소식, 천천히 먹는 서식, 정한 시간에 먹는 정식을 삼식(三食)이라 한다.

현대 의학에서 증명한 바가 소식이 장수의 비결임을 일러준다. 그래서 수도하는 사람들은 과식하는 사람에게는 영혼이 없다고까지 말한다.

두 번째의 과로(過勞)하는 사람의 건강에 대하여 생각해 보자. 과로는 만병의 근원이라는 말도 있듯이 과로하는 만큼 수명이 단축된다. 한국인들이 부지런한 점은 세계가 알아주는 장점이다. 그러나 그 부지런함이 지나쳐 과로하게 되면 몸에 독이 된다. 한국인들에게 불명예스러운 세계 1위가 있다. 40대, 50대 남자들의 돌연사가 세계 1위이다.

한국의 남자들이 한참 일할 나이인 40대, 50대에 갑자기 쓰러진다. 과로 탓이다. 우리 사회가 스트레스가 많고 사회 구조가 과로하게 되어 있기에 한창 일할 나이인 인생의 황금기에 과로 탓으로 돌연사하게 된다. 인생은 단거리가 아니다. 마라톤 같은 장거리이다. 체력을 안배하여 천천히 꾸준히 가야 한다. 그것이 성공에 이르는 바른 길이다.

과식이 건강을 무너뜨리는 주범인 것과 마찬가지로 과로는 건강을 무너뜨리는 주범 중의 주범이다. 누구나 과로하지 않기를 원하겠지만 이 시대의 상황이 우리로 과로하지 않을 수 없게 한다. 그래서 전도유망하던 일꾼들이 과로가 빌미가 되어 타계하는 경우가 적지 않다. 그래서 하나님께서는 우리들의 기도를 들어 주시기를 원하시지만 과로하는 사람들의 건강을 지켜 주지 못하신다는 것이다.

그래서 성경에서 거듭거듭 일러 주기를 절제(節制, Self Control) 하라 이르셨다. 갈라디아서 5장 22절과 23절에는 다음 같이 이르셨다.

"오직 성령의 열매는 사랑과 희락과 화평과 오래 참음과 자비와 양선과 충성과 온유와 절제니 이 같은 것을 금지할 법이 없느니라"(갈 5:22-23)

이 말씀에서 9가지 성령의 열매 중에 마지막이 절제이다. 사랑의 열매에서 시작하여 절제로 끝이 난다. 이는 무엇을 의미하는가? 크리스천이 맺어야 할 영적 성품 중에 최종적인 열매가 절제의 열매임을 일러 준다. 사람이 얼마나 영적인가를 가늠하는 기준은 그가 얼마나 절제할 수 있는지가 결정한다.

과식과 과로에 이어 과욕(過慾)이 자신을 무너뜨리는 요소가 된다. 인간의 성숙된 정도를 드러내는 기준 중의 하나가 과욕을 부리는가 아니면 적절한 선에서 멈추는가의 문제이다. 무슨 일에든지 적절한 선에서 멈추지를 못하고 과욕을 부리는 사람의 미래는 어느 시점에선가 삶 전체를 무너뜨리는 때가 기다리고 있다.

과욕을 부리는 사람은 마치 멈출 줄을 모르고 달리는 기관차와 같아서 그 삶의 끝은 벼랑을 만나 추락하게 된다. 인간은 너나 할 것 없이 어리석어서 마지막 추락이 뻔히 보이는 자리에서도 달리기를 멈추지 않는다. 성경이 일러주는 바대로 그 끝은 사망이다.

"같은 실수를 두려워하되 새로운 실수를 두려워하지 마라. 실수는 곧 경험이다."
— 미상 —

17. 歸天(귀천)의 祈禱(기도)

여호와 샬롬 하나님!

저의 머리는, 오늘 제가 생각하는 것이 저를 통한 주님의 생각이 되게 해 주소서.

저의 눈은, 제가 오늘 누군가를 바라볼 때 주님의 눈으로 보게 해 주시고 누군가와 눈이 마주쳤을 때 그 사람이 저를 통해 순수한 삶을 꿈꾸게 해 주소서.

저의 코는, 오늘 제가 오만하지 않게 하시고 숨을 쉴 때마다 주님의 생기를 호흡하게 해주시고 숨을 내뱉을 때마다 제 안에 있는 부정적인 것들을 쫓아내게 해 주소서.

저의 입은, 오늘 제가 하는 말이 누군가를 살리는 말이 되게 해 주시고 오늘 먹는 음식이 성찬이 되게 해 주소서.

저의 발은, 걷는 발걸음마다 주님의 은총이 새겨지도록 해 주시고 제가 만나는 사람에게 평화를 가져가는 발걸음이 되게 해 주소서.

저의 손은, 오늘 제가 손을 내밀어 누군가를 붙잡을 때 저를 통해 그의 손을 잡아 주시고 생명의 기운이 그에게 흘러가도록 해 주소서.

주님! 내 세월 다하는 날 슬픔 없이 가게 하여 주소서.

초대 없이 온 이 세상 정 주고받으며 더불어 살다가 귀천의 그 날은 모두 다 버리고 빈손과 빈 마음으로 떠나기를 약속하고 왔나니 내 시간 멈추거든 그림자 사라지듯 그렇게 가게 하여 주소서.

한 세상 한 세월 사랑하고 즐겁고 괴로웠던 생애였나니 이 세상 모든 인연들과 맺어 온 그 아름답고 소중한 추억들이 허락 없이 떠나는 그 날의 외로움으로 슬프게 지워지지 않게 하여 주소서.

다만 어젯밤 잠자리에 들듯 그렇게 가고 보내는 이별이 되게 하여 주소서.

아울러 사랑하는 나의 가족들이 슬픔과 외로움을 잊고 이 세상의 삶을 더욱 알고 깨달아 굳건히 살아가는 지혜와 용기를 주소서. 아름다운 이 세상 마지막 소망을 아름답게 이루고 아름답게 떠나가게 하여 주소서.

이 세상에 올 때 모두가 웃는데 정작 태어나는 신생아는 크게 울면서 나온다. 그런데 갈 때는 모두가 우는데 저만이 웃으면서 가야하는 것. 바로 암스트롱의 성자의 행진처럼 울면서 왔지만 웃으며 떠난다. 왜냐? 生은 고달프게 살았으나 歸天에 천국이 보이면 기쁘기 때문이다.

Part 6.
감사란 무엇인가?

1. 감사란 무엇인가?
2. 감사의 정의
3. 감사하는 말을 합시다
4. 감사의 3차원
5. 감사가 우리의 삶에 끼치는 영향
6. 감사를 통해 일어난 크고 작은 기적들
7. 감사하면 우울증이 치유된다
8. 감사가 삶을 바꾸는 이유
9. 감사와 행복의 비결
10. 진정한 마음의 평안과 감사
11. 그리스도 예수 안에서 항상 감사하며 살자
12. 베풀면 반드시 돌아온다
13. 행운과 불운은 통제하기 나름이다
14. 이제는 눈을 뜨고 시야를 넓힐 때이다
15. 주 안에서 항상 기뻐하라
16. 긍정의 힘은 위대하다
17. 대한민국을 이끌어온 자랑스런 애국자들

1. 감사란 무엇인가?

"할렐루야 여호와께 감사하라 그는 선하시며 그 인자하심이 영원하심이로다 누가 능히 여호와의 권능을 다 말하며 주께서 받으실 찬양을 다 선포하랴 정의를 지키는 자들과 항상 공의를 행하는 자는 복이 있도다"(시 106:1-3)

감사는 고마움에 대한 감정을 나타내는 말이나 행위를 말한다.
구약성경에서는 주로 일상 생활 가운데서 보호하시고 도우시는 하나님의 은혜에 대한 감사가 주류를 이루고 있다.

"여호와께 감사하라 그는 선하시며 그 인자하심이 영원함이로다 신들 중에 뛰어난 하나님께 감사하라 그 인자하심이 영원하리로다"(시 136:1-2)

그래서 감사의 제사를 드리고, 감사의 예물을 드리며, 감사 찬송을 불렀다.
우리는 시편을 통해 그 대표적 사례들을 많이 만나볼 수 있다. 이런 감사는 이스라엘의 전 역사의 중심 주제라 해도 과언이 아니다. 신실하신 여호와께서는 이스라엘과 맺은 약속을 한치 오차없이 이행해 주셨다.

"주여 내가 만민 중에서 주께 감사하오며 뭇 나라 중에서 주를 찬송하리이다. 무릇 주의 인자는 커서 하늘에 미치고 주의 진리는 궁창에 이르나이다 하나님이여 주는 하늘위에 높이 들리시며 주의 영광이 온 세계위에 높아지기를 원하나이다"(시 57:9-11)

따라서 여호와께서 약속하신 언약을 지키시며 사랑을 베푸시는 데 대한 이스라엘 백성의 응답이 곧 감사였던 것이다. 결국 이스라엘이 하나님께 드리는 감사는 하나님과 맺은 자신들의 계약을 성실하게 이행하겠다는 다짐이요, 표현이었던 것이다.

왜냐하면 감사하는 마음에서만이 하나님의 말씀에 기꺼이 복종하고자 하는 올바르고 자발적인 자세가 나올 수 있기 때문이다.

한편 신약에서의 감사는 예수 그리스도의 구속 행위에 대한 감사라는 점에서 구약과는 다소 차이가 있다. 예수께서는 감사 기도를 통해 감사하는 자세와 감사의 모범을 보여 주셨다.

"그 때에 예수께서 대답하여 이르시되 천지의 주제이신 아버지여 이것을 지혜롭고 슬기 있는 자들에게는 숨기시고 어린 아이들에게는 나타내심을 감사하나이다 옳소이다 이렇게 된 것이 아버지의 뜻이니이다 내 아버지께서 모든 것을 네게 주셨으니 아버지 외에는 아들을 아는 자가 없고 아들과 또 아들의 소원대로 계시를 받는 자 외에는 아버지를 아는 자가 없느니라"(마 11:25-27)

또한 믿음 생활에서 감사가 얼마나 중요한 것인지를 여러 비유와 사례를 통해 가르쳐 주셨다.

"예수의 발 아래 엎드리어 감사하니 그는 사마리아 사람이라 예수께서 대답하여 이르시되 열 사람이 다 깨끗함을 받지 아니하였느냐 그 아홉은 어디 있느냐 이 이방인 외에는 하나님께 영광을 돌리러 돌아올 자가 없느냐 하시고 그에게 이르시되 일어나 가라 네 믿음이 너를 구원하였느니라 하시더라"(눅 17:16-19)

그래서 심지어 사도 바울은 이방인들의 죄악을 지적하면서 구원의 하나님을 영화롭게 하지도 않고 감사치도 않는다고 경고 하였다.

"하나님을 알되 하나님을 영화롭게도 아니하며 감사하지도 아니하고 오히려 그 생각이 허망하여지며 미련한 마음이 어두워졌나니"(롬 1:21)

이렇게 본다면 구원받은 성도의 제일 되는 삶은 곧 하나님께 감사드리는 삶이다. 바울 역시 데살로니가 교인들을 향해 '범사에 감사하라'(살전 5:18)고 권면하였다. 뿐만 아니라 신약성경 기자들은 그들 동료 기도교인들에게 하나님께 감사하는 자가 되라고 권고했다.

"누추함과 어리석은 말이나 희롱의 말이 마땅치 아니하니 오히려 감사하는 말을 하라, 그리스도의 평강이 너희 마음을 주장하게 하라 너희는 평강을 위하여 한 몸으로 부르심을 받았나니 너희는 또한 감사하는 자가 되라"(엡 5:4, 골 3:15)

왜 이토록 감사 생활이 중요한가? 왜냐하면 오직 감사가 나타나는 데에서만 참 신앙이 나타나기 때문이다.

"하나님을 알되 하나님을 영화롭게도 아니하며 감사하지도 아니하고 오히려 그 생각이 허망하여지며 미련한 마음이 어두워졌나니"(롬 1:21)

말하자면 감사는 신앙을 향한 부름(call to faith)의 역할을 하며 그리스도 안에서 주어진 은혜에 대한 유일한 신앙적 응답이기 때문이다.

"우리주 예수 그리스도로 말미암아 우리에게 승리를 주시는 하나님께 감사하노니 그러므로 내 사랑하는 형제들아 견실하며 흔들리지 말고 항상 주의 일에 더욱 힘쓰는 자들이 되라 이는 너희 수고가 주 안에서 헛되지 않은 줄 앎이라"(고전 15:57).

2. 감사의 정의

"무릇(감사하는 마음) 있는 자는 받아 풍족하게 되고 없는 자는 그 있는 것까지 빼앗기리라"(마 25:29)

"스스로 감사할 줄 아는 마음을 가져라. 그러면 삶은 더 크고 긍정적인 차원으로 옮겨갈 것이다."　　　　　　　　　　　- 조스 디펜사 -

일상생활이 기도가 되게 하는 것이 최상의 기도이다. 자신이 하는 생각과 말과 행위를 기도가 되게 해야 한다. 기도는 구하고 바라는 것이 아니라, 그분의 은덕에 감사를 드리는 것이다. 자신이 인연한 모든 것은 그분의 뜻이 깃든 것이라, 즐겁게 감사하는 뜻으로 하면 아주 좋은 기도가 된다.

"너희 아버지께서는 너희가 청하기도 전에 무엇이 필요한지 알고 계신다"(마 6:9)

백과 사전에서는 '감사합니다'의 동의어로는 '고맙습니다'가 있다. '감사합니다'는 한자어에서 감동할 감(感)과 사례할 사(謝)를 써서 '감사(感謝)하다' 고마움을 느낌, 고마움에 대한 '인사'라는 뜻이다. 하지만 '고맙습니다'는 순 우리말이다! 여기 '고맙습니다'의 '고마'는 옛말(고어)로, '신(神), 존경'을 뜻하는 말이므로 '고맙습니다'란 표현은 '신처럼 존귀하게 여깁니다'라는 뜻이라고도 한다. 아무튼, 감사란 은혜를 베푼 상대방을 진심으로 높이는 표현이라고 할 수 있다.

하버드대 조직행동학 샤흐르 박사는 영어에서 감사를 뜻하는 단어 'Appreciate'에는 두 가지 의미가 있는 것으로 하나는 어떤 사건에 대해 당연하게 생각하지 않고 감격스러워한다는 뜻이고, 또 하나는 가치가 오른다는 뜻이라 설명하고는, 그 예로 돈을 은행에 넣어두면 돈의 이자가 더 붙어 가치가 증가하고 경제가 성장한다는 것이나, 우리들이 좋은 물건에 감격스러워하면 그것의 가치는 올라간다는 의미와 같다고 설명한다.

일반적인 영어 구어체로서 감사는 'gratitude'를 뜻하는 라틴어 'gratia'와 '기쁘게 함'을 의미한 'gratus'에서 유래했다고 본다. 이 라틴어 어원에서 나온 파생어는 '친절, 관대함, 선물 주기와 받기의 아름다움' 아무 대가 없이 무엇인가 얻는 것 등과 의미가 연결되어 있다.

어떤 윤리학자는 감사를 '노력에 의하지 않고, 내가 가진 가치가 증가 했음을 자발적으로 시인하는 것'이라 정의 했으며 〈감사의 힘(Power Of Appreciation)〉의 공동저자인 '빌르 C.넬슨'과 '지니 르메어 칼라바'는 삶을 변화시키는 에너지를 가진 '감사'는 '감사함과 소중함'이 결합된 감사이어야 한다고 했다.

그래서 '무조건적'이고 '지속적'인 감사의 강력한 에너지가 되는 '감사의 에너지'는 당신의 삶을 평범함에서 탁월함으로, 고난에서 기쁨으로, 장애에서 성공으로 이끄는 힘이다. 그러나 의무감에 의한 감사, 사교적인 감사, 정략적인 감사, 즉흥적인 감사와는 전혀 다른 형태의 감사라는 것을 깨닫게 한다.

세계적 베스트셀러 〈Secret〉의 저자인 론다 번(Rhonda Byrne)은 그의 저서인 〈The MAGIC〉에서 감사하는 마음을 실천했던 과학자, 철학자, 발명가, 발견자, 예언가들은 그에 따른 결과물을 거뒀으며 그들 대부분은 감사하는 마음이 지닌 힘을 깨닫고 있었다. 그러나 "오늘날의 많은 사람들이 감사하는 마음이 어떤 것인지를 잘 알지 못한다. 감사하는 마음이 삶에 어떤 매직을 불러오는지 경험하기 위해서는 우선 감사하는 마음을 실천해야 하기 때문이다."라고 하며, 감사하지 않으면 더 나은 건강, 더 좋은 인간관계, 더 많은 기쁨, 더 많은 돈, 직장이나 사업에서 더 많은 성과가 계속 이어지는 것이 끊겨버린다고 했다.

감사하는 마음을 통해 이뤄지는 약속된 말씀이다. 감사하는 마음이 있으면 더 많이 받을 것이고, 넉넉해질 것으로 성구안에 감춰진 한 단어가 바로 '감사' 라는 것이다. "감사로 제사를 드리는 자가 나를 영화롭게 하나니 그의 행위를 옳게 하는 자에게 내가 하나님의 구원을 보이리라"(시 50:23)고 하셨다.

사랑의 하나님!

오늘도 살아 숨쉬게 하시고 이 시간을 통하여 주님 앞에 기도하게 하시는 은혜에 감사를 드립니다. 하나님의 귀한 은혜와 사랑 가운데 몸부림치게 하시고 다른 길로 눈을 돌리며 가려 할 때마다 나를 부드럽고도 강한 손으로 인도해 주시는 것을 알기에 감사합니다. 내 삶속에서 언제나 하나님을 기억하게 하시고 그 하나님을 예배하고 그 하나님께 나의 삶을 드려 기도하게 하시는 것에 감사를 드립니다.

나의 힘이되시며 나의 의지가 되시는 분은 오직 하나님밖에 없음에 감사드립니다. 나의 소망이시며 나의 사랑이시며 나의 모든 것이신 주님, 아직도 부족한 종을 통해서 더욱 기도하게 하시고 그로 인해 작은 입술이나마 감사의 고백을 할 수 있게 하심에 감사를 드립니다. 생을 마감할 때까지 언제나 나의 입술에서 감사가 끊이지 않게 하옵소서. 예수님의 이름으로 간절히 기도드립니다. 아멘.

3. 감사하는 말을 합시다

"사랑을 받는 자녀같이 너희는 하나님을 본받는 자가 되고 누추함이나 어리석은 말이나 희롱의 말이 마땅치 아니하니 오히려 감사하는 말을 하라"(엡 5:1, 4)

최근에 우리나라는 욕설이 난무하는 사회가 되었다. 청소년들과 대학생들은 욕설이 없으면 대화가 되지 않는다. 주간 조선에 실린 글을 보면 학력차, 소득격차. 교육비 지출등과 관계없이 전국적으로 평준화, 평균화, 평등화를 이룬것이 욕설 문화라고 한다. 청소년만 욕설을 쓰는 것이 아니다. 직장이나 거리에서 시위하는 사람들의 구호와 현수막의 글은 가슴을 철렁 내려앉게 하는 말들을 사용한다.

사적으로 쓰는 말이 아니고, 공적으로 쓰는 말인데도 온갖 욕설, 악담, 독설을 서슴없이 사용한다. 심지어는 교사들이 시위할 때도 역시 같은 말들을 사용한다. 권위를 인정해 주어야 하는 대통령이나 정부 책임자들에게 욕설과 악담을 사용한다. 본을 보여야 할 사람들이 공개적으로 욕설과 악담을 하니 청소년들만을 탓할 일이 아니다.

우리는 거룩한 삶을 살아가려고 애쓰는 사람들이다. 그러므로 부끄러운 말을 버리고 감사하는 말을 해야 한다. 성경은 "사랑을 받는 자녀같이 너희는 하나님을 본받는 자가 되고 누추함이나 어리석은 말이나 희롱의 말이 마땅치 아니하니 오히려 감사하는 말을 하라"고 한다. 분노나 질투에 사로잡혀 불평하는 말, 욕을 하면 인간관계가 깨지게 된다. 오가는 대화가 악독한데 어떻게 친근감이 발생할 수 있겠는가? 점점 더 관계가 멀어지고 깨질 수밖에 없다.

그러나 감사하는 말, 위로하는 말, 격려하는 말을 하면 친근감을 더 많이 느끼게 되고, 사랑하는 마음이 일어나게 되며 인간관계 또한 원만해 진다. 욕하는 말이나 악담을 하면 다툼과 분쟁이 생기고, 국가 간에 평화가 깨지고 전쟁이 일어나게 된다. 그러나 서로를 존중하여 점잖은 말을 하면 다툼과 분쟁은 그치고 평화가 형성된다.

부부관계 세미나나 가족관계 개선 프로그램에서 가장 많이 하는 것이 있다. 서로에게 감사한 제목을 기록하는 것이다. 감사한 일 스무 가지를 기록하라고 하면, 처음에는 별로 쓸 것이 없다. 그러나 잘 생각해 보고 한 가지 두 가지 쓰다 보면 감사한 일들이 많이 떠올라 기록하게 된다.

평상시에는 당연한 것으로 생각했던 것들이 모두 감사한 일인 것을 깨닫게 된다. 감사한 일을 기록하면서 그동안 나 자신이 너무 무심하고 무감각했던 것을 깨닫고 회개하게 된다. 그리고 감사한 마음을 직접 말로 표현하여 고백하게 된다. 그러면 깨졌던 관계가 회복되고 관계가 친밀해진 된다.

우리는 가정에서부터 감사하는 말을 해야 한다. 직장과 사회에서 바른말, 고운말, 위로하는 말, 격려하는 말을 해야 한다. 그래서 행복한 가정, 평화로운 사회를 만들어야 한다.

"이 세상에서 가장 현명한 사람은 누구인가? 그는 모든 사람에게서부터 배움을 가진 사람이다. 이 세상에서 가장 강한 사람이 누구인가? 자기 자신을 이기는 사람이다. 이 세상에서 가장 행복한 사람은 누구인가? 범사에 감사할 줄 아는 사람이다."   - 탈무드 중에서 -

4. 감사의 3차원 단계

"비록 무화과나무가 무성하지 못하며 포도나무에 열매가 없으며 감람나무에 소출이 없으며 밭에 먹을 것이 없으며 우리에 양이 없으며 외양간에 소가 없을지라도 나는 여호와로 말미암아 즐거워하며 나의 구원의 하나님으로 말미암아 기뻐하리로다"(합 3:17-18)

주변 환경을 긍정적으로 인식하고 주어진 삶에 대해 감사하는 사람일수록 심장병 발병 확률이 1/3 정도로 낮아지는 연구결과가 나타났다. 또한 긍정적인 사람일수록 면역력이 평균 사람에 비해 1.4배 높게 나타났다.

"기도를 항상 힘쓰고 기도에 감사함으로 깨어 있으라"(골 4:2)

"평생 감사"의 저자인 전광 목사는 '감사의 3차원'을 다음과 같이 소개했다.

1차원 감사단계로는 만약(if) 감사이다.
일반적으로 우리는 "우리 남편이 승진한다면", "우리 아이 성적이 오른다면", "우리 집에 돈이 많다면", "조금만 더 건강했더라면" 등으로 어떤 상황에 대해 조건이 붙어있는 감사이다. 이를 바로 기복적인 1차원적 감사라고 한다.

2차원 감사단계는 때문에(because of) 감사이다.
우리는 흔히 "우리 남편이 승진했기 때문에", 우리 아이 성적이 지난 학기보다 많이 올랐기 때문에", "우리 집이 열심히 절약하고 돈 벌어서 부자가 되었기 때문에", 등의 어떠한 이유가 붙어 있는 감사이다. 이는 결과적 2차원적 감사라고 한다.

3차원 감사단계'는 그럼에도 불구하고 (in spite of) 감사이다.
이는 "이런 놀랄만한 교통사고를 당했음에도 불구하고", "지금 하는 일이 힘들고 어려워졌음에도 불구하고", "비단 일이 잘 안됐다고 하더라도", 등과 같은 조건이나 이유가 없어도 하는 감사이다.
대표적인 '그럼에도 불구하고'의 감사로는 구약성경 '하박국' 선지자가 하나님께 드리는 간절한 감사의 기도로, "비록 무화과나무가 무화과가 없고, 포도나무에 포도가 없고, 올리브 나무에 거둘 것이 없고, 밭에 거둘 곡식이 없으며, 우리에 양이 없고, 외양간에 소가 없더라도, 나는 여호와 때문에 기뻐하겠습니다. 나를 구원하시는 하나님을 즐거워 하겠습니다."(하박국 3:17-18) 라고 하였다.

어떤 상황이나 환경과 처지가 되었다고 하더라도 하는 감사가 진정한 '3차원의 감사단계'라고 할 수 있는 것이다.

행복으로 가는 감사 십계명
1. 감사의 3단계(If, because, in spite of) 문제에 감사하라.
2. 작고 사소한 일에 먼저 감사하라.
3. 가장 가깝게 만나는 모든 사람에게 늘 감사하라.
4. 감사의 파워(힘)을 바로 말과 행동으로 실천하라.
5. 항상 '감사 거리'들을 적극적으로 찾아라.
6. 매일 쉬지 말고 감사의 연습을 계속하라.
7. 다른 사람들과 더불어 함께 감사하라.
8. 자기 자신에게 항상 감사하라.
9. 감사의 파워를 믿고 감사의 실천을 계속하라.
10. 감사의 일기를 규칙적으로 매일 작성하라.

"항상 감사하는 마음을 가지라. 당신이 현재 가진 것만으로 행복하지 않다면, 더 많이 받는다고 해도 결국 행복해지지 못한다. 작은 선물 하나라도 소중히 받아 들이며, 누군가로부터 받았다는 사실을 깨닫고 감사하는 마음을 가져야 한다."　　　　　－ 비키 킹 －

5. 감사가 우리의 삶에 끼치는 영향

"네가 이 세대에서 부한 자들을 명하여 마음을 높이지 말고 정함이 없는 재물에 소망을 두지 말고 오직 우리에게 모든 것을 후히 주사 누리게 하시는 하나님께 두며 선을 행하고 선한 사업을 많이 하고 나누어 주기를 좋아하며 너그러운 자가 되게하라"(딤전 6:17-18)

"촛불을 보고 감사하면 전등불을 주시고, 전등불을 보고 감사하면 달빛을 주시고, 달빛을 감사하면 햇빛을 주시고, 햇빛을 감사하면 천국을 주신다."
― C. H. 스펄전 ―

미국의 심리학 박사인 로버트 에먼스, 심장 전문의 맥크레티, 의사 존 자웽 등 심리학계와 의학계의 다양한 전문가들은 감사가 인간의 정신과 신체에 어떠한 영향을 끼치는지에 대해 다양한 임상실험을 실시했다.

다양한 분야의 이들 전문가들은 피실험자들로 하여금 매일 감사일기를 쓰게 하거나, 감사한 일을 메모하게 하거나, 매일 식사 전에 감사기도를 드리게 하는 등 여러 방법을 활용했다. 이 전문가들이 도출한 실험결과는 놀라울 정도로 일치했다.

감사하는 마음이 정신적으로 뿐만 아니라 신체적으로도 탁월한 건강 증진 효과를 가져온다는 것이다. 참가자들은 실험이 진행될수록 정신적으로도 안정될뿐더러 실제로 신체 반응에도 변화를 보였기 때문이다.

스트레스가 적어지고 심혈관계와 소화기계 기능도 향상되었던 것이다. 짧은 기간 동안 의식적으로 '감사하기'를 실시한 것만으로도 정신과 육체의 건강이 좋아졌다는 것은 감사가 얼마나 놀라운 역할을 하는지를 보여주는 증거이다. 하물며 임상실험 목적이 아니라 생활습관이자 삶의 태도로 감사를 실천한다면 얼마나 큰 변화가 일어나겠는가?

아래 열거한 내용들을 모두 가능하게 한 단 하나의 강력한 해결 방법은 무엇일까? 그것은 바로 '감사하기'이다.

1. 행복감이 증가한다.
2. 부정적 감정이 약화된다.
3. 부교감 신경이 활성화된다.
4. 긴장이 풀린다.
5. 스트레스가 감소된다.
6. 맥박이 고르고 안정된다.
7. 위장 기능이 좋아진다.
8. 혈액 순환이 잘 된다.
9. 체내 독소가 줄어든다.
10. 함암작용을 한다.
11. 신체 활력이 증가한다.
12. 질병에 대한 면역력이 높아진다.

가장 축복받는 사람이 되려면 가장 감사하는 사람이 되라.

― C. 쿨리지 ―

6. 감사를 통해 일어난 크고 작은 기적들

"의인의 마음은 대답할 말을 깊이 생각하여도 악인의 입은 악을 쏟느니라 여호와는 악인을 멀리 하시고 의인의 기도를 들으시느니라"(잠15:28-29)

미국의 자기개발 전문가이자 베스트셀러 작가였던 지그 지글러(Zig Ziglar)는 다음과 같은 말을 남겼다. "당신이 취할 수 있는 온갖 태도 중 감사가 삶을 가장 크게 변화시킨다."

감사의 놀라운 힘에 대해서라면 에모토 마사루(江本勝)의 베스트셀러(물은 답을 알고 있다)에서 실시한 실험도 빼놓을 수 없을 것이다. 이 실험에 의하면, 물을 떠놓고 '감사'와 '사랑' 같은 긍정적인 언어를 지속적으로 말했을 때 물의 결정체가 완전한 육각형 결정을 이룬다고 한다.

반면 욕설을 하거나 부정적인 언어를 반복적으로 말하면 물의 육각형 결정체가 부서지고 불규칙한 모양을 이룬다고 한다. 육각형 결정을 이룬 육각수는 실제로 사람이 마셨을 때 이로운 성분이 들어 있는 반면, 결정체가 무너진 물은 인체에도 해로운 성분을 지니게 된다.

물에 대한 실험을 통해 역설적으로 알 수 있는 것은 감사의 마음과 언어가 가진 놀라운 역할이다. 무생물의 결정체 마저도 아름다운 모양새로 바꾸는 힘, '감사'는 우리가 짐작하는 이상으로 정신을 바꾸고 신체 기능도 향상시켜 준다. 그렇다면 감사하는 마음과 태도가 우리의 삶에 실질적인 변화를 가져오는 이유는 무엇일까?

그 근거는 다음과 같다.
1. 현재를 돌아보게 하여 평정심을 갖게 한다.
2. 과거를 인정하고 받아들이게 한다.
3. 앞날에 대한 비전을 제시하고 목적의식을 만들며 긍정적인 계획을 세우도록 유도한다.
4. 주의력을 향상시키고 지적 능력을 높여준다.
5. 자기만의 신념에 대해 확신을 갖게 도와준다.
6. 자신이 지니고 있는 모든 것에 대해 만족감을 갖게 한다.
7. 자신이 지니고 있지 못하거나 부족한 것을 성취하도록 동기부여를 한다.
8. 숨어 있던 잠재력을 깨우고 한계를 넘을 수 있는 능력을 키워준다.
9. 자신의 삶에 대해 자신감을 갖게 한다.
10. 주변 사람들을 소중히 생각할 수 있는 기회를 주어 인간관계를 전반적으로 좋게 해준다.

이처럼 감사는 영혼을 고양시키고 심신을 긍정적으로 자극하는 효과가 있다. 미처 깨닫지 못했던 행복을 깨닫게 하고, 마음을 열게 하며, 사고의 유연성을 키워준다.

감사기도

하나님 아버지! 내가 '나' 됨을 감사합니다.
따뜻한 보금자리를 주셔서 감사합니다.
매일 먹을 일용할 양식을 주셔서 감사합니다.
좋은 믿음의 부모님 주셨음에 감사합니다.
건강함으로 언제나 밝게 살 수 있음에 감사합니다.
귀한 자녀와 사랑하는 아내를 주심에 감사합니다.
나를 알아주는 가족을 주심에 감사합니다.
내 주위에 좋은 믿음의 동역자를 주심에 감사합니다. 아멘.

7. 감사하면 우울증이 치유된다

"사람의 심령은 그의 병을 능히 이기려니와 심령이 상하면 그것을 누가 일으키겠느냐"(잠18:14)

"자신에게 주어진 인생에 감사하라, 자신이 누리고 있는 것들이 얼마나 노력 없이 얻어진 것들인지 생각하며, 감사와 기쁨 속에서 하루하루를 보내라. 살아 숨쉬는 것 자체가 신이 내린 축복이고 은혜다. 그 자체로써 우리에게 주어진 가장 값진 선물이다."

– 진 시노다 볼른 –

우리의 생각, 말, 행동은 긍정적이든 부정적이든 모두 잠재의식에 저장되어 자신의 업(業)을 만든다. 이스턴 워싱턴대 심리연구팀에 의하면 감사와 우울은 뚜렷하게 반비례 관계에 놓여 있다. 감사를 많이 느끼는 사람은 평소 우울함을 잘 느끼지 않는다. 반대로 사람은 우울할수록 인생에 대해 고마움을 느끼지 못한다.

이스턴워싱턴대학교의 임상심리학자인 필립 왓킨스는 체계적 임상 면접을 이용하여 환자들의 감사 수준을 평가해 보았는데, 임상적으로 우울증 환자들의 감사 수준이 정상인에 비해 현저히 낮다(거의 50% 이하)는 사실을 발견했다.

우울증은 즐거움이나 만족감이 결여된 상태이므로 우울증에 빠진 사람들은 일상에서 겪는 축복으로부터 행복이나 기쁨을 끌어낼 수 없으며, 따라서 감사를 느끼지 못하는 것이 당연하다. 이들은 축복이 다가왔을 때도 그 사실을 잘 깨닫지 못한다.

감사하는 마음에는 우울증이 자리 잡을 공간이 없기에 자신이 얻는 이익을 진심으로 즐기는 마음가짐으로, 자기가 받지 못한 것보다 이미 얻은 축복에 좀 더 집중함으로 자연히 우울해질 염려가 줄어든다.

우울증을 연구하는 많은 심리학자들은 사회적 보상의 부재(사회적 응징 증가)가 우울증의 발병과 지속에 중요한 역할을 한다는 가설을 내놓았다. 감사하는 성향이 현실적으로 더 즐거운 사회적 삶을 제공한다면, 이것이 역시 우울증을 막는 데 도움이 될 것이다.

자신이 받은 것에 대해 감사하는 사람들은 스스로에 대해서도 누군가의 도움이나 호의를 받을 만큼 자신이 가치 있는 존재라는 자존감이, 절망감(우울증을 지속시키는 핵심적인 요소)을 감소시키고 우울증을 몰아낼 수 있다.

이런 여러가지 감사와 관련된 실험과 다양한 사례를 연구, 조사한 로버트 R. A. 이먼스와 맥클러 박사의 공동 연구팀은 감사하는 사람들이 지닌 특징과 특성을 아래와 같이 밝혔다.

- 감사하는 사람은 힘이 넘치고 우울증이 치유된다.
- 감사하는 사람은 스트레스를 잘 받지 않는다.
- 감사하는 사람은 다른 사람보다 더 행복하다고 느낀다.
- 감사하는 사람은 좋은 바이러스를 점염시키는 행복전도사이다.
- 감사하는 사람은 다른 사람에게도 기쁨을 준다.

가장 힘든 상황에서도 기쁨을 느낄 수 있는 사람이 후회 없는 인생을 산다.

8. 감사가 삶을 바꾸는 이유

"교만에서는 다툼만 일어날 뿐이라 권면을 듣는 자는 지혜가 있느니라"(잠 13:10)

"감사하고 받는 자에게는 풍성한 수확이 따라온다. 말만으로서 감사하는 것은 믿을 만한 것이 못된다. 진정한 감사는 마음으로 감사하고 행동으로 나타내라."   - 블레이크 -

흔히 사람들은 다음과 같이 말한다.
"대체 무엇에 대해 감사하란 말인가?"
"감사할 일이 있어야 감사를 하지 …."

이러한 의문이야말로 감사를 잘못 이해하고 있는 것이다. 감사는 남이 나에게 인위적으로 부여하거나 요구하는 것이 아니라 스스로 찾아야 하는 것이다. 자신의 삶에 대해, 지금 가진 것에 대해, 그동안 해왔던 것들에 대해 감사하는 순간 발상의 전환이 이루어 진다.

최근 긍정심리학의 '스테베. R. 바엄 그라데너'에 의하면 용서처럼 감사도 대부분의 종교 전통과 밀접하게 관련되어 있다. 감사는 덕목으로, 배은망덕은 악덕으로 널리 간주되고 있다. 용서의 감정은 우리를 행복하고 기쁘게 해주는 가장 보편적으로 경험하는 긍정적인 정서이다. 감사의 표현은 일상생활에서 공손한 "감사합니다."라는 인사에서부터, 삶 그 자체에 대한 감사함에 이르기까지 한다고 했다.

현재에 대해 감사한다는 것은 반드시 무언가를 완벽하게 이뤄냈기 때문에 감사한다는 뜻은 아니다. 조금 부족하더라도 내가 지금 잘하고 있고, 열심히 살아나가고 있으며, 원하는 것을 이루기 위해 노력하고 있다는 것을 알아차린다는 뜻이다.

"높은 성과를 올리는 생산적인 사람, 끊임없이 혁신을 꾀하면서 계속 발전하는 사람, 다른 사람에게 영향을 미칠 수 있는 비중 있는 사람이 되는 길은 오직 지속적인 관리와 노력밖에 없다."
-피터 드러커-

나 자신을 알아차림으로써 삶이 얼마나 소중한 것인지 깨닫고, 이러한 과정에서 삶에 대해 감사하는 마음이 절로 우러난다. 그러면 정신이 고양될 뿐만 아니라 자신의 미래에 대한 비전이 생긴다. 행복하기 때문에 감사한 것이 아니라, 감사하며 살 수 있기 때문에 행복하다.

감사는 자신에게 부족한 것이 아니라 이미 가지고 있는 것의 가치를 깨닫게 하고, 그 모든 것에 대해 소중히 여길 줄 아는 마음을 일깨워준다. 없는 것이 아니라 있는 것, 부족한 것이 아니라 충분한 것, 앞으로 얼마나 소유할 것인가보다 지금 얼마나 소유하고 있는가를 알아차리게 한다. 그리하여 자신의 삶이 지금 이대로 충만하다는 것을 느끼게 한다.

"감사하면 젊어지고, 감사하면 발전이 있고, 감사하면 기쁨이 있다."
- 칼 힐티 -

위의 말처럼 감사하는 마음은 영적인 발전을 가능케 한다. 생각을 바꾸고 고정관념을 바꾸고 가치관을 바꿔주는 첫 번째 열쇠, 그것이 바로 감사이다. 중요한 것은 순간순간이다. 내가 기억하는 모든 즐거웠던 순간에 감사해야 한다. 어려웠던 순간은 가볍게 지나고 하루하루 살아가면서 기억할 새로운 순간을 만들어야 한다. 인간의 모든 일은 마음에 좌우된다. 그러므로 진정 강한 사람은 자신을 통제할 수 있는 사람이다.

감사에 대한 흔한 오해 3가지
1. 감사할 일이 있어야 감사할 수 있다가 아니고, 감사는 주어지는 것이 아니라 스스로 찾는 것이다.
2. 내 삶에서 아직은 감사할 일이 별로 없다가 아니고, 지끔까지 겪은 모든 것에서 감사할 일을 찾을 수 있다.
3. 감사하는 마음은 추상적인 것이 아니라, 감사할 일에 대해 말하고, 메모하고, 글로 적는 등 언어로 표현하는 것이 좋다.

"희망으로 가득찬 사람과 교류하라. 창조적이고 낙관적인 사람과 소통하라. 긍정적이고 능동적으로 행동하라. 그리고 그런 사람을 자신의 주변에 배치하라."   - 노먼 빈센트 피일 -

9. 감사와 행복의 비결

"너는 권고를 들으며 훈계를 받으라 그리하면 네가 필경은 지혜롭게 되리라 사람의 마음에는 많은 계획이 있어도 오직 여호와의 뜻만이 완전히 서리라"(잠 19:20-21)

최근 행복의 과학적인 연구 결과를 보면 감사가 바탕이 되는 행복은 성공보다 선행하는 것이며, 개인에게 다양한 상을 안겨주는 것임을 알 수 있다. 다시 말하면, 행복하면 좋은 일이 일어난다는 뜻이다. 실제로 행복하면 긍정적인 결과가 촉진된다. 행복의 이익으로는 더 높은 소득, 더 나은 업무성과, 더 큰 사회적 보상, 더 오랜 결혼생활의 지속, 더 많은 친구, 더 강력한 사회적 지지, 더 풍부한 인간관계, 더 왕성한 사회활동, 더 나은 건강 등이 있다.

구체적으로 그 의미를 살펴보면, 많은 사람이 부유한 생활과 오래 사는 것을 가장 중요하게 생각할 것이다. 담배를 많이 피우면 수명이 6년 정도 줄어들 수 있으나, 반대로 행복하게 살면 수명이 9년 까지 늘어날 수 있다. 즐거운 대학생활을 한 사람은 그렇지 않은 사람보다 수입이 연평균 2만5천$이 높다는 사실을 수십 년에 걸쳐 16년 후의 소득을 결정한다는 사실을 발견했다. 안락하게 오래 사는 것이 인생 전부는 아니나, 여러 연구 결과를 보면 행복한 사람들은 더욱 창의적이고 적극적으로 남을 도우며 자비를 베푼다.

그들은 자신감이 있고 자제력도 강하며 문제 대처 능력도 뛰어나다, 행복한 사람은 대체로 박애주의적 행동을 하며, 창의력을 발휘하고 업무성과도 뛰어나며 건강하고 사회적 관계도 좋다. 따라서 사람을 지속적으로 행복하게 만들어주는 것은 매우 바람직하고 매우 중요한 일이며, 일상의 조그마한 기쁨을 음미할 수 있는 능력은 인간으로서 매우 바람직한 특성이다.

20세기의 최고 저술가인 영국의 G.K. 체스터턴은 자신의 저술인 〈정통적 신념〉(Orthodoxy)에서 "감사야말로 모든 행복의 시금석이다."라며, "감사의 순간이야말로 인간이 경험할 수 있는 가장 순수한 기쁨을 만들어낸다."고 말했다. 실제로 많은 사람이 감사를 느꼈던 시간을 자신의 삶에서 가장 멋진 순간으로 꼽는다.

20세기의 위대한 인도주의자이며 의사, 신학자이면서 노벨평화상 수상자인 알베르트 슈바이처는 감사를 '삶의 비밀'이란 제목의 설교에서 "인생에서 가장 멋진 일은 모든 일에 감사하는 것이다. 이를 터득한 사람은 산다는 것의 의미를 아는 사람이다. 이런 사람은 삶의 신비를 모두 꿰뚫고 있다. 삶의 신비란 모든 것에 대해 감사하는 일이다."라고 했다.

"인간이 범하는 가장 큰 죄는 감사할 줄 모르는 것이다. 지옥은 배은망덕한 무리들로 가득 차 있다."   – 세르반테스 –

10. 진정한 마음의 평안과 감사

"여호와의 말씀이니라 너희를 향한 나의 생각을 내가 아나니 평안이요 재앙이 아니니라 너희에게 미래와 희망을 주는 것이니라"(렘 29:11)

"기회가 왔을때 잡아야 하나, 그렇지 않으면 행운을 놓치게 될것이다."
― 세익스피어 ―

부부가 힘겨루기를 할 때 갈등이 야기되는 것처럼, 사람과 사람과의 관계에서 벌어지는 지나친 힘겨루기는 모든 불행의 씨앗이 된다. 이웃 간의 다툼부터 국가와 국가 간의 전쟁에 이르기까지, 모든 갈등은 어쩌면 다툼을 인정하지 않는 닫힌 마음에서 발생하는 것일지도 모른다. '다른' 것을 '틀린' 것으로 간주할 때 사람과 사람의 관계는 무너진다. 나와 생각이 다른 사람을 미워하기 시작할 때 갈등이 야기된다.

나와 가치관이 다른 사람을 경멸할 때 상대방도 나를 경멸하고, 나와 사고방식이 다른 사람에게 모욕을 줄 때 나 역시 언젠가 마음의 상처를 입게 될 것이다. 세상 모든 사람들이 똑같을 수는 없는 것처럼, 이 세상에는 나를 지지하는 사람도 있지만 지지하지 않는 사람도 있다. 내 생각만 옳은 것이 아니라, 나와 다른 생각을 하는 사람도 있다. 정당한 이유 없이 나를 미워하는 이도 있을 수 있고, 나에 대한 험담을 하는 사람도 있을지 모른다. 진정한 마음의 평안과 감사는 나와 반대되는 사람들도 인정하고 포용할 때 얻을 수 있다.

적에게 조차도 감사할 수 있을 때 비로소 행복해 질 수 있다. 나와 다른 생각일지라도 나름의 가치가 있을 수 있음을 알 때 화해할 수 있다. 타인과 힘을 겨루고 갈등을 갈등으로 풀려하면 미움이 미움을 낳을 뿐이다.

그러나 지혜로운 사람은 인간에게 여러 모습이 있고 어떤 현상의 이면에는 미처 생각하지 못한 다른 측면이 있음을 인정할 줄 안다. 보려고 노력하는 자, 이해하려 애쓰는 자만이 이런 균형적 사고방식을 가지고 새로운 가치를 발견할 수 있다. 나와 다른 사람들의 있는 그대로의 참 모습을 수용하고 사랑할 수 있다면 비로소 모든 관계에 대해 감사하는 마음을 가질 수 있을 것이다.

프란치스코 교황의 행복 지침 10계명
1. 자신의 인생을 살고 타인의 인생도 존중하라.
2. 다른 사람들의 말에 귀 기울이고 함께 살아가라.
3. 항상 마음의 평온을 유지하라.
4. 소비주의에 빠지지 말고, 가족과 함께 식사할 때는 TV를 끄고 대화를 하자.
5. 주말만큼은 가족과 함께 보내라.
6. 부정적인 태도를 갖지 말라.
7. 젊은이들을 위한 가치 있는 일자리를 마련하자.
8. 타인에게 개종을 강요하지 말라.
9. 자연을 존중하고 환경을 보호하라.

10. 평화를 위해 적극적으로 행동하라.

"우리는 위대한 내면에 무한한 힘, 끝없는 자원을 가지고 있다. 그러나 이 숨겨진 힘, 보이지 않는 자원을 깨닫지 못하는 한 그것들을 이용할 수 없다."

11. 그리스도 예수 안에서 항상 감사하며 살자

"우리가 감사함으로 그 앞에 나아가며 시를 지어 즐거이 그를 노래하자 여호와는 크신 하나님이시요 모든 신들보다 크신 왕이시기 때문이로다"(시 95:2-3)

한 해는 저물어 가고 새로운 한 해를 맞이하는 자리에서 꼭 마음에 새겨야 할 말이 있다. 유대인의 경전 탈무드에 보면 "이 세상에서 제일 지혜로운 사람은 늘 누구에게든지 배우려는 자세를 가진 사람이며, 이 세상에서 제일 강한 사람은 자기 자신과의 싸움에서 늘 이기는 사람이며, 이 세상에서 가장 행복한 사람은 어떤 상황에서든지 있는 것에 자족하며 감사하는 사람이다."라고 한다.

가만히 생각해 보면 우리에게 감사할 조건이 없는 것이 아니라 감사할 마음이 없는 것이 아닌가 하는 생각이 든다. 성경말씀에 "항상 기뻐하고 쉬지 말고 기도하며 모든 일에 감사하는것" 이것이 우리를 향하신 하나님의 뜻이라고 하셨다. 하나님께서 우리 인간에게 주신 언어중에 하나님의 마음을 가장 기쁘시게 하는 말은 "감사합니다."라는 말이다. 하나님은 감사하는 사람에게 축복과 행복을 주신다.

세상에는 세 종류의 사람이 있다고 한다.
1. 기쁜 일이 있어도 감사할 줄 모르는 사람,
2. 기쁜 일 있을 때만 감사하는 사람,
3. 역경 중에서도 여전히 감사하는 사람.

그리스도 예수 안에서 살아가는 우리 크리스천들은 감사하며 사는 인생이다. 구원의 은혜에 감사하며, 날마다 베푸시는 은혜에 감사할 수밖에 없고, 미래의 약속에 감사를 품고 살아가는 인생이다. 감사를 상실해 가는 오늘날, 감사를 회복하는 일은 참으로 중요하다. 특히 크리스천에게는 감사의 회복이 신앙생활에 큰 활력소가 될 것이며 주님을 섬기는 삶의 원동력이 될 것이다.

한스 셀리 박사(Dr. Hans Seyle)는 내분비학을 전공한 학자로 하버드 대학의 교수였다. 그는 "스트레스 연구"로 1958년 노벨상까지 받은 그 분야의 세계 최고의 권위자였다. 한스 셀리 박사가 하버드 대학에서 은퇴를 앞두고 고별 특강을 하던 자리에서 있었던 일이다. 고별 강연장에는 머리가 희끗희끗한 노교수들도 참가하여 마지막 강의를 경청하였다. 그 강연장에 차고 넘칠 만큼 많은 청중이 참가하였다.

뜻깊은 강연을 마치고 단상을 내려올 때이다. 한 학생이 노교수의 앞을 막고 물었다. "교수님 우리가 스트레스 홍수 시대를 살고 있는데 스트레스를 이길 수 있는 길을 딱 한 가지만 일러 주십시오." 그 학생의 질문에 한스 셀리 박사는 간결하게 한마디만 일러 주었다. "Always Appreciation"〈항상 감사하십시오〉가 노교수의 대답이였다.

스트레스 홍수 시대를 살아가면서 스트레스를 이길 수 있는 길이 감사하는 생활이란 것이다. 스트레스에 명약이 감사하는 것이지만 그러나 우리는 평소에 감사하기에 너무나 인색하다. 우리가 작은 일에도 감사드릴 때에 그에 준하는 호르몬이 분비된다. 감사드릴 때에 엔도르핀이 분비되고 감사 드릴 때에 세로토닌이 분비된다. 엔도르핀도 세로토닌도 병을 낫게 하고 마음에 평강을 누리게 한다.

우리 한국인들은 그동안 참으로 힘든 세월을 살아왔다. 일제 강점기에 태어나 해방의 감격을 겪고 뜻하지 않은 6.25 전란으로 피난길에 올랐으며 보릿고개를 겪고 4.19와 5.16을 겪으며 민족사의 격동기를 지나왔다. 열심히 일했고 악착같이 살았다. 배고프고 힘들었지만 희망을 버리지 아니하고 지나온 세월이다. 그래서 동료들을 만나면 서로 등을 두드려 주며 힘든 세월을 용하게 견디어 왔다고 격려하여 준다.

힘들고 벅찬 세월을 용하게 극복하여 왔기에 감사하다. 하늘을 우러러 감사하고 서로에 대하여 감사한다. 그런데 요즘 들어 국민들 사이에 감사하는 마음이 점점 줄어드는 것 같다. 서로 원망이 많고 시비가 많아지면서 감사하는 마음이 줄어들고 있다. 감사만큼 강력한 치유제가 없고 감사만큼 확실한 스트레스 정화제가 없는데 말이다.

항상 감사하라는 것은, 감사할 만큼 좋은 일이 일어난 후에 감사하라는 뜻이 아니다. 당신의 의지로, 당신의 뜻으로, 감사를 선택할 수 있다는 뜻이다. 독일 출신의 영성가 에크하르트 톨레(Eckhart Tolle)는 〈지금 이 순간을 살아라〉라는 책에서 이렇게 말했다. "지금 이 순간 생생하게 깨어 있어야 한다. 불행까지도 생생하게 인식하고 관찰할 때 비로소 그것으로부터 자유로워진다. 지금의 상실은 곧 존재의 상실이다."

위의 말처럼 지금 행복해야 행복할 수 있고, 지금 감사해야 감사할 수 있다. 어쩌면 천국과 지옥이 바로 여기에서 나뉜다. 현재에 대한 감사가 가득한 삶이야말로 천국이나 마찬가지이고, 현재에 대한 불평과 원망이 가득한 삶은 지옥이나 다름없을 것이다. 왜 우리는 감사의 습관을 생활화해야 할까요? 감사의 습관이 인간의 삶을 결정적으로 변화시킬 수 있는 이유는 범사에 감사하는 마인드 트레이닝을 통해 인생을 더 넓고 깊이 통찰할 수 있게 해주기 때문이다.

독일의 암 병원에서 일어난 얘기이다. 중년의 한 성도가 수술실에서 혀의 암 때문에 혀를 절단하는 수술을 받게 됐다. 마취주사를 손에든 의사가 잠시 머뭇거리면서 "마지막 남길 말씀은 없습니까?"라고 질문했다. 혀를 사용해 의사를 표현할 수 있는 최후의 순간이었기 때문이다. 간호사, 조수, 견습의사들도 심각하게 그를 지켜보는 사이 침묵과 긴장의 시간이 흐르고 있었다. 모두 '만일 나라면, 만일 한마디만 남긴다면 무슨 말을 할 것인가'를 생각하고 있었던 것이다.

그런데 암 환자는 눈물을 흘리며 "주 예수여, 감사합니다"라는 말을 세 번 반복하며 마지막 감사의 말을 남겼다고 한다. 이 감사는 하나님의 사랑을 알고 있는 사람만이 할 수 있는 신앙고백이다. 즉 그리스도 안에서 죄를 용서받고 새로 태어난 기쁨과 감격을 갖고 있는 사람만이 진정 하나님께 감사를 드릴 수 있다. 누구든지 크나큰 시련을 당하기 전에는 참다운 인간이 못 된다고 했다. 이런 사람은 비록 세상에서 환난을 당해도 살아있음을 노래하며 소망에 찬 삶을 살아갈 수 있다.

"나는 나의 장애에 대해서 신에게 감사한다. 이 장애들을 통해서 나는 내 자신과 내 일과 나의 신을 발견했기 때문이다."

— Helen Keller —

12. 베풀면 반드시 돌아온다

"주라 그리하면 너희에게 줄 것이니 곧 후히 되어 누르고 흔들어 넘치도록 하여 너희에게 안겨 주리라 너희가 헤아리는 그 헤아림으로 너희도 헤아림을 도로 받을 것이니라"(눅 6:38)

20대 중반의 사장이 낡은 트럭 한 대를 끌고 미군 영내 청소를 하청 받아 사업을 시작했다. 처음에는 운전하는 일을 맡았다. 한 번은 물건을 실어서 인천에서 서울로 돌아가는 길이었다. 그런데 외국 여성이 길가에 차를 세워놓고 난처한 표정으로 서 있는 모습이 보였다. 그냥 지나치려다 차를 세우고 사정을 물어보았더니 차가 고장이 났다며 난감해 했다. 그는 무려 1시간 30분 동안이나 고생해서 차를 고쳐주었다.

그랬더니 외국 여성은 고맙다면서 상당한 금액의 돈을 내놓았다. 하지만 그는 그 돈을 받지 않았다. "우리나라 사람들은 이 정도의 친절은 베풀고 지냅니다." 그러면 주소라도 알려달라고 조르는 그 외국 여성에게 그는 주소만 알려주고 돌아왔다.

그 다음날. 그 외국 여성은 남편과 함께 찾아왔다. 그 남편은 바로 미8군 사령관이었다. 그 여성은 미8군 사령관의 아내였던 것이다. 그녀의 남편인 미8군 사령관은 그에게 직접 돈을 전달하려 했지만 그는 끝내 거절했다.

"명분없는 돈은 받지 않습니다. 정히 저를 도와주시려면 명분있는 것을 도와주시오.", "명분있게 도와주는 방법이 무엇입니까?", "나는 운전사입니다. 그러니 미8군에서 나오는 폐차를 내게 주면 그것을 인수해서 수리하고 그것으로 사업을 하겠소. 폐차를 인수할 수 있는 권리를 내게 주시오."

사령관으로서 그것은 일도 아니었다. 고물로 처리하는 폐차를 주는 것은 어려운 부탁도 특혜도 아니었다. 그렇게 해서 만들어진 기업이 바로 대한항공이다. 오늘날의 한진그룹은 이렇게 우연한 인연에서 시작되었다.

이 이야기는 조중훈 회장의 실화이다. 어떠한 역경 속에도 최고 기회, 최고 지혜가 숨겨져 있다. 실패는 없다. 다만 미래로 이어지는 결과일 뿐이다. 지금 내 앞에 있는 사람이 나를 살릴 수도 있다. 좋은 인맥을 만들려면 내가 먼저 누군가에게 무엇인가를 줘야 한다. '받기' 위해서는 '주어야' 한다. 즉 우리의 삶 속에서 누리는 것을 고마워 할 줄 모르고 당연히 여기면서 받아 간다면, 그 결과로 누군가가 우리 것을 당연하게 가져갈 것이다.

"무엇을 하든 그대로 돌려받는다", "뿌린 대로 거둔다", "베푼만큼 돌려받는다." 그것이 '끌어당김의 법칙'이다. 감사하는 모든 작용에는 언제나 돌려받는 반작용이 따른다"는 것은 감사하는 마음이 자석이 되어 더 많이 감사할수록 더 많이 끌어당기게 된다는 것이다. 베풀면 반드시 돌아온다. 상대의 가슴에 씨앗을 뿌리면 그 사람 가슴속에는 씨앗이 자란다.

"감사한다는 것은 반드시 갚아야 하는 빚을 진 것이지만, 그 누구도 그런 보답을 기대해서는 안 되는 것이다."

― Jean Jacques Rousseau ―

13. 행운과 불운은 통제하기 나름이다

"평안을 너희에게 끼치노니 곧 나의 평안을 너희에게 주노라 내가 너희에게 주는 것은 세상이 주는 것과 같지 아니하니라 너희는 마음에 근심하지도 말고 두려워하지도 말라"(요 14:27)

어떤 일을 시작하면 일단 잘 될 것이라고 낙관하라. 그러면 그 낙관론이 성공을 안겨줄 것이다. 일시적으로 삐걱거리더라도 더 잘되기 위한 진통으로 받아들이고 더 잘 될 결과를 생각하라. - 톰 피터스 -

누구나 자신의 삶에서 행운이 오기를 바라고 불운이 비켜가기를 바란다. 성경 말씀처럼 모든 것들을 하나님께 맡기고 간구함으로 소원하는 모든 것들을 이뤄가면 좋겠지만 그러나 인생을 살아가면서 누구나 행운의 기회가 오기도 하고 불행한 사고를 겪기도 한다. 행운이 우연히 오기도 하지만 원치 않던 불행이 들이닥치기도 한다. 중요한 것은 자신에게 닥친 행운과 불운을 어떻게 받아들일 것인가 하는 점이다. 행운도 불운도 영원한 것은 아니다. 인간의 삶이 빛나는 지점은 행운 앞에 자만하지 않는 것, 그리고 불운이 닥쳤다 할지라도 지혜롭게 극복하는 힘에 있을 것이다.

"슬픔이 그대의 삶으로 밀려와 마음을 흔들고 소중한 것을 쓸어가 버리면 그대 가슴에 대고 말하라. 이것 또한 지나가리라."

'머피의 법칙'은 나한테만 안 좋은 일이 벌어지는 것 같다는 '기분'일 뿐이다. 나만 불운을 겪는 것이 아니라 사실은 수학적 법칙을 적용할 수 있는 '경우의 수'에 불과한 것일지도 모른다. 나만 택시가 안 잡히는 것 같지만 알고 보면 택시가 안 잡힐 수 있는 경우의 수일 뿐이고, 내가 선 줄만 안 줄어드는 것 같지만 그것도 어찌 보면 수학적 통계 법칙의 아주 작은 부분일 수 있다.

따라서 기분에 의해 자신의 불운이나 불행을 더 과장하고 불평불만을 일삼으며 불행의 감정 속에 주저 앉기 보다는, 훌훌 털고 일어나 '이럴 수도 있지'라고 생각해 버리고 지나가는 것이 더 현명하다. 예를 들어 비관론자들은 택시가 안 잡히는 상황에서 '나만 왜 택시가 안 잡히지?'라고 불평만 하다 시간을 보낸다. 반면 낙관론자들은 '요즘엔 택시가 안 잡히는 경우가 많군'이라고 하며 객관적 상황을 인식할 뿐이다.

즉 비관론자들은 '머피의 법칙' 같은 불운의 일들이 벌어졌을 때 습관적으로 '왜 나만?'이라고 느낀다. 불운한 사건의 원인을 '나 자신'에게서 찾는 것이다. 그러나 낙관론자들은 불운한 사건이 벌어졌더라도 '왜 나만?'이 아니라 '이 상황은, 요즘엔, 이런 경우엔, 오늘은'과 같이 원인을 '나 자신'이 아닌 객관적 상황에서 찾는다. 지금 안 좋은 상황이 벌어졌지만 얼마든지 그럴 수 있는 일이고, 일시적으로 벌어질 수 있는 사건일 뿐이며, 내 탓이 아닌 외부 상황 때문에 벌어지는 일일 뿐이라고 생각하는 것이다.

어렵고 힘든 가운데 있는 사람이 있다면 생명이 되신 하나님의 말씀으로 힘을 얻고 소망을 얻는 이웃들이 되었으면 좋겠다.

시도하고 또 시도하는 자만이 성공을 이루어내고 그것을 유지한다. 시도한다고 잃을 것은 없으며, 성공하면 커다란 수확을 얻게 된다. 그러니 일단 시도해보라. 망설이지 말고 지금 당장 해보라.

— 클레멘트 스톤 —

14. 이제는 눈을 뜨고 시야를 넓힐 때이다

"미련한 자는 자기 행위를 바른 줄로 여기나 지혜로운 자는 권고를 듣느니라"(잠 12:15)

남의 이야기를 열심히 들어주는 사람은 행복한 사람이고 한 소리 또 하고 또 하는 사람은 불행한 사람이다.

사고의 관점을 바꾸고 넓히는 순간 새로운 세상이 열린다. 이것을 반대로 말하면, 새로운 세상이 열리는 것을 막는 가장 커다란 방해물은 다름 아닌 나 자신에게 있다는 뜻이기도 하다. 이것은 마치 두꺼운 눈가리개가 나의 눈을 가리고 있어, 더 넓은 세상을 보지 못하게 만드는 것과도 같다. 이 눈가리개에는 다음과 같은 여러 종류가 있다.

- 나만의 고유하고 소중한 존재 가치를 못 보게 하고 남과 비교하여 스스로 불행감에 빠지게 하는 눈가리개
- 내게 주어진 행복의 가치를 발견하지 못하게 하는 눈가리개
- 불안감과 비관적 사고방식으로 인생의 시간을 허비하게 만드는 눈가리개

- 나와 다른 타인의 가치를 부정하고 편견을 갖게 만드는 눈가리개
- 나의 잣대를 남에게도 강요하게 만드는 눈가리개
- 어떠한 상황에서든 한쪽 면만 보고 다른 면은 보지 못하게 만드는 눈가리개
- 나와 다르다는 이유로 남을 혐오하거나 비하하게 만드는 눈가리개

이처럼 무수한 종류의 눈가리개 때문에 정작 보아야 할 것을 보지 못하고 산다. 무엇이 가치 있는지를 발견하지 못하고 산다. 그리고 제대로 발을 디디지 못하여 수없이 넘어지고 다치면서도 그 눈가리개를 내 눈에서 떼어낼 생각조차 하지 못한다. 그럴 때 자신의 삶과 세상에 대한 감사의 마음이 사라지는 것이다.

부정의 눈가리개를 치우는 순간 내면이 한 단계 성장하기 시작한다. 녹슬었던 영혼의 동력이 작동하기 시작한다. 삶이 건강한 에너지로 채워지기 시작함을 느끼게 된다. 삶에 대한 새로운 열정과 영감이 샘솟기 시작한다.

그리고 이러한 에너지를 발견하게 되면 그동안 부정적으로 생각했던 모든 것들이 아무 것도 아니었음을 깨닫게 된다. 자신이 원하는 비전을 향해, 꿈을 향해, 목표를 향해 얼마든지 나아갈 수 있는 가능성을 알게 되는 것이다.

지금 처한 현실이 아무리 내 삶을 가로막고 있는 것 같아 보여도, 오히려 나의 꿈을 완성해 나가는 데 있어 의미 있는 과정으로 만들 수 있다. 커다란 불행을 겪게 될지라도 그 불행들이 언젠가는 더 큰 행복의 요소로 작용하도록 활용할 수 있을 것이다.

기존의 관점을 바꾸고 삶을 더 넓게 보는 것, 내 눈을 가리고 있는 눈가리개가 얼마나 작고 하찮은 것이었는지를 발견하는 것, 이것이

바로 감사로 향하는 첫 번째 단계이다. 이 단계를 통해 자신의 시야를 가리던 부정성의 눈가리개를 치우고 나면 이제는 삶의 진실이 무엇인지를 가만히 들여다볼 때이다.

삶의 진실을 본다는 것은 모든 인간의 삶에는 거대한 질서와 균형이 존재한다는 것을 아는 것이다. 이를 통해 어느 한쪽으로도 치우치지 않는 영혼의 균형을 발견하는 것이다.

영혼의 균형이란 이성과 감정의 균형을 의미하기도 하고, 긍정과 부정의 균형을 의미하기도 하며, 희로애락의 균형을 의미하기도 한다. 이를 통해 인간의 의지가 신의 뜻과 다르지 않음을 아는 것이고, 현실과 이상향이 동떨어져 있지 않음을 아는 것이기도 하다.

진실을 들여다보기 위해서는 우선 자신의 내면을 가만히 돌아보는 시간을 가져야 할 것이다. 내가 가진 생각들이 한쪽으로 치우쳐져 있지 않은지, 내가 품고 있는 내면의 에너지가 어느 한 부분만 지나치게 발달되어 있지 않은지를 확인해 보아야 한다.

인생에서 아주 슬픈 3가지는 할 수 있었는데, 해야 했는데, 해야만 했는데 …."이다.

자기비하와 오만함 사이, 부정적 태도와 긍정적 태도 사이, 비관적 사고방식과 낙천적 사고방식 사이, 현실과 비현실 사이에서 나의 영혼이 한쪽으로 쏠려 있지 않은지 점검할 필요가 있다. 마음이 올바르지 않으면 마음 밖에서 무엇을 바라건 헛된 일이다.

"마음이 비뚤어진 사람들만이 불행하다. 행복이란 외면적인 데 있는 것이 아니라 인생에 대한 밝은 견해와 맑은 마음속에 깃드는 것이다."

― 도스토예프스키 ―

15. 주안에서 항상 기뻐하라

"주 안에서 항상 기뻐하라 내가 다시 말하노니 기뻐하라 너희 관용을 모든 사람에게 알게 하라 주께서 가까우시니라"(빌 4:4-5)

빌립보서를 "기쁨의 복음"이라 한다. 4장으로 이루어진 짧은 글에서 기쁨이란 말이 16번이나 되풀이되고 있다. 바울은 말하기를 내가 기뻐하는 것처럼 너희도 기뻐하라고 권한다. 문제는 바울이 이 글을 쓴 때가 옥중에 있을 때이다. 옥중에서 언제 사형장으로 끌려갈지 모르는 처지에서 그는 옥 밖에 있는 성도들에게 권면한다.

옥중에 있는 내가 기뻐하는 것처럼 너희도 기뻐하라고 말한다. 바울이 어떻게 그럴 수 있었을까? 고달픈 옥살이에서 어찌 항상 기뻐할 수 있었을까? 그 비결을 바울은 4장에서 일러 준다.

"내게 능력 주시는 자 안에서 내가 모든 것을 할 수 있느니라"(빌 4:13)

인간으로는 불가능한 일일지라도 그리스도 안에서는 할 수 있다는 것이다. 바울은 빌립보서에서 예수란 말과 그리스도란 말을 무려 56회나 되풀이 말한다. 그래서 우리들에게 그리스도 예수의 마음을 품으라고 권면한다.

그리스도 예수의 마음은 어떤 마음인가? 2장에서 그리스도 예수의 마음을 3가지로 일러 준다. "너희 안에 이 마음을 품으라 곧 그리스도 예수의 마음이니 …. 그는 자기를 비우시고 …. 자기를 낮추시고 …. 죽기까지 복종하셨으니 곧 십자가에 죽으심이라"하였다.

이 말씀에 따르면 그리스도 예수의 마음은 3가지이다.
1) 비우는 마음이다.
2) 낮추는 마음이다.
3) 복종하는 마음이다.

비우고, 낮추고, 복종하기를 죽기까지 하는 마음이 그리스도 예수의 마음이요 우리가 품어야 할 마음이다.

"기쁨을 주는 사람만이 더 많은 기쁨을 즐길 수 있다."
―알렉산더 듀마―

신앙생활이란 다른 말로 기쁨과 감사의 생활이라고 할 수 있다. 구원의 기쁨, 은혜의 기쁨, 사랑의 기쁨, 소망의 기쁨이 가득한 생활이다. 신앙생활을 하면서도 기쁨이 없다면 뭔가 문제가 있는 것이다. 우리가 주님과 바른 인격적 관계 안에서 생활한다면 반드시 주님이 주시는 소망과 기쁨이 넘치게 된다.

혹독하게 치러야 했던 자신의 모든 고난과 역경 역시 신이 예비한, 단련을 위한 축복이었다는 깨달음은 그전에 가졌던 신 존재에 대한 의문을, 떠오르는 해가 어둠을 걷어내듯 자연스럽게 물리치게 한다. 사도 바울의 편지들을 읽다 보면 종종 '주님 안에서'란 표현이 등장한다. 실제로 바울은 바울서신들에서 이 표현을 무려 164회나 쓰고 있다. 이것은 바울 자신이 언제나 '주님 안에서' 살았다는 것을 의미한다. 막상 주님 안에서 살아보니, 이 세상 어디에서도 얻을 수 없는 기쁨과 행복을 날마다 충만히 느꼈던 것이다.

오늘의 편지인 빌립보서의 경우도 마찬가지이다. 빌립보서는 기쁨의 서신인데, 바울은 이 편지를 로마의 옥중에서 기록했다. 사실 바울이 처해있는 상황은 기쁨을 이야기할 상황이 아니었다. 감옥에 갇혀서 모든 것이 자유롭지 못했다. 그러나 매일매일 탄식하며 절망 속에 살아야 함에도 불구하고, 그의 마음 속에는 기쁨이 샘솟는 듯했다. 그래서 그 어려운 상황에서도 그는, 오히려 감옥 바깥에 있는 빌립보 교회를 향하여 '주 안에서 항상 기뻐하라'고 권면할 수 있었던 것이다.

세상에서 오는 기쁨은 잠깐이다. 주님이 우리 존재의 중심에 주시는 기쁨은 영원한 것이다. 주님이 주시는 기쁨은 샘솟는 기쁨이다. 막을 수 없는 기쁨이다. 주님의 기쁨 안에서 그 기쁨을 서로 나누며, 존재의 기쁨으로 섬기고 봉사하며 살아갈 때 세상의 기쁨이 아니라 하나님 나라의 기쁨, 주님이 주시는 존재의 기쁨으로 충만하여 이 땅에 사는 동안 주님이 주시는 기쁨과 행복을 날마다 가족과, 친구, 이웃들과 나누며 살아가기를 바란다.

16. 긍정의 힘은 위대하다

"예수께서 이르시되 할 수 있거든이 무슨 말이냐 믿는 자에게는 능히 하지 못하는 일이 없느니라 하시니라"(막 9:23)

"긍정적인 사람들은 '나는 할 수 있어, 잘 해낼 거야'라고 생각한다. 그런 자신감은 에너지를 샘솟게 하고 안 될 일도 되게 한다. 그들은 항상 가능성을 보고 더 노력하기 때문에 부정적인 사람보다 앞서갈 수밖에 없다. 긍정적인 사람은 인생이라는 경기를 시작할 때부터 100미터 정도 보너스를 미리 받는 셈이다."

— "너는 99%의 가능성이다"에서 —

어느 마을 다리 밑에는 걸인 두 사람이 살고 있었다. 그 다리 입구 쪽에는 기념 비석이 세워져 있었는데 거기에는 다리를 세우기 위해 기부한 사람들의 이름이 새겨져 있었다. 한 걸인은 그 기념 비석에 침을 뱉으며 언제나 욕을 해댔다. "에이 양심도 없는 놈들 돈 많은 것들이 생색내기는" 그러나 한 걸인은 늘 이렇게 말했다.

"그래도 참 고마운 사람들 아닌가. 우리에게 비를 피할 수 있도록 해주고 많은 사람을 건너가게 해주니 말일세. 나도 언젠가 이 사람들처럼 좋은 일을 할 수 있다면 좋을 텐데." 그로부터 30년이 지난 후 그 다리 옆에 새로 큰 다리가 세워졌다. 그리고 기념 비석에 새겨진 이름 중엔 늘 고마운 마음을 가졌던 그 걸인의 이름도 들어 있었다.

그는 넝마주의를 시작하여 열심히 일하며 마침내는 건재상을 경영하는 부자가 되어 기부하였던 것이다. 그러나 침을 뱉으며 항상 욕을 했던 다른 걸인은 여전히 그 다리 밑에서 살고 있었다. 긍정의 힘은 위대하다. 내게 주어진 고난과 역경에 지배당하지 않고 모든 것에 감사하는 마음으로 하루를 시작할 수 있다면 우리의 삶도 분명 행복해질 것이다.

실패에 낙담 말라. 긍정적인 경험이 될 수 있다. 어떤 의미에서 실패는 성공으로 가는 고속도로와 같다. 오류를 발견할 때마다 진실을 열심히 추구하게 되고, 새로운 경험을 할 때마다 신중히 피해야 할 오류를 알게 되기 때문이다.   - 존 키츠 -

내가 서 있는 자리는 언제나 오늘이다. 오늘, 나의 눈에 보이는 것이 희망이고 나의 귀에 들리는 것이 기쁨이다. 짧지 않은 시간을 지내면서 어찌 내 마음이 흡족하기만 할까요 울퉁불퉁 돌부리에 채이기도 하고 거센 물살에 맥없이 휩쓸리기도 하면서 오늘의 시간을 채워간다. 그럼에도 웃을 수 있는 건 함께 호흡하는 사람들이 곁에 있기 때문이다.

오늘, 내 마음의 문을 활짝 열어 긍정의 눈을 떠서 시야를 넓히고 배려의 눈을 열어 소통의 길을 열어 둔다. 오늘 내 이름을 불러주는 이 있어 감사하고, 내가 부르는 소리에 대답해 주는 이 있어 감사하다. 그 이유 하나만으로도 오늘이 감사하다.

"행복이란 행복한 것을 많이 느낄 수 있는 사람, 그 사람이 행복한 사람이 아닐까요. 행복한 것이라 해도 요란스럽지 않습니다. 오늘 날씨가 좀 시원한 것도 건강한 것도 …. 또 상대방이 있기 때문에 자신이 존재하고 발전할 수 있음에 감사 할 수 있는 것도 … 나날의 생활 속에서 자기답게 감동을 발견할 수 있는 사람이 행복한 사람이 아닐까요. 행복을 느낄 수 있는 것은 곧 자신의 힘입니다."

– 좋은 글 중에서 –

명확히 설정된 목표가 없으면, 우리는 사소한 일상을 충실히 살다 결국 그 일상의 노예가 되고 만다.   – 로버트 하인라인 –

17. 대한민국을 이끌어온 자랑스런 애국자들

"주께서 나를 백성의 다툼에서 건지시고 여러 민족의 으뜸으로 삼으셨으니 내가 알지 못하는 백성이 나를 섬기리이다"(시 18:43)

우리 민족사에 가장 비극적이었던 시기가 세 번있다.
임진왜란 7년과 6.25 3년, 그리고 36년에 걸친 일본의 강압이다. 일본이 한반도를 무력으로 차지하여 겨레 전체를 말살하려 들었던 그 시절에 민족의 독립을 염원하여 일생을 바친 여러 선배들이 있었다. 그들이 항일 독립에 대한 목표는 같았지만 일본을 몰아내려는 방략(方

略)은 제각기 달랐다.

김구 선생은 무력독립, 이승만 박사는 외교독립, 이승훈 이상재 조만식 장로 같은 분들은 산업입국, 김교신 선생은 건전한 종교로 국민정신을 새롭게 하겠다는 신앙입국, 그리고 도산 안창호 선생은 교육을 통하여 국민의 혼을 깨우쳐 자주독립을 감당할 수 있는 인격을 갖추어야 한다는 교육입국(敎育立國)을 주창하였다.

특히 도산 선생은 우리 민족이 우수한 자질을 타고난 영특한 바탕이 있는 국민들임에도 불구하고 일본의 종살이를 하게 된 것은 바른 교육을 받지 못한 탓이라 하였다. 그래서 당시에 교육 선진국이었던 미국으로 교육 체제, 교육 정신을 배우러 유학길에 올랐다. 그때 선생의 나이 불과 25세였다.

미국으로 가서 선진 교육의 사상과 방법을 배워 교육으로 겨레를 새롭게 하겠다는 포부를 품고 유학길에 올랐다. 갓 결혼한 아내와 함께 두 달을 배로 여행하여 샌프란시스코 항에 도착하였다. 선교사의 도움을 받아 숙소를 정하고 샌프란시스코 시내를 구경하러 나왔다가 상투머리를 움켜쥐고 싸우고 있는 조선 동포 둘을 만났다.

마치 개싸움 하듯이 싸우고 있는 모습을 지켜보며 백인들이 즐거워하는 모습을 보고 청년 안창호는 너무나 부끄럽고 슬퍼 울며 싸움을 말렸다. 그가 싸움을 말리자

모여 섰던 백인들이 좋은 구경거리에 방해를 한다고 야유하며 못마땅해 하였다. 안창호 청년은 그들의 싸움을 말리며 사연을 들어본즉 인삼 장사의 구역 침입 때문이라 하였다.

그래서 동포들의 가정들을 방문하였더니 잔디도 깎지 아니하고, 페인트칠도 하지 아니하고, 커텐도 치지 않은 채로 살면서 밤이면 고성

방가로 마을을 소란케 하는 동포들의 모습을 접하고는 결심하였다. 미국에 와서 고매한 교육 사상을 공부하기에 앞서 동포들의 생활을 바로 잡는 일에서부터 시작하여야겠다는 결심을 하였다.

"웃음소리 나는 집은 행복이 와서 들여다 보고, 고함소리 나는 집은 불행이 와서 들여다 본다"

사랑의 주님!

이 어려운 난관에서도 굴하지 않고 대한민국의 독립을 염원하여 일생을 바친 여러 선배들의 고마움에 진심으로 감사를 드립니다. 지금 우리들에게도 나라와 민족을 위해 도전할 수 있는 긍정적인 마음을 주옵소서. 예수님이 하나님 앞에서 '겸손'과 '예'만 하셨듯이 저희들에게도 겸손한 마음 갖게하여 주옵시고 말과 생각이 긍정적인 생각과 바른 삶의 자세로 복된 삶을 살게 하옵소서. 예수님이 가신 곳마다 부정적인 장소가 긍정적인 장소로 바뀌었듯 우리의 인생도 황무지에서 장미꽃을 피우는 삶이 되게 하옵소서. 발걸음이 닿는 곳곳마다 감옥이 별장으로, 고난이 영광으로 슬픔의 눈물이 찬란한 기쁨의 눈물로 변하는 삶이 되게 하옵소서.

주님! 어떤 시련을 당해도 오뚝이처럼 일어나 희망을 꽃피우는 창조적인 인생을 살게 하옵소서. 언제 어디서든 환경에 매이지 않게 하시고, 용사와 같이 난관을 극복하고 포기하지 않고 끈질기게 참고 노력한 결과, 승리하는 인생이 되게 하옵소서. 어떤 절망적인 상황에서도 비관적인 언어를 사용하지 않게 하시고, 밝은 성격과 기쁨으로 웃을 수 있는 낙관적 인생관을 주옵소서. 예수님의 이름으로 기도드립

Part 7.
하나님의 사랑이란 무엇인가?

1. 하나님의 사랑이란 무엇인가?
2. 사랑의 정의
3. 용서와 화해와 사랑
4. 사랑은 인생의 흐뭇한 향기
5. 따뜻한 세상
6. 믿음과 사랑의 유산
7. 어머니의 희생적인 사랑
8. 말이 깨끗하면 삶도 깨끗해진다
9. 웃음이 있는 자에게 가난이 없다
10. 기쁨을 누리는 삶
11. 한 남편의 이야기
12. 어느 부부의 사랑이야기
13. 夫婦關係의 回復
14. 나를 아름답게 하는 기도
15. 어느 의사의 유언
16. 인생에는 세 가지 싸움이 있다
17. 효성 지극한 효부와 호랑이

1. 하나님의 사랑이란 무엇인가?

"그런즉 이 일에 대하여 우리가 무슨 말 하리요 만일 하나님이 우리를 위하시면 누가 우리를 대적하리요 자기 아들을 아끼지 아니하시고 우리 모든 사람을 위하여 내주신 이가 어찌 그 아들과 함께 모든 것을 우리에게 주시지 아니하겠느냐"(롬 8:31-32)

하나님의 사랑보다 더 깊고 중요한 주제는 없다. 실제로 매일의 삶에서 하나님이 자신을 뜨겁게 사랑한다고 믿는 사람은 가슴 깊이 갈망해온 하나님과의 관계를 맺게 된다. '내가 사랑받을 자격이 있는가'의 문제가 인간의 마음에 더 깊이 자리 잡고 있을 수도 있다. 하나님의 사랑을 받아들이는 일이 우리에게는 쉽지 않다는 것을 하나님은 알고 계신다.

내게 애원하시는 하나님의 모습과, 하나님을 신뢰하지 못해 고심하는 나의 모습을 생각하지 않을 수 없다. 신뢰하기로 마음을 먹는 것은 결코 쉽지 않다. 세상은 아주 어릴 때부터 다른 사람의 도움을 기대하지 말고 스스로를 돌보라고 한다(육신의 부모와의 문제. 인류를 손에 쥐고 흔들며 사탄이 심혈을 기울인 흔적들).

"그가 우리를 위하여 목숨을 버리셨으니 우리가 이로써 사랑을 알고 …"(요일 3:16)

하나님께서 지으신 우리! 놀라운 인내와 사랑의 하나님은 우리가 두려움을 이기고 당신께 달려와 안기기를 권면하신다. 겁이 나더라도 하나님을 향해 걸음을 내딛어야 한다. 또 다른 실망을 겪을까 봐 두려워하는 마음을 하나님은 아신다. 하나님은 당신이 그분의 사랑을 확신하는 만큼만 하나님을 신뢰할 것을 알고 계신다.

세상에서 말하는 사랑은 반드시 이기심과 관련이 있다. 이기적인 '사랑'은 늘 자신의 유익을 구하기 마련이다. 이 세상은 자기를 희생하기까지 하는 사랑이 진실로 희박하다.

예수님은 이런 사랑을 당신에게 보이셨다. 이러한 사랑은 예수님 외에 누구에게도 없다. 세상에서 살아남으려면 자신을 먼저 챙겨야 한다고 배워온 우리에게는 낯설기만 한 이야기이다.

십자가 위에서 죽으신 예수님을 당신을 향한 사랑의 증거로 확신해야 한다. 만일 당신이 '예수께서 십자가에서 나의 죄 값을 치루었다'는 의미로만 생각한다면 그것은 십자가의 능력을 헛되게 하는 것이다. 십자가는 하나님의 사랑으로 향하는 첫 관문이다. 그 사랑만이 연약한 모습 그대로, 당신의 있는 그대로의 모습으로 하나님 앞에 서게 한다.

하나님은 항상 우리에게 좋은 것을 행하신다. 하나님이 그의 아들을 우리를 위하여 내어주셨다고 믿는다면, 하나님이 우리에게 좋은 것을 행하시리라는 것 또한 우리가 믿을 수 있다. 우리의 구원자, 예수를 바라보라. 하나님의 사랑을 바라보라. 사랑 안에서 살라. 그리고 더 이상 두려움 속에서 살지 말라.

"우리가 아직 죄인 되었을 때에 그리스도께서 우리를 위하여 죽으심으로 하나님께서 우리에 대한 자기의 사랑을 확증하셨느니라"(로마서 5:8)

사랑의 하나님!
우리에게 그토록 사랑을 보여주셨던 주님을 본받게 하소서. 우리는 본래 죄악된 출생이라 사랑할 수 없었고 사랑을 유지하려 해도 그것은 불가능한 것이었습니다.

그럼에도 때때로 사랑함을 위장했던 것을 용서하소서. 지금부터는 철저한 죄악된 우리의 모습을 인정하고 인간적인 사랑을 기대하기보다는 오직 주님의 사랑을 배워 주님의 사랑을 내 안에 가득 채우게 하소서.

주님이 우리를 대한 것같이 우리가 다른 사람을 대하게 하시고 주님이 우리를 향해 변하지 않는 마음을 품었던 것처럼 우리도 주님을 향해 변하지 않는 마음을 품고 충성하게 하소서

한 번 약속을 정하고 우리와 언약을 맺은 그것에 십자가에 죽음으로써 약속을 충실히 지키셨듯이 우리도 주님을 향해 주님이 주신 약속을 지키며 순종하게 하소서. 서로의 사이가 주님의 사랑으로 채워가게 하시고 서로의 사이가 신실한 관계로 사랑을 세우게 하소서

주님의 말씀 속에서 날마다 신실함을 배우게 하시고 한 번도 나를 버리지 않고 책임져주시는 주님의 사랑을 믿고 우리가 만나는 상대방에 대해서 신실함을 갖게 하소서. 하나님에게 배운 신실함으로 만나는 모든 사람에게도 주님의 사랑을 실천하게 하소서. 예수님의 이름으로 기도드립니다. 아멘.

2. 사랑의 정의

"내가 확신하노니 사망이나 생명이나 천사들이나 권세자들이나 현재 일이나 장래 일이나 능력이나 높음이나 깊음이나 다른 어떤 피조물이라도 우리를 우리 주 예수 그리스도 안에 있는 하나님의 사랑에서 끊을 수 없으리라"(롬 8:38-39)

신앙을 가진 사람은 겸손하고, 겸손한 사람이 경건해질 때 받아들이는 것이 사랑이다. 사랑은 사람의 삶에 있어서 가장 따뜻하고 바람직한 인간관계로, 한 사람이 타인을 아끼고 또 그러한 관계를 지켜가고자 하는 마음이라고 할 수 있다.

"사랑하는 동안에만 용서할 수 있다. 용서하는 것은 가장 고결하고 가장 아름다운 사랑의 형태, 용서는 이 세상에서 듣지 못할 평화와 행복을 그 보답으로 주나니." — 로버트 뮐러 —

많은 사람이 오해하는 것이 있는데, 사랑을 받는 것이 사랑이라고 착각하는 것이다. 하지만 사랑이라는 것은 누군가를 이해하고 아끼고 좋아하는 마음의 주체가 타인이 아닌 자기 자신이라는 것을 깨달아야 한다. 또 간혹 열정, 설레임과 사랑을 구분하지 못하고 힘들어 하는 사람들도 많은데 열정이 사랑이 아니라는 것 또한 받아들여야 할 것이다. 인간의 근원적인 감정으로 인류에게 보편적이며, 인격적인 교제,

또는 인격 이외의 가치와의 교제를 가능하게 하는 힘. 특히 미움의 대립개념으로 볼 수도 있으나 근원적인 생명적 원리로는 그러한 것도 포괄한다. 사랑은 역사적, 지리적으로, 또 교제 형태에서 여러 양상을 취한다.

고대 그리스에서의 사랑은 에로스로 불렸는데, 이것은 육체적인 사랑에서 진리에 이르고자 하는 동경, 충동을 포함한다. 그리스도교에서의 사랑, 즉 아가페는 인격적 교제(이웃에 대한 사랑)와 신에게 대한 사랑을 강조하며 이것을 최고의 가치로 삼아 자기희생에 의하여 도달하게 된다고 한다. 르네상스에서의 사랑은 또 다시 인간 구가(謳歌)의 원동력으로 보았으나 이것은 사랑의 세속화를 의미하는 것으로 보여 공업화가 진척되어 가는 현대는 그 경향을 차차 강조한다.

사랑은 인간의 근원적인 감정이라는 데서 힌두교에서의 카마, 유교에서의 인(仁), 불교에서의 자비 등 모든 문화권에서 보인다. 또한 사랑의 표현방법은 한결같지 않으며 성애(性愛)와 우애. 애국심, 가족애 등 교제 형태에 따라 다르다. 교제관계가 치우칠 경우에는 이상성애(異常性愛)나 증오에 가까운 편집적(偏執的) 사랑으로 변할 수 있으나, 이것은 이미 사랑이라고는 하지 않는다.

"미숙한 사랑은 '당신이 필요해서 당신을 사랑한다.'고 하지만 성숙한 사랑은 '사랑하니까 당신이 필요하다'고 한다."

— 윈스턴 처칠 —

우리의 사랑이 되시는 하나님!

자기의 몸을 모두 바쳐 우리에게 사랑을 주신 주님을 찬양합니다. 주님의 사랑을 온전히 닮게 하소서. 인간적인 사랑에 머물지 말고 하나님의 사랑을 배우게 하소서. 하나님의 사랑을 얻기 위해서 무엇보다 먼저 하나님 앞에서 자기를 포기하는 믿음을 주시고 주님의 사랑을 체험하여 세상을 사랑하게 하소서. 사랑하되 끝까지 사랑하며 변하지 않는 신실한 사랑을 하게 하소서.

받기보다는 주는 사랑을 하게 하시고 이해받기보다는 이해하는 사랑을 주시고 대가 없이 거저 주는 사랑을 체험하게 하소서. 날이 가면 갈수록 얼굴이 사랑으로 가득하게 하시고 무엇을 하든지 사랑의 마음으로 하게 하소서. 말씀을 읽을 때도 주님을 사랑하는 마음으로 하고 봉사를 할 때도 주님을 사랑하는 마음으로 충성되게 하소서. 사람과 만날 때도 사랑의 마음이 가득 풍겨 나오게 하시고 주님의 사랑으로 미움의 세상을 덮게 하소서. 주님의 사랑으로 죄 지은 자를 용서하게 하소서. 서로 만날 때마다 주님의 사랑이 풍성하게 하시고 깊은 사랑을 느끼게 하소서.

주님의 은혜를 허락하시어 이 세상에 가장 큰 것이 사랑임을 확신하게 하소서. 남은 생애를 오직 주님을 사랑하고 이웃을 사랑하는 일에 모든 것을 바치도록 도와주소서. 세상을 이기는 것은 주님의 사랑입니다. 사랑받은 만큼 사랑하고 세상을 이길 수 있습니다. 주님의 십자가의 사랑을 깨닫게 하시고 그 사랑으로 세상을 용서하며 누구든지 사랑할 수 있는 마음을 주소서.

사랑 안에 두려움이 없고 사랑은 모든 것을 물리치는 힘이 있음을 믿습니다. 나의 마음이 사랑으로 가득하게 하시고 그 사랑으로 이웃과 세상과 하나님을 바라보게 하소서. 세상은 사랑으로 만들어진 것임을 믿게 하시고 나와 관계가 있는 모두를 사랑으로 바라보면서 하나님께 늘 감사하게 하소서. 예수님의 이름으로 기도드립니다. 아멘.

3. 용서와 화해와 사랑

"미움은 다툼을 일으켜도 사랑은 모든 허물을 가리느니라"(잠 10:12)

하나님은 우리에게 용서와 화해와 사랑을 주시길 원하신다. 그러나 마귀는 아담과 하와를 하나님과 원수되게 했다. 하와를 꾀어 선악과를 따먹게 한 것이다. 아담과 하와는 하나님의 말씀을 거역하고 반역한 죄로 에덴에서 쫓겨나게 된다. 그때부터 하나님과 사람은 원수가 되어 살았던 것이다. 마귀는 자기의 뜻을 이루었다고 기뻐하고 있다, 마귀는 거짓의 아비이며 사람과 사람이 서로 속여서 원한을 갖게 만드는 것이 바로 마귀가 하는 일이다.

미움과 파괴의 배후에는 마귀가 있다는 사실을 알아야 한다. 우리 개인의 마음속에 있는 조그마한 미움과 저주도 마귀에게서 나오는 것이다. 우리를 도둑질하고 죽이고 멸망시키는 것이 바로 마귀의 행동임을 알아야 한다. 하나님은 예수님의 십자가로 이 미움과 원수 됨을 철패하시고 화해와 사랑을 가져오셨다. 하나님이 2000년 전에 그 아들 예수님을 세상에 보내셔서 모든 죄악을 대신 감당하게 하셨다. 십자가를 짊어지고 몸이 찢겨 피 흘리고 죽으심으로 죄를 사하고 하나님과 인간 사이에 화목을 가져왔다.

성경에 나오는 하나님의 사람들은 모두 다 용서의 사람들이었다. 스데반은 자기를 돌로 쳐죽이는 사람들을 향해 무릎을 꿇고 "하나님, 저들을 용서하여 주십시오."라고 기도했다. 요셉은 자기를 애굽에 팔아서 종살이를 하게 만들고 온갖 고초를 겪게 한 형들을 이후 다시 애굽에서 만났을 때 "당신들이 나를 이곳에 팔았다고 해서 근심하지 마소서, 한탄하지 마소서, 하나님이 생명을 구원하시려고 나를 당신보다 먼저 보내셨나이다." 라고 용서했다. 오히려 형들을 위로했던 것이다.

다윗은 자기를 집요하게 죽이려고 했던 사울 왕을 용서했고, 아버지의 보좌를 찬탈하고자 반란을 일으켰던 아들 압살롬을 용서했다. 또한 반란을 피해 도망가는 다윗에게 돌을 던지며 저주하던 시므이도 용서한 것이다. 예수님은 인류의 죄를 대신하여 십자가에 못 박혀 고난을 당하면서도 주님을 멸시하고 저주하며 비웃는 무리들을 향해 "아버지여 저들의 죄를 사하여 주옵소서 저들은 자기들이 하는 것을 알지 못하나이다." 이렇게 예수님은 용서의 기도를 하셨다.

"미움은 다툼을 일으켜도 사랑은 모든 허물을 가리느니라" 미움은 온갖 결점을 드러내고 흉을 보고 무서운 다툼을 가져오는 것이지만 사랑은 잘못한 것을 덮어 주고 감춰 주며 위로와 격려를 주어 하나가 되게 하는 것이다. 시기와 다툼이 있는 곳에는 혼란과 악이 있고 귀신이 있다. 귀신이 마음에 시기와 분노, 다툼을 일으키고 그것에 불을 자꾸 놓아서 고통을 가져와 도적질하고 죽이고 멸망시키는 일을 하는 것이다.

　우리는 용서하며 사는 길을 선택해야 한다. 모든 사람들은 자신과 타인이 서로 다르다고 해서 원수가 되는 것이다. 그러나 똑같을 수가 없는 것이다. 언제나 상대와 나는 다를 수 있다는 것을 이해하고 대화해야 한다. 나와 똑같이 생각하라고 강요할 권한이 없다. 나와 다르다고 욕할 이유도 없다. 사람들은 다 자기 개성이 있기 때문에 다를 수가 있는 것이다. 대화하여 서로 조화롭게 나아가야 한다.

　"서로 친절하게 하며 불쌍히 여기며 서로 용서하기를 하나님이 그리스도 안에서 너희를 용서하심과 같이 하라. 또한 누가 누구에게 불만이 있거든 서로 용납하여 피차 용서하되 주께서 너희를 용서하신 것 같이 너희도 그리하고 이 모든 것 위에 사랑을 더하라. 이는 온전하게 메는 띠니라"고 했다. 용서와 사랑, 이것이 개인과 가정 사회와 국가를 평안하게 만드는 것이다.

　위대한 창조주이신 하나님은 실수투성이인 우리 인생을 위해 예수님의 십자가의 용서라는 지우개를 사용하고 계신다. 이 지우개가 없었다면 우리 인생은 늘 고칠 수 없는 실수와 죄 가운데에서 빠져나올 수 없었을 것이다. 용서하며 사는 길은 예수님의 십자가를 가슴에 끌어안고 아픈 상처를 기억에서 지워 버리는 것이다. 십자가 보혈의 지우개인 것이다. 십자가의 보혈을 끌어안고 그 모든 원한을 다 지워 버리고 그 대신 사랑과 화해를 가져오면 그것이 참 크리스천의 생활인 것이다.

　이러한 하나님의 관대한 용서와 사랑, 화해가 아니면 우리는 하루도 하나님 앞에 설 수가 없다. 우리 모두가 하나님을 정말 사랑하고 의지하고 하나님 뜻대로 살아야 한다. 제삼자에 대해서 이야기하기는 쉽다. 그러나 당사자가 되면 정말 힘든 일이다. 하지만 미움과 원한은 용서하고 마음의 평화와 행복을 갖는 것이 이 세상을 사는 지혜로운 방법이다.

"다른 사람을 사랑하는 데 있어서 가장 큰 걸림돌은 자기 자신에 대한 사랑이다"
― 톨스토이 ―

4. 사랑은 인생의 흐뭇한 향기

"믿음, 소망, 사랑, 이 세가지는 항상 있을 것인데 그 중의 제일은 사랑이라" (고전 13:13)

"먼저 자신이 평화로워야 다른 사람에게 평화를 줄 수 있다."
― 토마스 아 켐피스 ―

사랑은 인생의 흐뭇한 향기이자 우리의 인생에 의미와 가치를 부여하는 인생의 따뜻한 햇볕이다. 가정에서 사회에서 그리고 이웃 간에 흐뭇하고 아름다운 정을 나누고 산다. 그 고운 정 속에는 아름다운 사랑이 있다. 이러한 사랑이 있기 때문에 우리는 인생을 희망과 용기와 기대를 가지고 살아갈 수가 있다.

인간에게는 정의 아름다움과 흐뭇함이 있기 때문에 괴로운 인생도 기쁜 마음으로 살아가는 것이다. 사랑한다는 것은 상대방에 대하여 따뜻한 관심을 갖는 것이다. 내가 사랑의 주체가 되어 누구를 사랑하는 동시에 내가 사랑의 객체가 되어 누구의 사랑을 받아야 한다.

내가 사랑할 사람도 없고 나를 사랑해 주는 사람도 없을 때 나의 존재와 생활은 무의미와 무가치로 전락하고 만다. 사랑이 없는 인생은 풀 한 포기 없는 사막과 같고 샘물이 말라버린 샘터와 같다. 생에 빛을 주고 향기를 주고, 기쁨을 주고, 보람을 주고, 의미를 주고, 가치와 희망을 주는 것이 곧 사랑이다. 사랑은 우리 생활의 등뼈요 기둥이다. 인생을 행복하게 살려면 애정의 향기를 항상 발산해야 한다.

나는 너를 믿고, 너는 나를 믿을 수 있어야 한다. 서로 믿기 때문에 같이 잘 살 수 있고 같이 일할 수 있고 같이 친해질 수 있는 것이다. 사랑, 협동, 화목, 대화, 희생, 봉사 등 인간의 아름다운 덕이 모두다 믿음과 신의의 토대 위에서 비로소 가능하다.

신의와 믿음의 질서가 무너질 때 모든 것이 무너지고 만다. 사랑과 믿음 그리고 행복은 하나의 가치임과 동시에 삶의 기초이다. 사랑과 믿음과 창조의 토대 위에 행복의 탑을 쌓고 즐거운 생활의 요람을 만들어야 한다. 그런 우리일 때 인생은 아름다워진다.

"행복한 결혼생활에서 중요한 것은 '서로 얼마나 잘 맞는가' 보다는 '다른 점을 어떻게 극복해 나가는가' 이다."　　　　　– 톨스토이 –

5. 따뜻한 세상

"사람이 무엇으로 심든지 그대로 거두리라 자기의 육체를 위하여 심는 자는 육체로부터 썩어질 것을 거두고 성령을 위하여 심는 자는 성령으로부터 영생을 거두리라 우리가 선을 행하되 낙심하지 말지니 포기하지 아니하면 때가 이르매 거두리라"(갈 6:7-9)

"은혜(恩惠)는 돌에 새기고, 원한(怨恨)은 물에 새겨라"
프랑스의 소년 사관학교 앞 과일 가게에는 휴식 시간마다 사과를 사 먹는 학생들로 붐볐다. 그 학생들 중에 돈이 없어서 친구들이 사과를 사 먹는 동안 멀찌감치 떨어진 곳에 혼자서 기다리곤 하는 학생이 있었다.
"학생 이리와요" 가게 주인은 그 학생의 사정을 알고 아이들이 없을 때 조용히 불러 사과를 챙겨주곤 했다. 그 뒤 30년이라는 세월이 흘렀다. 가게 주인은 허리가 구부러진 할머니가 되었지만, 여전히 그곳에서 과일을 팔고 있었다.
어느날 프랑스군 장교 한 사람이 그 사과 가게를 찾아 왔다. "할머니, 사과 한 개만 주세요." 장교는 사과를 맛있게 먹으면서 말했다. "할머니! 이 사과 맛이 참 좋습니다." 할머니는 빙그레 웃으며 그 장교에게 앉으라고 의자를 권했다.
"군인 양반! 자랑 같지만 나폴레옹 황제께서도 소년사관학교 시절에 우리 가게에서 가끔 사과를 사서 그렇게 맛있게 드셨지요. 벌써 30년이 지난 이야기지만."

"할머니 그분은 가난해서 항상 할머니께서 그냥 주신 사과를 얻어먹었다고 하던데요." 이 말을 들은 할머니는 손사래를 치면서 말했다. "아니오, 아냐. 그건 군인 양반이 잘못 안 거요. 그때 그 학생은 돈을 꼭 내고 사 먹었지 한 번도 그냥 얻어먹은 일은 절대로 없었어요."

"가난한 사람을 돕는 사람은 반드시 하나님에게서 그 보답을 얻는다."   - 영국 격언 -

할머니는 나폴레옹 황제가 소년 시절에 겪은 어려웠던 일이 사람들의 입에 오르내리는 것이 싫은 듯 극구 부인했다. 그러자 그 장교가 다시 물었다.

"할머니! 혹시 지금도 그분의 소년 시절 얼굴을 기억하시나요?"

할머니는 눈을 감고 천천히 고개를 끄덕이며 가난했던 황제가 자신이 준 사과를 맛있게 먹던 추억을 더듬는 듯 했다.

장교는 먹던 사과를 의자에 내려놓고 할머니의 손을 두 손으로 살포시 감싸쥐었다. "할머니! 제가 바로 그 소년입니다.", "예? 당신이 나폴레옹 황제시라고요?"

"네 제가 바로 30년 전에 할머니께서 주신 사과를 맛있게 먹었던 그 보나파르트 나폴레옹입니다. 그 때의 그 사과 맛을 언제나 기억하고 있습니다. 그 때 그 사과를 먹으면서, 저는 세상의 따스함을 느꼈고 언젠가는 할머니에게 은혜를 갚겠다고 몇 번이고 다짐했었습니다." 그렇게 말하는 나폴레옹의 눈에서 눈물이 흐르고 있었고, 황제의 손을 잡고 어찌할 줄을 모르는 할머니 눈에서도 눈물이 흘러내렸습니다.

나폴레옹 황제는 금화가 가득 든 상자를 할머니의 손에 쥐어 주면서 말했습니다. 지금에야 그 사과 값을 드립니다. 제 얼굴이 새겨진 금화입니다, 제게 세상의 따스함을 느끼게 해주셔서 정말 고맙습니다. 할머니!

"자기가 은혜를 베푼 사람을 만나면, 곧 그 일을 생각하게 되는 법이다. 그런데, 자기에게 은혜를 베풀어 준 사람을 만나서는 그것을 생각해 내지 못하는 일이 얼마나 많이 있는 일일까?" - J.W. 괴테 -

6. 믿음과 사랑의 유산

"돈을 사랑함이 일만 악의 뿌리가 되나니 이것을 탐내는 자들은 미혹을 받아 믿음에서 떠나 많은 근심으로써 자기를 찔렀도다"(딤전 6:10)

미국의 개척사를 보면, 18세기 초 두 사람의 젊은이가 청운의 꿈을 안고 영국에서 배를 타고 이동하여 신대륙인 미국에 내렸다. 그 두 사람은 바로 '르크 슐츠'와 '에드워즈 조나단'이라는 사람이다. 이 두 사람은 똑같이 신천지에서 새로운 미래를 개척하기 위해서 이곳에 왔다.

그런데 마르크 슐츠라는 사람은 "내가 이곳에서 큰 돈을 벌어 부자가 되어서 내 자손에게는 가난이라는 것을 모르고 살도록 하겠다."

생각하고 뉴욕에 술집을 차려서 열심히 일했다. 결국 그의 소원대로 엄청난 돈을 벌어서 당대에 큰 부자가 되었다.

그런 반면에 조나단 에드워즈라는 사람은 "내가 여기까지 온 것은 신앙의 자유를 찾아서 왔으니 신앙의 자유가 있는 이곳에서 바른 신앙생활을 해야 되겠다." 생각하고 신학교에 들어가서 목사가 되었다.

그리고 세월이 흘렀다. 150년이 지나 5대 자손들이 태어난 후 뉴욕시 교육위원회에서는 컴퓨터로 이 두 사람의 자손들을 추적해 과연 어떻게 되었는지를 조사해 보았다. 그런데 참으로 놀라운 결과가 나왔다.

돈을 벌어서 많은 재산으로 자손들이 잘 살게 해줘야겠다고 생각한 '마르크 슐츠'의 자손은 5대를 내려가면서 1,062명의 자손을 두었다. 그런데 그 자손들이 어떻게 되었느냐? 교도소에서 5년 이상 형을 살은 자손이 96명, 창녀가 된 자손이 65명, 정신이상, 알코올 중독자만 58명, 자신의 이름도 쓸 줄 모르는 문맹자가 460명, 정부의 보조를 받아서 살아가는 극빈자가 286명이면서, 정부의 재산을 축낸 돈이 1억 5천만불, 우리나라 돈으로 환산하면 1,800억 원의 돈을 축낸 것이다.

이런 반면에 신앙을 소중히 여기고 신앙을 찾아 미국에 왔던 '에드워드 조나단'은 유명한 프린스턴 대학을 당대에 설립하고, 5대를 내려가면서 1,394명의 자손을 퍼뜨렸다. 자손들 중에 선교사 목사만도 116명이 나왔고, 예일대학교 총장을 비롯한 교수, 교사만도 86명, 군인이 76명, 나라의 고급관리가 80명, 문학가가 75명, 실업가가 73명, 발명가가 21명, 부통령이 한 사람, 상·하의원 주지사가 나왔고, 장로 집사가 286명이 나왔다. 모두 816명이다. 또한 놀라운 것은 이 가문이 나라에 낸 세금과 지도자로서 미국 발전에 지대한 공헌을 했고,

정부 재산을 전혀 축내지 않았다는 것이다.

이 연구의 결과가 뭘까? 유산(遺産) 중에 최고의 유산은 '믿음의 유산'이라는 것이다. 부모가 자식에게 거액의 재물이나 유산을 남겨주려는 것은 결코 잘못된 것이 아니다. 그것은 당연한 것이다. 그러나 문제는 유산이 내 자손들에게 복된 유산이 될 것인지는 고민을 해보고서 전해줘야 된다는 말이다.

오늘날 한국 사람들 대부분은 열심히 악착같이 돈을 벌어서 그것을 자손들에게 남겨 주려고 애쓰고 있다. 그런데 결과는 이 유산이 자식들을 망하게 하고 오히려 불행의 씨앗이 된다는 것이다.

"은혜를 모르는 자식을 두기란 독사에 물리는 것보다 더 고통스럽다."
— W.셰익스피어 —

그러기에 재물의 유산보다 더 중요하게 물려줘야 할 것이 있다. 그것은 '믿음'과 '사랑'을 유산으로 남겨주는 것이다. 제대로 된 믿음과 사랑, 이것을 물려줄 때 그 재산 또는 유산이 자손들이 걸어가는 앞길에 도움이 되는 재산(유산)이 될 것이다.

"가족(family)"의 어원을 아는가? "Family"의 어원은 아버지, 어머니 나는 당신들을 사랑 합니다! 즉, "Father And Mother I Love You"의 첫 글자들을 합성한 것이다. 진정 '가족'이라는 말은 생각만해도 눈물이 핑 도는 따스한 단어이다.

김형석 교수는 미국에서 고등학교를 다닌 손자가 넬슨 록펠러 부통령의 손자와 한 반에서 공부했던 일화를 소개했다. "록펠러 가문에서 자란 아이가 잔디 깎기 등 학교 아르바이트에 너무나 열심히 참여하는 것을 본 손자가 '넌 이미 부자인데 왜 이렇게 열심히 일하니?'라고 묻자 그 아이는 '아버지에게 받는 용돈은 다른 아이들과 비슷한데 난 그중 10분의 1은 교회에 헌금을 내야 해, 그 돈을 채우려고 하는 거야'라고 했다."며 "록펠러 가문은 아이들을 저렇게 엄격하게 키우고 남은 것을 사회에 줬으니 얼마나 행복할까 싶다."고 하였다. 기업 경영으로 번 돈을 공동체와 공유하는 록펠러 가문을 우리 사회가 배워야 할 모범으로 제시한 것이다.

"좋은 가문에서 태어나는 것은 바람직한 일이다. 그러나 그 영광은 조상의 것이다."   - 플루타르크스 -

7. 어머니의 희생적인 사랑

"자녀들아 주 안에서 너희 부모에게 순종하라 이것이 옳으니라 네 아버지와 어머니를 공경하라 이것은 약속이 있는 첫 계명이니 이로써 네가 잘되고 땅에서 장수하리라"(엡 6:1-3)

두 아들과 함께 살아가던 한 어머니가 어느 날 밖에 나간 사이 집에 불이 났다. 밖에서 돌아온 어머니는 순간적으로 집안에서 자고 있는 아이들을 생각하고 망설임도 없이 불속으로 뛰어 들어가 두 아들을 이불에 싸서 나왔다. 이불에 싸인 아이들은 무사 했지만 어머니는 온몸에 화상을 입고 다리를 다쳐 절게 되었다. 그때부터 어머니는 거지가 되어 구걸을 하면서 두 아들을 키웠다.

어머니의 이러한 희생 덕분에 큰 아들은 동경대학에 작은 아들은 와세다 대학에 각각 수석으로 입학하였다. 시간이 흘러 졸업식 날 졸업하는 아들을 보고 싶은 어머니는 먼저 큰 아들이 있는 동경 대학을 찾아 갔다. 수석 졸업을 하게 된 아들은 졸업과 동시에 큰 회사에 들어가기로 이미 약속이 되어 있었다.

아들의 눈에 수위실에서 아들을 찾는 어머니의 모습이 들어왔다. 수많은 귀빈들이 오는 자리에 거지 어머니가 오는 것이 부끄러웠던 아들은 수위실에 "그런 사람 없다고 하라."고 전했고 어머니는 슬픈 얼굴로 집으로 돌아 갔다.

"깨끗한 의복은 좋은 소개장이다."　　　　　　 - 영국 속담 -

　아들에게 버림받은 서러움에 자살을 결심한 어머니는 죽기 전에 둘째 아들 얼굴을 보고 싶어 둘째 아들이 졸업하는 와세다 대학을 찾아갔다. 하지만 차마 들어가지 못하고 교문 밖에서 발길을 돌렸다. 그때 마침 이러한 모습을 발견한 둘째 아들이 절룩거리며 황급히 자리를 떠나는 어머니를 큰 소리로 부르며 달려나와 어머니를 업고 학교 안으로 들어갔다.
　어머니가 "사람을 잘못 보았소."라고 말했지만 아들은 어머니를 졸업식장의 귀빈석 한가운데에 앉혔다. 값비싼 액세서리로 몸을 치장한 귀빈들이 수근거리자 어머니는 몸둘바를 몰랐다. 수석으로 졸업하는 아들이 답사를 하면서 귀빈석에 초라한 몰골로 앉아있는 어머니를 가리키며 자신을 불속에서 구해 내고 구걸을 해서 공부시킨 어머니의 희생을 설명했고 그제야 혐오감에 사로잡혀 있던 사람들의 눈에 감동의 눈물이 고였다.
　이 소식은 곧 신문과 방송을 통해 전국에 알려지게 되어 둘째 아들은 큰 회사 오너의 사위가 되었으나 어머니를 부끄러워한 큰 아들은 입사가 취소되고 말았다. 자기의 몸이 상하는 것을 아랑곳하지 않고 아들을 불속에서 건져내고 구걸을 하면서까지 아들을 공부시키고 성공시킨, 자식을 위해서는 희생도 마다하지 않는 이가 바로 어머니다. 어머니가 아직 계시면 여생이 얼마 남지 않은 어머니를 생각하는 오늘이 되기 바란다.

"강력한 사랑은 판단하지 않는다 주기만 할 뿐이다."

– 수녀 마더 테레사 –

8. 말이 깨끗하면 삶도 깨끗해진다

"무릇 더러운 말은 너희 입 밖에도 내지 말고 오직 덕을 세우는 데 소용되는 대로 선한 말은 하여 듣는 자들에게 은혜를 끼치게 하라"(엡 4:29)

생명의 소중함을 깨닫고 저마다 의미있는 삶을 살고자 마음을 가다듬는 때에 누가 다른 사람을 깎아내리는 말에 관심을 두겠는가? 험담은 가장 파괴적인 습관이다.

입을 다물어라.
인간과 동물의 두드러진 차이점은 의사소통 능력이다. 오직 인간만이 복잡한 사고와 섬세한 감정, 철학적인 개념을 주고받을 수 있다. 그런데 우리는 이 귀한 선물을, 사랑을 전하고 관계를 돈독하게 하고 불의를 바로 잡는데 써 왔는지 아니면 서로에게 상처를 입히고, 멀어지도록 했는지? 다른 사람에게 해 줄 좋은 말이 없거든 차라리 침묵을 지키라.

화제를 돌리라

험담을 멈추게 할 수 있는 사람은 이미 나쁜 마음을 먹고 말하는 쪽이 아니라 그 이야기를 듣는 쪽이다. 대화가 옳지 않은 방향으로 흘러갈 때는 스포츠, 날씨, 경제 등 안전하고 흥미로운 화제로 바꾸라. 험담이 시작될 때마다 다른 이야기를 꺼낸다면 상대방은 험담을 하다가도 아무 소득이 없다는 사실을 깨닫고 주의할 것이다.

믿지 말라

들은 사실을 믿지 않기란 어렵다. 하지만 험담을 들었다면 믿지 말라. 험담을 피할 수 있는 마지막 수단이다.

용서하는 방법을 개발하라.

자신을 괴롭히는 부정적인 감정을 털어 내고 자신만의 방법으로 분노와 증오를 극복하라. 매일 우리가 하는 말은 역겨운 냄새가 아닌 향기로운 말로 향기로운 여운을 남겨야 한다. 우리의 모든 말들이 이웃의 가슴에는 기쁨의 꽃이 되고, 평화의 노래가 되어 세상이 조금씩 더 밝아지게 하자.

누구에게도 도움이 될 리 없는 험담과 헛된 소문을 실어나르지 않는 깨끗한 마음으로 깨끗한 말을 하자. 나보다 먼저 상대방의 입장을 헤아리는 사랑의 마음으로 사랑의 말을 하고. 남의 나쁜 점보다는 좋은 점을 먼저 보는 긍정적인 마음으로 긍정적인 말을 하자.

일본의 정신 의학자 사이토 시게타가 쓴 "사랑받는 사람들의 공통점"을 보면 사랑받기의 가장 중요한 비결은 바로 "자신을 사랑하는 것"이다. 남에게 무리한 요구를 하지 않는다. 다른 이의 마음을 헤아릴 줄 아는 사람은 사랑받는다. 또 너무 완벽을 추구하지 않고 알맞게 너그러우며 인생을 80퍼센트로 사는 사람에게는 편안함과 여유가 느껴지는데, 이런 사람은 남에게도 지나친 요구를 하지 않으며 과잉 친절이나 배려로 부담을 주지 않는다.

사람들에게 사랑받는 사람은 기다려야 하는 시간을 헛되다고 생각하지 않고, 오히려 즐거운 시간으로 바꾼다. 모임에서 늦는 사람이 있을때 불평하는 사람이 있는가 하면, 즐거운 이야기로 지루한 시간을 잊게 만드는 사람이 있다. 과연 누가 더 인기가 좋을까? 무슨 일이 생겼을때 든든한 의논 상대가 되어 주는 사람은 대개 인내심이 강하고 일관성이 있는 사람이다.

그들은 남의 실패도 진심으로 걱정해 주며 다른 사람에 대한 험담이나 나쁜 소문이 돌았을 때 퍼뜨리지 않고 자기 자신에게서 멈춘다. 위로나 충고를 할 때에는 상대방의 입장을 충분히 생각한 뒤 감정에 치우치지 않고 객관적으로 말해준다. 사람들은 이런 이에게 신뢰감을 느끼고 마음을 털어 놓는다.

사랑은 줄수록 더 아름다워지는 것이다. 받고 싶은 마음 또한 간절하지만 사랑은 줄수록 내 눈빛이 더욱 빛나 보이는 것이다. 한없이 주고 싶은 사람이 있다는 거, 하염없이 바라보고 싶은 사람이 있다는 거, 시리도록 기다리게 되는 사람이 있다는 거, 그건 주는 사람만이 누릴 수 있는 특권이며 내가 살아있다는 증거이기도 하다.

그래서 사랑은 받는 것이 아니라 무언가 주고 싶은 사람이 있다는 건 내가 해야 할 일이 생기는 것이고, 끝없이 바라보고 싶은 사람이 있다는 건 내가 일어나 웃어야 할 일이 생기는 것이고, 변함없이 기다려지는 사람이 있다는 건 내가 다시 내일을 살아야 하는 이유가 생기는 것이다. 그래서 사랑은 받는 것이 아니라 주는 것이라 했다.

"사랑의 첫번째 의무는 상대방에 귀 기울이는 것이다."
– 폴 틸리히 –

9. 웃음이 있는 자에게 가난이 없다

"사랑하는 자들아 우리가 서로 사랑하자 사랑은 하나님께 속한 것이니 사랑하는 자마다 하나님으로부터 나서 하나님을 알고 사랑하지 아니하는 자는 하나님을 알지 못하나니 이는 하나님은 사랑이심이라"(요일 4:7-8)

"행복해서 웃는 것이 아니라 웃어서 행복한 것이다."
– 윌리엄 제임스 –

거리를 거닐 때마다 놀라는 일 중의 하나는 지금 도시에 사는 사람들의 표정에 웃음이 없다는 것이다. 아무리 살기가 험악한 세상이라고 하지만 이 세상에서 인간 외에 웃을 수 있는 동물은 없다. 사실 아무리 어려웠고 괴롭던 일들도 몇 년이 지난 후에 돌이켜보면 얼마나 어리석게 느껴지는지 모른다.

세상의 모든 것은 다 지나가고 만다. 고통도 환난도 좌절도 실패도 적대감도 분노도 노여움도 불만도 가난도 웃으면서 세상을 보면 다 우습게 보인다. 그래서 웃고 사는 한 결코 가난해지지 않는다. 백 번의 신음소리 보다는 한 번의 웃음소리가 갖는 비밀을 빨리 터득한 사람이 그 인생을 복되게 산다.

나쁜 생각이 머릿속에 떠올랐을 때 그것을 내쫓을 수는 없지만, 그것이 나쁜 생각이라는 것을 깨닫고 그것을 약화시키거나 없애고자 하는 마음을 불러일으킬 수는 있다.

"이웃의 결점이 떠올랐을 때, 그것을 내쫓을 수는 없지만 그것이 나쁜 생각이라는 것을 깨달으면, 이웃을 비난하는 것은 나쁜 짓이고 내게도 결점이 있으며, 이웃의 내면에도 나의 내면과 같이 신이 살고 있으므로 그를 사랑해야 한다고 생각할 수 있게 된다." - 톨스토이 -

연약한 사람에게 언제나 슬픔만 있고 위대한 사람에겐 언제나 소망의 웃음만 있다. 더 잘 웃는 것이 더 잘 사는 길이다. 더 잘 웃는 것이 더 잘 믿는 것이다. 더 잘 웃는 것이 더 큰 복을 받는 비결이다. 우리의 얼굴에 웃음이 떠나지 않을 때 우리는 부유해 진다.

"자주 그리고 많이 웃는것, 현명한 사람들의 존경과 어린이들의 사랑을 받는 것, 정직한 비평가들의 칭찬을 받고 거짓된 친구의 배반을 참아내는 것, 아름다움을 즐기는 것, 타인의 좋은 점을 찾아내는 것, 건강한 아이를 낳고 화단을 가꾸거나 잘못된 것들을 바로잡아 세상을 조금 더 살기 좋게 만드는 것, 당신이 있어 한 생명의 호흡이 좀

더 편했다는 것을 아는 것, 이것이 성공이다." - 랄프 왈도 에머슨 -

10. 기쁨을 누리는 삶

"내가 너희에게 이것을 이름은 내 기쁨이 너희 안에 있어 너희 기쁨을 충만하게 하려 함이라"(요 15:11)

"뇌내혁명(腦內革命)"이란 제목의 책을 쓴 하루야마 박사에 의하면 사람이 기뻐할 때와 깊은 기도를 드릴 때에 그리고 누군가로부터 인정과 칭찬을 받을 때에 뇌에서 동일한 호르몬이 분비된다. 이때의 호르몬을 베타 - 엔도르핀 호르몬이라 부른다. 이 호르몬은 건강을 회복시키고 병을 치유하는 기능이 있다. 그래서 기쁨 충만을 누리거나 기도 중에 큰 은혜를 받았을 때에 몸이 가뿐하여지고 건강이 회복되는 경우가 바로 이런 이유에서이다.

그러나 화를 낼 때나, 누군가를 몹시 미워할 때 그리고 깊은 시름에 젖어들 때에 역시 같은 종류의 호르몬이 분비된다. 노르 - 아드레날린이란 호르몬이다. 이 호르몬은 건강을 해치고 병이 들게 한다. 우리가 평소에 몹시 화를 내고 난 후에 몸이 나른하여지고 심신이 지치게 되는 것은 노르 - 아드레날린 호르몬이 분비된 탓이다.

그래서 부부관계가 몹시 나쁘거나, 시어머니로부터 억울한 대우를 당하거나, 자녀로부터 크게 상심되는 일을 당하게 되었을 때에 몸과 마음에 병이 들게 되는 것이 바로 이 노르 – 아드레날린이 분비된 탓이다. 요한복음 15장에서 예수께서 제자들에게 이르시기를 "내가 누리고 있는 기쁨이 너희 안에도 임하여 너희가 기쁨이 넘치는 삶을 살게 하기를 원한다." 이르셨다. 그러기에 크리스천의 삶은 예수께서 우리들에게 주신 기쁨을 누리며 사는 삶이어야 한다. "기쁨을 누리며 사는 삶"이 바로 크리스천들의 삶이다.

우리 크리스천들은 내가 먼저 상대에게 기쁨을 주고, 내가 먼저 웃고, 내가 먼저 사랑하고, 내가 먼저 감사해야 한다. 감사할 때 삶이 기쁨으로 충만해진다. 감사로 충만한 삶을 살면 세월이 흐를수록 삶의 아름다움과 신비로움에 감동이 더해가며 그 마음을 기쁨으로 다른 사람에게 나눠주는 생기 넘치는 삶을 살게 될 것이다.

감사는 삶의 진정한 가치가 무엇인지를 깨닫게 하고 인생의 고비에서 더 큰 깨달음으로 극복하게 해 준다. 감사를 통해 부정적 사고방식을 긍정적 사고방식으로 변화시키고 내면의 균형을 실현시킬 수 있다.

나는 나를 웃게 하는 사람들을 사랑한다. 솔직히 내가 가장 좋아하는 것은 웃는 것이다. 웃음은 수많은 질병을 치료해준다. 웃음은 아마도 사람에게 가장 중요한 것일 것이다. 안팎으로 힘든 일이 많아 웃기 힘든 날들이지만 내가 먼저 웃을 수 있도록 웃는 연습부터 하자.

우울하고 시무룩한 표정을 한 이들에게도 환한 웃음꽃을 피울 수 있도록 아침부터 밝은 마음 지니도록 애쓰자. 사랑은 움직이는 것, 우두커니 앉아서 기다리기만 하는 것이 아니라 먼저 다가가는 노력의 열매가 사랑이다.

상대가 나에게 해주기 바라는 것을 내가 먼저 다가가서 해주는 겸손과 용기가 사랑이다. 차 한잔으로, 좋은 책으로, 대화로 내가 먼저 마음 문을 연다면 나를 피했던 이들조차 벗이 될 것이다.

"인생의 승리는 모두 용기에서 시작된다. 한걸음 내 딛는 용기, 좌절하지 않는 용기, 자신에게 지지않는 용기, 용기만이 벽을 부술 수 있다."
— 이케다 다이시쿠 —

습관적 불평의 말이 나오려 할 땐 의식적으로 고마운 일부터 챙겨보는 성실함을 잃지 말라. 평범한 삶에서 우러나오는 감사의 마음이야말로 삶을 아름답고 풍요롭게 가꾸어주는 소중한 밑거름이 될 것이다.

감사를 많이 할수록 행복도 커진다. 내가 먼저 웃고, 먼저 사랑하고, 먼저 감사하자. 그리하면 나의 삶은 행복할 것이다. 웃음이 없는 하루는 낭비한 하루다. 좋은 때에는 기뻐하고, 어려운 때에는 생각하라. 하나님은 좋은 때도 있게 하시고, 나쁜 때도 있게 하신다. 그러기에 사람은 제 앞일을 알지 못한다.

좋은 사람을 마음에 담아 둔 이는 행복하다. 만남이 주는 기쁨도 기쁨이겠지만 멀리서 서로를 생각하고 추억을 공유하며 서로의 기억 속에서 살아 있으니 그 자체로 힘이 되고 기쁨이 된다. 그는 그대로 나는 나대로 서로를 응원하고 가끔은 목소리 듣고 싶다고 연락할 수 있는 그 자체가 행복이다. 우연히 만나더라도 늘 만나며 지내는 사이처럼 주위의 공기를 따뜻하게 만드는 관계, 우리 가슴에 좋은 사람 하나는 담아 두고 살아가자.

"인생이란 단 한 번을 살다가는 것 뿐인데 허튼짓해가며 낭비하고 탈진할 틈이 없다. 영혼을 담아 치열하게 노력하길 바란다."

― 작가 조정래 ―

우리에게 기쁨을 주시는 하나님!

우리를 기쁨의 샘으로 인도하셔서 항상 기쁘게 하시고, 하나님의 은혜에 감사하며 살아가게 하옵소서. 그 마음에 즐거움이 넘쳐남으로 모든 것을 긍정적으로 생각하는 저희들 되기를 원합니다. 주님, 저희들에게 기쁨을 관리할 수 있는 능력을 주옵소서. 슬픔 가운데서도 기쁨을 유지하게 하시고, 걱정 근심과 절망 중에서 기쁨을 얻는 지혜를 갖게 하옵소서.

눈물을 흘리며 씨를 뿌리는 사람은 기쁨으로 거두고 울며 씨를 뿌리러 나가는 사람은 기쁨으로 단을 가지고 돌아온다고 하신 주님!

우리에게 주어지는 진정한 기쁨은 주님께로부터 옴을 인정하게 하옵소서. 세상이 주는 즐거움에 빠져 주님을 잃어버리지 않게 하여 주시기를 원합니다. 죄를 멀리하게 하시고, 유혹과 쾌락의 환경을 끊고 주님이 주시는 진정한 사랑과 기쁨과 평강과 희락이 충만하게 하옵소서. 언제나 감사하는 마음으로 살며 기쁨이 넘치는 삶으로 살아가게 하옵소서. 예수님의 이름으로 간절히 기도드립니다. 아멘!

11. 한 남편의 이야기

"아내들이여 자기 남편에게 복종하기를 주께 하듯 하라 이는 남편이 아내의 머리 됨이 그리스도께서 교회의 머리 됨과 같음이니 그가 바로 몸의 구주시니라 그러므로 교회가 그리스도에게 하듯 아내들도 범사에 자기 남편에게 복종할지니라 남편들아 아내 사랑하기를 그리스도께서 교회를 사랑하시고 그 교회를 위하여 자신을 주심 같이 하라"(엡 5:22-25)

"가장 현명한 사람은 큰 문제도 작게 처리하고, 어리석은 사람은 조그마한 불행도 현미경으로 확대하여 스스로 큰 고민 속에 빠진다."
— 라 로슈푸코 —

저는 한 3년전 쯤에 이혼의 위기를 심각하게 겪었습니다. 그 심적 고통이야 경험하지 않으면 말로 못하지요. 저의 경우는 딱히 큰 원인은 없었고 주로 아내 입에서 이혼하자는 얘기가 심심찮게 나오더군요.

저도 회사생활과 여러 집안 일로 지쳐있던 때라 맞받아쳤구요. 순식간에 각방 쓰고 말도 안 하기 시작했습니다. 결국 대화가 없으니 서로에 대한 불신은 갈수록 커 갔구요. 사소한 일에도 서로가 밉게만 보이기 시작했지요. 그래서 암묵적으로 이혼의 타이밍만 잡고 있었습니다.

그런데 어린 아들도 눈치가 있는지 언제부턴가 시무룩해지고 짜증도 잘 내고 잘 울고 그러더군요. 그런 아이를 보면 아내는 화를 더 불같이 내더군요. 저도 마찬가지였구요. 계속 싸움의 연속이었습니다.

아이가 그러는 것이 우리 부부 때문에 그런다는 걸 뻔히 알면서도요. 가끔 외박도 했네요. 그런데 바가지 긁을 때가 좋은 거라고 저에 대해 정내미가 떨어졌는지 외박하고 들어가도 신경도 안 쓰더군요.

아무튼 아시겠지만 뱀이 자기 꼬리를 먹어 들어가듯 파국으로 치닫는 상황이었답니다. 그러기를 몇 달, 하루는 퇴근 길에 어떤 과일 아주머니가 떨이라고 하면서 귤을 사라고 간곡히 부탁하기에 다 사서 집으로 들어갔답니다. 그리고 주방 탁자에 올려놓고 욕실로 바로 들어가 씻고 나오는 데, 아내가 내가 사온 귤을 까먹고 있더군요. 몇 개를 까먹더니 "귤이 참 맛있네"하며 방으로 쏙 들어가더군요. 순간 제 머리를 쾅 치듯이 하나의 생각이 떠오르더군요. 아내는 결혼 전부터 귤을 무척 좋아했다는 것하고, 결혼후 8년 동안 내 손으로 귤을 한 번도 사 들고 들어간 적이 없었던 거지요. 알고는 있었지만 미처 생각치 못했던 일이었습니다. 그 순간 뭔가 깨달음이 있었습니다.

예전 연애할 때, 길 가다가 아내는 귤 좌판상이 보이면 꼭 천 원어치 사서 핸드백에 넣고 하나씩 사이좋게 까먹던 기억이 나더군요. 나도 모르게 마음이 울컥해져서 내 방으로 들어가 한참을 울었답니다.

시골집에 어쩌다 갈 때는 귤을 박스채로 사들고 가는 내가, 아내에게는 8년 간이나 몇 백원 안하는 귤 한 개 사 주지 못했다니 마음이 그렇게 아플 수가 없었습니다. 결혼 후에 나는 아내가 좋아하는 것에 대해 신경을 전혀 쓰지 않게 되었다는 걸 알았지요. 아이 문제와 살기 바쁘다는 이유로 말이지요.

반면 아내는 나를 위해 철마다 보약에 반찬 한가지를 만들어도 내가 좋아하는 것들로만 신경 많이 써 줬는데 말이지요. 그 며칠 후에도, 늦은 퇴근길에 보니 그 과일 좌판상 아주머니가 보이더군요. 그래서 나도 모르게 또 샀습니다.

저도 오다가 하나 까먹어 보았구요. 며칠 전 아내 말대로 정말 맛있더군요. 그리고 살짝 주방 탁자에 올려 놓았죠. 마찬가지로 씻고 나오는데 아내는 이미 몇 개 까먹었나 봅니다.

내가 묻지 않으면 말도 꺼내지 않던 아내가 "이 귤 어디서 샀어요?"

"응 전철 입구 근처 좌판에서", "귤이 참 맛있네" 몇 달만에 아내가 미소를 지었습니다. 그리고 아직 잠들지 않은 아이도 몇 알 입에 넣어 주구요. 그리고 직접 까서 아이 시켜서 저한테도 건네주는 아내를 보면서 식탁 위에 무심히 귤을 던져 놓은 내 모습과 또 한 번 비교하며 부끄러움을 느꼈습니다.

뭔가 잃어버린 걸 찾은 듯 집안에 온기가 생겨남을 느낄 수가 있었습니다. 그리고 그 다음날 아침 아내가 주방에 나와 아침을 준비하고 있더군요. 보통 제가 아침 일찍 출근하느라 사이가 안 좋아진 후로는 아침을 해 준 적이 없었는데. 그냥 가려고 하는데, 아내가 날 붙잡더군요. 한 술만 뜨고 가라구요.

마지못해 첫 술을 뜨는데, 목이 메여 밥이 도저히 안넘어 가더군요. 그리고 주체할 수 없이 눈물이 나오기 시작했습니다. 아내도 같이 울구요. 그리고 그동안 미안했다는 한마디 하고 집을 나왔습니다. 부끄러웠다고 할까요.

"항상 맑으면 사막이 된다. 비가 내리고 바람이 불어야만 비옥한 땅이 된다."
― 미상 ―

아내는 그렇게 작은 일로 상처를 받기도 하지만 그보다 더 작은 일에도 감동받아 내게로 기대 올 수 있다는 걸 몰랐던 나는 정말 바보 중에 상바보가 아니었나 싶은 게 그간 아내에게 냉정하게 굴었던 내 자신이 후회스러워 마음이 무거웠습니다.

이후, 우리 부부의 위
는 시간은 좀 걸렸지만 잘 해결되었습니다. 그 뒤로도 가끔은 싸우지만 걱정하지 않습니다. 귤이든 뭐든 우리 사이에 메신저 역할을 할 수 있는 것이 주위를 둘러보면 아주 많다는 것을 알게 되었으니까 말입니다.

"당신이 누군가를 용서하면 감옥에 갇힌 한 사람을 풀어주게 된다. 그 사람은 …. 바로 당신이다."
― 딕 키비츠, 『용서의 기술』 중에서 ―

12. 어느 부부의 사랑이야기

가난하지만 행복한 부부가 있었다. 서로에게 무엇하나 줄 수 없었지만 그들에게는 넘쳐 흐르는 사랑이 있었다.

어느 날 그런 그들에게 불행의 그림자가 덮쳐 오고야 말았다. 사랑하는 아내가 알 수 없는 병에 걸려 시름시름 앓게 되었다. 그렇게 누워있는 아내를 바라볼 수 밖에 없는 남편은 자신이 너무 비참하게 느껴졌다. 여러 날을 골똘히 생각하던 남편은 마침내 어려운 결정을 하게 되었다. 그토록 사랑하는 아내를 속이기로 한 것이다. 남편은 이웃에게 인삼 한 뿌리를 구해 꿈을 꾸어 산삼을 구했다고 그것을 아내에게 건네 주었다.

남편은 말없이 잔뿌리까지 꼭꼭 다 씹어 먹는 아내를 보고 자신의 거짓말까지도 철석같이 믿어주는 아내가 너무 고마워 눈물을 흘렸다. 인삼을 먹은 아내의 병세는 놀랍게도 금세 좋아지기 시작했다. 그 모습을 본 남편은 기쁘기도 하였지만 한편으론 아내를 속였다는 죄책감에 마음이 아팠다.

아내의 건강이 회복된 어느 날 남편은 아내에게 무릎을 꿇고 용서를 빌었다. 그러자 아내는 미소를 띄고 조용히 말했다.

"저는 인삼도 산삼도 먹지 않았어요."

"당신의 사랑만 먹었을 뿐이예요."

세상에는 진실보다 아름다운 거짓이 있다. 거짓도 진실로 받아 들이는 사랑이 있다.

"우리는 위대한 내면에 무한한 힘, 끝없는 자원을 가지고 있다. 그러나 이 숨겨진 힘, 보이지 않는 자원을 깨닫지 못하는 한 그들을 이용할 수 없다." – 작가 미상 –

13. 夫婦關係의 回復

"사랑은 오래 참고 사랑은 온유하며 시기하지 않으며 사랑은 자랑하지 아니하며 교만하지 아니하며 무례히 행하지 아니하며 자기의 유익을 구하지 아니하며 성내지 아니하며 악한 것을 생각하지 아니하며 불의를 기뻐하지 아니하며 진리와 함께 기뻐하고 모든 것을 참으며 모든 것을 믿으며 모든 것을 바라며 모든 것을 견디느니라 그런즉 믿음, 소망, 사랑, 이 세 가지는 항상 있을 것인데 그 중에 제일은 사랑이라"(고전 13:4-7, 13)

유대인 어머니들은 결혼을 앞둔 딸에게 다음과 같은 편지를 꼭 보낸다

"사랑하는 딸아, 네가 남편을 왕처럼 섬긴다면 너는 여왕이 될 것이다. 만약 남편을 돈이나 벌어오는 하인으로 여긴다면 너도 하녀가 될 뿐이다. 네가 지나친 자존심과 고집으로 남편을 무시하면 그는 폭력으로 너를 다스릴 것이다.

만일 남편의 친구나 가족이 방문하거든 밝은 표정으로 정성껏 대접하라. 그러면 남편이 너를 소중한 보석으로 여길 것이다. 항상 가정에 마음을 두고 남편을 공경하라. 그러면 그가 네 머리에 영광의 관(冠)을 씌워 줄 것이다."

가정을 집으로 비유한다면 가장 기초는 두 사람의 세계관이다. 가정의 기둥은 부부(夫婦)다. 다음으로 대화와 이해라는 두 개의 창문이 있어야 세상을 바라볼 수가 있다. 또 보호(保護)라는 울타리와 봉사(奉仕)라는 대문을 잘 사용해야 한다.

행복은 멀리 있는 것도 아니고, 행복하기 위해 많은 수고가 필요한 것도 아니다. 행복한 부부는 서로를 격려하지만 불행한 부부는 서로를 공격하고 무시한다. 이기심과 무관심이 가정의 행복을 앗아간다.

나이가 들수록 일과 수입은 적지만 노는 일과 소비는 클 것이다. 자식들을 출가시킨 후 부부는 오랜 시간을 함께 보내야 하는데 서로를 배려하지 않고는 결단코 행복(幸福)한 인생이 될 수가 없다.

"아내들아 남편에게 복종하라 이는 주 안에서 마땅하니라 남편들아 아내를 사랑하며 괴롭게 하지 말라"(골 3:18-19)

노년이 되어도 다투는 문제는 대부분 상대가 절실하게 원하는 것이 무엇인지를 알지 못하는데 기인하고 있다. 사람은 나이가 아무리 들어도 꿈이 있다. 이제 그 소망은 함께 이루어가야 할 인생 목표이기도 하다. 꿈을 이루기 위해 서로 역할을 나누며 협력해 나갈 때 내일은 절망(絕望)이 아닌 날마다 새로운 소망을 안고 행복하게 살아갈 수 있게 된다.

"때에 맞는 말 한마디가 긴장을 풀어주고 사랑 담긴 말 한마디가 축복을 준다고 합니다. 서로가 서로에게 따뜻한 말 한마디로서 즐거움과 행복 그리고 희망을 함께 나누는 부부가 되었으면 참 좋겠습니다."
― 작가 미상 ―

14. 나를 아름답게 하는 기도

"고운 것도 거짓되고 아름다운 것도 헛되나 오직 여호와를 경외하는 여자는 칭찬을 받을 것이라" (잠 31:30)

사랑의 주님!
날마다 하루 분량의 즐거움을 주시고 일생의 꿈은 그 과정에 기쁨을 주셔서 떠나야 할 곳에서는 빨리 떠나게 하시고 머물러야 할 자리에는 영원히 아름답게 머물게 하소서. 누구 앞에서나 똑같이 겸손하게 하시고 어디서나 머리를 낮춤으로써 내 얼굴이 드러나지 않게 하소서.

마음을 가난하게 하여 눈물이 많게 하시고 생각을 빛나게 하여 웃음이 많게 하소서. 인내하게 하소서. 인내는 잘못을 참고 그냥 지나가는 것이 아니라 사랑으로 깨닫게 하고 기다림이 기쁨이 되는 인내이게 하소서. 용기를 주소서. 부끄러움과 부족함을 드러내는 용기를 주시고 용서와 화해를 미루지 않는 용기를 주소서.

  음악을 듣게 하시고 햇빛을 좋아하게 하시고 꽃과 나뭇잎의 아름다움에 늘 감탄하게 하소서 …. 누구의 말에나 귀 기울일 줄 알고 지켜야 할 비밀은 끝까지 지키게 하소서.

  사람을 외모로 평가하지 않게 하시고 그 사람의 참 가치와 모습을 빨리 알게 하소서 …. 사람과의 헤어짐을 자연스럽게 받아들이되 그 사람의 좋은 점만 기억하게 하소서. 나이가 들어 쇠약하여질 때도 삶을 허무나 후회나 고통으로 생각하지 않게 하시고 나이가 들면서 찾아오는 지혜와 너그러움과 부드러움을 좋아하게 하소서.

  삶을 잔잔하게 하소서. 그러나 폭풍이 몰려와도 쓰러지지 않게 하시고 고난을 통해 성숙하게 하소서. 건강을 주소서. 그러나 내 삶과 생각이 건강의 노예가 되지 않도록 하소서.

  질서를 지키고 원칙과 기준이 확실하며 균형과 조화를 잃지 않도록 하시고 성공한 사람보다 소중한 사람이 되게 하소서. 언제 어디서나 사랑만큼 쉬운 길이 없고 사랑만큼 아름다운 길이 없다는 것을 알고 늘 그 길을 택하게 하소서. 예수님의 이름으로 기도드립니다. 아멘!

"하나님께서 우리에게 말씀하실 것은 우리가 하나님께 말씀드려야 할 것보다 더욱 중요한 것이다"

                              - 마클라 쉴란 Lewis maclachlan -

15. 어느 의사의 유언

"명철한 자의 마음은 지식을 얻고 지혜로운 자의 귀는 지식을 구하느니라"(잠 18:15)

"사랑은 사람들을 치료한다. 사랑을 받는 사람, 사랑을 주는 사람 할 것 없이."　　　　　　　　　　　　　　　　　　　 - 칼 에닝거 -

어느 마을에 유명한 의사가 살고 있었다. 마을 사람들은 몸이 아프면 모두 그를 찾아가 치료를 받았다. 그는 환자의 얼굴과 걸음만 봐도 어디가 아픈지 알아내 처방을 하는 명의(名醫)였다. 그런 그가 나이가 들어 세상을 떠나게 되었다. 마을 사람들과 교회 목사는 임종을 앞둔 의사를 찾아가 그의 임종을 지켜보았다.

죽음을 앞둔 그가 사람들에게 말했다. "나보다 훨씬 훌륭한 세 명의 의사를 소개하겠습니다. 그 의사의 이름은 '음식과 수면과 운동'입니다. 음식은 위의 75%만 채우고 절대로 과식하지 마십시오. 12시 이전에 잠들고 해 뜨면 일어 나십시오. 그리고 열심히 걷다 보면 웬만한 병은 나을 수 있습니다."

말을 하던 의사가 힘들었는지 잠시 말을 멈추었다. 그리고 다시 말을 이었다. "그런데 음식과 수면과 운동은 다음 두 가지 약을 함께 복용할 때 효과가 있습니다."

사람들은 조금 전 보다 의사의 말에 더 귀를 기울였다. "육체와 더

불어 영혼의 건강을 위해 꼭 필요한 것은 '웃음과 사랑' 입니다.

육체만 건강한 것은 반쪽 건강입니다. 영혼과 육체가 고루 건강한 사람이 되십시오. 웃음은 평생 꾸준히 복용해야 합니다. 웃음의 약은 부작용이 없는 만병통치약입니다." 안 좋은 일이 있을 때는 많이 복용해도 됩니다. 사랑 약은 비상 상비약입니다. 이 약은 수시로 복용 하십시오. 가장 중요한 약 입니다. 의사는 자신이 살면서 깨달은 가장 중요한 것을 알려준 후 평안한 모습으로 조용히 눈을 감았다. 우리는 돈도 안 드는 이 약을 얼마나 섭취하고 있는가?

"세상이 당신에게 준 것보다 더 많이 세상에 주라." – 헨리 포드 –

16. 인생에는 세 가지 싸움이 있다

"여호와를 경외하는 것은 사람으로 생명에 이르게 하는것이라 경외하는 자는 족하게 지내고 재앙을 당하지 아니하느니라"(잠 19:23)

"인간을 현재의 모습으로 판단한다면 그는 더 나빠질 것이다. 하지만 그를 미래의 가능한 모습으로 바라보라. 그러면 그는 정말로 그런 사람이 될 것이다."   – 요한 볼프강 폰 괴테 –

빅토르 위고에 의하면

첫째 자연과 인간과의 싸움이다.

그는 이 싸움을 그리기 위하여 '바다의 노동자'라는 작품을 썼다. 바다의 어부들이 살아가기 위해서 추운 날씨와 사나운 파도와 싸운다. 인간이 산다는 것은 자연과의 끊임없는 투쟁이다. 자연은 우리에게 따뜻한 어머니이기도 하지만, 때로는 잔인한 적이요 라이벌이다. 과학과 기술과 기계는 인간이 자연과 싸우기 위한 위대한 무기요 도구다. 인간이 산다는 것은 자연을 이용하고, 지배하고, 정복하기 위하여 항상 싸우는 것이다.

둘째 인간과 인간끼리의 싸움이다.

빅토르 위고는 이것을 그리기 위하여 '93년'이라는 작품을 썼다. 개인과 개인간의 생존 경쟁에서부터 나라와 나라와의 전쟁, 민족과 민족의 싸움, 공산 세력과 자유 세력과의 투쟁에 이르기까지 인간 세계에는 많은 싸움이 있다. 우리는 이런 싸움을 원치 않지만 생존하기 위하여 이 싸움을 아니할 수 없다.

우리는 생존을 위한 싸움과 자위를 위한 싸움과 정의를 위한 싸움을 해야 한다. 우리는 싸우면 반드시 승리해야 한다. 세상에 패배처럼 분하고 괴로운 것이 없다. 나라와 나라와의 싸움에서 패배한다는 것은 죽음으로 전락하는 것이요 노예가 되는 것이다. 패배는 자멸을 의미한다. 무장이 없는 곳에 평화가 없고 힘이 없는 곳에 자유가 없다. 이것이 우리가 살고 있는 세계사의 냉엄한 현실이다.

셋째 자기와 자기와의 싸움이다.

가장 중요한 싸움이 있다. 그것은 내가 나하고 싸우는 싸움이다. 빅토르 위고는 이 싸움을 그리기 위하여 유명한 '레미제라블'을 썼다. 성서 다음으로 많이 읽혀진 이 명작은 쟝발장이라는 한 인간의 마음속에서 벌어지는 선한 자아와 악한 자아의 내적 투쟁의 기록이다. 마침내 선한 쟝발장이 악한 쟝발장을 이기는 용감한 정신적 승리를 생생하게 그린 것이다.

나 자신을 사랑하지 못하면 다른 사람을 사랑할 수 없다. 사랑을 얻기 위해서뿐만 아니라 성숙한 인간이 되기 위해서는 먼저 자신을 많이 사랑하고 귀하게 여겨야 한다. 그래야만 타인을 사랑하고 아낄 수 있다. 자신을 사랑하지 않는데 어떻게 진정으로 다른 사람을 사랑할 수 있겠는가?

우리의 마음은 선과 악의 싸움터다.

나의 마음속에는 항상 두 자아의 싸움이 벌어지고 있다. 용감한 나와 비겁한 나, 커다란 나와 조그만 나, 너그러운 나와 옹졸한 나, 부지런한 나와 게으른 나, 의로운 나와 불의의 나, 참된 나와 거짓된 나. 이러한 두 가지의 자아가 우리의 마음속에서 항상 싸움을 하고 있다. 내가 나하고 싸우는 싸움, 이것은 인간의 자랑이요 영광인 동시에 고뇌와 비극의 원천이기도 하다. 이 싸움이 있기 때문에 인간은 위대하다. 철인 플라톤은 이렇게 말했다. 인간 최대의 승리는 "내가 나를 이기는" 것이다.

"자신이 안다고 생각하는 것에 무조건 믿음을 갖는 것은 위험하다. 자신이 생각하는 모든 것이 항상 올바른 것은 아니기 때문이다."

– 폰더 –

17. 효성 지극한 효부와 호랑이

"네 부모를 공경하라 그리하면 네 하나님 여호와가 네게 준 땅에서 네 생명이 길리라"(출 20:12)

옛날 한 마을에 며느리가 시아버지를 정성스레 모시고 살고 있었다. 하루는 시아버지가 장에 갔는데 날이 어두워지도록 돌아오지를 않으셨다. 며느리는 시아버지를 기다리다가 아기를 등에 업은 채 마중을 나갔다.

한 걸음 한 걸음 가다보니 어느새 고갯마루까지 오게 되었다. 그런데 며느리는 저만치 불빛 두 개가 보이기에 시아버지이겠지 하고 가까이 다가갔다가 그만 깜짝 놀라고 말았다. 호랑이가 술에 취한 채 잠이 든 사람을 막 해치려던 참이었는데 그 사람은 바로 시아버지였다.

호랑이가 시아버지를 덮치려는 순간 며느리는 있는 힘을 다해 "안돼" 라고 소리치며 달려들어 시아버지를 끌어안자 호랑이가 멈칫하며 동작을 멈추었다. 그러자 여인은 등에 업고 있던 아기를 내려놓으며 호랑이에게 사정을 했다.

"이 아이를 줄테니 제발 우리 시아버지를 해치지 말아요." 그리고는 어디서 힘이 났는지 시아버지를 들쳐업고는 내달리기 시작했다. 집에 도착해서야 정신이 번쩍 든 며느리는 울음을 터뜨렸다. 다음날 아침 아무것도 모른 채 잠에서 깬 시아버지가 손자를 찾았다.

며느리는 눈물을 쏟으며 전날 있었던 일을 말했다. 그러자 시아버지가 벌컥 방문을 열고는 고갯길을 행하여 내달렸다. 며느리도 뒤쫓아갔다. 고갯마루에 이르러 살펴보았으나 아기도 호랑이도 보이질 않았다. 그때 길을 가던 사람이 아기 이야기를 했다. 건넛마을의 부잣집 주인이 아침에 일어나 보니 나락섬 위에 웬 아기가 울고 있더라는 것이었다. 그 말을 듣고 시아버지와 며느리가 달려가 보니 자기 아기가 부잣집 나락섬 위에서 새근새근 잠을 자고 있는 것이 아니겠는가.

며느리가 달려들어 덥석 아기를 안자 부잣집 주인이 사연을 물었다. 여인은 전날 있었던 일을 소상히 이야기하였다. 사연을 들은 부잣집 주인이 잠시 무엇인가를 생각하더니 이렇게 말했다. "하늘이 당신의 효성에 감동해서 아이를 살려 주었군요. 그러니 이 나락섬의 주인은 이 아이입니다." 여인은 사양을 했지만 부잣집 주인은 하인을 시켜 나락 백 섬을 이 아기의 집에 실어다 주게 하였다. 사람이 바뀌고 세상이 바뀌어도 하늘은 변함이 없는 법, 하늘을 움직일만한 효성이 그리운 세상이다.

"세상을 보는 데는 두 가지 방법이 있다. 첫 번째는 기적이 없다고 생각하는 것이며 두 번째는 모든 것이 기적이라고 생각하는 것이다."
― 알베르트 아인슈타인 ―

Part 8.
행복한 삶이란 무엇인가?

1. 행복의 정의
2. 행복 프로젝트(Happiness Project)
3. 생각을 바꾸면 인생이 달라진다
4. 크리스천이 가져야 할 복(福)에 대한 바른 생각
5. 그리스도 예수 안에서의 진정한 행복
6. 크리스천들은 무조건 행복하여야 한다
7. 일은 행복으로 가는 지름길이다
8. 지금 내 곁에 있는 숱한 행복
9. 감사와 행복한 결혼
10. 심령이 가난한 자의 복
11. 마음이 온유한 자의 축복
12. 긍휼히 여기는 자들에게 주어지는 복
13. 하나님은 화평의 하나님이시다
14. Kataros의 의미
15. 올바른 교육과 종교가 행복한 국민을 만든다
16. 의인이 누릴 내세의 행복
17. 천국에서 행복을 누리자

1. 행복의 정의

"복 있는 사람은 악인들의 꾀를 따르지 아니하며 죄인들의 길에 서지 아니하며 오만한 자들의 자리에 앉지 아니하고 오직 여호와의 율법을 즐거워하여 그의 율법을 주야로 묵상하는도다"(시 1:1-2)

"하나님의 존재를 믿는다는 것, 인간의 행복은 이 한마디로 족하다."
— 톨스토이 —

사람들은 흔히 행복을 단순히 '삶에 만족하는 것' 정도로 생각하는 경향이 있다. 하지만 카너먼과 디턴의 연구 그리고 퍼듀 및 버지니아 대학의 행복연구 결과가 보여주듯이, 삶에 만족한다는 것과 정서적 웰빙을 경험하는 것은 질적으로 다른 경험이다. 정서적인 웰빙을 갖추지 못한 행복은 '속 빈 강정'에 해당된다. 이러한 행복은 겉보기에 그럴듯해 보이지만 실속은 없는, 공허한 것이 될 수 있다.

"자기 스스로 행복하다고 생각하는 사람은 행복하다."
— 영국 속담 —

행복에 무관심하거나 '행복 스트레스'에 대한 반작용으로 부정적으로 반응하는 사람들도 있다. 개중에는 행복은 결국 진화의 산물이기 때문에 인간도 동물이라는 관점에서 행복의 문제를 조망해야 한다고 주장하는 사람들도 있다. 그 주장에 따르면, 행복은 거창한 삶의 목적이 아니라 단지 생존과 번식에 도움을 주는 것일 뿐이다.

여기에서 이러한 주장들의 과학적 타당성을 학문적으로 논할 필요는 없다. 하지만 반드시 짚고 넘어가야 할 점 중 하나는, 이러한 관점들은 우리가 삶을 어떻게 하면 조금 더 가치 있고 의미 있게 살아갈 수 있는지에 대해서는 해답을 주지 않는다는 점이다.

"무슨 일이 일어나느냐가 아니라 일어난 일을 놓고 어떻게 반응하느냐에 따라 행복해질 수도 불행해질 수도 있다." - 엔드류 메튜스 -

행복한 삶이 갖춰야 할 조건은 다음의 네 가지로 요약할 수 있다.

첫째, 빅 옴바사 문제를 해결할 것

'세 가지 행복 소망' 과제에서 요구되는 메타인지 중 하나는 실제로 내가 행복해지는 데 도움이 될만한 소망을 찾는 것이다. 그런데 이것은 결코 간단한 문제가 아니다. 미국의 저명한 심리학자이자 작가인 다니얼 길버트(Daniel Gilbert)가 재미있게 표현한 것처럼, 사람들은 종종 큰돈을 들여서 애써 새긴 문신을 제거하기 위해 거액을 낭비하면서 살아가기 때문이다. 사람들의 이러한 문제를 '빅 옴바사 문제(Big Wombassa)'라고 부른다. 빅 옴바사란 자신이 바라던 일이 이뤄졌을 때 그것이 이뤄지기 이전에 기대했던 것을 실제로는 경험하지 못하게 되는 현상을 말한다.

"행복이란 손 안에 있을 때는 언제나 작아 보이지만, 일단 잃어버리고 나면 이내 그것이 얼마나 크고 소중한 것인지를 깨닫게 되는 것이다." — 막심 고리카 —

이것은 로또에 당첨된 사람들이 체험하게 되는 결과를 비교해봄으로써 쉽게 확인할 수 있다. 대부분의 사람들은 가능하기만 하다면, 복권에 당첨되는 행운을 누리기를 원한다. 많은 사람들이 복권에 당첨되는 것을 간절히 바라지만 그들의 기대와는 달리, 실제로 거액의 복권에 당첨되더라도 행복해지는 데는 크게 도움이 되지 않는다. 이처럼, 실제로 행복해지는 데 도움이 될만한 것을 찾는 일은 흔히 사람들이 생각하는 것만큼 쉬운 과제는 아니다.

둘째, 고차적인 욕구를 추구할 것
할리우드 최고의 갑부 중 하나인 드림웍스 회장 데이비드 게펜(David L. Geffen)은 행복은 돈을 버는 것보다 더 어려운 일이라고 말했다. 돈을 번다고 해서 행복의 문제가 자동적으로 해결되는 것은 아니라는 것이다. 그는 "돈이 자신을 행복하게 만들어줄 수 있다고 생각하는 사람들은 보통 돈이 없는 사람들이다."라는 명언을 남기기도 했다. 실제로 미국의 억만장자들을 대상으로 한 행복연구 결과는 게펜의 주장이 타당하다는 점을 확인시켜준다.

연구결과, 포브스지에 등재된 억만장자들은 일반인들보다 삶에 대한 만족도가 조금 더 높은 수준인 것으로 나타났다. 또한, 일반인들보다 부정 정서를 상대적으로 덜 경험하는 것으로 나타났다. 포브스지가 선정한 갑부들에 대한 행복연구는 빅 옴바사 문제와 관련해서 중요한 시사점을 준다.

돈이 삶의 만족도를 높여줄 수는 있을지라도, 돈을 번다고 해서 행복한 삶이 자동적으로 보장되는 것은 아니라는 것이다. 행복한 삶을 목표로 한다면, 돈을 버는 것만으로는 충분하지 않으며 사랑, 자존감, 자아실현 등을 위한 노력이 동반되어야 한다.

"마음이 비뚤어진 사람들만이 불행하다. 행복이란 외면적인 데 있는 것이 아니라 인생에 대한 밝은 견해와 맑은 마음속에 깃드는 것이다."
― 도스토예프스키 ―

셋째, 일상의 착각에서 벗어날 것
'세 가지 행복 소망' 과제에서 필요로 하는 또 다른 메타인지는 불가능한 일을 실현 가능한 것으로 오해하는 '일상의 착각'에 빠지지 않도록 주의를 기울이는 것이다. 일반적으로 사람들은 '자기중심성(Egocentrism)'에 기초해 생활하기 때문에, '자신에 대해 스스로 생각하는 것'과 '실제로 행동하는 것' 사이에 상당한 차이가 존재한다. '자신감 착각(Illusion of Confidence)'이 그 좋은 예이다. 그리고 이러한 자신감 착각은 쉽게 교정되지 않는다.
벤저민 프랭클린(Benjamin Franklin)은 자신감 착각의 위력을 다음과 같이 묘사했따. "세상에는 아주 단단한 것이 세 가지 있다. 강철, 다이아몬드, 그리고 자신에 대한 인식이다."

넷째, 마음 읽기의 지혜를 갖출 것
자신감 착각과 같은 일상의 착각에서 벗어나기 위해서는 '마음 읽기(Mind Reading)'의 지혜가 필요하다. 마음 읽기는 사람들이 일상생활 속에서 자신과 타인의 생각, 느낌, 욕구, 의도를 정확하게 추론하는 능력을 뜻한다. 사람들은 자기 마음을 스스로 잘 알고 있다고 생각한다.

하지만 뇌가 실제로 알고 있는 것과 내가 안다고 느끼는 것 사이에는 차이가 있을 때가 많다. 그렇기 때문에 마음 읽기는 매우 어려운 과제 중 하나다. 다음의 심리학 실험은 자신의 마음을 지혜롭게 읽어내는 일이 얼마나 어려운 과제인지를 잘 보여준다.

"어리석은 자는 멀리서 행복을 찾고 현명한 자는 자신의 발치에서 행복을 키워간다." － 제임스 오펜하임 －

이 실험에서 실험자는 실험 대상인 학생들에게 본인이 맡은 프로젝트를 완료하는 데 시간이 얼마나 걸릴지 물었다. 단, 이때 최상의 시나리오와 최악의 시나리오를 고려하면서 프로젝트 완료 시간을 예상해보라고 질문했다.

학생들은 최상의 경우 27일 그리고 최악의 경우 49일이 걸릴 것이라고 대답했다. 하지만 학생들이 프로젝트를 완성하는 데 걸린 평균 시간은 55일이었다. 이러한 현상을 심리학에서는 계획오류(Planning Fallacy)라고 부른다. 여기에서 정말 흥미로운 것은 이러한 오류가 수없이 반복된다는 점이다.

이처럼 오류를 범하는 것이 현재에도 얼마든지 반복될 수 있는 자신의 모습임에도 불구하고 사람들은 이러한 사실을 쉽게 인정하지 않는다. 동시에 잘못된 판단을 내리는 것은 자신의 과거 모습일 뿐이라고 믿는다. 바로 이 때문에 평생 유사한 오류가 무한히 악순환된다.

"행복을 즐겨야 할 시간은 지금이다, 행복을 즐겨야 할 장소는 여기다."
— 로버트 인젠솔 —

요약하자면 와일드의 말처럼 인생에는 두 가지 비극이 있다. 얻지 못할 것을 원하는 것과 행복해지는 데 도움이 되지 않는 것을 간절히 바라는 것. 그리고 이러한 비극의 이면에서 영향을 주는 심리적 요인이 바로 일상의 착각과 빅 옴바사 문제다. 바로 그렇기 때문에 행복한 삶을 위해서는 자신의 생각을 스스로 관리하는 메타인지의 지혜를 갖추는 것이 중요하다

"인간들이 행복한 것은 몸이나 돈에 의하는 것이 아니고 마음의 올바름과 지혜의 많음에 의한다."
— 테모 크리토스 —

날마다 우리에게 복 주시기를 원하시는 주님!
행복이란 외면적인 데 있는 것이 아니라 인생에 대한 밝은 견해와 맑은 마음속에 깃드는 것이라는 것을 깨닫게 해주셔서 감사합니다, 인간의 행복은 돈과 재물에서가 아니고 오직 하나님의 존재를 믿는다는 것이 가장 행복한 사람이라는 것도 알게 해 주셔서 감사합니다. 남을 행복하게 할 수 있는 자만이 또한 행복을 얻는다는 진리도 깨닫게 해 주시고, 불행을 통해 행복이 무엇인지를 배우게 해 주신 것도 감사드립니다.

부족한 우리에게 주님의 온전하심을 부어주소서. 사람을 닮기보다는 온전한 주님의 형상을 닮아가게 하시고 하나님 안에서 자기의 본

래 모습을 알아가게 하소서. 우리 안에 있는 하나님의 형상을 날마다 발견하게 하시고 많은 사람들 앞에서 주님의 형상을 드러내게 하옵소서. 건전한 자아상이 주님 안에서 확립되게 하시고 그런 마음으로 세상과 이웃을 바라보는 믿음을 주소서.

눈에 보이는 대로 보지 말게 하시고 주님의 마음으로 세상을 바라보게 하소서. 날마다 그리스도 앞에서 자기가 죽는 훈련을 하게 하시고 주님의 형상이 그를 통하여 밝히 드러남을 경험하게 하소서. 말씀으로 무장시켜 주셔서 말씀이 육신이 되는 삶을 살게 하소서. 모든 생각이 하나님의 말씀에서 나오게 하시고 말씀을 이루는 삶을 살게 하소서. 혹시 부족한 인간의 허물이 나타날 때는 인간의 약함을 통해 하나님의 강함이 드러나게 하시고 불완전한 자아상이 나타날 때마다 주님을 더욱 사모하면서 주님을 본받는 마음을 주옵소서. 예수님의 이름으로 기도드립니다. 아멘.

2. 행복 프로젝트(Happiness Project)

미국의 그레첸 루빈(Gretchen Rubin) 여사가 "행복 프로젝트"라는 제목의 책을 썼다. 한국에서는 '무조건 행복할 것'이라는 제목으로 번역 출간되었다. 이 책의 핵심을 쉬운 말로 표현하자면 "행복은 로또처럼 행운의 선물로 얻어지는 것이 아니다. 매일 매일 애쓴 끝에 얻어지는 노력의 열매이다."라고 줄여서 표현할 수 있을 것이다.

두말할 필요 없이 모든 사람들은 행복을 추구한다. 당연한 일이다. 그러나 정작 행복에 이르는 바른 길을 찾지 못한 채로 삶을 마치는 경우가 많다. 행복하여지고자 하는 바람에 비하여 행복으로 가는 길을 찾지 못하여 그렇다. 그레첸 루빈 여사가 쓴 이 책은 행복을 찾는 데에 실천가능한 길을 1년 12달을 나누어 12가지 조항으로 나누어 제시하고 있다.

저자는 예일대학 법대를 졸업하고 잘나가는 변호사로 있었다. 그런데 어느 비 오는 날 외출에서 돌아오는 길에 자신이 행복하게 살지 못하고 있음을 실감하게 되었다. 그래서 잃어버린 자신의 행복을 되찾는 일에 일 년을 투자하기로 결심하였다. 그녀는 달마다 하나의 주제를 정하고 실천하는 방식을 정하였다.

예를 들어 1월은 '활력은 가까운 곳에 있다'는 주제로 규칙적인 운동, 주변을 정리하기, 억지로라도 활기차게 살기 등을 실천하였다. 8월은 '영적 감성으로 영혼을 무장한다'는 주제를 정하고 영적으로 하루하루를 보내는 일에 집중하려 힘썼다. 그리하여 12월에 더없이 행복한 나날을 보낼 수 있게 되었던 결과를 차근차근 적고 있다. 저자가 제시하는 행복 12계명은 단순하다.

1) 연연하지 않기
2) 느낀대로 행동하기
3) 반드시 해야 할 일은 피하지 않기
4) 억지로라도 활기차게 살기
5) 억지로라도 미소 짓기

이런 조항들은 단순하고 익숙한 내용들이다. 그러나 스스로 바꾸려고 도전하지 않는다면 우리들의 삶이 절대 바뀌지 않음을 강조한다. 누구든지 절대로 한꺼번에 행복하려 들지 말고 매일 조금씩 행복해져야 한다. 그러면 어느 날 자신이 행복한 사람임을 발견하게 될 것이다.

누구나 바라는 그 행복은 어디에서 오는가? 행복은 밖에서 오지 않는다. 행복은 우리 마음속에서 우러난다. 오늘 내가 겪은 불행이나 불운을 누구 때문이라고 생각하지 말라. 남을 원망하는 그 마음 자체가 곧 불행이다.

행복은 누가 만들어서 갖다 주는 것이 아니라 내 자신이 만들어 간다. 지금 우리가 마주하고 있는 세상은 우리 생각과 행위가 만들어낸 결과다. 그래서 우리 마음이 천당도 만들고 지옥도 만든다는 것이다.

"행복이란 같은 취미와 의견을 지닌 사람들의 교제로써 축적된다. 인간적 행복을 원하는 사람은 칭찬을 더 많이 하고 시기심을 줄여야 한다"
― 버트런드 러셀 ―

자신의 삶에 만족을 느낀다는 것은 참으로 행복한 일이다. 즐거운 마음으로 이웃을 만날 수 있다는 것 역시 행복한 일임에 틀림없다. 생각해 보면 스스로 불행하다고 생각하는 사람이나 또는 스스로 행복하다고 생각하는 사람이나 이 세상은 하나이다. 그러기에 행복은 자신의 삶 속에서 발견하는 것이요 느끼는 것이다. 그래서 행복도 하나의 기술이라 말할 수 있는 것이다.

만족을 아는 사람은 비록 가난해도 부자로 살 수 있고 만족을 모르는 사람은 많이 가졌어도 가난하다. 자신의 인생을 불행하게 느끼느냐 행복하게 느끼느냐는 소유의 문제가 아니라 지혜의 문제이다. 슬기로운 사람은 남들이 불행하다고 생각하는 조건 속에서도 만족함을 발견해 내고 어리석은 사람은 남들이 부러워하는 조건 속에서도 눈물을 흘린다.

"인간이 불행한 것은 자기가 행복하다는 것을 알지 못하기 때문에 불행한 것이다."
― 도스토예프스키 ―

존경할 스승이 있고 섬겨야 할 어른이 있으며 격의 없이 대화할 친구나 이웃이 있으니 얼마나 좋은 일인가? 남들이 보잘 것 없다고 여길지라도 내가 열심히 할 수 있는 일을 갖는다는 것 또한 행복한 일이다. 그래서 작은 것을 소중하게 여기고 명성보다는 진실을 사랑할 줄 아는 사람이 행복한 사람이다.

인간관계의 원칙은 내가 먼저 대접을 하면 대접을 받고 사랑을 하면 사랑을 받고 미소 지으면 웃음이 오고 좋은 말을 하면 좋은 말을 듣고 긍정적인 생각을 하면 좋은 일이 생긴다. 어떤 사람도, 어떤 나라도, 이 원칙을 벗어난 경우란 없다.

사람은 순간순간 그가 지닌 생각대로 되어간다. 이것이 업(카르마)의 흐름이요 그 법칙이다. 사람에게는 그 자신만이 지니고 있는 특성이 있다. 그것은 우주가 그에게 준 선물이며 그 자신의 보물이다. 그 특성을 마음껏 발휘하려면 무엇보다 먼저 긍정적인 사고가 받쳐주어야 한다.

"아침을 볼 수 있어 행복하고, 붉게 물든 저녁을 볼 수 있어 행복하고, 노래가 있어 행복하고, 꿈이 있어 행복하고, 사랑을 베풀 수 있어 행복하고, 봄, 여름, 가을, 겨울 아름다운 세상을 볼 수 있어 행복하고, 기쁨도 슬픔도 맛볼 수 있어 행복하고, 더불어 인생을 즐길 수 있어 행복하고, 누군가가 그리워 보고픔도 그리워 가슴 아리는 사랑의 슬픔도 모두 다 내가 살아있기에 누릴 수 있는 행복이다. 누굴 사랑하기 전에 이런 행복을 주는 내 자신 먼저 사랑으로 감싸줬는지 …."

― 좋은생각 중에서 ―

모든 일을 긍정적으로 생각하면 일마다 잘 풀린다. 그러나 매사를 부정적으로 생각하면 될 일도 안 되고 일마다 꼬인다. 이 세상은 공평무사하게 누구에게나 똑같이 하루 스물네 시간이 주어져 있다. 그 시간을 어떻게 쓰느냐에 따라 그 인생은 달라진다.

이 귀중한 우주의 선물을 우리는 순간순간 어떻게 쓰고 있는가?

긍정적으로 쓰고 있는지 부정적으로 쓰고 있는지 밝은 마음으로 쓰고 있는지 어두운 마음으로 쓰고 있는지 수시로 물어야 한다. 우리가 지닌 생각이 우리 집안을 만들고 이 세상을 만들어 간다는 것을 명심할 일이다.

"마음의 즐거움은 얼굴을 빛나게 하여도 마음의 근심은 심령을 상하게 하느니라"(잠 15:13)

3. 생각을 바꾸면 인생이 달라진다

"지혜로운 여인은 자기 집을 세우되 미련한 여인은 자기 손으로 그것을 허느니라"(잠 14:1)

"우리가 무엇을 생각하느냐는 우리가 어떤 사람이냐를 결정한다. 우리가 어떤 사람이냐는 우리가 무엇을 하느냐를 결정한다."
— 존 로크 —

한 여인이 사막에 가게 되었다. 군인인 남편의 부임지라 어쩔 수 없이 따라간 곳이었다. 한낮에는 뜨거운 햇빛과 모래바람이 불어 숨이 막혔고 밤이 되면 사방이 적막하고 무서웠다. 그녀는 자신이 얼마나 불행한 환경에 있는지 편지를 써서 아버지께 보냈다. 그러자 아버지가 답장을 보내 주었다.

"두 명의 죄수가 감옥에 갇히게 되었다. 그러나 그 두 사람이 감옥의 창살 틈으로 바라본 것은 전혀 다른 것이었지. 한 사람은 감옥 밖의 진흙탕을 바라보았지만, 다른 한 사람은 창틈으로 비치는 밤하늘의 별빛을 바라보았단다."

이 편지를 받은 그녀는 갑자기 새로운 세상을 발견한 기분이 들었다. 그 후 그녀의 일상은 달라졌다. 그녀는 사막의 해질녘 노을이 얼마나 숨 막히게 아름다운지를 발견했다. 건조한 사막에도 얼마나 많은 생물들이 사는지를 관찰하고 다녔으며, 사막 지대에 사는 원주민과 친해졌다. 그리고 자신이 사막에서 본 것들을 써 내려갔다. 〈빛나는 성벽〉이라는 소설을 남긴 미국의 여류작가 델마 톰슨의 유명한 실화이다.

이 이야기에서 알 수 있듯이 세상을 바라보는 관점에는 두 가지가 있다. 하나는 어떻게 해서든 나쁜 점만 보려고 하는 관점이고, 다른 하나는 어떠한 상황에서도 새로운 가능성을 발견하려고 하는 관점이다. 그런데 대부분의 사람들은 나쁜 상황에서 나쁜 것만을 보려 하는 사고의 패턴에 익숙해져 있다.

그리고 자기가 본 것이 전부라는 착각에 빠져 있다. 이러한 고정관념과 착각이 삶의 전반적인 부분을 지배하곤 한다. 타인을 나만의 관점으로만 평가하려 들고, 자신의 사고방식과 다른 것을 틀린 것이라 여기며, 부정적인 상황에서는 오직 부정적인 것들만을 버려야 한다.

이러한 사고 패턴을 고집하는 한, 세상이 나를 위해 일방적으로 친절을 베풀어주지는 않는다. 따라서 자신의 삶을 바꾸고 세상을 바꿀 수 있는 가장 궁극적인 방법은 나 자신의 관점과 사고 패턴을 완전히 바꾸는 것이다.

인간의 불행과 행복의 차이는, 잘못된 생각과 기준의 뿌리에서 출발한다. 그러므로 실제로 행복하려면, 우리의 잘못된 생각과 오염된 세상적인 기준들을 성경적인 기준과 관점으로 전환시켜야만 한다. 세상에서도 생각이 변해야 운명이 달라진다는 말이있다.
　사무엘 스미스는 말하기를 "생각이 바뀌면 행동이 바뀌고 행동이 바뀌면 습관이 바뀌고 습관이 바뀌면 성품이 바뀌고 성품이 바뀌면 운명이 바뀐다."고 했다. 큰 배를 움직이는 것은, 선장이 붙잡고 있는 키이듯이, 우리의 삶도, 생각에 의해서 움직이게 된다. 이러므로 잘못된 생각과 오염된 기준은, 우리의 인생을 어렵고 힘들게 할 뿐이다.
　예를 들어, 장수하면 행복한 것이고, 일찍 죽으면 불행한 것이며 부자 되면 행복한 것이고, 가난하면 불행한 것이며 건강하면 행복한 것이고, 병들면 불행한 것이라는 생각과 기준은 성경적인 기준이나 관점이 아니다. 그것은 세상의 잘못된 기준이며, 세속적인 잣대이다.
　그러나 우리는 날 때부터 성경적인 것이 아닌 세상 식을 학습하고 의식화함으로 세상의 잣대를 걸러냄이 없이 삶에 적용하고 있다. 그러나 실제로 건강하기만 하면 행복하고, 성공하면 행복하고, 장수하면 행복하고, 부자 되면 행복할요? 그럴 수도 있지만, 그렇지 않을 수도 있다는 것이다. 삶의 핵심은, 그것도 긍정주의자로 사는 인생의 핵심은 아직 최상의 미래가 도래하지 않았다고 믿을 정도로 순진해져 있다는 것이다.

"행복한 사람은 남을 위해 기도하고 불행한 사람은 자기만을 위해 기도한다."

"사람들은 행복과 불행은 모두 운명에 달렸다고 생각한다. 그러나 실제로 운명은 우리에게 그 기회와 재료와 씨를 제공할 따름이다."

- 몽테뉴 -

4. 크리스천이 가져야 할 복에 대한 바른 생각

"이 교훈은 내게 맡기신 바 복되신 하나님의 영광의 복음을 좇음이니라. 하나님은 복되시고 홀로 한 분이신 능하신 자이며 만왕의 왕이시며 만주의 주시요"(딤전 1:11, 6 :15)

독일의 사회심리학자 에릭 프롬(Erich Fromm)이 쓴 책으로 『소유냐 존재냐』란 제목의 책이 있다. 이 책의 서두에서 쓰기를 "세월이 갈수록 혼란스럽고 인심이 사나운 이유는 사람들의 생각이 잘못되어 있기 때문이다"고 하였다. 그렇게 잘못된 생각 중에 무언가를 소유하는 것(Having)이 행복인 것으로 그릇 생각하는 것이 있다. 진정한 행복은 사람다운 사람이 되는 것임(Being)을 모르는 것이라 하였다.

바른 복에 대한 개념으로 성경이 가르쳐 주는 답은 4가지이다.

첫째는 하나님의 성품 자체가 복되신 분이란 점이다. 그러기에 하나님을 모시고 섬기는 자체가 복이란 것이다. 신약성경 디모데전서 1장과 6장에는 이점에 대하여 다음 같이 일러준다.

"이 교훈은 내게 맡기신바 복되신 하나님의 영광의 복음을 좇음이니라,하나님은 복되시고 홀로 한 분이신 능하신 자이며 만왕의 왕이시며 만유의 주시요"(딤전 1:11, 6:15)

둘째는 성경에서의 복은 "하나님께 바친다"는 의미를 품고 있다. 이런 의미는 영어로 복을 가리키는 단어인 Bless에 잘 드러나 있다. Bless란 단어는 피를 나타내는 Blood와 같은 의미를 지닌다. 구약시대에는 하나님께 제사를 드릴 때에 짐승을 잡아 그 피로 제사를 드리곤 하였다. 그래서 우리 목숨을 다하여 하나님께 바치는 것을 복으로 여겼다.

세째는 다른 사람의 삶을 도와주는 사람이 복 있는 자이다. 예수님께서 이르시기를 주는 자가 복이 있다고 하셨거니와 성경은 다른 사람들에게 베푸는 그 자체가 복이라 가르쳐 준다. 그러나 사람들은 복이라 하면 누군가로부터 받는 것으로 그릇되게 생각을 하고 있다.

네째는 '사막 한 가운데 있는 오아시스'에 해당하는 의미이다. 황량하고 메마른 사막 한가운데 샘물이 솟아오르는 오아시스가 있듯이, 하늘로써 임하는 복을 누리게 되면 심령 속에서 넘쳐나는 기쁨과 감사를 누릴 수 있게 된다. 요한복음 4장에는 그 유명한 사마리아 수가성의 한 여인과 예수님이 나눈 대화가 나온다. 그 대화 중에서 예수님이 여인에게 다음 같이 일러준다.

"내가 주는 물을 먹는자는 영원히 목마르지 아니하리니 나의 주는 물은 그 속에서 영생하도록 솟아나는 샘물이 되리라. 여자가 가로되 주여 이런 물을 내게 주사 목마르지도 않고 또 여기 물 길러 오지도 않게 하소서"(요 4:14-15)

우리 마음 속 깊은 곳으로부터 솟아오르는 샘물 같은 복이 신앙인들이 누리게 되는 복이다. 이런 복은 말로나 언어로 표현하기에는 역부족이다. 글자 그대로 체험한 자들만이 알아들을 수 있는 비밀이라 할 수 밖에 없다. 이런 차원의 복에 대하여 구약성경의 이사야서 58장에서는 다음같이 일러준다.

"여호와가 너를 항상 인도하여 메마른 곳에서도 네 영혼을 만족하게 하며 네 뼈를 견고하게 하리니 너는 물 댄 동산 같겠고 물이 끊어지지 아니하는 샘 같을 것이라"(사 58:11).

물 댄 동산 같이 생명력을 누리는 삶, 물이 마르지 아니하는 샘 같은 복을 누리는 삶이 크리스천들이 한결같이 바라며 누리는 복이다.

"사람에게 하나의 입과 두개의 귀가 있다는 것은 말하기보다 듣기를 두배로 하라는 뜻이다. 지혜로운 사람은 본 것을 이야기하고 어리석은 사람은 들은 것을 이야기한다." – 탈무드 –

5. 그리스도 예수 안에서의 진정한 행복

"기약이 이르면 하나님이 그의 나타나심을 보이시리니 하나님은 복되시고 유일하신 주권자이시며 만왕의 왕이시며 만주의 주시요"(딤전 6:15)

그리스도인들은 언제나 내 마음에 주님과 함께 하는 삶이 진정한 행복이라고 생각한다. 행복은 그냥 주어지는 행운이 아니다. 기도하고 찬송과 말씀을 묵상하며 끊임없이 노력하고 인내하고 스스로 찾아야 얻을 수 있는 열매이다. 행복은 미래가 아닌 여기 지금을 위해 필요한 것이다.

지금 여기가 행복하지 않으면 내일도 역시 불행한 것이다. 마음을 비우고 모든 것을 다 내려놓았을 때 비로소 찾아온다. 우리의 마음가짐이 행복과 불행을 결정한다. 마음은 몸을 지배하고 다스린다. 상대방의 마음을 변화시키려고 할 것이 아니라 내 자신의 마음가짐이 먼저 변해야 한다.

물 댄 동산, 물이 마르지 아니하는 샘 같이 생명력 넘치는 삶을 누리는 복을 성경은 일러주는 것이다. '자살'이라는 글자를 반대로하면 '살자'가 되며 영어의(stressed)를 반대로 하면 '디저트(desserts)란 말이 된다. 저울에 '행복'을 담아 불행과 행복이 반반이면, 저울이 움직이지 않는다. 그러나 불행 49% 행복 51%면 저울이 행복쪽으로 기울게 된다. 우리 삶에서 단 1%만 더 가지면 행복한 것이다.

> "행운이란 준비와 기회를 만났을 때 나타난다."　　– 세네카 –

　행운은 행복을 끌고 다니고 불운은 불행을 끌고 다닌다. 행운과 불운은 따로 있는 것이 아니라 동전의 앞뒷면처럼 함께 있다. 아침에 일어나면 '오늘은 좋은날' 하고 큰 소리로 외쳐보라. 좋은 아침이 좋은 하루를 만든다. 거울을 보며 활짝 웃어보면 거울 속의 사람도 나를 보고 웃게 된다. 당신은 웃을 때 가장 아름답다.
　밝은 얼굴을 가지라. 얼굴이 밝은 사람에게 밝은 운이 따라온다. 사람은 함께 웃을 때 서로 가까워지는 것을 느낀다. 그리고 웃음은 두 사람 사이를 가장 가깝게 만든다. 힘들다고 고민하지 말라. 정상이 가까울수록 더 힘이 들게 마련이다.

　사람을 존중하고 끊임없이 베풀라. 샘물은 퍼낼수록 맑아진다. 우리 가정을 위해 기도하라. 가정은 희망의 발원지요 행복의 중심지이다. 자신을 먼저 사랑하라. 나를 사랑해야 남을 사랑할 수 있다. 마음을 활짝 열라, 대문을 열면 도둑이 들어오고 마음을 열면 행운이 들어온다. 집안 청소만 말고 마음도 매일 청소하라,
　마음이 깨끗하면 어둠이 깃들지 못한다. 낯선 이에게 친절하라. 그는 변장한 천사일지 모른다. 원망 대신 모든 일에 감사하라, 감사하면 감사할 일이 자꾸만 생겨난다. 욕을 먹어도 화내지 말라. 왜냐하면 그가 한 욕은 반드시 그에게로 돌아가기 때문이다.

행운은 눈이 멀지 않았다. 따라서 부지런하고 성실한 사람을 찾아간다. 앉아서 기다리는 사람에게는 영원히 찾아오지 않는다. 걷는 사람만이 앞으로 나아갈 수 있다. 노력하는 사람에게 행운이 찾아온다.

– 클레망소 –

6. 크리스천들은 무조건 행복하여야 한다

"대저 의인은 일곱 번 넘어질지라도 다시 일어나려니와 악인은 재앙으로 말미암아 엎드러지느니라"(잠 24:16)

"앞으로 다가올지 모르는 불행을 미리 근심하기보다 눈앞의 불행을 이겨내려는 마음을 갖는 편이 더 현명하다."

– 라 로슈코프 –

"인생에서 가장 위대한 영광은 절대로 실패하지 않는 것이 아니라 실패할 때마다 다시 일어서는 데 있다."

– 넬슨 만델라, '자유를 향한 여정' 중에서 –

행복을 누릴 줄을 알아야 예수를 제대로 믿는 것이다. 창세기 1장에서 하나님이 사람을 지으시고는 복을 누리고 살게 하셨다. 그것이 하나님께서 사람을 지으신 동기이다.

"하나님이 자기 형상 곧 하나님의 형상대로 사람을 창조하시되 남자와 여자를 창조하시고 하나님이 그들에게 복을 주시며 하나님이 그들에게 이르시되 생육하고 번성하여 땅에 충만하라, 땅을 정복하라, 바다의 물고기와 하늘의 새와 땅에 움직이는 모든 생물을 다스리라 하시니라"(창 1:27-28)

그런데 하나님이 이미 누리라고 주신 복을 누리지 못하고 구차스럽게 걱정만 하고 사는 것은 실로 멍청한 노릇이다. 그러기에 우리는 무조건 행복해야 한다. 땅에서 행복하게 살다가 천국의 행복을 누릴 수 있어야 한다. 한 심리학자가 사람들의 염려와 걱정거리를 모아 분석하여 보았더니 다음과 같은 결론이 나왔다.

첫째, 사람들이 염려하고 걱정하는 것들의 40%는 아예 일어나지 않을 일들이었다. 하늘이 무너질까 걱정하는 식이다.

둘째, 걱정거리의 30%는 이미 일어난 일들에 대한 걱정이다. 이미 엎질러진 물을 걱정하는 식이다. 걱정하여 보아야 어쩔 수 없는 걱정을 하는 것이다.

셋째, 사람들이 걱정하는 것들의 22%는 극히 사소한 일들에 대한 걱정이다. 흔히 하는 말로 "걱정도 팔자"란 말이 있듯이 걱정할 필요가 없는 사소한 일로 시간을 보내는 사람들이 많다.

넷째, 걱정하는 일들의 4%는 자신이 전혀 손 쓸 수 없는 일들을 걱정하는 것이다. 걱정하여 보았자 자신만 손해보는 일들이다.

다섯째, 나머지 4%만이 걱정하여야 할 일들이다.

그럼에도 사람들은 앞에 나온 96%의 염려와 걱정거리 때문에 정작 걱정하여야 할 4%를 지나치는 경우가 허다하다. 사람들은 걱정하여야 할 일들을 걱정하지 못하고 공연한 일들을 걱정하느라 세월과 정력을 낭비한다. 염려와 걱정에 매여 있는 사람들에게는 행복과 안식의 손길이 찾아들 수 없다. 그래서 예수께서 이르셨다.

"너희는 마음에 근심하지 말라 하나님을 믿으니 또 나를 믿으라"(요 14:1)

이 말씀에서 예수님은 우리들에게 선택하라 이르신다. 근심과 걱정을 선택할 것이냐 아니면 믿음과 행복을 선택할 것이냐를 물으신다. 오늘도 우리들 앞에 선택의 기회가 놓여 있다. 근심과 걱정이냐? 아니면 믿음과 평안이냐? 우리가 선택하는 대로 이루어진다. 그래서 인생은 선택이라 하는 것이다.

'헤르만 헤세'의 작품 중 "어거스터스"라는 것이 있다. 이 작품은 사랑의 본질을 매우 쉽게 설명하고 있다. 한 어머니가 어거스터스라는 아이를 출산했다. 그 때 한 노인이 찾아와 어머니에게 말했다. "아이의 출생을 축하합니다. 내가 축하 선물로 당신의 소원을 한 가지 들어 주겠소. 아이를 위한 소원이 무엇입니까?"

어머니는 고민 끝에 노인에게 소원을 이렇게 말했다. "이 아이가 자라서 누구에게나 사랑받도록 해주십시오." 과연 어거스터스는 성장하면서 많은 사람의 사랑을 받게 되었다. 그러나 그는 받는 사랑을 고마워할 줄 모르고 당연시 여기고 오히려 교만해지기만 했다. 슬프게도 그는 결국 사랑에 취하여 남을 사랑할 줄은 모르는 사람이 되고 말았다.

그 결과 그의 인생은 점점 비참하게 되었고 결국 그의 말년은 모든 사람으로부터 버림받게 되었다. 그 때 노인이 이번에는 어거스터스를 찾아왔다. "네 소원이 무엇이냐? 내가 들어주겠다."

늙은 어거스터스는 조금도 주저하지 않고 말했다.

"세상의 모든 사람을 사랑할 수 있는 사람이 되게 해 주십시오."
이처럼 사랑의 본질은 받는 것이 아니라 주는 것이다. 사람은 사랑을 받을 때보다 베풀 때 더 큰 행복을 느끼도록 창조되었기 때문이다. 우리의 삶이 아름답고 행복하기를 원한다면 서로 사랑해야 하며 먼저 사랑하기를 주저하지 말아야 한다.

"행복은 긍정에서 시작되고, 감사와 함께 자라고, 사랑으로 완성된다."고 명심보감에서는 말하고 있다. 사랑을 하면 우리의 삶이 변하고 환경이 변하여 반드시 승리와 성공을 함께하게 된다. 사랑이 없으면 모든 것이 무너지고 만다. 우리 크리스천은 무엇보다도 사랑을 지켜내는 자가 되어야 한다.

예수 믿어 행복한 것은 예수를 믿기에 행복하고, 교회에 다니는 것이 신바람 나고, 크리스천으로 사는 나날이 즐겁고 기뻐야 한다. 그러므로 크리스천들은 무조건 행복하여야 한다.

"기쁨을 주는 사람만이 더 많은 기쁨을 즐길 수 있다."

– 알렉산더 듀마 –

7. 일은 행복으로 가는 지름길이다

"예수께서 그들에게 이르시되 내 아버지께서 이제까지 일하시니 나도 일한다 하시매"(요 5:17)

아프리카 한 지역에 원숭이들이 무리를 지어 사는 곳이 있다. 유럽의 동물학자들은 여름마다 그곳으로 가서 원숭이들의 생태를 관찰하고 연구하였다. 과학자들이 연구한 바에 의하면 원숭이들은 하루 6시간 이상을 나무타기 하며 뛰어다녀야 건강하다고 한다.

그런데 어느 해 여름이다. 그렇게 많던 원숭이들이 숲 속에서 뛰어다니지 아니하고 숲은 조용하기만 하였다. 사정을 알아보았더니 그 숲이 국립공원으로 지정되고 관광호텔이 세워지면서 호텔에서 남은 음식들을 숲에 버리게 되니 원숭이들이 그 음식을 주워먹고 배가 불러져 더이상 숲을 뛰어다니며 나무 열매들을 따 먹을 필요가 없어진 것이다.

이전에는 숲에서 나무타기를 열심히 하며 음식을 구하여 먹던 원숭이들이 이제는 호텔에서 버리는 음식만 먹어도 배가 부르게 되니 나무타기하며 숲을 뛰어다닐 필요가 없게 된 것이다. 이제 원숭이들은 나무 그늘에 누워 낮잠을 즐기며 태평성대를 누리게 되었다.

그러나 문제는 원숭이들에게 전에 없었던 병들이 생기기 시작한 것이다. 원숭이들이 제대로 걷지를 못하고 쩔뚝쩔뚝 절며 다니는 모습이 관찰되었다. 그리고 나무타기를 하다 갑자기 나무에서 떨어지는 모습도 나타났다. 동물학자들은 그 원인을 알아보기 위하여 원숭이들을 정밀진찰을 하였더니 이전에 원숭이들 사회에서는 생각조차 못하였던 병들이 생겨난 것이다.

고혈압, 당뇨병, 관절염 같은 사람들 사이에서 소위 성인병이라 부르는 병들을 원숭이들이 앓고 있는 것이었다. 이런 사실을 알게 된 동물학자들은 어떻게 원숭이들을 도울 수 있을까를 고심하였다. 그래서 몇 가지 조치를 취하였다. 호텔에서 음식 찌꺼기를 숲에 버리지 못하게 하고 태우거나 땅속 깊이 묻게 하였다.

이에 원숭이들은 배가 고파지니 다시 숲에서 나무타기를 하며 나무 열매 등으로 식량을 조달하였다. 얼마 후 원숭이들이 건강을 되찾고 성인병에서 벗어나게 되었다. 이 이야기는 원숭이들에게만 해당되는 이야기가 아니다. 사람들에게도 그대로 적용되는 이야기이다.

사람들도 운동을 하지 않은 채로 낮잠을 자고 그릇된 음식을 먹으며 살게 되면 당연히 병에 걸리게 된다. 고혈압, 당뇨병, 관절염, 우울증, 불면증 같은 병들에 걸려 신음하게 된다.

"백 년을 살 것같이 일하고 내일 죽을 것같이 기도하라."

― B. 프랭클린 ―

즐거운 마음으로 일하고 바른 음식을 먹고 바른 생각을 하며 더불어 살게 되면 행복은 자연스럽게 다가온다. 즐거운 마음으로 일하자. 그러면 행복하여진다. 일은 행복으로 가는 지름길이다.

"자신의 일을 찾은 사람은 축복받은 것이다. 그로 하여금 다른 복을 찾지 않게 하라."

― 토마스 칼라일 ―

8. 지금 내 곁에 있는 숱한 행복

"여호와께서 너를 지켜 모든 환난을 면하게 하시며 또 네 영혼을 지키시리로다"(시 121:7)

사람들에겐 수많은 의무가 주어져 있다. 하지만 그 수많은 의무 중 우리의 인생에서 가장 과소평가되고 있는 의무가 하나 있다. 그것은 바로 행복해져야 하는 의무이다. 우리에게 가장 큰 행복을 주는 것은 어딘가에 숨어 있는 비밀스러운 것들이 아니다. 이미 자신에게 주어져 있는 것을 충분히 즐길 수 있는 것, 그보다 더 소중한 행복은 없다.

하지만 우린 그 사실을 너무도 자주 잊고 만다. 그래서 18세 나이에 투병생활을 마친 주희 양의 글을 볼 때면 안타까움이 더한다. 다치기 전에는 숨을 쉬고 산다는 것조차 행복이 될 수 있다는 걸 몰랐다.

그러나 이젠 없어서 슬프기보다, 조금이라도 있음을 기뻐하고 싶다. 이제 이야기해주고 싶다. 주어진 것에 만족할 줄 모르는 이에게 평범 그 자체, 자기가 가지고 있는 것이 축복임을, 지금 자신의 곁에 널려 있는 숱한 행복들을 찬찬히 헤아려 보고, 그 안에 참 행복이 있다는 사실을 이제는 깨닫게 되기를!

삶이 나에게 주는 선물
- 박성철님 글 중에서 -

사람들이 불행한 이유는
단 한가지뿐입니다
그것은
자기 자신이 행복하다는 사실을
잊어버리고 살아가기 때문입니다

우리의 삶이
우리에게 주는 고마움을
그것을 잃어버리기 전까지는
느끼지 못하는 경향이 있습니다
잃고 난 후에야 그 소중함을 깨닫지만
이미 때는 늦어 버린 뒤입니다

눈 들어 세상을 보면
우리는 열 손가락으로는
다 헤아릴 수 없는
행복에 둘러싸여 있습니다

우리가 불행을 헤아리는 데만
손가락을 사용하기 때문에
그 많은 행복을
외면하고 살아가는 것입니다
눈을 들어 주위를
다시 한번 살펴보십시오
그리고
찬찬히 내 주위에 있는 행복을
손가락 하나하나 꼽아 가며
헤아려 보십시오
그러는 사이 당신은
지상에서 가장 행복한 사람으로
변해 있을 것입니다

"아무런 위험 없이 승리하는 것은 영광 없는 승리일 뿐이다."

– 피에르 코르네유 –

9. 감사와 행복한 결혼

"어진 여인은 그 지아비의 면류관이나 욕을 끼치는 여인은 그 지아비로 뼈가 썩음 같게 하느니라"(잠 12:4)

최근, 연구 결과들은 긍정적인 생각과 부정적인 생각의 비율이 건강상 태와 긴밀한 상관관계의 경우, 긍정적인 생각과 부정적인 생각의 비율은 2.5배 정도이며, 반면 최적의 건강 상태일 때 긍정적인 생각과 부정적인 비율은 4.3배이다. 20년에 걸쳐 여러 부부의 결혼생활을 관찰한 결과, 다음과 같은 결론을 내렸다.

부부 사이에 긍정적인 생각과 부정적인 생각의 비율이 5대 1, 혹은 그 이상으로 유지되지 못하면, 그 결혼은 깨지기 쉽다는 것이다. '존 고트만'의 연구팀은 73쌍의 부부를 대상으로 부부 관계에서 갈등이 생기는 측면을 긍정성과 부정성의 말씨와 감정에 맞추어 측정 연구했다.

"긍정적인 생각을 가진 사람은 무슨 일이든지 무조건 감사하게 받아들인다."   - 가나모리 우라코 -

원만한 결혼생활의 경우 긍정적인 생각의 평균값은 말씨에서 5.1, 감정에서 4.7로 나왔으며, 반면 파경을 향해 내리막을 걷고 있는 결혼생활의 경우 긍정적인 생각의 평균값은 말씨에서 0.9, 감정에서는 0.7이었다. 결혼생활에 문제가 있는 사람들은 감사가 아닌 불평, 불만을 더 많이 늘어놓는다.

부부 사이에 감사하는 마음을 함양하기 위해서는 불평 1건당 적어도 5건 정도의 감사를 하는 것이라며, 존 고트만 박사는 부부생활의 파경을 가장 효과적인 방법으로 극복하고 결혼생활에 성공하려면 '감사의 실천'을 강력히 권고하고 있다.

남편은 잘못된 일에 초점을 맞춰 이를 비판하는 자세를 버리고, 아내가 베푸는 친절을 인정하고 고마워하면 된다. 아내의 친절을 알아차리고 감사를 표하면 부부간의 관계는 더욱 공고해지고, 또 다른 친절을 베풀 기회가 생긴다. '감사하지 않으면 상대방을 당연시하게 되고 최악의 경우 서로 깔보고 거부하며 비웃게 된다'고 했다.

"늘 쾌활하게 생활하고 싶다면 사소한 일에 화를 내지 말것이며, 비록 작더라도 제 몫으로 온 것에 대해서 만족하고 감사히 여겨라."
— 스마일즈 —

감사는 축복을 두 번 누리는 것이다. 한 번은 받을 때이고 또 한 번은 회상할 때이다. 욕심을 따라 사는 사람은 항상 부족한 것 투성이고, 은혜를 따라 사는 사람은 늘 감사한다. 감사를 모르는 사람은 늘 가난하다. 주님에 대한 깊은 감사의 마음을 가지고 있는 사람은 전심으로 하나님의 이름을 높이면서 살고 싶어 한다.

"무력으로 얻은 재산은 지속되지 않지만, 은혜에 대한 감사는 영원하다."
— Q.C.루프스 —

하나님을 향한 감사의 고백을 간직한 사람들은 무엇을 하든지 하나님을 위해 살고 싶은 소원이 있는 사람들이다. 하나님께서 주신 은혜가 한없이 크고 감사하기 때문에 주님을 높이면서 살고 싶어 한다.

행복할 때도, 슬플 때도, 다툴 때도, 웃을 때도 함께하는 당신이 있어 좋다. 때론 당신으로 인해 달콤하고 때론 당신으로 인해 아파도 함께 살아갈 수 있어 행복하다. 외롭고 괴로웠던 시간 속에 누군가가 옆에 있다는 것, 그것만으로 좋다. 늘 곁에 있는 당신이 좋다.

"다른 어떤 공부보다 먼저 감사할 줄 아는 방법부터 배워라. 감사의 기술을 배울 때 그대는 비로소 행복해진다."

– 심리학자 제임스 깁스 박사 –

10. 심령이 가난한 자의 복

"예수께서 무리를 보시고 산에 올라가 앉으시니 제자들이 나아온지라 입을 열어 가르쳐 이르시대 심령이 가난한 자는 복이 있나니 천국이 그들의 것임이요"(마 5:1-3)

마태복음 5장 6장 7장은 예수님의 가르치심의 진수가 되는 부분이다. 산 위에서 가르치신 가르침이기에 산상수훈(山上垂訓)이라 부른다. 산상수훈의 가치에 대하여 인도의 간디가 평가한 말이 있다.

"산상수훈은 모든 종교의 알맹이요 천국의 헌법에 해당한다."

간디 자신은 힌두교도였으면서도 예수님의 산상수훈에 대하여는 이렇게 높이 평가하였다. 간디의 이 말을 듣고 인도에서 선교 활동을 하고 있던 한 미국 선교사가 간디를 만나 물었다.

"간디 선생님, 선생님께서는 힌두교도시면서 성경의 산상수훈을 그렇게 높이 평가하여 주시니 고맙습니다. 우리 선교사들이 인도인들에게 기독교 신앙을 받아들이도록 하려면 어떻게 하여야 할까요?"

이 물음에 간디가 답하였다.

"예, 당신네 선교사들이 예수 그리스도의 가르침인 산상수훈대로 살면 됩니다. 당신들이 산상수훈을 실천하면 인도인들이 크리스천이 될 것입니다."

참으로 적절한 말이다. 지금도 마찬가지이다. 우리도 예수를 믿으면서 매 주일 교회를 간다. 그러나 예수님의 가르치심의 알맹이인 산상수훈대로 살지를 못한다. 그래서 전도가 잘되지를 않는다. 우리 크리스천들이 성경의 가르치심을 따라 사는 삶이 전도의 시작이다.

산상수훈은 여덟 가지 복에 대한 가르침에서 시작된다. 예수께서 가르치신 이들 여덟 가지 복이 산상수훈의 핵심이요, 성경 전체를 줄인 내용이라 할 수 있다. 이들 8복에 대한 바른 이해는 우리 바른 신앙생활의 시작이요 마지막이라 하겠다.

8복의 시작은 심령이 가난한 자의 복에서 시작한다.

"심령이 가난한 자는 복이 있나니 천국이 그들의 것임이요"(마 5:3)

'복되도다' 라는 말이 헬라어로는 'MAKARIOI' 이다. 그래서 "마카리오이, 복되도다 심령이 가난한 자들이여"로 시작된다. 여기서 중요한 것은 '심령이 가난하다' 는 말의 의미이다.

'심령이 가난하다' 는 말에는 3가지 의미가 있다. 이들 3가지 의미가 합하여져 '심령이 가난하다' 는 말의 진수를 이룬다.

첫째 마음이 비어 있다는 말부터 생각해 보자.

아기 때는 마음이 비어 있을 수 있지만 나이가 들어가면서 우리 마음은 온갖 잡동사니로 가득 채워진다. 욕심과 상처, 원망과 시비 등으로 우리 마음이 채워진다. 그런데 어떻게 빈 마음이 될 수 있는가? 예수님 앞으로 나와 마음속에 채워진 온갖 것을 모두 쏟아놓고 빈 마음이 되는 것이다. 그렇게 빈 마음이 된 자리에 천국이 들어오게 된다. 그래서 복을 누리는 첫 걸음은 비우는 데서 시작된다. 비우지 못하고는 채울 수 없고 누릴 수 없다.

둘째 겸손한 마음은 어떤 마음인가?

중국 성경에는 심령이 가난한 자들이란 말을 아예 "심령이 겸손한 자들"로 번역하고 있다. 겸손하다는 말은 하나님 앞에 낮아지는 마음을 일컫는다. 하나님 앞에서 자신을 바닥에 완전히 낮추는 사람 곧 겸손한 사람이 복이 있다.

셋째 심령이 깨끗하다는 말은 비어 있다는 말과 통한다.

살아오는 동안 마음속에 쌓인 온갖 욕심과 상처와 원망을 모두 쏟아놓고 깨끗하여진 마음이다. 그런 마음에 천국이 찾아든다.

'만일 이 세상에 있는 어떤 것으로도 만족을 얻을 수 없는 갈망이 있다면 그것은 내가 이 세상이 아닌 다른 세상에서 살도록 창조되었다는 증거가 된다.'
– C.S. 루이스 –

섬광처럼 천국이 느껴졌다. 보이지 않고 그려지지 않지만 내 안에 있는 온전한 자유와 화평을 바라는 갈망은 천국에서 누릴 소망이 아닌가, 그 갈망이 확신으로 다가와 이 세상의 모든 것을 버리고 떠날 준비를 한다면 그는 심령이 가난한 자인 것이다. 그래서 모든 사람이 함께 가길 바란다. 사도 바울은 예수 그리스도를 알고는 그가 아는 모든 지식을 배설물처럼 여겼다. 그리고 가난에 처할 줄도 알고 풍부에 처할 줄도 알아 모든 일에 자족하기를 배웠다고 고백했다.

누구보다 심령이 가난한 자의 본은 예수 그리스도이시다. 여우도 굴이 있고 공중의 새도 깃들 곳이 있지만 이 세상에 머리 둘 곳이 없었다. 심령의 가난은 영적 싸움의 본질이다. 사탄은 호시탐탐 세상을 바라보게 하고 만족을 찾으라고 미혹한다. 그러나 심령이 가난한 자가 복이 있다. 그가 진정 천국을 소유한 부자이기 때문이다.

"가난해도 만족하는 사람은 부자이다."　　　　－ 셰익스피어 －

11. 마음이 온유한 자의 축복

"온유한 자는 복이 있나니 그들이 땅을 기업으로 받을 것임이요"
(마 5:5)

　예수님은 온유한 자가 복이 있다고 말씀하신다. 온유로 번역된 헬라어 '프라우스, praus'는 히브리어 "anaw, 아나오"를 번역한 것이다. 히브리어 "anaw"는 "겸손한 humble, 비천한 lowly, 온유한 meek"의 의미를 가지고 있다. 시편 기자는 이 단어를 많이 사용한다. 이 단어는 하나님의 인도와 하나님의 섭리를 순종적으로 받아들이는 사람 그리고 하나님의 섭리를 겸손히 받아들이는 사람을 묘사할 때 사용된다.
　온유한 사람은 하나님이 인도하는 삶이 비록 힘들고 고난의 길이라 할 지라도, 혹은 나의 뜻과는 반대되는 것이라 할지라도, 하나님의 뜻이 가장 선한 것임을 신뢰하고 순종하는 사람이다. 온유한 사람은 하나님께 사랑 받으며, 그는 하나님이 온유한 자에게만 주시는 하나님의 특별한 은혜로 힘을 얻는 사람이다.

예수님이 말씀하시는 온유는 천성적으로 부드러운 성품이 아니라, 예수님을 믿은 후에 성령으로 길들여진 성품, 하나님의 말씀을 통해 변화된 성품, 믿음으로 성숙해진 성품을 가리킨다. 그래서 이 온유함은 하나님에게 속한 온유함이고, 하나님을 주인으로 모시는 온유함이고, 하나님의 말씀에 충성스럽게 순종하는 온유함이다.

사람의 성품은 선천적인 것과 후천적인 것이 있다. 선천적인 것을 천성이라 하고 후천적인 것을 습관이라 한다. 그러나 온유는 천성도 아니고 습관도 아니다. 온유는 그리스도께서 지닌 성품이다.

"나는 마음이 온유하고 겸손하니 나의 멍에를 메고 내게 배우라 그리하면 너희 마음이 쉼을 얻으리라"(마 11:29)

그러기에 우리가 온유한 사람이 되기 위하여는 예수님의 삶과 성품을 배우고 닮아가야 한다. 사전적 의미는 부드러움을 말하는 것이지만, 성경에서의 온유란 말에는 더 깊은 의미를 담고있다.

온유에는 3가지 차원이 있다.

첫째는 하나님에 대한 온유이다.

하나님에 대한 온유는 어떤 실패, 어떤 고난, 어떤 좌절에서도 하나님을 원망하지 아니하고 오히려 하나님에 대한 신뢰를 굳게 세워 나가는 마음이다. 구약성경 욥의 경우가 대표적인 경우이다. 욥은 의롭게 살았지만 말할 수 없는 고난을 당하였다. 그러나 조금도 하나님을 원망함이 없었다. 하나님이 주시고 하나님이 가져가시니 당연하다며 자신이 당하는 고난으로 인한 흔들림이 없었다.

둘째는 이웃에 대한 온유이다.

이웃에 대한 온유는 관용과 포용과 통한다. 이웃이 자신에게 못된 짓을 하였을 때에 얼마든지 보복할 수 있음에도 그냥 묵묵히 받아들이며 참을 수 있는 마음이다. 용서할 수 없는 자임에도 오히려 포용하고 기회를 주어 선한 길로 가도록 이끌어 주는 마음이다 우리 사회에 꼭 있어야 할 마음이다.

셋째는 자기 자신에 대한 온유이다.

자기 자신에 대한 온유는 화가 나서 앙갚음을 하고 싶고 그럴 능력도 있지만 꿋꿋이 참는 마음이다. 철저한 자기 절제를 통하여 오히려 상대를 포용하여 주는 정신력, 그런 내공(內攻)이다. 다시 말해서 힘이 있고 능력이 있음에도 그냥 참으며 자신을 절제할 수 있는 마음이다. 이런 사람이 온유한 사람이요 하나님은 그런 사람들이 땅의 주인이 되게 하신다.

사람들은 힘센 사람, 돈 많은 사람, 권력 있는 사람이 땅을 차지하여 세상의 주인 노릇 할 것으로 생각한다. 그러나 예수님은 다르게 말씀하신다. 힘 없어 보이는 온유한 사람들이 땅을 기업으로 차지한다 하셨다. 하나님이 주시는 축복의 약속은 죽은 뒤 천국에서 누리는 복에 한정되는 것이 아니다. 제대로 믿음을 지키며 살아온 가문들은 대를 이어가며 복을 누리는 경우가 많다.

성경에서 말하는 온유는 약하거나 무능함을 뜻하지 않는다. 예수 그리스도의 성품을 뜻한다. 예수님께서 마태복음 11장에 이르시기를 "나는 마음이 온유하고 겸손하니 나의 멍에를 메고 내게 배우라 그러면 너희 마음이 쉼을 얻으리라"(마 11:29) 하셨다.

온유한 마음의 사람이 되기 위하여는 예수님을 믿고 예수님의 성품과 삶을 배우는 사람이 되어야 한다. 우리가 유능한 사람, 잘난 사람, 성공하는 사람 되기를 기도할 것이 아니라 우리 모두가 예수님으로부터 온유를 배워 위로받고 축복받고 쉼을 누릴수 있기를 바란다.

"온유는 어느 것과도 비길 수 없는 그리스도의 성품이다. 진정한 온유는 풍부한 인정이고, 친절한 감정이며, 신속한 호의이다."

– 제임스 해밀턴 –

12. 긍휼히 여기는 자들에게 주어지는 복

"긍휼히 여기는 자는 복이 있나니 그들이 긍휼히 여김을 받을 것임이요"(마 5:7)

긍휼이 여기는 자는 복이 있도다.

예수께서 가르쳐 주신 8가지 복들 중에서 5번째가 '긍휼히 여기는 자들에게 주어지는 복' 이다. 긍휼히 여기는 자들은 자신도 긍휼히 여김을 받게 된다는 것이다.

"긍휼히 여긴다"는 말의 의미부터 살펴보자. "긍휼히 여긴다"는 말은 자비심을 일컫고 측은지심을 일컫는다. "긍휼히 여긴다", "자비심을 가진다", "측은지심을 가진다"는 말은 다른 사람의 불행에 대하여, 아픔에 대하여, 상처에 대하여 못 본 척하지 아니하고 자신의 마음을 기울여 그 불행, 그 아픔, 그 상처를 어떻게 좀 나누어 가질 수 없을까? 그 아픔을 좀 보듬어 줄 수 없을까? 하는 안타까움을 품는 마음을 일컫는다.

긍휼히 여기는 마음의 가장 기본은 사람들을 구원하시기 위하여 이 땅에 찾아오신 예수 그리스도의 마음이다. 예수 그리스도는 사람들의 상한 마음을 고치시어 구원하시고자 하늘 보좌를 버리시고 이 땅에 찾아 오셨다. 바로 긍휼하심, 자비함, 측은지심의 본보기이다.

"측은지심"이란 용어는 동양에서 주로 사용하고 "자비"는 불교에서 많이 사용한다. "긍휼함"은 구약성경에서부터 일관되게 사용하여 온 하나님의 마음을 나타내는 용어이다.

동양 특히 유교에서 사용한 "측은지심"의 경우를 살펴보자. 하루는 공자에게 한 제자가 물었다.

"스승님 종교가 무엇입니까?" 공자가 대답하기를 "측은지심(惻隱之心)이니라."

제자가 다시 묻기를 스승님, 그러면 측은지심이란 어떤 마음입니까?

공자가 우물에 빠진 한 어린이의 경우로 대답하였다.

"한 어린이가 우물에 빠졌다. 그 우물은 튼튼하지 못하여 아이를 구하려 우물 속으로 들어갔다가는 우물이 무너져 함께 죽을 위험이 있는 우물이었다. 하지만 그런 줄 알고서도 그 아이를 불쌍히 여겨 한 남자가 우물로 들어가 아이를 건져 내었다. 이런 마음이 측은지심이요 이 마음이 종교의 근본이니라."

공자는 측은지심이 종교의 본질이라 한 것이다.

측은지심에 해당하는 말이 불교에서는 자비심(慈悲心)이다. 자비라 할 때에 자(慈)는 상대와 함께 기뻐하는 마음이고, 비(悲)는 상대와 함께 슬퍼하는 마음이다. 그래서 자비는 상대와 기쁨과 슬픔을 함께 나누는 마음이다. 불교에서는 부처를 일컬어 "대자대비하신 부처님"이라 일컫는다.

유교의 측은지심이나 불교의 대자대비에 해당하는 성경의 단어가 긍휼이다. 예레미야서 31장 20절에서 하나님께서 자식 된 백성들이 타락한 길을 걸을 때에, 당장에 고통을 느낄 만큼 불쌍히 여기시는 마음이다. 이런 마음이 바로 하나님의 긍휼하심이다.

"너희 안에 이 마음을 품으라 곧 그리스도 예수의 마음이니"(빌

2:5) 라고 하시면서 예수 그리스도의 긍휼히 여기는 마음을 "십자가에 죽기까지 하신 아픔"이라 일러 주신다.

13. 하나님은 화평의 하나님이시다

"화평하게 하는 자는 복이 있나니 그들이 하나님의 아들이라 일컬음을 받을 것임이라"(마 5:9)

화평은 참 평화를 위하여 적극적으로 노력하는 것을 말한다. 화평의 대상은 모든 사람이다. "모든 사람과 더불어 화평함과 거룩함을 따르라 이것이 없이는 아무도 주를 보지 못하리라"(히 12:14). 할 수 있거든 너희는 모든 사람과 함께(with) 화목하라고 하셨다. 화평하게 하는 사람은 하나님의 자녀이다. 하나님이 우리와 화평을 이루신 것같이 그리스도인은 하나님과 화평하고, 하나님의 자녀로 일컬음을 받는 것이다.

그래서 신앙생활이란 다름이 아니라 하나님과의 그릇된 관계가 회복되어 바른 관계를 누리며 사는 생활이다. 우리가 의인으로 살아가는 삶은 하나님과 우리 사이에 화평을 누리며 사는 삶이다. 여기서 화평을 누린다는 말은 화평을 즐긴다는 말이다. 그리스도인들의 삶은 화평을 즐기는 생활이다. 즐기지 못하는 삶은 화평을 누리지 못하는 삶이다.

성경에서 화평은 4가지를 포함한다.
첫째는 하나님과 나 사이에 이루어지는 화평이다.
둘째는 나 자신과의 화평이다
셋째는 이웃과의 화평이다.
넷째는 자연과 물질과의 화평이다.

"예수께서 이르시되 네 마음을 다하고 목숨을 다하고 뜻을 다하여 주 너의 하나님을 사랑하라 하셨으니 이것이 크고 첫째되는 계명이요"(마 22:37-38)

우리가 진정한 화해를 이루려면 우리가 마음을 다하고 목숨을 다하고 뜻을 다하여 하나님 아버지를 사랑하고 그분과의 관계를 회복하는 것이 급선무이다, 하나님과 화해하지 못하고 하나님의 뜻을 거스르며 하나님의 말씀대로 살지 않고 먼저 하나님과 화목할 수가 없다.

또 하나님과 화목하지 못한 사람들은 자신이나 이웃과도 화목하지 못하고 평생토록 갈등과 불화에서 헤어나오지 못한다. 그러므로 신앙의 양심에 비추어 하나님보다 더 사랑하는 것들을 제거하고 하나님과의 관계를 가장 먼저 회복해야 진정한 화해의 첫걸음을 내딛을 수 있는 것이다.

하나님과 나와의 화평을 가로막는 것을 죄라 한다. 죄란 하나님과 나 사이의 관계가 깨어진 상태이다. 그 관계를 회복하는 것을 회개라 한다. 하나님께서 우리들에게 "회개하라" 하시는 것은 하나님과 나 사이의 빗나간 관계를 바로잡고 하나님과 바른 관계를 맺으라는 것이다.

　나 자신과의 관계는 무엇을 뜻하는가? 우리가 하나님과 화해한 후 그 다음 중요한 것은 자신과의 화해이다. 많은 사람들이 하나님과 화해를 하면 이웃과 화해가 곧바로 되는 줄 알지만 자기 마음의 상처가 치유되지 않으면 이웃과의 화해가 결코 쉽지 않다. 주위의 권면에 의해서 화해를 할지는 모르지만 진정한 화해를 이룰 수가 없다.

　그러므로 자신에게 지난날 상처를 주었던 원수를 모두 용서하고 치유를 받을 때 자신을 존중하는 마음(자존감, self-esteem)을 회복할 뿐만 아니라 자신과 화해하게 되고 진정한 화해의 두 번째 걸음을 내딛을 수 있을 것이다. 성경은 우리들에게 자기를 사랑하라 이르신다. 하나님이 우리를 사랑하시고 우리의 허물과 죄를 이미 용서하셨으니 자기 자신을 사랑하라 이르신다.

　자기가 자신의 과오나 약점을 용서하지 못할 때 우리는 상처를 받고 고통당하게 된다. 우리는 우리 자신을 사랑할 수 있어야 행복을 누릴 수 있다. 자신을 사랑할 수 있는 사람이 이웃을 진정으로 사랑할 수 있다. 자신을 사랑하지 못하는 사람은 이웃 사랑을 제대로 할 수 없다. 예수님께서 이르시기를 "하나님 사랑과 이웃 사랑"이 모든 율법의 완성이라 이르셨다. 우리는 하나님의 사랑을 이미 받았기에 그 사랑을 힘입어 이웃 사랑으로 사랑을 실천한다.

　성경의 화평에는 자연과 물질. 환경과 모든 피조물들을 사랑하는 것까지 포함된다. "모든것이 하나님께로서 났으며 그가 그리스도로 말미암아 우리를 자기와 화목하게 하시고 또 우리에게 화목하게 하는 직분을 주셨으니"(고후 5:18) 그러므로 풀 한 포기, 새 한 마리, 돌 하나에 이르기까지 우리는 사랑의 마음으로 대할 수 있어야 한다. 그런 사랑을 품고 있을 때 우리는 진정한 화평을 누리게 된다.

"자신의 내부에 평화가 없다면 외부의 것에서 평화를 찾는 것은 헛된 일이다."
— 라 로시푸코 —

14. Kataros의 의미

"복 되도다. 마음이 청결한 자들이여 그들이 하나님을 볼 것이다"(마 5:8)

예수께서 일러 주신 8가지 복들 중의 여섯 번째는 '마음이 청결한 자들에게 임하는 복'이다. 마음이 청결한 자들이 하나님을 보게 된다는 약속의 복이다. 청결함에 해당하는 헬라어는 Kataros이다. 카타르시스라 할 때의 그 카타로스이다. 카타로스란 말은 4가지 의미를 동시에 지닌다. 이들 4가지 의미 하나하나가 크리스천의 삶에 영향을 미친다.

첫째, 때 묻은 옷을 깨끗이 세탁하여 흰 옷이 되었을 때에 사용하는 말이다.

우리들의 마음은 이런 저런 사연으로 때묻어 있다. 이렇게 때묻어 있는 마음이 어떻게 흰 옷처럼 깨끗한, Kataros한 마음이 될 수 있는가? 요한계시록 7장에 이에 대한 답이 있다. "장로 중 하나가 나에게 묻되 이 흰 옷 입은 자들이 누구며 또 어디서 왔느냐? 내가 답하기를 내 주여 당신이 아시나이다 하니 그가 나에게 이르되 이는 큰 환난에서 나오는 자들인데 어린 양의 피에 그 옷을 씻어 희게 하였느니라"(계 7:13-14).

둘째, 타작마당에서 쭉정이를 모두 키질하고 채로 쳐서 알곡만 남았을 때 그 알곡을 Kataros라 한다.

셋째, 물을 타지 아니한 순수한 우유와 포도주에 사용되고, 합금되지 아니한 99.9% 순금에 카타로스가 사용 된다.

넷째, 군대 지원자들을 뽑아서 그들 중에서 최정예 요원들만을 선발하였을 때에 사용한다.

기드온 300명 용사가 가장 대표적인 경우이다. 기드온 장군은 미디안 적군과 싸울 때에 3만이 넘는 지원자들 중에서 고르고 골라 300명만 남겼다. 이들 300명이 바로 Kataros이다. 청결함, Kataros 에 대한 이런 의미들을 종합하여 살필 때에 동기에서 순수하고, 과정에서 투명하고, 결론으로 오명 되지 아니한 영혼들이 바로 마음이 청결한 자들이요. 그들이 결국은 하나님 앞에 서서 하나님을 보게 된다.

"청결과 정돈은 본능의 문제가 아니라 교육의 문제이며, 대부분의 중요한 것들과 마찬가지로 그에 대한 감각을 키워야 한다."

— 벤자민 디즈라엘리 —

크리스천들은 남의 좋은 면, 아름다운 면만을 보며 그 사람의 진가를 찾으려 애써야 한다. 그 아름다운 사람을 보면 감동하며 눈물을 흘리고 싶을 만큼의 맑은 마음을 가진 사람, 말을 할 때마다 남에게 좋은 말을 하고, 그 말에 진실만 담는 예쁜 마음과 아름다운 덕목이 갖추어진 사람이었으면 참 좋겠다.

"예절 바른 사람과 어울려라. 당신의 예절이 나아진다. 좋은 사람들과 교제하라. 당신의 좋은 천성이 강화된다."   - 스탠리 워커 -

15. 올바른 교육과 종교가 행복한 국민을 만든다

"여호와를 경외하는 것이 지혜의 근본이요 거룩하신 자를 아는 것이 명철이니라"(잠 9:10)

칼빈은 "하나님은 각 사람에게 일을 맡기셨다. 대장장이에게는 대장간 일을, 목수에게는 목공을, 교사에게는 가르치는 일을 맡겼다. 각자는 자기가 맡은 일을 성실히 수행함으로써 하나님을 섬기고 이웃에 봉사하여 자기 개성을 실현한다. 그러니 목사나 신부가 제일이 아니다. 각자가 자신의 직업을 통하여 하나님께 예배드린다." 그는 삶으로써 국민들을 가르쳤다.

열심히 일하고, 열심히 저축하고, 깨끗하게 사는 일 이것이 잘 사는 나라, 행복한 국민이 되는 길이라 가르쳤다. 이러한 정신이 국민들 삶 속에 체득(體得)되었을 때 잘 사는 나라, 행복한 국민이 되었던 것이다.

데이비드 맥크릴랜드(David Maclelland) 박사는 하버드대학의 석학이었다. 그는 1961년 역사에 남을 명저를 출간하였다. '성취사회(成就社會, Achieving Society)'라는 제목의 책이다. 박사는 이 책에서 한 개인 또는 국가가 발전하는 원동력으로 성취동기(成就動機, Achieving Motivation)를 강조하였다.

어떤 사람은 평생에 큰 업적을 남기는데 어떤 사람은 아무런 업적도 남기지 못한다. 어떤 민족은 역사에 큰 업적을 기록하는데 어떤 민족은 아무런 기여를 하지 못한다. 무엇이 그러한 차이를 만드는가?

17세기 초 라틴 민족은 브라질로 대거 이민하였고, 앵글로색슨 민족은 북미로 이민하였다. 그런데 브라질로 이민한 라틴 민족은 위대한 사회를 건설하지 못하였으나, 북미로 건너간 앵글로색슨 민족은 부강한 국가를 건설하였다. 브라질과 북미는 땅의 크기도 비슷하고 지하자원도 비슷하게 풍부하다. 그런데 한쪽은 빈곤과 부패에 시달리고 있고 다른 한쪽은 자유와 부강을 자랑하고 있다. 한쪽은 침체된 후진사회가 되었고 다른 한쪽은 진취적인 선진사회가 되었다. 어디서 그런 차이가 일어난 것일까?

그 답은 간단하고 명료하다. 가치관(價値觀)과 성취동기(成就動機)의 차이 때문이다. 남미로 건너간 라틴 민족은 물질적인 부(富)를 추구함에 열중하였다. 그러나 북미로 건너간 앵글로색슨 민족은 신앙과 이상, 그리고 자유를 추구하였다. 두 집단 간에는 가치관과 정신자세에 근본적 차이가 있었다. 이 차이가 개인과 국가의 운명을 달라지게 한 것이다.

"여호와를 자기 하나님으로 삼은 나라 곧 하나님의 기업으로 선택된 백성은 복이 있도다"(시 33:12)

성취동기가 강하고, 바른 가치를 추구하는 민족은 부강한 나라를 세웠고 그렇지 못한 쪽은 부진한 역사를 남겼다. 그런데 그렇게 중요한 가치관과 성취동기는 어디에서 얻어지는가? 대답은 교육과 종교이다. 교육이 국민들 속에 바른 가치관을 심어 주고, 건강한 종교는 국민들에게 창조적인 성취동기를 길러 준다. 교육이 살고 종교가 살면, 개인이 살아나고 국가가 일어난다. 올바른 교육과 종교가, 잘 사는 나라와 행복한 국민을 만든다.

"교육에서는 이성적인 삶이 과학적인 실험으로부터 이기적인 이론으로, 그리고 정신적인 느낌으로, 다시 신에게로 서서히 나아가게 된다."
― 칼릴 지브란 ―

16. 의인이 누릴 내세의 행복

"우리의 시민권은 하늘에 있는지라 거기로부터 구원하는 자 곧 주 예수 그리스도를 기다리노니 그는 만물을 자기에게 복종하게 하실 수 있는 자의 역사로 우리의 낮은 몸을 자기 영광의 몸의 형체와 같이 변하게 하시리라"(빌 3:20-21).

의인은 내세의 무궁한 세계에서 하나님의 약속하신 모든 행복을 누리게 된다. 성도들은 하늘의 새 예루살렘의 시민으로서 천국의 새 예루살렘에서 영원무궁한 행복을 누리게 된다. 천국에는 주님이 성도들을 위하여 예비하신 많은 처소가 있다.

"행복은 이미 만들어져 있는 것이 아니다. 행복은 당신의 행동들로부터 발생한다."　　　　　　　　　　　　　　　- 달라이 라마 -

예수님께서는 승천하시기 전에 "내 아버지 집에 거할 곳이 많도다. 그렇지 않으면 너희에게 일렀으리라 내가 너희를 위하여 거처를 예비하러 가노니 가서 너희를 위하여 거처를 예비하면 내가 다시 와서 너희를 내게로 영접하여 나 있는 곳에 너희도 있게 하리라"(요 14:2-3)고 약속하셨다.

이것이 바로 하나님의 집인 천당이요, 그분의 자녀들이 영원히 거할 새 예루살렘 도성이다.

"또 내가 새 하늘과 새 땅을 보니 처음 하늘과 처음 땅이 없어졌고 바다도 다시 있지 않더라"(계 21:1).

천국은 어린 양의 속죄로 흰 옷을 입은 성도들이 하나님을 섬기며 영생하는 영원한 세계요 이곳은 하나님이 완전 지배하시는 세계로서 그리스도 안에서 구원받은 성도들이 완전한 행복과 하나님의 영화(榮華)에 참여하는 세계이다.

"가장 행복한 사람들은 행복을 더 많이 가지려는 자가 아니라, 더 많이 주려는 자들이다."   - H.Jackson Brown, Jr. -

"그러므로 그들이 하나님의 보좌 앞에 있고 또 그의 성전에서 밤낮 하나님을 섬기매 보좌에 앉으신 이가 그들 위에 장막을 치시리니 그들이 다시는 주리지도 아니하며 목마르지도 아니하고 해나 아무 뜨거운 기운에 상하지도 아니하리니 이는 보좌 가운데에 계신 어린 양이 그들의 목자가 되사 생명수 샘으로 인도하시고 하나님께서 그들의 눈에서 모든 눈물을 씻어 주실 것임이라"(계 7:15-17)

천국은 말로 형언할 수 없을 정도로 깨끗하고 아름다운 곳이다. 천년시대가 지나면 마침내 새 하늘과 새 땅 및 거룩한 성 새 예루살렘이 도래하는데 여기가 바로 하나님의 나라인 영원한 천국이다. 천년시대는 천국 행복의 그림자요 천년왕국은 하나님의 나라와 새 예루살렘의 모형이다.

"행복한 사람들은 아름답다. 그들은 거울처럼 되고 그 행복을 다시 반사한다."   – 르류 베리모어 –

"또 내가 보좌들을 보니 거기에 앉은 자들이 있어 심판하는 권세를 받았더라 또 내가 보니 예수를 증언함과 하나님의 말씀 때문에 목 베임을 당한 자들의 영혼들과 또 짐승과 그의 우상에게 경배하지 아니하고 그들의 이마와 손에 그의 표를 받지 아니한 자들이 살아서 그리스도와 더불어 천 년 동안 왕 노릇 하니 (그 나머지 죽은 자들은 그 천년이 차기까지 살지 못하더라) 이는 첫째 부활이라 이 첫째 부활에 참여하는 자들은 복이 있고 거룩하도다 둘째 사망이 그들을 다스리는 권세가 없고 도리어 그들이 하나님과 그리스도의 제사장이 되어 천년 동안 그리스도와 더불어 왕 노릇 하리라라"(계 20:4-6)

17. 천국에서 행복을 누리자

"내가 들으니 보좌에서 큰 음성이 나서 이르되 보라 하나님의 장막이 사람들과 함께 있으매 하나님이 그들과 함께 계시리니 그들은 하나님의 백성이 되고 하나님은 친히 그들과 함께 계시리라"(계 21:3).

천국에서는 구원받은 성도들이 하나님과 함께 거하며 놀라운 행복을 누리게 된다. 이는 하나님의 장막이 사람들과 함께 있기 때문이다. 천국에서는 성도들이 불로장생(不老長生)하게 된다. 이는 죄악과 사망과 질병이 없기 때문이다.

천국에는 모든 불행과 불의가 없음으로 인간의 비애와 고통이 전혀 없고 희락만이 있다. "내가 보매 거룩한 성 새 예루살렘이 하나님께로부터 하늘에서 내려오니 그 준비한 것이 신부가 남편을 위하여 단장한 것 같더라. 하나님의 나라는 먹는 것과 마시는 것이 아니요 오직 성령 안에 있는 의와 평강과 희락이라"(계 21:2, 롬 14:17).

천국에는 죽음도, 애통하는 것도, 곡하는 것도 없으니 사망의 공포와 불행이 전혀 없는 것이다. 첫 에덴서에는 인간의 범죄로 인하여 축복이 저주로 화하였으나, 미래의 천국에는 다시 그런 타락과 저주의 위험이 없다. "다시 저주가 없으며 하나님과 그 어린양의 보좌가 그 가운데에 있으리니 그의 종들이 그를 섬기며, 사람이 그 가운데서 살며 다시는 저주가 있지 아니하리니 예루살렘이 평안히 서리로다. 생각하건대 현재의 고난은 장차 우리에게 나타날 영광과 비교할 수 없도다. 모든 눈물을 그 눈에서 닦아 주시니 다시는 사망이 없고 애통하는 것이나 곡하는 것이나 아픈 것이 다시 있지 아니하리니 처음 것들이 다 지나갔음이라. 그 때에 맹인의 눈이 밝을 것이며 못 듣는 사람의 귀가 열릴 것이며"(계 22:3, 슥 14:11, 롬 8:18, 계 21:4, 사 35:5) 따라서 그곳에는 병이나 죽음이나 그밖에 심적, 육적인 모든 저주가 없는 것이다.

사도 요한은 천국에 있는 무수한 성도들이 흰옷(정결과 승리의 옷)을 입었고 손에 종려나무 가지를 들었다고 하였다. 그들은 곧 영광의 옷을 입은 것이다.

"이 일 후에 내가 보니 각 나라와 족속과 백성과 방언에서 아무도 능히 셀 수 없는 큰 무리가 나와 흰 옷을 입고 손에 종려 가지를 들고 보좌 앞과 어린양 앞에 서서 큰 소리로 외쳐 이르되 구원하심이 보좌에 앉으신 우리 하나님과 어린 양에게 있도다"(계 7:9-10).

성경에 "귀 있는 자는 성령이 교회들에게 하시는 말씀을 들을지어다. 이기는 그에게는 내가 하나님의 낙원에 있는 생명나무의 과실을 주어 먹게 하리라"(계 2:7)고 하였다. 전 아담의 범죄로 인하여 생명나무의 실과를 먹어보지 못한 인간들이 후 아담이신 예수 그리스도의 구속의 은혜를 입어 신천신지에서는 생명과(生命果)를 마음껏 먹게 되는 것이다.

성도들은 장차 주님께서 지으신 천국의 화려한 궁에서 사랑하는 주님과 더불어 동거하게 된다. "그 열두 문은 열두 진주니 각 문마다 한 개의 진주로 되어 있고 성의 길은 맑은 유리 같은 정금이더라 성 안에서 내가 성전을 보지 못하였으니 이는 주 하나님 곧 전능하신 이와 및 어린 양이 그 성전이심이라 그 성은 해나 달의 비침이 쓸 데 없으니 이는 하나님의 영광이 비치고 어린양이 그 등불이 되심이라"(계 21:21-23).

영생(永生)이란 영혼의 불멸이 아니라 그리스도를 믿는 성도가 하나님과의 새로운 관계에 들어가는 것이며 이는 하나님과 영원한 친교에 들어가는 것이다. "내 아버지의 뜻은 아들을 보고 믿는 자마다 영생을 얻는 이것이니 마지막 날에 내가 이를 다시 살리리라 하시니라, 이 세상도 그 정욕도 지나가되 오직 하나님의 뜻을 행하는 자는 영원히 거하느니라"(요 6:40, 요일 2:17)

의인은 최후에 천국의 기업을 받고 영생을 누리게 되는데 이 영생은 현세의 불행과 고통 같은 것이 전혀 없는 일관된 기쁨과 평화가 넘치는 영원한 삶이다. 이같은 기쁨과 평화가 넘침은 하나님과 교제하는 가운데 주어지는 행복을 누리게 되기 때문이다. 이것이 영생의 본질이다. 모든 성도가 다 한결같이 완전한 행복을 누릴 것이지만 그러나 각자가 받는 상급이 다르니 이 천국의 복락(福樂)에도 어느 면에서는 등급의 차이가 있을 것이다.

"지혜있는 자는 궁창의 빛과 같이 빛날 것이요 많은 사람들을 옳은 데로 돌아오게 한 자는 별과 같이 영원토록 빛나리라, 이것이 곧 적

게 심는 자는 적게 거두고 많이 심는 자는 많이 거둔다 하는 말이로다"(단 12:3, 고후 9:6)

사랑의 주님!

오늘보다 더 나은 내일을 준비하게 하소서. 주신 사명을 성실하게 감당하게 하시며 하늘나라에 상급을 쌓게 하소서. 천국에 대한 큰 소망을 품고 살아가게 하시며 오직 주님만 찬양하게 하소서. 모든 일에 기도로 준비하게 하시며 회복의 주님을 고대하게 하소서. 주님의 교훈을 사모하게 하시고 주님의 거룩한 날개 아래 거하게 하소서. 예수님의 이름으로 기도드립니다. 아멘.

Part 9.
황혼의 멋진 삶이란?

1. 황혼의 멋진 삶이란?
2. 황혼 부부의 수칙
3. 늙은이들이여 꿈을 갖고 살자
4. 늙음을 즐겨라
5. 품위있게 잘 늙는 방법
6. 장수비결 법
7. 노년을 열정적으로 살자
8. 노년의 향기
9. 당신의 생각이 인생을 결정한다
10. 산다는 것은 꿈을 꾸는 것이다
11. 내릴 수 없는 인생 여행
12. 고려장의 유래
13. 바보가 됩시다
14. 보람있는 말년을 위하여
15. 노인(老人) 유종(有終)의 미(美)
16. Wellbeing, Wellaging, Welldying 이란?
17. 요양원과 요양병원의 차이점

1. 황혼의 멋진 삶이란?

"젊은 자의 영화는 그의 힘이요 늙은 자의 아름다움은 백발이니라"(잠 20:29)

"노년은 청춘에 못지않은 좋은 기회다."　　　－헨리 롱펠러－

보통 '멋' 하면 젊은이들의 전유물인 것으로만 생각하기 쉽다. 그런데 머리가 희끗희끗한 노년의 남성들이 버스나 지하철 등에서 노인이나 병약자에게 서슴없이 자리를 양보하는 것을 보았을 때, 젊은이들에게서 쉽사리 보지 못하던 멋을 느끼곤 한다.

마치 무엇으로도 살 수 없는 값진 보석을 감상하는 느낌이라고나 할까. 아마 그 광경을 본 사람이라면 누구나 황혼의 멋스러움이 무엇인지 충분히 알 수 있을 것이다.

그러나 대부분의 노년 남성들은 나이가 들어가면서 이미 지나간 젊음을 아쉬워하기만 했지 찾아오는 노년에 대하여 멋스럽게 맞이할 생각은 못하고 있다. 이는 남자들이 노년을 지나면서 점차 멋을 잃어가고 있기 때문일 것이다. 대다수 남성들은 노년이 되면서 부와 여유도 함께 가져야 하는 것이 당연한 일이며 이는 또한 많은 남성들의 꿈이기도 하다. 하지만 황혼의 멋이란 것이 꼭 고급승용차나 타면서 거들먹거리고, 또는 고급 의상을 걸치고서 비싼 음식점이나 출입하는 데서 나오는 것은 아니라고 생각한다.

　황혼의 멋이란 외모에서 풍기는 것보다 정신적인 면까지 함께 조화를 이룰 때 더욱 아름다울 것이다. 길거리에서 맹인이 길을 잘 못 찾아 헤매고 있을 때에 따뜻한 손길을 내밀 줄 아는 사람, 도심에서 벗어난 한적한 들길을 걸으며 작은 꽃송이 하나에도 즐거워할 줄 아는 마음의 여유가 있을 때 황혼의 멋스러움은 젊은이들의 기개 이상으로 귀중한 사회의 받침틀이 될 것이다.

　"사람을 만날 때 상대방이 자신에게 어떤 식으로 도움이 될지 생각하지 말고, 자신이 상대방에게 어떻게 봉사할 수 있을지를 생각하라"
― 미상 ―

　그런 황혼의 멋을 가지려면 물론 건강이 첫째일 것이다. 몸이 피곤하거나 아픈 데가 많으면 만사가 귀찮아져서 생동감 있는 생각도, 자신을 되돌아보는 여유도 가질 수가 없을 것이다. 따라서 바른 정신과 의식을 가지려면 그에 못지않게 건강을 지켜야 할 것이다.

　마음과 정신, 그리고 육체가 건강해야 비로소 외모에 신경을 쓸 수 있는 여유가 생기게 될 테니까. 외모에 멋을 부리게 되면 남성호르몬의 분비가 왕성해져서 노화방지에 도움을 준다고 한다. 적당한 스트레스가 오히려 긴장감을 갖게 해 생활의 활력소가 되는 것처럼 적절한 대인관계의 긴장감은 남성호르몬의 분비를 촉진시켜 노화방지에 도움이 된다는 것이다.

　노인이 되면 신체 기능이 눈에 띄게 떨어진다. 시력을 예로 들면, 젊었을 때를 100으로 할 때 40대가 되면 90%, 70·80대가 되면

30%로 기능이 저하된다. 신체기능이 약화되다 보니, 노인들의 두뇌 기능 또한 당연히 떨어질 것이라고 여기는 게 일반적인 통념이다. 중풍이나 알코올 중독, 치매 등 뇌손상을 입어 뇌가 제 기능을 발휘하지 못하는 노인들을 주변에서 흔히 볼 수 있기에 더욱 그렇다. 그러나 나이가 드는 만큼 두뇌 기능 또한 저하될 것이라고 믿는다면 오산이다.

지적 기능은 유동성 지능(Fluid Intelligence)과 결정형 지능(Crystallized Intelligence)으로 나뉜다.

유동성 지능이란 추리능력, 연산능력, 기억, 도형지각능력 등 경험과 무관한 지능을 말하고, 결정형 지능은 어휘, 일반상식, 언어이해, 판단과 같이 경험·훈련 및 교육 등의 환경적 요인에 의해 발달·축적되는 문화적 지능을 말한다.

사람의 지능은 한창 배우고 경험을 익혀야 할 어린 때는 유동형 지능이 우세하지만, 나이가 들면서는 사회생활과 일상적인 중요한 결정을 할 때 꼭 필요한 판단력의 기초가 되는 결정형 지능이 강화된다. 그래서 어느 정도 노화되더라도 사람의 지능에는 큰 변화가 없다는 게 노화 학자들의 주장이다.

노인들에게는 살아오면서 겪은 풍부한 경험에서 우러나오는 삶의 연륜의 더께가 덧씌워져 있다. 고령화시대를 맞아 급속도로 늘고 있는 노인들의 이 귀중한 경험을 제대로 살리지 못한다면 국가적 손실이다.

아프리카 속담에 "노인 한 명이 죽으면 도서관 하나가 없어지는 것과 같다."고 했다.

그러니 이제 노년의 남성들이여, 여성들이여! 이제 더이상 주저 말고 멋을 부리자. 케케묵은 아내(남편)의 질투를 애써 외면하며 우리들의 멋을 한층 가꾸어 보자. 나이 들었어도 인기를 바란다면 입은 닫고 지갑은 열어라. 어떤 경우라도 즐겁게 살자. 보고 싶은 사람은 미루지 말고 연락을 해서, 약속을 잡아 만나자. 내일이 마지막일 수 있다 생각하자.

"먼저 자신이 평화로워야 다른 사람에게 평화를 줄 수 있다."
– 토마스 아 켐피스 –

나의 생명의 근원이 되시는 하나님!

　인생은 유한하고 안개와 같습니다. 언제나 바람처럼 사라지는 것이 인생임을 알게 하시고 하나님만을 경외하면서 그분의 이름을 드러내는 삶을 살게 하소서. 언젠가는 나도 주님의 부름에 따라야 하는 삶인 것을 알게 하시고 오늘이 마지막이라는 생각으로 하루를 살게 하소서.

　오늘 일을 내일로 미루지 않게 하시고 해야 할 일은 그날에 마치게 하소서. 내일은 하나님이 허락하실 때 존재함을 알게 하시고 그날 주신 하루를 감사하면서 최선을 다하게 하소서. 구원받은 사실을 늘 확신하면서 기쁨으로 살게 하시고 우리가 가야 할 곳은 천국임을 늘 기억하게 하소서. 죽음이 닥칠 때 두려워하지 않게 하시고 주님의 품안에서 잠을 자듯이 인생을 마치게 하소서.

　죽음은 인생의 마지막이 아닌 천국으로 들어가는 출입문과 같은 것임을 깨닫게 하시고 어떻게 죽음을 맞이하더라도 슬퍼하거나 노여워하지 않게 하소서. 주님 안에서 죽는 자는 복이 있다고 했으니 잠을 자는 것처럼 행복한 죽음을 맞이하게 하소서. 늘 죽음을 준비하게 하시고 천국에서 주님을 만날 때 거룩한 모습으로 대하게 하옵소서. 예수님의 이름으로 기도드립니다. 아멘.

2. 황혼 부부의 수칙

"마른 떡 한 조각만 있고도 화목하는 것이 제육이 집에 가득하고 도 다투는 것보다 나으니라"(잠 17:1)

부부의 정을 저축하라

부부는 나이가 들수록 부부가 함께할 시간이 크게 늘어난다. 젊었을 적에 갖지 못했던 이런 시간을 은퇴 후 갑자기 갖게 되어 당혹감을 갖고 감당하지 못하여 황혼 이혼하는 경우가 있다. 노후엔 자식 중심에서 부부 중심으로 바뀔 것을 인식하고 은퇴하기 전부터 부부만의 시간을 갖는 법에 대하여 익숙해야 한다.

행복에는 투쟁이 따른다. 행복은 문제를 먹고 자란다. 기쁨은 땅에서 데이지가 솟아나고 하늘에서 무지개가 피어나듯 저절로 생기는 게 아니다. 인생의 진정한 의미와 성취감은 자신만의 투쟁을 선택해 감내함으로써 얻어야 한다. 당신에게 부정적 고통을 주는 부정적 경험을 받아들여 적극적으로 대처하는 것이다. 피하거나 구원을 바라서는 안 된다.

1) 일주일에 한 번은 대화의 시간을 가지라.

"수요일 밤 9시는 우리 부부 차 마시는 날" 부부의 대화를 통하여 오해를 풀고 서로를 이해하는 기틀을 마련한다.

2) 공동의 취미를 가지라

등산, 게이트볼, 자전거 타기 등을 통하여 같이 활동하여 공감대를 이룰 수 있어 부부간의 정이 더욱 깊어진다.

　3) 따뜻한 관심을 보이라

　나이 60이 되면 같은 집에 살아도 전날 밤에 배우자가 어느 방에서 잤는지도 모른다고 한다. 나이가 들수록 서로에게 무관심해지는 것을 당연하게 생각하는데 전혀 그렇지 않다. 나이에 상관없이 사람은 관심을 받고 싶어 하고 관심을 받은 만큼 돌려주려는 마음도 커지게 된다.

　4) 입으로 애정을 표현하라

　1, 2년 산 것도 아닌데 말로 꼭 표현해야 하나 할지 모르나 오래된 애정도 말로 표현하지 않으면 알 수 없다. 애정표현이 인색할수록 마음도 굳어진다. 나이가 들어서도 자신이 상대방을 사랑하고 있음을 자주 많이 표현해야 한다.

　5) 배우자의 건강을 먼저 보살피라

　아픈 곳을 챙겨주는 만큼 고마운 것은 없다. 배우자가 아플 때일수록 가장 가까이 가서 자리를 지켜주고 건강에 관심을 가져주라. 그 마음이 전해져서 그 이상의 관심과 애정을 받을 것이다.

　6) 서로에게 편지를 쓰라

　얼굴을 맞대고 말로 표현하기 힘든 표현은 편지를 써서 대신하라. 글로 쓰다보면 미안하고 감사했던 마음들이 정리되어 그 편지 한 통이 큰 감동을 가져다 줄 것이다.

　7) 집안일을 함께하라

　집안일을 부부가 역할을 분담하여 정해진 날에 함께하면 부부가 함께한 일의 결과가 곳곳에서 드러날 때 큰 보람을 느낄 것이다.

　8) 부부만의 공간을 만들라

　집안 식탁이나 거실이라도 좋고 동네의 찻집에도 좋은 곳을 골라 부부만이 오붓이 함께 시간을 보낼 수 있는 공간을 가짐으로 중요한 일을 상의할 때나 화해하기 위한 공간으로 활용하라

9) 지난 앨범을 함께 보라

함께 살아온 시간이 묻어나는 앨범을 꺼내서 보면 젊은 시절 행복했던 시절을 추억하여 부부의 사랑이 더욱 돈독해질 것이다.

10) 둘만의 여행지를 만들라

기분전환이 필요할 때 조용히 쉬고 싶을 때 쉽게 찾아갈 수 있는 둘만의 여행지를 만들어 일상의 생활을 벗어나서 찾아가자. 새로운 환경이 되면 대화의 내용과 깊이가 훨씬 풍부해질 것이다.

"그날 하루를 알차게 보내면 편히 잘 수 있고, 주어진 삶을 알차게 보내면 행복한 죽음을 맞이할 수 있다."   – 레오나르도 다빈치 –

3. 노인들이여 꿈을 갖고 살자

"내가 내 영을 만민에게 부어 주리니 너희 자녀들이 장래 일을 말할 것이며 너희 늙은이는 꿈을 꾸며 너희 젊은이는 이상을 볼 것이라"(욜 2:28)

요엘 선지자의 이 예언의 말이 뜻하는 의미는 깊고 넓다. 다가오는 미래 어느 땐가에 하나님의 영 성령이 뭇 백성들에게 부음 바 되어 성령을 받은 자녀들이 장래 일을 말하는 예언자가 되고 늙은이들이 꿈꾸는 자들이 되며 젊은이들이 이상 곧 비전을 보게 되는 날이 다가온다는 의미이다. 이 예언이 이루어지는 것은 신약성경 사도행전 2장에서다.

사도행전 2장이 시작되면서 오순절 성령의 불길이 모인 무리 120명 위에 임하여 모두들 성령 충만케 되었다. 이에 베드로, 요한, 야고보 같은 제자들을 중심으로 예루살렘 시내로 나가 뜨거운 마음으로 예수 그리스도의 복음을 전하였다. 이런 모습을 지켜 본 시민들이 기이히 여겨 '이들이 새로운 술을 마신 거 아니냐' 하며 놀라움을 표시하였다.

이에 베드로가 나서서 답하였다. "지금 시간이 오전 9시이니 술 마실 시간이 아니다. 그 옛날 선지자 요엘이 선포한 예언이 이루어진 것이라"하며 다음 같이 말하였다.

"이는 곧 선지자 요엘을 통하여 말씀하신 것이니 일렀으되 하나님이 말씀하시기를 말세에 내가 내 영을 모든 육체에 부어 주리니 너희의 자녀들은 예언할 것이요 너희의 젊은이들은 환상을 보고 너희의 늙은 이들은 꿈을 꾸리라"(행 2:16-17)

이 말씀에서 중요한 부분은 성령 받은 자녀들이 예언을 하게 되고 젊은이들이 비전을 보게 되고 늙은이들이 꿈을 꾸게 된다는 말씀이다. 그렇다면 예언의 의미가 무엇이며 젊은이들이 보게 되는 비전이 무엇이며 늙은이들이 꾸게 되는 꿈이 무엇인가?

하나님의 영인 성령을 받게 되면 우리 자녀들은 예언하는 자녀들이 되고 청년들은 비전을 보는 청년들이 되고 늙은이들은 꿈꾸는 자들이 된다. 구약성경 요엘서 2장 28절에서 요엘 선지가 한 말을 사도행전 2장에서 베드로가 인용하여 선포한 말씀이다.

베드로가 이 말씀을 인용한 시기는 사도행전 2장 첫 부분에서 오순절 성령이 불로 임하여 모인 무리들 120명이 성령 충만한 영적 체험을 한 후이다. 베드로가 예루살렘 시민들에게 자신들의 변화된 모습이 바로 요엘 선지의 예언이 현실로 이루어진 것임을 선포하였다.

성령 받은 자녀들이 예언하는 자녀들이 된다 할 때에 예언이 지니는 의미는 무엇일까? 사람들은 예언을 오해하기를 마치 점치듯이 미래에 일어날 일을 미리 알아내는 것으로 생각하곤 한다.

성경에서 일러 주는 예언은 그런 차원이 아니다. 성경이 말하는 예언은 길 없는 시대에 길을 찾아 선포하여 주는 일이다. 한 개인도 가정도 나라도 길을 잃고 헤매고 있을 때에 모두가 함께 걸어갈 길을 찾아 알려 주는 것이 예언이다.

성령 받은 젊은이들이 선포하는 비전이란 무엇일까?

일찍이 나폴레옹 장군이 말하기를 인류의 미래는 인간의 상상력과 비전에 달려 있다 하였다. 인류의 미래를 결정지을 수 있는 비전은 무엇을 일컫는가?

비전이란 그 공동체의 구성원 전체가 함께 바라보고 나아갈 목표이다. 그런 목표인 비전이 없는 공동체는 국가이든 기업이든 어떤 공동체이든 간에 나아갈 항구를 잃은 배와 같아서 표류하게 되고 방황하게 되기 마련이다. 그러기에 그 목표로서의 비전이 고상하고 높을수록 그 공동체는 밝은 미래를 가진다.

〈김수환 추기경 어록 / 명언〉

내 인생에 문제가 생겼다고 안타까워하거나 슬퍼하지 마세요.

이것 또한 지나갑니다. 시간이 지나면 별 것 아닌 문제였다고 얘기할 수도 있습니다. 그러려니 하고 살면 됩니다.

인생길에 내 마음 꼭 맞는 사람이 얼마나 있겠습니까?

나라고 누구 마음에 꼭 맞겠습니까? 그러려니 하고 살면 됩니다.

남은 세월이 얼마 안 된다고 가슴 아파하지 말고 나누며 살다갑시다. 내 귀에 들리는 말들이 좋게 들리지 않을 때가 있습니다. 하지만 내 말도 더러는 남의 귀에 거슬릴 때가 있으니 그러려니 하고 살면 됩니다.

세상은 항상 내 마음대로 풀리지 않으니 마땅찮은 일 있어도 '세상은 다 그렇다고' 하고 살면 됩니다. 사람이 주는 상처에 너무 마음 쓰고 아파하지 마세요. 세상은 언제나 아픔만 주는 것은 아니니 그러려니 하고 살면 됩니다.

웃는 연습을 생활화하라. 웃음은 만병의 예방약, 치료약이며 노인을 즐겁게 하고 동자(童子)로 만든다오. 진정한 사랑은 이해, 관용, 포용, 동화, 자기 낮춤이 선행된다오.

죽을 때 가지고 가는 것은 마음 닦은 것과 복 지은것 뿐이라오. 화를 내지 마시라 화내는 사람이 언제나 손해를 본다오. 화내는 자는 자기를 죽이고 남을 죽이며 아무도 가깝게 오지 않아서 늘 외롭고 쓸쓸하다오.

4. 늙음을 즐기라

"내가 사망의 음침한 골짜기로 다닐지라도 해를 두려워하지 않을 것은 주께서 나와 함께 하심이라 주의 지팡이와 막대기가 나를 안위하시나이다"(시 23:4)

"그날 하루를 알차게 보내면 편히 잘 수 있고, 주어진 삶을 알차게 보내면 행복한 죽음을 맞이할 수 있다."   － 레오나르도 다빈치 －

세익스피어가 주는 교훈
첫째, 학생으로 계속 남아 있으라.

배움을 포기하는 순간 우리는 폭삭 늙기 시작한다.

둘째, 과거를 자랑하지 말라.

옛날 이야기밖에 가진 것이 없을 때 당신은 처량해진다.

삶을 사는 지혜는 지금 가지고 있는 것을 즐기는 것이다.

셋째, 젊은 사람과 경쟁하지 말라.

대신 그들의 성장을 인정하고 그들에게 용기를 주고 그들과 함께 즐기라.

넷째, 부탁 받지 않은 충고는 굳이 하지말라.

늙은이의 기우와 잔소리로 오해받는다.

다섯째, 삶을 철학으로 대체하지 말라.

로미오가 한 말을 기억하라.

"철학이 줄리엣을 만들 수 없다면 그런 철학은 꺼져버려라."

여섯째, 아름다움을 발견하고 즐기라.

약간의 심미적 추구를 게을리 하지 말라.

그림과 음악을 사랑하고 책을 즐기고 자연의 아름다움을 만끽하는 것이 좋다.

일곱째, 늙어 가는 것을 불평하지 말라.

가엾어 보인다. 몇 번 들어주다 당신을 피하기 시작할 것이다.

여덟째, 젊은 사람들에게 세상을 다 넘겨주지 말라.

그들에게 다 주는 순간 천덕꾸러기가 될 것이다.

두 딸에게 배신당한 리어왕처럼 춥고 배고픈 노년을 보내며 두 딸에게 죽게 될 것이다.

아홉째, 죽음에 대해 자주 말하지 말라.

죽음보다 확실한 것은 없다.

확실히 오는 것을 일부러 맞으러 갈 필요는 없다.

그때까지는 삶을 탐닉하라. 우리는 살기 위해 여기에 왔노라.

"산다는 것은 호흡하는 것이 아니라 행동하는 것이다."

5. 품위있게 잘 늙는 방법

"백발은 영화의 면류관이라 공의로운 길에서 얻으리라"(잠 16:31)

사람들은 늙어 가면서 품위 있게 보람 있게 늙기를 희망한다. 그러나 모두들 그렇게 희망하지만 실제로 그렇게 늙어가는 사람들은 적다. 왜 사람들은 마음에 원하는 바대로 늙어가지를 못하고 오히려 추하게 늙어가는 사람들이 많을까? 한 가지 이유 때문이다.

품위있게 잘 늙는 방법은 먼저 그에 합당한 연습과 준비가 있어야 하는데 그런 연습과 준비가 되어 있지 못한 탓이다. 누구든지 자신이 원하는 바대로 늙으려면 먼저 3가지를 갖추어야 한다.

첫째 영혼의 문제를 생각하여야 한다. 다음 생을 위한 준비가 있어야 한다.

둘째 무슨 일에나 참견하고픈 노년의 습관에서 벗어나야 한다.

노년에 이르러 무슨 일에든 끼어들려는 마음을 노추라 한다.

셋째 같은 말을 반복하는 습관에서 벗어나야 하고 남을 헐뜯는 일을 삼가하여야 한다.
늙어 가면서 이 일 저 일에 끼어들고 남을 헐뜯는 습관을 버리지 못하는 사람을 노추라 한다. 추하게 늙어 간다는 것이다. 이들 3가지에 하나 더하여져야 한다. 자신의 나날을 성찰(省察)하는 습관을 체득하여야 한다.

"성찰하지 못하는 삶은 살만한 가치가 없다."　　- 소크라테스 -

노년에 이르러 꼭 마음에 새겨야 할 말이다. 늙어가면서 추하게 늙는 사람들이 있는가 하면 멋있게 늙어가는 사람들이 있다. 추하게 늙어 가는 사람들을 노추라 하고 품위 있게 늙어가는 사람들을 신사라 한다.
추하게 늙어 가는데 5가지가 있고 신사답게 품위 있게 늙어 가는데도 5가지가 있다.
추하게 늙는 5가지는 (1) 불평 (2) 의심 (3) 절망 (4) 경쟁 (5) 공포
품위 있게 늙게 하는 5가지는 (1) 사랑 (2) 여유 (3) 용서 (4) 아량 (5) 부드러움
이제 늙어가는 우리 모두가 선택할 때이다. 추하게 늙어가는 길을 선택할 것이냐 아니면 품위 있게 신사답게 늙어갈 것이냐를 선택하여야 할 때이다. 그래서 인생은 선택이다. 가장 힘든 상황에서도 기쁨을 느낄 수 있는 사람이 후회없는 인생을 산다.

"과거는 지식의 원천이며 미래는 희망의 원천이다 과거에 대한 사랑에는 미래에 대한 믿음이 담겨있다."　　- 스티븐 앰브로즈 -

6. 장수비결 법(황혼편)

"친구는 사랑이 끊어지지 아니하고 형제는 위급한 때를 위하여 났느니라"(잠 17:17)

단명하는 사람과 장수하는 사람들의 차이점은 무엇일까? 미국인 7,000명을 대상으로 한 추적조사에서 아주 흥미로운 결과가 나왔다.

흡연량, 음주량부터 일하는 스타일, 사회적 지위, 경제 상황, 인간관계 등에 이르기까지 정말 세세하고 철저한 조사를 통해 의외의 진실을 찾아낸 것이다. 우선, 당초의 예상과는 달리 담배나 술은 수명과 무관하지는 않지만 이색적 결과가 나왔다.

그러면, 일하는 스타일(?) 사회적 지위(?) 경제 상황(?) 하지만 …. 그 어느 것도 결정적 요인은 아니었다고 한다. 오랜 조사 끝에 마침내 밝혀낸 장수하는 사람들의 단 하나의 공통점은 놀랍게도 '친구의 수'였다고 한다.

친구의 수가 적을수록 쉽게 병에 걸리고 일찍 죽는 사람들이 많았다는 것이다. 인생의 희로애락을 함께 나눌 수 있는 친구가 많고 그 친구들과 보내는 시간이 많을수록, 스트레스가 줄어들고 더 건강한 삶을 유지할 수 있다는 것이다.

"나이가 들면, 건강한 사람이 가장 부자요, 건강한 사람이 가장 행복한 사람이요, 건강한 사람이 가장 성공한 사람이며, 건강한 사람이 세상을 가장 잘 살아온 사람입니다. 신외무물(身外無物) 몸 외에는 아무것도 없다."
— 노자 —

1) 은퇴하지 말라

갑자기 은퇴하는 사람들은 은퇴 후 비만증이나 만성 질환에 걸릴 가능성이 대단히 높다. 은퇴하고 장수하기를 원한다면, 농사를 짓든지, 미술관이나 박물관, 초등학교 등에서 자원 봉사자로 일할 것을 권한다.

2) 치실을 매일 사용하라

치실사용은 동맥을 건강하도록 도와준다. 구강청결을 도와 박테리아가 혈관으로 스며들어 동맥에 염증이 생기는 것을 예방한다. 동맥의 염증은 심장질환의 주요 원인중에 하나다. 입안에 박테리아가 많은 사람은 동맥안이 걸죽할 가능성이 높아 심장질환의 가능성이 높으니 최소한 하루에 2번 치실사용을 권한다. 치실을 매일 사용하면, 치주 질환과 심장병을 예방할 수 있다.

3) 운동하라

계속 움직일것, 젊음의 원천은 운동이다. 운동의 장점은 기분을 좋게 해주고, 정신적인 통찰력, 균형감, 근육과 뼈의 강화 등이다. 하루에 30분씩 동네 한 바퀴, 또는 쇼핑 몰이라도 도는 것을 권한다. 요가도 좋은 운동이다. 운동은 젊음을 유지하는 샘이다.

4) 섬유질이 풍부한 아침 식사

섬유질이 풍부한 시리얼을 아침으로 먹는다. 섬유질이 많은 아침 식사는 당뇨병과 심장병을 예방한다. 통밀(whole grain)로 만든 시리얼을 아침에 먹으면 특히 나이든 사람들이 하루 종일 적절한 혈당을 유지하는데 도움이 된다.

5) 하루에 6시간 이상 잠을 자라

수면은 우리의 몸이 정상화되고 세포를 치유하는 중요한 기능을 가지고 있다. 최소한 하루 6시간의 숙면을 취하는것이 100세까지 사는 지름길이다.

6) 통곡류를 먹으라

건강보조식품보다는 통곡류 음식을 섭취할것. 건강보조식품이 아닌 음식으로 영양분을 섭취하자. 설탕이나 백색밀가루 음식보다는 색색의 과일과 야채, 현미밥, 통밀빵 등에 갖가지 영양분이 함유되어 있다. 비타민이나 무기질이 부족한 흰빵, 흰쌀, 흰설탕을 먹지 말라.

7) 근심 걱정을 적게 하라

신경을 느슨하게 하자. 100세 이상 장수하는 사람들은 근심 걱정을 많이 하지 않는 사람들이다. 우디 알렌처럼 걱정이 있을때는 유머로 풀어버리는것도 좋은 방법이다. 노이로제는 건강의 적이니만큼 요가나 운동, 타이찌등이나 심호흡 등으로 풀어보자.

8) 좋은 습관을 기르라

규칙적인 습관을 들이자. 100세 이상 장수하는 사람들은 규칙적으로 생활하는 사람들이다. 평생을 유지하는 식습관과 같은 종류의 행동습관이 있다. 일정한 시간에 잠자리에 들고 행동한다. 과음하고 잠자리에 늦게 들거나 하면 나이든 사람들은 면역이 낮아지고 이를 회복하는데 더 많은 시간이 든다.

9) 교인처럼 생활하라

금연, 금주하며, 설탕을 적게 먹고, 과일, 채소, 콩, 견과류 등 채식을 주로 하며 운동을 충분히 하며, 가정 생활과 공동체 생활에 충실하라.

10) 친하게 지내라

사랑하는 가족, 골육 친척, 친구들과의 규칙적인 교재는 우울증과 조기 사망을 예방한다.

"스트레스는 뇌의 한쪽 부분만 사용할 때 증가한다. 레크레이션이나 즐거운 스포츠 활동으로 뇌의 다른 부분을 사용함으로써 뇌의 과로한 부분이 쉴 수 있다."
― 플라톤 ―

본인의 면역지수 측정법
1) 쉽게 피곤해진다.
2) 아침에 일어나기가 힘들다.
3) 숙면을 해도 피곤이 풀리지 않는다.
4) 항상 몸이 나른하고 권태감을 느낀다.

5) 감기가 쉽게 걸리고 잘 낫지 않는다.
6) 입안이 잘 헌다.
7) 눈에 염증이 잘 생긴다.
8) 상처와 흉터가 잘 낫지 않는다.
9) 무좀이 생긴다.
10) 편식을 하게 된다. 배탈 설사가 잦다.
11) 인내력과 끈기가 없어진다.
1) 체력이 떨어지는 것을 느낀다.
13) 담배를 많이 피운다.
14) 술을 많이 마신다.
15) 매일 스트레스가 쌓인다.
16) 기분 전환이 잘 안된다.
17) 생활 시간대가 불규칙하다.
18) 식생활 및 영양 섭위에 무관심하다.
19) 친척이나 형제에 성인병이 많다.

NK 세포(Natural Killer Cell, 자연살해 세포)란 무엇인가?

선천적인 면역을 담당하는 혈액 속 백혈구의 일종으로 간과 골수에서 성숙한다. 우리 몸의 면역세포는 활발히 움직이면서 우리 몸을 공격하는 외부 침입자들 세균, 바이러스, 곰팡이, 비정상 세포 등을 잡아먹거나 싸워주는 역할을 한다. 비정상적인 세포를 인식하면 바로 공격해 버리는 자연살해세포(NK 세포)는 선천적으로 가지고 태어나는 면역세포 중 하나인데, T 세포나 B 세포는 외부물질, 비정상 세포를 발견하고 공격하는데 시간이 좀 걸리는 반면 자연살해세포와 대식세포는 T세포와 B세포가 투입되기 전에 먼저 적에 대응하여 공격해 주는 말 그대로 나쁜균이나 비정상 세포를 발견하는 즉시 공격하는 역할을 하는것을 말한다.

※무리한 검사가 도리어 암을 발생 시킬 수 있다.

7. 노년을 열정적으로 살자

"게으른 자여 네가 어느 때까지 누워 있겠느냐 네가 어느 때에 잠이 깨어 일어 나겠느냐 좀더 자자 좀더 졸자 손을 모으고 좀더 눕자 하면 네 빈궁이 강도같이 오며 네 곤핍이 군사 같이 이르리라"(잠 6:9-11)

이 나라의 노랫가락 중에 내 귀에 몹시 거슬리는 가락이 있다. "노세 노세 젊어 노세 늙어지면 못 노나니"로 이어지는 가락이다. 젊은이들이 부지런히 일하고 공부하며 자신을 갈고 닦아 평안한 노후를 준비하여야지 젊어서 놀자 늙어지면 못 논다는 식으로 살아간다면 그의 노후가 어찌될 것인가?

"진실의 가장 큰 친구는 시간이고 진실의 가장 큰 적은 편견이며 진실의 영원한 반려자는 겸손이다."   - 찰스 칼렙 콜튼 -

나는 지금까지 일하기를 좋아한다. 어쩌다 놀게 되면 무료함을 느끼게 된다.

내가 스스로 다짐하며 살아가는 3가지 구호가 있다.

첫째는 잡념이 없어져 좋다. 둘째는 건강에 좋다. 셋째는 세상에 아무것도 부러운 것 없이 내 식대로 책도 쓰고, 음악감상도 하고, 독서도 하고, 명상의 시간도 갖고, 하고 싶은 일을 열심히 하며 살아가게 되니 더없이 좋다.

"진지한 사람이라면 도덕성을 수양하기 위해 필요한 노력의 상당 부분이 바로 자신의 과거와 현재 행동으로 야기된 불쾌한 결과를 인정할 수 있는 용기라는 점을 안다." - 존 듀이 -

예로부터 하루하루를 빈둥빈둥 놀며 살아가는 사람을 불한당이라 하여 사람 축에 들지 않는 사람으로 치부하였다. 요즘 우리 사회에는 생각 외로 불한당들이 많다. 그 개인은 물론이려니와 그가 속한 가정이 참 딱한 일이다. 젊어서든 늙어서든 부지런히 일하며 열정적으로 살자. 그래서 보람을 스스로 가꾸며 살자.

"젊음은 경이롭다 아이들에게 젊음을 낭비하다니 죄악이 아닐 수 없다." - 조지 버나드 쇼 -

우리에게 하나님의 형상을 허락하신 하나님!

우리에게 거룩한 하나님의 성품을 주신 하나님께 감사와 찬양을 드립니다.

부족한 인간들을 거룩하신 하나님의 형상으로 창조하여 감히 가질 수 없는 하나님의 것을 공유하게 하심을 감사드립니다.

입으로 주님을 고백하면서 드디어 하나님과 아버지와 자녀관계가 된 것은 아무리 생각해도 감사할 뿐입니다. 하나님과의 관계처럼 이웃과의 관계도 좋아지기를 기도합니다. 사람들을 만나는 다양한 관계에서 그리스도의 모습을 지니게 하시고 그들에게 빛과 소금이 되는 좋은 의사의 모습을 나타나게 하소서. 관계가 곧 신앙임을 믿고 하나님과 이웃과 세상과의 관계를 잘 갖게 하소서.

혹시 잘못된 사람과 관계가 있으면 회개의 영을 주시어 먼저 가서 화해하여 좋은 관계를 유지하여 죄가 틈타지 못하게 하소서. 하나님을 사랑하는 것처럼 이웃을 내 몸처럼 사랑하고 하나님을 대하듯 이웃을 대하게 하소서. 사랑하는 사람과의 관계를 말씀과 기도로 거룩하게 하시고 하나님의 능력으로 점차 다른 사람들이 부러워하는 깊은 신뢰의 관계로 이끌어 주소서.

가정과 이웃과 교회와의 관계가 원만하게 하시고 관계 회복을 위한 선한 도구가 되게 하소서. 다른 사람과의 관계를 파괴하는 사람이 되기 보다는 깨어진 관계를 회복하는 사람이 되게 하소서. 일시적인 감정의 인간관계가 되기보다는 영원히 변하지 않는 약속으로 맺어진 관계가 되게 하옵소서. 남은 노년의 삶도 열정적으로 살게 하옵소서. 예수님의 이름으로 기도드립니다. 아멘.

8. 노년의 향기

"여호와 그가 네 앞서 행하시며 너와 함께하사 너를 떠나지 아니하시며 버리지 아니하시리니 너는 두려워 말라 놀라지 말라"(신 31:8)

노인은 존경을 강요하지 말아야 한다. 그 대신 얼굴의 주름살은 경험의 중요성과 인격의 견고성을 상징하는 것이어야 한다. 노년의 향기는 모습에서 느껴지는 편안함이다. 그것은 오래 살아본 삶에서 배어나는 향기다. 애써 걷어 들인 풍족함이 아니라, 인고로 견디어 온 초월과 여유이다. 삶의 성숙은 곧 오래된 향기로 남는다.

인생의 향기는 노년에 완성된다. 죽음을 공포로 받아들일 때 노년은 괴롭고 쓸쓸하지만 죽음을 섭리로 받아들이고 삶을 감사하면 노년은 풍성한 결실이요 은혜다. 참다운 인생의 결실은 노년의 향기다. 성숙함은 다음 세대를 위한 희생이다. 그리고 기다림이다. 젊음의 상징인 아름다움이 노년의 원숙함이다. 그것은 인생의 향기다. 모든 것을 포용하고 용서하며 내어줄 수 있는 것. 그것은 인류에 대한 사랑이다.

늙어가는 모습에는 편안함이 있어야 한다. 그것은 노인 됨의 축복을 알아야 진정한 노인의 행복을 누릴 수 있다는 의미이다. 늙는 모습은 누구나 실망스러운 일이다. 오래 살고 싶은 연민 때문이다. 누구나 노인 되는 것을 당연한 것으로 받아들이나, 사실은 다 노인이 되는 것은 아니다. 노인이 되지 못하고 죽는 이가 많기 때문이다. 노인이 된다는 것은 특별한 축복이다. 늙음을 안타까워하고 좌절할 일이 아니라, 생을 관조하면 삶이 여유로울 수 있다. 나이 듦은 삶의 진정한 의미를 알게 할 것이며 늙지도 않고 끝없이 오래 살고 싶다는 인간의 욕망과 갈등을 내려놓게 할 것이다. 젊은 날의 아쉬움과 후회야 있겠지만, 노인 되었다고 모든 것을 다 잃은 것은 아니다. 노인까지 살아남는 것도 누리는 축복이다.

중년 이후의 얼굴은 자기가 책임져야 한다. 결국, 자기 인생은 자기가 만들어 간다는 말이다. 노인 얼굴에는 노인의 일생이 담기게 된다. 그 얼굴에는 편안함이 있어야 한다. 그것은 마음의 여유로움이다. 노풍당당한 자만이 누릴 수 있는 편안함이다.

"남자는 늙어감에 따라 감정이 나이를 먹고 여자는 늙어감에 따라 얼굴에 나이를 먹는다. 늙고 궁핍해지는 것만한 고역이 없다."

— 세런 커틴 —

9. 당신의 생각이 인생을 결정한다

"인생은 그날이 풀과 같으며 그 영화가 들의 꽃과 같도다 그것은 바람이 지나가면 없어지나니 그 있던 자리도 다시 알지 못하거니와 여호와의 인자하심은 자기를 경외하는 자에게 영원부터 영원까지 이르며 그의 의는 자손의 자손에게 이르나니 곧 그의 언약을 지키고 그의 법도를 기억하여 행하는 자에게로다"(시 103:15-18)

이 世上에 늙지 않는 사람은 없다. 노후-노년은 아무도 피(避)하지 못하는 모두의 절실(切實)한 현실(現實)이다. 그것을 예견(豫見)하고 준비(準備)하는 사람과 자기(自己)와는 무관(無關)한 줄 알고 사는 사람이 있을 뿐이다. '노년사고(老年四苦)'는 결코 남의 일이 아니라 나도 반드시 겪어야 하는 바로 나의 일이라는 사실(事實)을 알아야 한다.

첫째가 貧苦(빈고)이다
같은 가난이라도 노년의 가난은 더욱 고통(苦痛)스럽다. 갈 곳이 없는 노인들이 공원에 모여 앉아 있다가 무료급식(無料給食)으로 끼니를 때우는 광경(光景)은 이미 익숙한 풍경(風景)이다. 나이 들어 가진 것이 없다는 것은 해결방법(解決方法)이 따로 없는, 그렇다고 그대로 방치(放置)할 수 없는 사회문제(社會問題) 이기도 하다. 일차적인 책임은 물론 본인에게 있는 것이지만, 그들이 우리 사회에 기여한 노력에 대한 최소한도의 배려는 제도적으로 보장되어야 하지 않을까? 빈고를 위한 개인의 준비는 저축과 보험, 연금 가입 등 방법은 다양할 수 있겠다. 결코 노년을 가볍게 생각해서는 안 된다. 지금처럼 평균수명이 길어진 시대 일수록 은퇴후의 삶이 더욱 중요하게 생각된다.

두 번째가 孤獨苦(고독고)이다

젊었을 때는 어울리는 친구도 많고 호주머니에 쓸 돈이 있으니 친구, 친지들을 만나는 기회도 만들 수 있다. 그러나 나이들어 수입이 끊어지고, 나이가 들면 친구들이 하나, 둘 먼저 떠나고, 더 나이 들면 육체적으로 나들이가 어려워진다. 그때의 고독감은 생각보다 심각(深刻)하다. 그것이 마음의 병이 되는 수도 있다. 혼자 지내는 연습(練習)이 그래서 필요하다. 사실 가장 강한 사람은 혼자서도 잘 보낼 수 있는 사람이다. 고독고는 전적으로 혼자의 힘과 노력으로 극복(克服)해야 한다. 가족이라 해도 도와줄 수 없는 전적으로 자신의 문제이기 때문이다.

세 번째가 무귀고(無爲苦)이다

사람이 나이들어 마땅히 할 일이 없다는 것은 하나의 고문이다. 몸도 건강하고 돈도 가지고 있지만 할 일이 없다면 그 고통에서 벗어나지 못한다. 노년의 가장 무서운 적이 무료함이다. 하루이틀도 아닌 긴 시간을 할 일 없이 지낸다는 것은 정말 고통스러운 일이다. 그래서 특별한 준비와 대책이 필요하다. 나이가 들어서도 혼자 할 수 있는 것, 특히 자기의 기질 적성을 감안해서 소일거리를 준비해야 한다. 혼자 즐길 수 있는 취미생활과 연관짓는 것은 필수적이다. 가장 보편적이고 친화적인 것이 독서나 음악감상 등이다. 그러나 이런 생활도 하루

아침에 되는 것은 아니다. 미리미리 긴 시간을 두고 준비하며 순응 할 수 있도록 노력해야 일상생활 속에 자리 잡을 수 있다. 서예나 회화도 좋으나 뚜렷한 목표 없이는 성공하기가 어렵다. 다른 하나는 노년층에도 급속도로 보급되는 컴퓨터를 잘 다루는 것이다. 생소한 분야이기 때문에 어렵다고 지레 겁먹고 접근을 주저하는 것은 자신에 대한 저주라고도 할 수 있다.

네 번째가 병고(病苦)이다

늙었다는 것은 그 육신이 닳았다는 뜻이다. 오래 사용했으니 여기저기 고장이 나는 것은 당연하다. 고혈압, 당료, 퇴행성 관절염, 류마티스, 심장질환, 요통, 전립선질환, 골다공증은 모든 노인들이 공통으로 가지고 있는 노인병들이다. 늙음도 서러운데 병고까지 겹치니 그 심신의 고통은 이루 말할 수 없다. 늙어 병들면 잘 낫지도 않는다. 건강은 건강할 때 지키고 관리해야 한다. 무릎 보호대도 건강한 무릎에 쓰는 것이지 병든 무릎에는 무용지물이다. 수많은 노인들이 병고에 시달리는 것은 불가항력적인 것도 있겠지만 건강할 때 관리를 소홀히 한 것이 원인 중의 하나이다. 노년이 되어서 지병이 없는 사람도 드물겠지만 체력을 적극적으로 관리해야 한다. 나이 들어서도 계속할 수 있는 가장 효과적인 운동은 '걷기'이다. 편한 신발 한 컬레만 있으면 된다. 지속적인 걷기는 심신이 함께하는 운동이다. 오랫동안 꾸준히 걷는 사람은 아픈 데가 별로 없다. 그건 전적으로 자기와의 고독하고 힘든 싸움이기도 하다. '노년사고(老年四苦)는 옛날에도, 지금도, 그리고 앞으로도 모든 사람 앞에 있는 피할 수 없는 현실이다. 운 좋은 사람은 한두 가지 고통에서 피할 수 있을는지 몰라도 모두를 피할 수는 없다. 그러나 준비만 잘 하면 최소화할 수는 있다. 그 준비의 정도에 따라 한 인간의 노년은 전혀 다른 것이 될 수도 있다. 인간은 그 누구라도 마지막에는 '혼자'다. 오는 길이 '혼자' 였듯이 가는 길도 '혼자' 이다.

"정상에 오르는 사람은 그렇지 못한 사람들과 생각하는 것이 다르다."
― 윌리엄 아서 워드 ―

10. 산다는 것은 꿈을 꾸는 것이다

"깨어 있으라 내가 너희에게 하는 이 말이 모든 사람에게 하는 말이니라 하시니라"(막 13:37)

독일의 시인 프리드리히 실러는 "산다는 것은 꿈을 꾸는 것이요, 꿈을 꾸는 사람은 인생의 멋을 아는 사람이다."라 하였다. 우리 삶이 오로지 눈에 보이고 손으로 만질 수 있는 것들에만 매여 산다면 얼마나 삭막하겠는가?

모두들 젊은 날의 꿈을 이야기하지만 꿈이 어찌 젊은이들만을 위한 것이겠는가? 늙은이일수록 꿈을 지니고 살아간다면 그 꿈이 나이 들어 감에 얼마나 품위를 더하여 주고 윤택함을 줄 수 있겠는가. 프리드리히 실러는 "산다는 것은 꿈을 꾸는 것이다"라는 명시를 남겼다.

〈산다는 것은 꿈을 꾸는 것이다〉

　　　　　　　　　　　　　　　　　프리드리히 실러

산다는 것은 꿈을 꾸는 것이다.
현명하다는 것은 아름답게 꿈을 꾸는 것이다.
살아있다는 것은 꿈이 있다는 것이요,
꿈이 있다는 것은 희망이 있다는 것이다.
희망이 있다는 것은 이상을 갖고 있다는 것이요,
이상을 갖는다는 것은 비전을 지닌다는 것이다.
비전을 지닌다는 것은 인생의 목표가 있다는 것이다.
꿈을 잃은 사람은 새가 두 날개를 잃는 것과 같다.
비록 힘없고 하찮은 존재일지라도
꿈을 가질 때 얼굴이 밝아지고 생동감이 흐르며,
눈에는 광채가 생기고 발걸음은 활기를 띤다.
살아가는 나날이 씩씩하여진다.
꿈이 있는 사람이 행복한 사람이고
꿈꾸는 자가 인생을 멋지게 사는 사람이다.
꿈 있는 사람이 참 인생을 알고
인생의 멋을 아는 사람이다.
꿈이 있는 사람이 인생을 멋있게 살고
아름다운 발자취를 후세에 남긴다.

"남보다 더 잘하려고 고민하지 말라. 지금의 나보다 잘하려고 애쓰는 게 더 중요하다."

– 윌리엄 포그너 –

11. 내릴 수 없는 인생 여행

"주께서 내게 복을 주시려거든 나의 지역을 넓히시고 주의 손으로 나를 도우사 나로 환난을 벗어나 내게 근심이 없게 하옵소서 하였더니 하나님이 그가 구하는 것을 허락하셨더라"(대상 4:10)

성경은 우리에게 하나님의 나라에 들어가기까지 모든 믿음의 성도들의 환난을 겪어야 한다고 말한다. 이것은 일부러 고난을 자초하라는 말이 아니라, 참된 신앙은 반드시 고난에 직면할 수밖에 없다는 의미를 내포한다. 고난과 맞서 당당히 고난을 극복하는 신앙이야말로 참된 신앙의 본질이다.

이땅의 삶에서 하나님의 나라에 이르기까지 우리의 인생길에서 수없이 만나는 여러 가지 고난이 있다. 하지만 참된 신앙은 고난을 피하지 않는다. 고난을 극복한 결과로 얻는 신앙과 인생의 승부수를 새롭게 발견하게 된다

"길을 떠나기전 여행을 떠나는 목적과 동기를 가지고 있어야 한다."

– 조지 산타야나 –

여행을 떠나는 사람도 여행을 떠나기 전 목적과 동기를 세우곤 한다. 하물며 인생을 살아가는 우리 또한 삶의 목적과 동기를 세우지 않는다면 그 삶은 어디로 갈지 모르는 나침반 없는 배와 같다. 지금이라도 삶의 목적과 동기를 세워보자. 흔히 우리 인생을 가리켜 마라톤 같다고 한다. 절대 100m 달리기가 아닌 긴 인생이란 마라톤, 여러분은 어떻게 달리고 있는가? 빨리 피는 꽃은 빨리 지고 절대 탐스런 열매를 맺지 못한다고 한다. 지치지 않고 기분좋게 내 속도에 맞추어 오늘 하루도 건강하게 살았으면 좋겠다.

인생이란 보이지 않는 승차권 하나 손에 쥐고 떠나는 기차 여행과 같다고 한다. 연습의 기회도 없이 한 번 승차하면 시간은 거침없이 흘러 되돌리지 못하고 절대 중도에 하차할 수 없는 길을 떠난다.

가다보면 강아지풀이 손 흔드는 들길이며 푸른 숲으로 둘러진 산들이며 금빛 모래사장으로 눈부신 바다도 만나게 되어 밝은 아름다움이 주는 행복감을 맛보기도 하고 햇빛은 달콤하고, 비는 상쾌하고, 바람은 시원하고, 눈은 기분을 들뜨게 만든다. 세상에 나쁜 날씨란 없다. 서로 다른 좋은 날씨만 있을 뿐이다.

때로는 어둠에 찬 추운 터널과 눈보라가 휘날리는 매서운 길이며 때로는 뜨겁게 숨막힐듯한 험한 길을 맛보기도 한다. 그러나 고통과 막막함이 느껴지는 곳을 지난다고 해서 우리의 손에 쥐어진 승차권을 내팽개쳐 버리거나 찢어버릴 수는 없는 것이다.

지금 빛이 보이지 않는다고 해서 목적지에도 채 도착하기 전에 승차권을 찢어 버리고 중도하차 하려는 인생은 어리석다. 인내하며 어두운 터널을 통과하고 나면 보다 아름다운 햇살이 나의 머리맡에 따스하게 내릴 것이라는 희망을 안고 ….

"인생은 한 권의 책과 같다. 어리석은 이는 그것을 마구 넘겨 버리지만, 현명한 이는 열심히 읽는다. 인생은 단 한 번만 읽을 수 있다는 것을 알기 때문이다." – 상 파울 –

12. 고려장의 유래

"그러므로 우리가 낙심하지 아니하노니 우리의 겉사람은 낡아지나 우리의 속사람은 날로 새로워지도다"(고후 4:16)

나이가 어리고 생각이 짧을수록 물질적이고 육체적인 삶이 최고라고 여기는 법이며, 나이가 들고 지혜가 자랄수록 정신적인 삶을 최고로 여기는 법이다. – 톨스토이 –

고려장은 고려인이 효도심이 없어서 있었던 일인가?
고려장 풍습이 있던 고구려 때 박정승은 노모를 지게에 지고 산으로 올라갔다. 그가 눈물로 절을 올리자 노모는, '네가 길 잃을까봐 나뭇가지를 꺾어 표시를 해두었다.'고 말했다. 박정승은 이런 상황에서도 자신을 생각하는 노모를 차마 버리지 못하고 몰래 국법을 어기고 노모를 모셔와 봉양을 하였다.

그 무렵에 중국의 수(隋)나라 사신이 똑같이 생긴 말 두 마리를 끌고 와 어느 쪽이 어미이고 어느 쪽이 새끼인지를 알아내라는 문제를 내었다. 못 맞히면 조공을 받겠다는 것이었다. 이 문제로 고민하는 박정승에게 노모가 해결책을 제시해 주었다.

"말을 굶긴 다음 여물을 주렴. 먼저 먹는 놈이 새끼란다."

고구려가 이 문제를 풀자, 중국은 또 다시 두 번째 문제를 냈는데, 그건 네모난 나무토막의 위 아래를 가려내라는 것이었다. 그런데 이번에도 노모는, "나무란 물을 밑에서부터 빨아올린다. 그러므로 물에 뜨는 쪽이 위쪽이란다."

고구려가 기어이 이 문제를 풀자, 약이 오를대로 오른 수나라는 또 어려운 문제를 제시했는데, 그건 재(灰)로 새끼를 한다발 꼬아 바치라는 것이었다. 당시 나라에서 아무도 이 문제를 풀지 못했는데, 박정승의 노모가 하는 말이, "얘야, 그것도 모르느냐? 새끼 한 다발을 꼬아 불에 태우면 그게 재로 꼬아 만든 새끼가 아니냐?"

"아무도 할 수 없다고 말하는 일을 누군가는 언제나 하고 있다."

중국에서는 이 어려운 문제들을 모두 풀자, "동방의 지혜있는 민족이다."라며 다시는 깔보지 않았다 한다. 그리고 당시 수나라 황제 수문제(文帝)는, "이 나라(고구려)를 침범하지 말라고 당부하였다. 그런데도 이 말을 어기고 아들인 수 양제(煬帝)가 두 번이나 침범해와 113만명이 넘는 대군(大軍)으로도 고구려의 을지문덕 장군에게 대패하고는 나라가 망해버렸다.

　그 다음에 들어선 나라가 당(唐)나라인데, 또 정신을 못차리고 고구려를 침범하다가 안시성 싸움에서 깨지고 당시 황제인 당 태종(太宗)은 화살에 눈이 맞아 애꾸가 된채로 죽었다. 이렇게 해서 노모의 현명함이 세 번이나 나라를 위기에서 구하고 왕을 감동시켜, 이후 고려장이 사라지게 되었다는 일화가 전해진다.

　그리스의 격언에, '집안에 노인이 없거든 빌리라'는 말이 있다. 삶의 경륜이 얼마나 소중한지를 잘 보여 주는 말이다. 가정과 마찬가지로 국가나 사회에도 지혜로운 노인이 필요하다.

　물론 노인이 되면 기억력도 떨어지고, 남의 이야기를 잘 듣지 않고, 자신의 경험에 집착하는 경향도 있다. 그 대신 나이가 기억력을 빼앗은 자리에 통찰력이 자리 잡는다. 노인의 지혜와 경험을 활용하는 가정과 사회, 그리고 국가는 발전할 수 있을 것이다. 누구나 노인이 된다.

"사람은 나이를 먹는 것이 아니라 좋은 포도주처럼 익는 것이다."
― 필립스 ―

13. 바보가 됩시다

"너는 우리를 해하지 말라 이는 우리가 너를 범하지 아니하고 선한 일만 네게 행하여 네가 평안히 가게 하였음이라 이제 너는 여호와께 복을 받은 자니라"(창 26:29)

지금 세상에는 바보가 필요하다. 사람들이 너무나 영악하여져서 모두가 살아가기가 힘들어진 시대이기 때문이다. 똑똑한 사람들만이 모이면 힘들어진다. 모두가 똑똑하고 셈이 빨라 손해 보려는 사람이 없기 때문이다. 그래서 바보가 필요한 시대라는 것이다. 똑똑한 사람들은 계산하며 살지만 바보스런 사람들은 계산하지 아니하고 살아가기 때문이다.

똑똑한 사람들은 두뇌회전이 빨라 얼굴이 굳어 있지만 바보들은 머리가 돌지 않아 웃으며 살아간다. 성경에도 바보들의 이야기가 있다. 구약성경 창세기 26장에 대표적인 바보 한 사람이 나온다. 아브라함의 아들인 이삭이란 사람이다.

이삭이 당대에 바보 노릇을 하였던 이야기는 그가 7번이나 거듭 판 우물이야기에 나타난다. 중동 지방에서 우물은 대단히 중요하다. 우물 하나로 인하여 부족 간에 피 비린내 나는 전쟁이 일어날 정도였다. 그 지방에서 우물 하나 파기가 그렇게 어려웠기 때문이다. 모래벌판 한 가운데서 물길을 잡기도 어렵거니와 물줄기를 잡았다 하더라도 무너져 내리는 모래로 인하여 우물을 완성하기가 몹시 어려울 수밖에 없기 때문이었다.

　그러나 이삭은 그렇게나 파기 어려운 우물을 무려 7개나 팠다. 이삭이 왜 그렇게 많은 우물을 팠을까? 그 이유는 이삭이 판 우물을 불량한 이웃이 뺏으려 들었기 때문이다. 그러나 이삭은 이웃이 부단하게 우물을 뺏으려 하였을 때에 조용히 양보하고 물러서기를 거듭하였다.

　주위 사람들이 이삭이 판 우물을 자기 것이라 억지 주장을 할 때마다 이삭은 조용히 물러섰다. 그리고 다른 골짜기로 가서 다시 우물파기에 전심전력을 다 하였다. 그가 우물을 팔 때마다 물 근원이 터져 우물을 완성할 수 있었다. 다른 사람들은 평생에 한 우물조차 파지 못하고 다른 사람이 파 놓은 우물을 뺏으려 드는 때에 이삭은 그렇게 살지 않았다. 양보하고 조용히 물러서기를 계속하였다. 바로 바보 이삭으로 살았다.

　그렇게 판 우물이 일곱이나 되었다. 그런데 신기한 일이 일어났다. 양보하고 물러선 이삭은 가는 곳마다, 하는 일마다 잘 되었지만 이삭의 우물을 빼앗은 사람들은 하는 일마다 잘 풀리지 않았다. 우물파기에 열중하였던 이삭은 하나님의 축복을 받고 우물 빼앗기에 열중하였던 사람들은 재난과 고난의 삶이 이어졌다.

　하나님은 바보처럼 사는 이삭과 함께 하셨다. 그리고 결국은 바보스런 이삭이 승리하였다. 우물을 빼앗았던 사람들은 똑똑하였으나 불행하게 살았고, 우물을 빼앗기기를 거듭하였던 이삭은 행복을 누리며 살았다. 우리 모두 바보가 되어 이삭처럼 행복하게 살아가기를 다짐하였으면 한다.

김수환 추기경 '바보가 바보들에게' 중에서

1) 말

말을 많이 하면 필요 없는 말이 나온다. 양 귀로 많이 들으며, 입은 세 번 생각하고 열라.

2) 책

수입의 1%를 책을 사는 데 투자하라. 옷이 해어지면 입을 수 없어 버리지만 책은 시간이 지나도 위대한 진가를 품고 있다.

3) 노점상

노점상에서 물건을 살 때 깎지 말라. 그냥 돈을 주면 나태함을 키우지만 부르는 대로 주고 사면 희망과 건강을 선물하는 것이다.

4) 웃음

웃는 연습을 생활화하라. 웃음은 만병의 예방약이며, 치료약이며 노인을 젊게 하고, 젊은이를 동자로 만든다.

5) TV는 바보상자

텔레비전과 많은 시간 동거하지 말라. 술에 취하면 정신을 잃고, 마약에 취하면 이성을 잃지만, 텔레비전에 취하면 모든 게 마비된 바보가 된다.

6) 성냄

화내는 사람이 언제나 손해를 본다. 화내는 사람은 자기를 죽이고 남을 죽이며 아무도 가깝게 오지 않아서 늘 외롭고 쓸쓸하다

7) 기도

기도는 녹슨 쇳덩이도 녹이며 천년 암흑 동굴의 어둠을 없애는 한 줄기 빛이다. 주먹을 불끈 쥐기보다 두 손을 모으고 기도하는 자가 더 강하다. 기도는 자성을 찾게 하며 만생을 요익하게 하는 묘약이다.

8) 이웃

이웃과 절대로 등지지 말라. 이웃은 나의 모습을 비추어 보는 큰 거울이다. 이웃이 나를 마주할 때, 외면하거나 미소를 보내지 않으면, 목욕하고 바르게 앉아 자신을 곰곰히 되돌아 봐야 한다.

9) 사랑

머리와 입으로 하는 사랑에는 향기가 없다. 진정한 사랑은 이해, 관용, 포용, 동화, 자기를 낮춤이 선행된다. "사랑이 머리에서 가슴으로 내려오는 데 칠십년 걸렸다."

10) 멈춤(止觀)

가끔은 칠흑같은 어두운 방에서 자신을 바라보라. 마음의 눈으로, 마음의 가슴으로, 주인공이 되어 "나는 누구인가, 어디서 왔나, 어디로 가나" 조급함이 사라지고, 삶에 대한 여유로움이 생기나니.

"어제가 있고, 오늘이 있고, 내일이 있다는 것은 참 좋은 일이다. 어제는 지나갔기 때문에 좋고, 내일은 올 것이기 때문에 좋고, 오늘은 무엇이든 할 수 있기 때문에 좋다."

14. 보람있는 말년을 위하여

"내일 일을 위하여 염려하지 말라 내일 일은 내일이 염려할 것이요 한 날의 괴로움은 그 날로 족하니라"(마 6:34)

"걷는 자만이 앞으로 나아갈 수 있다. 노력하는 사람에게 행운이 찾아온다."　　　　　　　　　　　　　　　　　　　　　　－ 클레망소 －

노후는 인생의 마지막 황금기이다. 값지게 보내라. 나이 듦은 죄가 아니다. 배움에는 정년이 없으니 쉬지 말고 배우라. 배움은 그 주인을 어디에나 따라 다니는 보물이다. 즐겁게 하루를 시작하고 마감하라. 그래야 여한없이 살게 된다.

황혼에도 열정적인 사랑을 나누었던 괴테는 노년에 관한 유명한 말을 남긴다. 노인의 삶은 상실의 삶이다. 사람은 늙어가면서 다음 다섯 가지를 상실하며 살아가기 때문이다. 건강과 돈, 일과 친구, 그리고 꿈을 잃게된다. 죽지 않는다면 누구나가 맞이하게 될 노년, 괴테의 말을 음미하며 준비를 소홀이 하지 않는다면 황혼도 풍요로울 수 있다.

"여호와는 나의 빛이요 나의 구원이시니 내가 누구를 두려워하리요 여호와는 내 생명의 능력이시니 내가 누구를 무서워하리요"(시 27:1)

건강
몸이 건강하지 못하면 세상 온갖 것이 의미 없다. 건강이란 건강할 때 즉 젊었을 때 다져 놓았어야 한다. 이 말은 다 아는 상식이지만 지난 후에야 가슴에 와 닿는 말이다. 이제 남은 건강이라도 알뜰히 챙겨야 한다.

돈
스스로 노인 이라고 생각 한다면 이제는 돈을 벌 때가 아니라 돈을 쓸 때이다. 돈이 있어야지 돈 없는 노년은 서럽다. 그러나 돈 앞에 당당 하라.

일
당신은 몇살부터 노인이 되었는가. 노년의 기간은 결코 짧지 않다. 정말 하고 싶은 일을 찾아 나서자. 일은 스스로 뿐만 아니라 주위 사람들에게도 기쁨을 준다. 죽을 때까지 삶을 지탱해 주는 것은 사랑과 일이다.

친구

노년의 가장 큰 적(敵)은 고독과 소외. 노년을 같이 보낼 좋은 친구를 많이 만들어 두자. 친구 사귀는 데도 시간, 정성, 관심, 때론 돈이 들어간다.

꿈

노인의 꿈은 내세에 대한 소망이다. 꿈을 잃지 않기 위해선 신앙 생활, 명상의 시간을 가져야 한다.

"나 자신을 아는 것보다 훌륭한 지식은 없다."

"노인은 존경을 강요하지 말아야 한다. 그 대신 그 얼굴의 주름살은 경험의 중요성과 인격의 견고성을 상징하는 것이어야 한다."

― 랄프 발톤 페리 ―

15. 노인(老人) 유종(有終)의 미(美)

"삼가 말씀에 주의하는 자는 좋은 것을 얻나니 여호와를 의지하는 자는 복이 있느니라"(잠 16:20)

인생의 후반은 마무리의 시간들이다. 정리하고 즐기며, 마무리해야 한다는 마음 가짐이 중요할 것이다. 아는 것도 모르는 척, 보았어도 못 본 척 넘어 가고, 내 주장 내세우며 누굴 가르치려 하지 말자. 너무 오래 살았다느니, 이제 이 나이에 무엇을 하겠느냐는 등, 스스로를 죽음으로 불러 들이는 어리석은 짓을 하지말자. 살아 숨 쉬는 것 자체가 生의 환희 아니던가! 아무것도 이룬 것이 없더라도 살아있는 人生은 즐거운 것이다.

가족이나 타인에게 서운한 마음이 있더라도 그 책임은 나의 몫이라고 생각하자. 그리고 노인의 절약은 더 이상 미덕이 아니다. 있는 돈을 즐거운 마음으로 쓸 줄 알아야 따르는 사람이 많은 법. 축구에서 전,후반 전을 훌륭히 마치고 연장전에 돌입한 당신의 능력을 이미 관중들은 충분히 알고 있다. 연장전에서 결승점 뽑을 욕심은 후배들에게 양보하고 멋진 마무리 속에 박수칠 때 떠날 수 있도록 멋진 '유종의 미'를 꿈꾸며 살아가자.

그러기 위해서,

1) 마음의 짐을 내려놓으라.
재산을 모으거나 지위를 얻는 것이 경쟁관계 속에서 이루어지는 것이기에, 황혼의 人生은 이제 그런 마음의 짐을 내려놓아야 한다.

2) 권위를 먼저 버리라.
노력해서 나이 먹은 것이 아니라면, 나이 먹은 것을 내 세울 것이 없다. 나이 듦이 당신에게 가져다주는 것은 권위도 지위도 아니다. 조그만 동정일 뿐이다.

3) 용서하고 잊어야 한다.
살면서 쌓아온 미움과 서운한 감정을 털어 버려야 한다. 인생의 후반은 마무리의 시간들이다. 정리하고 즐기며, 마무리 해야 한다는 마음 가짐이 중요할 것이다.

4) 항상 청결해야 한다.
마지막까지 추한 꼴 안 보이려는 것이 인간이 버려서는 안 되는 자존심이다.

5) 감수해야 한다.
돈이 부족한 데서 오는 약간의 불편, 지위의 상실에서 오는 자존심의 상처, 가정이나 사회로부터의 소외감도 감수해야 한다.

6) 신변을 정리해야 한다.

나 죽은 다음에 자식들이 알아서 하겠지 하는 사고방식은 무책임한 것이다.

7) 자식으로 부터 독립해야 한다.

금전적인 독립은 물론, 사랑이라는 이름으로 얽매인 부모자식 관계를 떨쳐 버리라. 자식도 남이다. 그저 제일 좋은 남일 뿐이다.

8) 시간을 아껴야 한다.

노인의 시간은 금쪽같이 귀하다. 시간은 금이다 라고 했지만 노인의 시간은 돈보다 귀하다.

9) 감사하고 봉사해야 한다.

삶의 마지막은 누군가에 의지해야 한다. 더구나 효성스런 자식이 없다면 더욱 그렇다. 세상에 고마움을 표하고 살아 움직일 수 있을 때 타인을 위해서도 미리 갚아 두어야 한다. 살아온 이 지구의 환경과 우리 사회에 고마움을 느낄 수 있어야 성숙한 노년의 삶이다.

10) 참여 하라.

사회나 단체 활동, 혹은 이웃 간의 행사에도 적극적으로 참여 하라. 친구와 어울리고 취미활동에 가입하라.

11) 혼자서 즐기는 습관을 기를 것.

혼자서 즐기는 습관을 들여야 한다. 노인이 되고 세월이 흐르면 친구들은 한 사람 두 사람 줄어든다. 설혹 살아 있더라도 건강이 나빠 함께 지낼 수 없는 친구들이 늘어난다. 아무도 없어도 낯선 동네를 혼자서 산책할 수 있을 정도로 고독에 강한 인간이 되어야 한다.

12) 노인은 매사에 감사할 줄을 알아야 한다.
감사의 표현이 있는 곳에는 어떤 어려움이 있어도 신기하게 밝은 빛이 비치게 마련이다. 축복받은 노후를 위해, 오직 한 가지, 반드시 지켜야 할 것을 꼽으라면 나는 서슴지 않고, "감사합니다"라고 말하는 것을 택할 것이다. 감사의 표현을 할 수 있는 한, 눈도 잘 보이지 않고, 귀도 잘 들리지 않으며, 몸도 잘 움직일 수 없어, 대소변도 못 가리는 사람이라 하더라도, 그는 엄연한 인간이며, 아름답고 참다운 노년과 죽음을 체험할 수 있는 존재이기 때문이다.

13) 새로운 기계 사용법을 적극적으로 익히도록 해야 한다.
새로운 기계의 사용 방법을 익히기가 어렵다. 몇 번씩 설명을 듣고, 여러 차례 설명서를 읽어보아도 도저히 이해하기가 어렵다는 이유로 그런 새 기계사용을 포기하기보다는 지속적으로 노력해서 익숙해지도록하라. 약간 불편하더라도 지금 상태가 그대로가 좋다고 생각하지 말라. 이런 징후는 젊은 사람에게도 있으나, 심리적 노화와 상당히 비례하는 것 같다. 변할 수 없는 것이 아니라 '지금 상황을 유지하는 게' 편하기 때문에 변하지 않기로 결정한 것이다.

14) 교통 혼잡한 출퇴근 시간대에는 이동하지 말자.
노인이 러시아워의 혼잡한 시간에 지하철이나 버스를 타야할 경우는 흔치 않다. 교통이 혼잡한 시간대에는 외출을 삼가하여 출퇴근하는 젊은 사람들에게 폐가 되지 않도록 배려해야 한다.

15) 짐을 들고 다니지 말라. 들어야 한다면 최소로 줄이라.
외출이나 여행을 할 때 노인은 짐을 들어서는 안 된다. 동행자가 없으면 자신이 피곤해지고, 동행자가 있으면 동행자에게 폐를 끼치게 되기 때문이다.

16) 입 냄새, 몸 냄새에 신경을 쓸 것.
노인이 되면 노인 특유의 냄새가 난다. 따라서 항상 향수를 휴대하여, 극히 소량씩이라도 사용하는 것이 좋다.

17) 나이가 들면 불결한 것에 태연한 사람들이 꽤 있다.
자주 씻을 것. 청결하게 하는 것은 자신을 위해서도 그렇지만, 동시에 주위 사람들에 대한 예의이기도 하다. 그러므로 내의는 매일매일, 혹은 이틀에 한 번씩, 자주 갈아 입고, 침구나 잠옷 등은 날을 정해서 더럽게 보이던 보이지 않던 세탁하여야 한다.

18) 화장실을 사용 할 때에는 문을 꼭 잠그고.
무릎은 가지런히 하고 변기에 앉을 것. 나이가 들면 화장실에 들어가서 무릎을 벌리고 변기에 앉거나, 문을 꼭 잠그는 것을 소홀히 하는 경우가 많아진다. 늙었다는 징조다. 이는 정신상태의 해이와 주위 사람들에 대한 배려의 결여에서 생기는 현상이다. 반드시 주의해야 한다.

19) 죽기 전에 자신의 물건들을 모두 줄여 나가도록 하라.

　어렵지만 일기나 사진 등, 자식들이 꼭 남겨 달라고 하지 않은 것들은 노인이라는 소리를 들을 즈음부터는, 조금씩 처분하는 마음 자세로 죽음을 맞을 준비를 하는 것이 좋다. 재산도 마찬가지다. 아무 생각 없이 남긴 재산은 종종 유족들을 번거롭고 힘들게 한다. 이상 나의 판단력이 흐려지기 전에, 확실하게 정리해 두자. 구심점 없어지는 그 날, 혈육간의 분쟁이 발생치 않도록 하는 현명한 조치이기도 하다.

20) 친구가 먼저 죽더라도 태연할 것.

　친구가 먼저 세상을 뜨는 일은(남편이나 아내가 먼저 떠나는 것도 같다), 늘 사전에 마음속으로 예상하고 준비하는 것이 매우 중요하다. 그렇게 하면 막상 닥친 운명에 대해 마음의 각오가 서게 된다. '드디어 헤어지게 되는 구나.'라고 한탄하기보다 '몇 십 년 동안 즐겁게 지내주어 고마웠어'라고 감사해 하는 마음의 자세가 중요하다. 곧 내차례가 올 것이니까 ….

21) 허둥대거나 서두르지 않고 뛰지 않는다.

　노인의 갖가지 심신의 사고는 서두르는 데서 일어난다. 이만큼 살아왔는데, 여기서 무얼 더 서두를 게 있겠는가? 노인이란 한 걸음 한 걸음 걸어 나가면서, 인생을 음미할 수 있는 나이다. 그런 의미에서는 나이가 들면 누구나 '예술가'다. 노인이 되어 시를 쓰기 시작하는 사람들이 많은 건 그런 연유이다. 서두를 필요가 없다. 무엇이든 느긋하게 하고 느릴수록 좋다.

22) 매일 적당한 운동을 일과로 할 것.

　나이가 들면 신체의 각 부위가 퇴화되는 현상이 노년의 서글픔이다. 신체의 퇴화를 저지하는 유일한 방법은 항상 몸을 단련하는 것이다. 평소에 가구나 구두, 기계류를 닦고 조이며 손질을 게을리 하지 않는 것처럼, 하루 세 번 식사를 하듯, 매일 정해진 시간에 규칙적으로 알맞은 운동을 하는 것이 매우 중요하다. 그러나 무리한 운동은 절대 금물이다. 자고로, 세월을 이기는 천하장사는 없다.

23) 여행은 많이 할수록 좋다.

　여행지에서 죽어도 좋다. 여행만큼 생활에 활력을 주는 것도 없다. 낯선 땅에서 낯선 사람들을 만나고, 낯선 음식을 먹는 것은 언제나 신선한 느낌으로 다가온다. 노년의 건조한 생활에 변화를 줄 수 있는 여행은 많이 할수록 좋다. 외국에서 여행을 하다 죽더라도, 자필의 화장 승낙서를 휴대하고 다니면, 어느 나라에서이건 화장하여 유골로 만들어주고. 항공회사가 저렴한 가격으로 고국으로 운송해 준다. 여행지에서 죽더라도 별 문제가 없다.

24) 관혼상제, 병문안 등의 외출은 일정시기부터는 결례(缺禮)할 것.

　절대 흠이 되는 일이 아니다. 관혼상제, 병 문안 삼가하라. 필요하면 편지로 봉투로 전하라. 어느덧 누워서 절받을 군번이 아니던가. 평소에는 하지 않던 정장차림의 외출은 절제하라. 정장은 노인에게 심리적으로 많은 부담을 주게 되고 그로 인해 자칫 병을 얻을 수도 있다. 중요한 것은 죽은 사람, 결혼하는 사람, 병든 사람을 위해 마음으로 기원하는 것이다. 가지 않아도 사랑하는 사람과는 어디에 있든지 서로 마음이 통하는 법이다.

　25) 늦게 자고 늦게 일어나는 습관을 갖도록 하는 것이 좋다.
　젊은이들은 일찍 자고 일찍 일어나야 활동할 시간이 많겠지만, 노인에게는 일찍 자고 지나치게 일찍 일어나는 것은 좋지 않다. 서두를 일 없는 하루를, 공연히 길게 느껴지게 할 필요가 없기 때문이다. 얼굴은 영혼의 반영이며, 마음의 초상화다. 기쁜 마음을 가지면 얼굴 표정이 저절로 밝아지고, 어두운 마음을 가지면 얼굴 표정이 저절로 어두워진다. 행복한 마음은 아름다운 얼굴을 만들고, 추잡한 마음은 더러운 얼굴을 만든다. 인간의 표정 중에서 가장 아름다운 것이 미소짓는 표정이다. 미소는 얼굴에 피는 아름다운 꽃이다. 죽는 그날까지 미소 짓는 습관을 배워 익히고 실천하도록 하라.

　"늙어서도 지혜가 없는 사람은 단지 이 세상을 살아만 왔을 뿐 결코 가치있는 삶을 산 것이 아니었다."　　－ 퍼블릴리우스 시러스 －

16. Wellbeing, Wellaging, Welldying 이란?

"사랑하는 자여 네 영혼이 잘됨 같이 네가 범사에 잘되고 강건하기를 내가 간구하노라"(요한3서 1:2)

사람이 사람답게 늙는 것을 Well – Being이라 한다. 사람이 사람답게 사는 것을 Well Aging이라 한다. 그리고 사람이 사람답게 죽는 것은 Well – Dying 이라 한다. 사람답게 늙어가는 Well – Being에는 다섯 가지가 필요하다. 사랑, 여유, 용서, 아량, 그리고 부드러움이다. 거기에 한 가지가 더 더하여져야 한다. 열정(熱情)이다. 열정이야말로 가장 아름답게 늙어가는 Well – Being이다. 늙는다는 것은 따지자면 생존을 위한 변화이다 사람의 연령(年齡)에는 자연(自然)연령, 건강(健康)연령, 정신(精神)연령, 영적(靈的)연령 등이 있다. 영국의 심리학자 '브롬디'는 인생의 4분의 1은 성장(成長)하면서 정신연령과 영적연령을 승화(昇化)시키며 보내고, 나머지 4분의 3은 늙어가면서 자연연령과 건강연령을 채워 보낸다고 하였다. 성장하면서 보내든, 늙어가면서 보내든, 인생길은 앞을 보면 까마득하고 뒤돌아보면 허망(虛妄)하다. 어느 시인(詩人)은 '예습도 복습도 없는 단 한 번의 인생의 길'이라고 말했다. '가고 싶은 길도 있고 가기 싫은 길도 있지만, 가서는 안 되는 길도 있다. 내 뜻대로 안되는 게 인생의 길인 것을 이 만큼 와서야 뼈저리게 느낀다.'고 한탄(恨歎)하기도 했다. 사실 사람이 사람답게 늙고, 사람답게 살고, 사람답게 죽는 것이란 그리 쉬운 일은 아닐 것이다. 그러나 어려운 일도 아주 멋지게 해 나가는 사람들이 많다. 잘 준비(準備)하고 준비된 것에 최선(最善)을 다하여 열정(熱情)을 쏟아 부었기 때문일 것이다. 과연 어떻게 늙고 죽어야 할까?

첫째, 사람답게 늙자(Well – Being).

사랑과 은혜(恩惠)로 충만(充滿)한 노년을 우리는 웰빙(Well – Being)이라고한다. 웰빙은 육체(肉體)뿐 아니라 정신(精神)과 인품(人品)이 건강(健康)해야 하기 때문이다. 그러기에 웰빙은 육체적인 강건(强健)함 보다 정신적인 풍요와 여유에 더 중점(重點)을 두어야한다. 인자(仁慈)함과 포근함이 묻어나는 한, 그리하여 사랑과 용서(容恕)의 미덕(美德)으로 넘쳐나는 한, 노년 노후는 일빙(ill – being : 심신을 혹사시키는 일)이 아니라 오히려 웰빙(Well – Being)의 시기이다. '잘 먹고, 잘 입고, 잘 노는' 것만으로는 웰빙이 될 수 없다. 정신과 인품이 무르익어가는 노년이야말로 인생의 최고봉(最高峰)이자 웰빙의 최적기(最適期)다. 노년의 녹색지수(綠色指數)는 무한대(無限大)다. 노년의 삶은 강물이 흐르듯 차분하며, 생각은 달관하듯 관대(寬大)하다. 소탈(疏脫)한 식사(食事)가 천하(天下)의 맛이며, 세상을 온몸으로 감싼다. 노년의 삶은 자연과 하나다. 그래서 노년은 청춘(靑春)보다 꽃보다 푸르다. 그러나 대부분의 사람들은 노년은 삭막(索寞)하고 고독(孤獨)한 시기로 생각한다. 절망과 슬픔을 떠올린다. 사실 젊음을 구가(謳歌)하던 때와 비교(比較)하면 노년의 외모(外貌)는 형편없다. 삼단 복부, 이중턱, 구부정해지는 허리 등. 그리고 흰머리, 빛나는 대머리, 또 거칠고 늘어진 피부, 자꾸 자꾸 처지는 눈꺼풀 등 …. 그럼에도 불구(不拘)하고 말년을 앞에 둔 이들이 다른 사람에게 향기(香氣)를 나눠 줄 수 있는 것은 정신적인 풍요와 경륜으로 쌓아올린 덕(德)이 있기 때문이다. 노년의 주름살 속에 아름답게 풍겨나는 인자스러움은 갑자기 생기는 것이 아니다. 살아가면서 쌓이며 승화(昇化)되는 화석(化石)과 같은 것이다. 우리가 마음속에 그려온 노인은 이렇듯 향기(香氣) 나는 삶을 살아가는 사람, 덕(德)이 있는 사람, 지혜(智惠)가 풍부하고 마음이 인자(仁慈)하고 욕심(慾心)이 없는 사람이었다. 그런데 세상사(世上事) 애꿎어 실생활(實生活)에서 만나는 노인들은 대부분 그런 이미지와는 거리가 멀다. 고집(固執)이 세고 인색(吝嗇)하고 마음이 좁은 노인들을 더 자주 만난다. 왜 그런가? 노년의 그런 추함은 어디서 오는가? 사랑과 용서(容恕)의 삶에 인색했거나 은혜의 삶을 잠시 망각(忘却)했기 때문이다. 노년은 용서하는 시기이다. 용서의 근간(根幹)은 사랑이다. 사랑만이 인간을 구제(驅除)하는 희망(希望)이다. 사랑과 은혜로 충만한 노년을 보내는 사람, 우리는 이들을 일컬어 '사람답게 사는 사람'이라고 한다. 이것이 바로 웰빙(Well – Being)임을 다시 한번 상기하자. 웰빙은 육체뿐 아니라 정신과 인품이 건강해야 함도 잊지 말자!

둘째, 사람답게 살자(Well – Aging)

행복하게 늙기 위해서는 먼저 노년의 품격(品格)을 지녀야 한다. 노년의 품격은 풍부(豊富)한 경륜(經綸)을 바탕으로 노숙(老熟)함과 노련(老鍊)함을 갖추는 일이다. 노년의 삶을 불안(不安)해 하는 것은 자신의 존재감(存在感)을 잃어가기 때문이지만, 오히려 노년은 지성(智性)과 영혼(靈魂)이 최절정(最絶頂)의 경지(境地)에 이르는 황금기(黃金期)임을 인식(認識)해야 한다. 노숙함과 노련함으로 무장(武將)하여 노익장(老益壯)을 과시(誇示)하라! 산행(山行)과 명상(瞑想), 클래식 음악(音樂)과 독서(讀書)와 같은 영성(靈性 : 신령한 품성이나 성질) 생활(生活)의 여유(餘裕)를 온 몸으로 즐기라. 최고(最高)의 노후(老後)는 우리가 무엇을 꿈꾸느냐에 달려 있다. 노년은 24시간 자유다. 태어나서 처음 맞이하는 나만의 자발적(自發的) 시간이다. 여유작작(餘裕綽綽 : 빠듯하지 않고 넉넉함)하고 여유만만(餘裕滿滿)한 여생의 시작을 위해 팡파르를 울려야 할 때다. 웰에이징(Well – Aging)을 위해 노년 특유(特有)의 열정(熱情)을 가져야 한다. 노년의 열정은 경륜과 품격이 따른다. 노련함과 달관(達觀)이 살아 숨쉬는 풍요한 열정이다. 나이 들어갈수록 이러한 열정을 잃지 않도록 해야 한다. 흔히 노년사고(老年 四苦)라는 말이있다. 빈고(貧苦), 고독고(孤獨苦), 무위고(無爲苦), 병고(病苦)가 그것이다. 가난과 외로움과 할일 없음의 괴로움은 노년에 가장 큰 골칫거리이며, 이와 함께 노후의 병고만큼 힘든 일은 없다. 그래서 노년은 점점 의욕(意欲)과 열정을 잃어가는 시기라고 속단(速斷)할지 모른다. 그러나 생각하기 나름이다. 노년사고(老年 四苦)는 열정을 상실(喪失)한 대가(代價)임을 알아야한다. 열정을 잃지 않고 사는 노년 노후는 빈고, 고독고, 무위고, 병고가 감히 끼어들 틈조차 없다. 노년기에 열정을 가지면 오히려 위대(偉大)한 업적(業績)을 남길 수 있는 이유가 여기에 있다. 세계(世界) 역사상(歷史上) 최대 업적의 35%는 60-70대에 의하여 23%는 70-80세 노인에 의하여, 그리고 6%는 80대에 의하여 성취(成就)되었다고 한다. 결국 역사적 업적의 64%가 60세 이상의 노인들에 의하여 성취되었다. 소포클레스가 '클로노스의 에디푸스'를 쓴 것은 80세 때였고, 괴테가 '파우스트'를 완성(完成)한 것은 80세가 넘어서였다. '다니엘 드포우'는 59세에 '로빈슨 크루소'를 썼고, '칸트'는 57세에 '순수이성비판(純粹理性批判)'을 발표(發表)하였으며, '미켈란젤로'는 로마의 성 베드로 대성전(大成殿)의 돔을 70세에 완성했다. '베르디', '하이든', '헨델' 등도 고희(古稀)의 나이를 넘어 불후(不朽)의 명곡(名曲)을 작곡(作曲)하였다. 행복하게 늙기 위해서는 또한 인간관계(人間關係)가 매우 중요(重要)하다. 나이가 들면서 초라하지 않으려면 대인관계(對人關係)를 잘 하여야 한다. 즉 인간관계를 '나' 중심(中心)이 아니라 타인(他人) 중심으로 가져야 한다. 미국(美國) '카네기멜론 대학(大學)'에서 인생에 실패(失敗)한 이유에 대하여 조사(調査)를 했는데, 전문적(專門的)인 기술(技術)이나 지식(智識)이 부족(不足)했다는 이유는 15%에 불과(不過)하였고, 나머지 85%는 잘못된 대인관계에 있다는 결과(結果)가 나왔다. 그만큼 인간관계는 살아가는데 중요한 부분(部分)을 차지한다는 것이다. 나이가 들면서 사람은 이기주의적(利己主義的) 성향(性向)이 강(强)해진다. 노욕(老慾)이 생긴다. 모든 것을 자기중심적(自己中心的)으로 생각한다. 그러면서 폭군(暴君)노릇을 하고 자기도취(自己陶醉)에 몰입(沒入)하는 나르시즘(narcissism : 자기도취증)에 빠질 수 있다. 또는 염세적(厭世的)이고 운명론적(運命論的)인 생각이 지배(支配)하고 페이탈리즘(fatalism : 운명론)에 빠질 수도 있다. 이런 사람의 대인관계는 결국 초라하게 될 수 밖에 없다. 결국 인간관계는 중심축(中心軸)이 무엇이냐에 따라 달라지는 것이다. 물질(物質) 중심의 인간관계를 갖는 사람은 나이 들수록 초라해지고, 일 중심이나 '나' 중심의 인간관계를 갖는 사람도 역시 외로움에 휘말리게 된다. 그러나 타인(他人) 중심의 인간관계를 갖는 사람은 나이가 들어도 찾아오는 사람이 많고, 따르는 사람도 많다. 가장 바람직한 것은 타인 중심의 인간관계라 할 수 있다.

셋째, 사람답게 죽자 (Well-Dying)

노년의 삶은 자신의 인생을 마무리하는 단계이기 때문에 죽음을 준비하는 기간이기도 하다. 죽음을 극도로 두려워하는 것도 문제이지만 '이만큼 살았으니 당장 지금 죽어도 여한(餘恨)이 없다'고 생각하는, 자신의 삶에 대한 경박(輕薄)한 듯한 태도(態度)는 더욱 큰 문제라고 볼 수 있다.

'소노 아야꼬'는 '죽음이 오늘이라도 찾아오면 힘을 다해 열심히 죽을 것'이라고 했다. 죽음을 삶의 연장선상(延長線上)에서 경건(敬虔)하게 생각한 것이다. "병에 걸리면 도를 닦듯 열심히 투병(鬪病)을 할 것. 투병과 동시에 죽을 준비도 다 해 놓고 언제고 부름을 받으면 '네'하고 떠날 준비를 할 것 "죽되 추(醜)하게 죽지 않도록 아름다운 죽음이 되는 '완전(完全)한 죽음'을 강조(强調)하고 있다.

'윌리엄 컬렌 브라이언트'는 죽음을 관조(觀照)하면서 이렇게 노래한다. "그대 한 밤을 채찍 맞으며, 감방(監房)으로 끌려가는 채석장(採石場)의 노예(奴隷)처럼 가지 말고 흔들림 없는 믿음으로 떳떳하게 위로(慰勞) 받고 무덤 향해 가거라. 침상(寢牀)에 담요 들어 몸에 감으며 달콤한 꿈나라로 가려고 눕는 그런 사람처럼" 행복한 노년을 보내기 위해서는 이와 같은 고차원(高次元)의 인생관(人生觀)이 중요하다.

나이가 들면 이 인생관의 존재 여부가 삶의 질을 확연(確然)하게 바꾸어 놓는다. 이제까지는 세상이 정(定)해 놓은 길, 주변(周邊)에서 원(願)하는 길을 따라 걸어왔다면, 이제부터 남은 삶은 어떤 길을 택(擇)하고 어떻게 걸어갈지 오로지 내가 선택(選擇)하고 책임(責任)지며 살아야 한다. 이런 의미(意味)에서 노년의 연륜은 미움과 절망까지도 따뜻하게 품을 수 있어야 한다.

성실(誠實)하게 살면 이해(理解)도, 지식(智識)도, 사리 분별력(事理分別力)도, 자신의 나이만큼 쌓인다. 그런 것들이 쌓여 후덕(厚德)한 인품이 완성(完成)된다. 노년이란 신(神)에 대한 긍정적인 사고(思考)가 급속히 자리 잡게되고 그에 대한 심오(深奧)한 깨달음을 얻기 위해 부단(不斷)히 노력(努力)해야 하는 시간이다. 그래서 젊은 날의 만용(蠻勇)조차 둥글둥글해지고 인간을 보는 눈은 따스해진다. 이러한 덕목(德目)을 갖추려면 스스로에게 엄격(嚴格)해야 한다. 자신에게 견고(堅固)한 자갈을 물리고 삶의 속도를 조절해야 한다.

시간은 인간에게 성실할 것을 요구(要求)한다. 잉여시간(剩餘時間)은 존재(存在)하지 않는다. 시간을 자신의 것으로 만들기 위한 정신적 육체적 노력 없이는 시간을 차지할 수 없다. 그래서 노년에게 시간은 두렵고 잔혹(殘酷)한 것이다. 그리하여 마음을 비워야 한다. 미완성(未完成)에 감사(感謝)해야 한다.

사람답게 죽기(welldying)위해 '진격(進擊)'보다는'철수(撤收)'를 준비(準備)해야 한다. 물러설 때를 늘 염두(念頭)에 두며 살아야 한다. 자신의 자리와 삶에 대한 두터운 욕심에 연연(戀戀)해서는 안 된다. 집착(執着)이란 보이지 않는 일종(一種)의 병(病)이다. 그래서 자신(自身)과 관계(關係)있는 조직(組織)에, 일에 너무 애착(愛着)을 갖지 말라고 충고(忠告)한다.

애착은 곧 권력(權力)과 재화(財貨)의 유혹(誘惑)에 빠지게 하고 그 힘을 주위(周圍)에 과시(誇示)하려 하게 되며 마침내 추(醜)한 완고(完固)함의 덫에 걸려들게 만든다. 오래 살게 되면 얻는 것보다 잃어버리는 것이 더 많다. 따라서 '비움'과 '내려놓기'를 준비하라. 그것은 잃지 않기 위해 노력하라는 말이 아니라, 순수(純粹)하게 잃어버림을 받아들이라는 말이다.

주변의 사람도, 재물(財物)도, 그리고 의욕(意欲)도, 어느 틈엔가 자신도 모른 사이에 떠나간다. 이것이 노년의 숙명(宿命)이다. 인간은 조금씩 비우다 결국 아무것도 남아있지 않을 때 세상을 뜨는 게 아닐까? 그래서 나이가 들면 들수록 인간을 의지(依持)하기보다는 신(神)에 의지해야 한다. 신과 가까이 하면 정신연령과 영적 연령은 더욱 신선(神仙)해진다. 이것이 웰다잉(welldying)의 깊은 뜻이다.

후반전(後半戰)의 인생은 여생(餘生)이 아니라, 후반생(後半生)이다. 인생의 주기(週期)로 보면 내리막길 같지만 지금까지 전혀 생각하지 못했던 다른 세상을 향해 새 인생이 시작되는 때다. 행복(幸福)한 노년(老年)은 무엇인가? 사람답게 늙고(wellbeing) 사람답게 살다(wellaging)가 사람답게 죽는 것(welldying)으로 마치는 삶이다.

"그러므로 내일 일을 위하여 염려하지 말라 내일 일은 내일이 염려할 것이요 한 날의 괴로움은 그 날로 족하니라"(마 6:34)

17. 요양원과 요양병원의 차이점

"할렐루야 그의 성소에서 하나님을 찬양하며 그의 권능의 궁창에서 그를 찬양할지어다 그의 능하신 행동을 찬양하며 그의 지극히 위대하심을 따라 찬양할지어다. 호흡이 있는 자마다 여호와를 찬양할지어다 할렐루야"(시 150:1-2,6)

부모님은 하나님이 나를 이 땅에 보내실 때 사용한 은혜 기관이다. 자녀를 위해 모든 것을 절제하며 양육의 누림을 행복으로 알고 조건 없이 사랑하는 것이 부모님이다. 우리는 큰 사랑일수록 잘 깨닫지 못한다. 믿고 사랑하고 헌신한 부모님의 은혜를 잊지 말아야 할 것이다.

"네 부모를 공경하라. 그리하면 네 하나님 여호와가 네게 준 땅에서 네 생명이 길리라"(출 20:12)

이미 우리나라는 고령화 사회에 진입하였으며 그로 인한 노인 문제는 사회적 관심 대상이 되었다. 이제 노인들의 안전에 대한 관심은 더 이상 가족의 몫이 아니라 사회 구성원들이 같이 머리를 맞대어 해결할 과제가 된 것이다. 어르신을 모신다는 것은 내 부모를 모신다는 신념 없이는 쉽지 않은 일이다. 시간이 지날수록 노인 인구는 증가할 것이고, 요양원은 우리나라의 부모님들을 책임져야 하는 막중한 책임감을 갖게 된 것이 현실이다.

"자식들이 해 주기를 바라는 것과 똑같이 네 부모에게 행동하라."
- 소크라테스 -

과거에는 나이 든 부모를 어딘가에 보낸다는 것은 불효로 여겨졌었다. 하지만 현대사회에서 부모님을 가족들이 모시기에는 여러 가지 제약이 따른다. 그래서 많은 보호자들이 부모님을 더 편하게 모시기 위한 최선의 선택으로 믿고 신뢰할 수 있는 요양원을 찾게 되는 것이다. 이러한 가운데 노인을 친가족, 친부모처럼 섬기는 믿고 모실 수 있는 노인요양원에 대한 염원은 더욱 커질 수 밖에 없다.

"부모를 사랑하는 사람은 남에게 미움을 받지 아니하고 부모를 공경하는 사람은 남에게 업신여김을 받지 않는다" - 소학 -

요양원과 요양병원의 차이점

사람들은 요양원과 요양병원의 차이를 몰라 혼동하는 경우가 많으며 언론에서도 두 단어를 혼용하여 사용하고 있다. 하지만 요양원과 요양병원은 엄연히 다른 시설이며 입소, 입원하는 대상도 다르다.

요양원은 65세 이상 노인성 질환을 보유하고 계시는 어르신들이 장기요양등급(1, 2등급, 3-5등급 중 시설급여를 받으신 어르신)을 받아서 입소하는 시설로서 만성기 질환이 있으신 분들에게 적합한 곳이다. 즉 어르신의 응급질병 치료보다는 재활프로그램과 놀이프로그램, 그리고 개개인에게 맞는 영양프로그램 등 요양보호사(국가자격)들을 통한 정서 및 일상생활지원 프로그램을 운영하며 촉탁의사, 물리치료사, 간호사, 영양사가 배치되어 있어 기본적인 건강관리시스템이 구축되어 있다. 소요비용의 경우 장기요양등급에 따라 다르지만 보호자 자부담 60-70만원까지 시설별로 다양하게 책정되어있다.

요양병원은 응급, 급성기를 지나 3개월 이상의 입원치료가 필요한 환자와 노인성 질환 등으로 치료가 필요하신 어르신이 입원하는 곳이다. 요양병원은 일상생활 지원보다 치료가 주목적이라 할 수 있겠다. 요양병원은 의사와 간호사가 상주하며 장기요양보험이 아닌 건강보험이 적용된다. 비용은 공동간병비를 포함하여 80-120만원 정도 발생하게 된다.

"우리는 부모에게 효를 행하지 않으면서 내 자식은 나에게 효도하기를 바란다. 고려장 얘기처럼 자식은 그대로 본을 받는다. 효도 받기를 원한다면, 자식이 착하기를 바란다면 강요하지 않고 보여주면 자연스레 될 일이다."

환우들을 위한 기도!

치료하시는 여호와 라파 하나님, 지금 병환 중에서 고통당하는 환우들을 위해 기도드립니다. 그가 병환으로 말미암아 심히 고통당하고 있사오니 전능하신 주님의 능력을 허락하시사 치료의 빛이 아침 햇빛같이 비춰게 하시며 치료가 급속하게 이루어지도록 하옵소서. 이 땅에 오셔서 인간의 모든 질병을 대신 짊어지셨으며 온갖 병과 약한 것을 친히 치유해 주셨던 주님, 지금 다시 오셔서 이 환우들을 고쳐 주옵소서.

사랑하는 주님, 이 환우들에게 더욱 강한 믿음을 허락하셔서 믿음으로 말미암아 치유되며 승리하게 하여 주옵소서. 참 의사되신 주님, 이 환우들이 먼저 영적으로 치료되게 하시고 더욱 주님만 바라보고 주님께 가까이 나아가게 하여 주옵소서. 문둥병에 걸렸던 나아만이 끝까지 인내함으로 어린아이의 살 같이 깨끗하게 고쳐진 것처럼 이 환우들의 병도 이처럼 온전히 치료되게 하여 주옵소서.

주님, 결코 염려나 낙심하는 마음을 갖지 않게 성령으로 지켜 주시고 부정적인 마음은 사탄이 주는 것임을 깨달아 그런 마음을 모두 물리치게 하여 주옵소서. 질병이 온전히 나아, 함께 주님을 경배하고 찬양하는 날이 속히 오게 하여 주옵소서. 예수님의 이름으로 기도드립니다. 아멘.

참고 문헌

1. 이대희, 이충한, 수지상 세포를 사용한 면역요법(IX), 사람의 면역반응에서의 림프구의 기능. BRIC BIO Wave 2003; 5(1) : 1-5
2. 미세먼지와 천식 : 장안수 : 대한내과학회지 88권 2호 / 2015
3. 건강안에서 NK세포 자극 후와 T세포 자극 후 분비된 Interferon-gamma 농도의 비교 : 안규대, 김경희, 임현호, 김민찬, 이상엽 : Laboratory Medicine Online 8권 1호 / 2018
4. 사무직 여성의 비만요인에 따른 NK세포 활성도 관계 연구 : 성현호, 송창섭, 최광보, 박창은 : 대한임상검사과학회 48권 3호, 2016
5. 미세먼지와 간접흡연 노출의 상호작용에 의한 기관지 과민성 발생과 기전 규명 : 양송이 : 울산대학교 2016
6. Abel, National Cancer Institute, Germany, Forschungs-Bericht 1995
7. Dr. Abel, National Cancer Institute, Germany & Hilke stamatiadis-smidt, Thema Krebs, Fragen & Antworten 1996
8. Abel, U., et al., Common infections in the history of Cancer patients and controls. J. Cancer Res clin Oncol. 1991
9. Abwehr, Jahres Zeitschrift Gesellschaft fuer Biologische Krebs, Germany, 1996.
10. Beuth, J., Komplementare Medizin bei Krebspatients, Forschung und Praxis 1996.
11. Biesalski, H. K. : Cancer Nutrients, Muench Med Wschr, 1996.
12. Biesalski, DKFZ, Germany, Vitamine in der praevention von

Krebserkran-Kungen, Muench. Med Wschr 1996.
13. Bitsch, R., Boehm, V., Vitamine und Mineralstoffe in der praevention und Therapie von Krebs. J. Oncologie, 1995.
14. Block, G. : The Data Support a Role for Antioxidants in Reducing Cancer Risk, Nutrients Reviews, 1992.
15. Blot, W.J. : Nutrients Intervention Trial in Linxian, J Nat Cancer Inst, 1993.
16. Chandra, R.K., Nutrition and Immunoregulation – Significance for Host Resistence Tumors and Infectious Diseases in Humans and Rodents. J. Nutrition 1992.
17. Daunderer, Klinische Umwelttoxikologie fuer die Praxis 1990.
18. Deutsche Krebs Hilfe e.v/ Germany, Jahres Bericht 1995-2000.
19. Dentsche Krebs Forschungs Zentrum/ Germany. Tagungs Bericht 1996-1999.
20. Daunderer, Max-Plank-Institute, Germany, Gift im Alltag, 1995.
21. Doll, R., Peto, R. : The causes of cancer ; quantitative estimates of avoidable risk of cancer in the USA. J Natl Cancer Inst, 1991.
22. Grenz, M. : Ernaehrung und Krebs, Erfahrungsheilkunde, 1994.
23. Hager, E. D. : Die bedeutung von freien Radikalen, 1998.
24. Hager, E. D., The Prognostic Relevance of Immune Parameters, 1996.
25. Hager E. D, Bio-Med Klinik, Germany, Komplementare Onkologie Buch 1996.
26. Hager, E. Rezidiv und Metastasis von Cancer-Immunologie,

1996.

27. Heckel, M., Ganzkoerper-Hyperthermie und Fiebertherapie, Hippokrates Verlag, Stuttgart 1990.
28. Holleb, American Cancer Society & Dr. Abel Deutsche Krebs Forschungs Zentrum Germany, Jahres Tagungsbericht 1996.
29. Holleb, Arthur, I. : Cancer Book of American Cancer Society, 1990.
30. John Tilden. Clinic of University Muenchen, Prof. Dr. Halima Neumann, Das Azidose Buch, Stop der Uebersauerung 5, 1995.
31. Klaschka, F.: Neue Perspektiven in der Tumor-Therapy, Forum Medizin Verlag, Graefelfing, 1996.
32. Klaschka, F., Neue Perspektiven in der Tumortherapie, Forum Medizin 1996.
33. Kunze, R., Schoellmann, C., Orthomolekulare Medizin und Immunsystem. Forum Medizin Verlag, Graefelfing, 1995.
34. Neumayer / Halbig, Das Krebs-handbuch, 1995.
35. Neumayer, DKFZ, Germany, Ich lebe noch, Wie es wirkt, 1994.
36. Prof. Liselotte kretschmer-dehnhardt, Die Ernaehrung bei Krebs und Krebs-gefaehrdung, 1993.
37. Poli, G., et al., Free Radicals, From Basic Scence to Medicine, Birkhauser Verlag Basel 1993.
38. Penner, K., Canzler, H. : Nutrients and Cancer, 1990.
39. Savino, W., Dardenne, M. : Immune-Neuro-Endocrine interactions, Immunol Today, 1995.
40. Schaeffer, A : Spezifische und unspezifische Abwehrmechanismen, Forum Immunologie, 1995.

41. Schulenburg, J. M., Uber, A. : The cost of cancer to society, The Medicine Group USA, Yardley, 1995.
42. Spiegel, D., Bloom, J.R., Effect of psychosocial treatment on survival of patients with metastatic breast cancer. Lancet 1989.
43. Waldron, K., Dr. Renner & Dr. Kanzler : Food and Cancer Prevention, The Royal Society of Chemistry, Letchworth, 1996.
44. Wrba, H., Grundlagen, Moeglichkeiten und Grenzen adjuvante Methoden, Hippokrates Verlag, Stuttgart, 1995.
45. Prof. Dr. Med Zabel, Berchtesgadener Zabel- Klinik, Germany, Klinik bericht 1998 41. Ziegler, R.G. : Vegetables, Fruits and carotinoids and Cancer, Ed. A. Bendich marcel Dekker Inc., New York, 1991.